INDUSTRIAL BIG DATA ENGINEERING
Systems, Methods, and Practices

工业大数据工程
系统、方法与实践

田春华　张　硕　徐　地　孙忠诚　胡志勇　等 | 著

牛　莉　陆　薇 | 审校

电子工业出版社

Publishing House of Electronics Industry

北京 · BEIJING

内 容 简 介

本书探索工业大数据的"工程方法体系"并介绍了其中的关键技术，提出了多领域的工业物理对象建模方法和查询技术。全书共 10 章，第 1 章讨论了工业大数据的内涵与特点，并给出了工业大数据工程的三个要素，即数据资源、数据分析和数据应用；第 2～4 章提出了领域模型驱动的数据资源的建模技术，并介绍了工业大数据系统技术与建设方法；第 5、6 章讨论了敏捷工业大数据分析与运维方法，并阐述了背后的分析软件技术；第 7 章讨论了用户驱动数据应用的低代码开发技术；第 8～10 章用风电、水电、煤矿综采三个行业，展示了工业大数据工程方法的应用过程。

本书适合工业企业的数字化中坚力量（研发/IT/工艺等部门的资深专家/领导）、工业互联网/工业大数据技术服务企业和高校工业数据技术研究团队等读者阅读。

图书在版编目（CIP）数据

工业大数据工程：系统、方法与实践 / 田春华等著.—北京：电子工业出版社，2024.1

ISBN 978-7-121-46757-8

Ⅰ. ①工… Ⅱ. ①田… Ⅲ. ①制造工业—数据处理—研究 Ⅳ. ①F407.4

中国国家版本馆 CIP 数据核字（2023）第 226912 号

责任编辑：李 冰 特约编辑：李松明
印 刷：三河市良远印务有限公司
装 订：三河市良远印务有限公司
出版发行：电子工业出版社
北京市海淀区万寿路 173 信箱 邮编：100036
开 本：787×1 092 1/16 印张：25 字数：680 千字
版 次：2024 年 1 月第 1 版
印 次：2024 年 1 月第 1 次印刷
定 价：129.00 元

编 委 会

前　言

数字化浪潮席卷全球，很多工业企业也在尝试通过数字化技术的深度应用，推动研发、生产、服务、运营、决策等关键环节的数字化转型。但工业行业大多机理复杂，其进程仍不及数字化亲和度更高的服务业。在工业数字化推进中，大家也一直在思考，工业数字化的本质是什么？工业大数据带来了什么新的能力？工业大数据如何推进更有效率？

从社会生产力要素这一宏观层面看，"数据分析"是一种生产工具的本质一直没有变。只不过，不同时期，生产力水平不同，核心生产力要素不同，对数据分析的业务需求不同，再加上数据的供给成本和水平不同，使得数据分析的落地途径与价值也不同。在工业 1.0 时代，生产活动与能源/动力供给是紧密绑定的。随着电气化革命（工业 2.0），电力能源供应与动力装置可以相对解耦，但工业技术仍是生产力的关键要素，这时候数据采集成本也高，少量的数据分析集中在关键工业技术的研发与验证上。工业 3.0 阶段实现了社会的充分分工，跨组织协作变得更加重要，管理信息化是提高生产效率的重要手段之一，另外，很多人工操作环节也成了效率或质量的瓶颈，自动化手段是解决这些问题的重要手段之一。这个时期的数据分析大多集中在协作效率提升上。在工业 4.0 阶段，生产制造能力很多时候不再是瓶颈。复杂产品的定制化能力与创新速度成为核心竞争能力，生态链协同和响应速度变得很重要，但生态链涉及的因素更加复杂动态，基于人工的传统决策模式不再有效，从而决策效率与质量也变成了数据分析支撑的重点，将隐性知识显性化（可检验、可继承、可发展），通过人工智能等适应能力更好的技术，不断扩展认知的边缘，提高决策能力。

从思维范式的中观层面，从工业 2.0 到工业 4.0，数据分析技术还是发生了根本性的变化。从领域知识驱动的假设检验的逻辑思维（第一性原理范式）和基于数据统计的实证思维，发展到基于统计归纳的数据思维，以及与机理/仿真模型结合的构造思维（或称为计算思维）。工业系统是精心设计的、能够长期稳定运行的系统，工业大数据分析中的样本不均衡问题更加严重。在工业领域，先验知识不再局限于概率关系（联合、条件概率），还有大量体系化的因果关系（设计机理、运行机制、运营逻辑等）和很多非系统化的经验知识（以领域专家为载体）。这些特点决定了工业领域的数据平台与分析技术和服务业领域不同。

无论在服务领域还是工业领域，数据都是对自然现象和社会现象的不完备刻画，这也从根本上决定了数据技术的适用范围。但在具体项目实施中，决策要素和决策逻辑对应的数据对象很难描述完备，数据中蕴含的规律也没有先验知识，工业大数据的不确定性比信息化项目要高得多。工业大数据的维度通常很高，且跨越多个领域，这也进一步增加了工业大数据项目的复杂度。工业大数据的处理链条通常比较长，再加上大数据量、高采集速度、多样性等特点，分析模型从技术原型变成日常生产力常常需要业务应用的开发，这些因素造成了工业数字化项目落地周期很长。一个分析应用投入生产后，也要面临复杂运维的需求，这对工业企业和服务商的协作模式提出了新的要求。在多年的数据分析实践中，笔者一直在思考一个问题：是否存在一些工业大数据工程化方法与技术，让工业数字化过程更加顺畅有效？

本书的写作目的是为工业大数据工程实施提供一些参考。全书共 10 章，第 1 章讨论了工业大数据的内涵与特点，并给出了工业大数据工程的三个要素，即数据资源、数据分析和数据应用；第 2～4 章提出了领域模型驱动的数据资源的建模技术，并给出了工业大数据系统技术与建设方法；第 5、6 章讨论了敏捷工业大数据分析与运维方法，并阐述了背后的分析软件技术；第 7 章讨论了用户驱动数据应用的低代码开发技术；第 8～10 章用风电、水电、煤矿综采三个行业，展示了工业大数据工程方法的应用过程。

本书的第 1、5、6 章由田春华编写；第 2、3 章由张硕主笔，2.4 节由李令莱编写，2.1.2 节、2.1.4 节由田春华编写，3.1.2 节、3.1.4 节由徐地编写；第 4 章由徐地编写；第 7 章由胡志勇、张浩编写，7.1.1 节、7.1.2 节由胡志勇和张浩编写，7.4 节、7.5 节由张浩编写，其余部分均由胡志勇编写；第 8 章由蒋伟、孙忠诚编写；第 9 章由刘少波、张弋扬、肖剑等编写；第 10 章由孙忠诚、张幸福、李国威等编写，10.3 节引用了曾聿赟的工作成果。全书由牛莉、陆薇、田春华等审校。

本书是对工业大数据工程的一些初步探讨。鉴于精力与篇幅限制，很多行业实践内容没有详细展开；再加上笔者才疏学浅，行业实践有限，有些提法和表达尚欠推敲；书中难免有疏漏、错误之处。望广大读者不吝赐教，日后有机会加以勘正。

为了方便读者阅读，部分图片可扫二维码查阅。

田春华

2023 年 10 月于北京

目　录

第 1 章　工业大数据概论

随着自动化、信息化、物联网等技术的发展，工业行业积累了丰富的数据，覆盖了产品从研发、生产到使用的全生命周期的数据，也包括了人、机、料、法、环、测等多个维度的信息，这些数据和信息为数据的深度利用奠定了技术基础。数据已被列为与劳动力、资本、土地、知识、技术、管理并列的生产要素，工业大数据技术被认为是将数据转化为生产力的重要技术手段。

本章将从工业数字化转型的背景谈起，分析工业大数据的作用和角色，进而讨论工业大数据的内涵与范畴。然后对工业大数据的制度安排、思维模式、关键技术进行辨析，最后总结工业大数据工程的需求和内容。

1.1　工业大数据提出的背景

自动化和信息化解决了数据收集和流转的问题，但不直接解决决策问题，做出核心决策的依然是人，数据只是应用服务的副产品。数字化是信息化的进一步深化，强调对业务相关的数据进行统一收集、管理、分析、挖掘，让运营过程与决策具备更完整、更及时的数据支持。信息化时代的企业转型主要采用流程驱动方式，围绕价值链进行业务流程重构，消除无效活动，通过"业务流程化、流程数据化"，实现跨组织边界的信息协同。数字化时代的企业转型被统称为数字化转型，通过跨领域、跨时空数据的深度挖掘，实现全要素、全价值链、全产业链的模式革新与持续优化。

工业企业的数字化转型体现在产业链形态、业务模式、经营模式、生产模式、研发设计模式、决策模式等不同层面的变革与升级[1][2]。随着市场的变化和生产要素的发展（如存量市

---

① 中国电子技术标准化研究院. 制造业数字化转型路线图[R]. 2021.

② 中信联标准化技术委员会. 数字化转型：参考架构，T/AIITRE 10001-2020[S]. 北京：清华大学出版社，2020.

场放缓、开放式竞争、市场动态加剧等），出现了很多业务模式创新，如服务性制造、产能金融化、协同研发等。这些业务模式需要一个全局的数据平台来支撑灵活快速的业务创新和生产组织形态的改变。在管理模式方面，有预测性维修、工艺参数优化、生产计划优化等决策创新的场景，这些场景需要设备全生命周期档案、以物料为中心的生产档案等全息大数据模型做支撑。在大数据支撑下，有可能实现对专家知识的全面检验，从而实现知识经验的萃取与传承。在生产模式方面，在产品定制化程度提高（如根据不同环境进行风力发电机组的定制化设计与制造）、产品生命周期缩短、专业分工细化及劳动力结构迁移等外部趋势下，也出现了协调设计、混线生产、少人值守及智能优化等以数据为支撑的新模式。在研发设计模式方面，有了大数据的支撑，实现了针对环境适用性和使用行为的研发洞察、与使用过程的闭环研发、全息信息的数字化移交等新模式。

在大数据支撑下，有很多可能的数字化转型方向。以设备或产品为例，以产品为中心，可以通过大数据分析提高可靠性或能效，也可以以产品为载体，实现智能服务，如表1-1所示。根据产品特征和市场特点，不同行业的数字化转型方向不同。例如，风力发电机组制造商通过风电大数据，研发大部件健康分析应用，研究环境适应性更好的产品；大型柴油机制造商通过路谱大数据，分析不同地形、气候、工况下柴油机的能效，提高设计的针对性；工程机械制造商改变过去的销售方式，通过设备租赁和金融服务扩大市场份额，但服务成本和风险控制需要工程车联网大数据分析的支撑；很多动力装备制造商从销售装备转型到综合动能服务，以大数据为载体，将行业经验变成可运行的数据应用，支撑业务的大规模扩张。

表 1-1　围绕产品的数字化转型方向

类　别		典型数字化转型方向
以产品为中心（智能装备）	可靠性	预测性维修 设计制造水平 服务响应水平
	能源效率	优化设计 适应性、个性化设计
以用户服务为中心（以产品为载体的智能服务）	销售方式	设备租赁 金融服务
	运维服务	第三方运维服务 第三方检测服务
	技改服务	第三方技改服务
	生产服务	能力提供商（如工业气体提供商、综合能源服务） 端到端的服务（如精益农业）

工业数字化转型方向也依赖于数字化手段能改变什么。例如，很多流程行业的基本化工原理、工艺原理很难靠数字化的手段改变，数字化转型不是产品结构或服务模式的转变，其

重心仍然是内部组织结构、业务流程及生产过程的优化。通常来说，数字化的作用主要体现在以下三个方面：① 获得了以前获取不到的数据，以更低的成本获得了以前难以大量获取的数据，或者将之前零散的数据以物理对象组织起来；② 以前靠人的主观能动性，强依赖个人专业度的分析和决策，转型后则通过专业工具，门槛更低，效率更高，有普适性和自适应性，覆盖的颗粒度更细，范围更广，精度更高；③ 提供了另外一种提高认知的途径，除现场经验或科学实验获取知识外，基于大量数据的统计分析提供了自主发掘规律的方式。

1.2　工业大数据的内涵与范畴

1.2.1　工业大数据的概念

工业大数据在不同语境下有不同的含义。单纯从数据的角度，工业大数据是工业数据的总和[①]，包括企业信息化数据、工业物联网数据及外部跨界数据，很多工业物联网数据也符合一般大数据的体量特征（数据量大、多样、快速等）。从企业应用的角度，工业大数据泛指各种数据驱动的思维模式、业务创新和应用实施。从技术的角度，工业大数据很多时候被用来指代工业大数据技术，包括数据的接入、存储、查询、分析及应用等相关技术，被分为平台技术、分析技术和应用技术。大数据平台解决大量、多源、异构、强关联数据的接存管用的问题[②]，通常结合基础设施特征、数据特征、计算负荷特征进行经济化和灵活化设计。大数据分析关心如何从大量数据中挖掘出有用的模式，构建具有业务实操性的模型。大数据应用主要针对特定需求，基于大数据平台和分析技术，以合适的形态（例如，私有部署、SaaS服务、工业数据应用）相对完整地支撑业务应用场景。

需要强调的是，数据体量不是工业大数据的关键特征，维度高、强上下文才是工业大数据的关键特征之一。10000 台设备，每台设备 100 个测点，秒级浮点型数据（按 8Bytes 估算）增量仅为 250 TB/年。在很多工业应用中，数据量并不大，但一个分析应用需要关联设备和产品的维度高达几十个，变量的组合数目远大于样本数量。此外，一个数据项背后关联着大量的隐形信息和经验知识，例如，在风电发电机组的风速测量值的背后，需要考虑尾流/湍流/剪切、气象/地形环境、偏航等控制动作对风速测量的影响。因此，在很多工业应用领域，数据量不是技术瓶颈，多源异构数据的物理信息对象建模、多模型融合（机理、经验、统计模型）和专家知识沉淀等才是其关键技术。

---

① 工业互联网产业联盟. 工业大数据技术与应用白皮书[R]. 北京：工业互联网产业联盟，2017.
② 王建民. 工业大数据软件面临的挑战及应用发展[J]. 信息通信技术与政策，2020(10): 1-5.

1.2.2　应用领域与场景

工业企业应用涉及 3 个生命周期，即产品生命周期（设计、工艺规划、生产工程、制造、使用和服务、废弃和回收等）、生产过程周期（采购、制造计划、制造过程、质量管理等）和商务活动周期（销售、交付、售后等）。结合实践经验，工业大数据的 6 个业务应用领域[①]如图 1-1 所示，包括新业务模式、数字化研发、智能制造、智能运维、数字化营销和数字化工作空间。其中，智能制造包括以生产制造效率为中心的纵向整合，也包括以业务价值链协同为中心的横向整合。

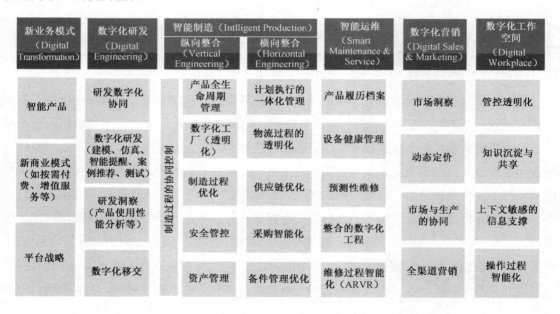

图 1-1　工业大数据的 6 个业务应用领域

作为一种技术，大数据分析擅长从大量重复性的数据中挖掘新模式。在创新性强（重复性弱、频度低）的新业务模式、数字化研发等环节，大数据分析仅能起到数据汇集、信息提醒的辅助作用，例如，根据大量设备在不同环境、不同工况下实际运行数据和故障信息，针对性地指导产品研发。另外，商务活动及数字化空间的需求与通用的面向企业的数据分析没有区别，本书不做展开讨论。因此，工业大数据分析目前主要集中在智能运维和智能制造等环节。

工业大数据分析的典型主题可归纳为如表 1-2 所示的 3 类：① 智能装备/产品，以智能运维环节的需求为主，适当融入智能运维带来的新业务模式（例如，服务性制造、基于产品

---

① 田春华，李闯，刘家扬，等. 工业大数据分析实践[M]. 北京：电子工业出版社，2021.

的金融衍生服务）和研发创新，详细划分为故障预测与健康管理（Prognostics and Health Management，PHM）、资产绩效管理（Asset Performance Management，APM）和运作闭环等 3 类子主题；② 智慧工厂/车间，集中在图 1-1 中智能制造的纵向整合，打通不同生产单元与业务环节，结合不同时空颗粒度，从效率、质量和安全的角度，保证制造过程的可视、可溯、可决；③ 产业互联，集中在图 1-1 中智能制造的纵向整合，通过数据的融合与深度分析，提高协作效率，支撑新的协作模式。

表 1-2　工业大数据分析的典型主题

业 务 领 域		分 析 主 题
智能装备、产品	故障预测与健康管理 （Prognostics and Health Management，PHM）	● 剩余寿命 ● 健康评估 ● 失效预警 ● 故障检测 ● 异常报警 ● 故障诊断 ● 运维优化
	资产绩效管理 （Asset Performance Management，APM）	● 工况聚类 ● 性能评估 ● 控制优化
	运营生命周期管理 （Operation Lifecycle Management，OLM）	● 使用行为分析 ● 研发洞察 ● 定向营销
智慧工厂、车间	处理效率管理 （Process Efficiency Management，PEM）	● 需求预测 ● 调度优化 ● 节能降耗
	生产质量管理 （Production Quality Management，PQM）	● 根因分析 ● 工艺参数优化 ● 操作优化 ● 智能排查 ● 质量溯源 ● 表面质量检测
	生产安全管理 （Production Safety Management，PSM）	● 微观生产安全分析 ● 宏观安全态势分析
产业互联	协作效率管理 （Collaboration Efficiency Management，CEM）	● 市场洞察 ● 供需预测 ● 协同优化

产业链上不同角色的企业关注的分析课题不同，例如，高端装备制造业（汽轮机制造企业）强调"服务型制造"、"智能装备"和"智能诊断"，而装备使用企业（例如，发电厂）则关注整个生产系统（而不是单类设备）的生产效率。再者，对同一类分析课题，由于产品特点和生产模式的不同，不同行业的分析侧重点差异也很大，例如，在生产质量分析方面，化工行业的质量管控粒度较粗，但需要长久稳定的质量，而电子行业可以做到单件或单批次的质量检测，甚至可以做到逐批（Run-to-Run）的工艺参数调整。

1.2.3 在企业信息架构中的位置

工业大数据应用不是技术驱动的，其通常由数字化转型的业务方向决定。数字化转型将打破企业内部、内外部合作中原有的边界。想要真正发挥数据的力量，需要与之对应的生产关系。对工业企业而言，数字化转型主要涉及的内容包括：① 业务模式转型：通过新生产要素、新组织模式、新资源配置方式和新商业模式的应用，加速企业的业务和管理创新能力；② 组织方式和文化意识转变：企业数字化转型是对传统的组织机制、业务模式进行变革，提升个人的数字化素质和能力。一方面需要企业全员建立数据思维，用数据思考问题和解决问题；另一方面要求业务、技术人员进行能力融合，让业务人员懂数字技术，让技术人员理解业务；③ 技术范式的变化：通过大数据、人工智能、云计算、物联网等新技术的应用，实现从以"业务流程"为核心的信息化建设，到以"数据"为核心的数据应用建设。数字化转型覆盖了从业务创新、组织变革、文化重塑到数字化能力等多个层面的建设，数字化转型的成功不可一蹴而就。数字化转型也是一个不断深化的过程，没有完成点。

在数字化转型手段方面，工业企业与互联网企业差别很大。互联网企业的核心业务过程和逻辑本身就是数字化的，严格意义上不存在"数字化转型"，数字化技术用来增加流量、营销精准度和内部运行效率；而工业企业的基础仍然是物理空间的生产过程，其根本目标是产品的质量、成本、产量和业务创新，依赖的手段包括生产设备、工艺知识、管理能力和创新能力，工业大数据是一种新型生产资料和潜在资源，通过数字空间的持续创新，以支撑物理空间中的提升与转型活动。

在决策逻辑方面，相对于人工决策方式，数字化的价值体现在几个方面：① 决策效率，特别是很多低价值的繁杂工作，例如，通过图像识别技术实现液晶面板质量的自动研判；② 研判逻辑的标准化，以提高专家知识的重用，例如，基于专家规则的故障研判；③ 决策逻辑的精化，充分发挥海量数据的"证伪"功能，检验假设，细化专家经验；④ 提高认知水平，通过大量数据挖掘，发现新的规律或当前的认知缺陷。

1.2.4　模型形式与应用范式

工业数据分析常常需要融合多类模型，而不仅仅是统计学习算法。刻画物理世界有 3 大类模型，如图 1-2 所示。认知模型提供了一些概念和理念层面的指导，是物理世界在概念和结构上的抽象；唯象模型[①]从输入—输出关系上逼近物理过程，主要包括统计模型（本节将统计模型、分析模型、数据挖掘和机器学习等提法等同，不做严格区分）和模拟仿真；机理模型是基于公理体系和简化假设等逻辑体系下的模型；经验模型是对过程和决策的经验性总结，包括专家规则和经验公式。当然，不同类别的模型也可以相互转化，例如，开普勒三定律是唯象模型，在广泛被证明前甚至也可以被认为是经验公式，一旦形成相对完善的公理体系，万有引力定律就成为机理模型。

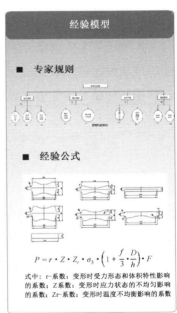

图 1-2　刻画物理世界的 3 大类模型

在行业应用中采用的模型大多是形式化模型，下面重点讨论理论模型和经验模型，并且不刻意区分专家规则与经验公式（以专家规则为代表讨论）。不同类别模型的特点和适用场景如表 1-3 所示，简单来说，机理模型推演能力强，但不够精准（很多理想化假设）；统计模型自适应能力强，但不充分（概率意义上的外推）；仿真模型对极端情形检验能力强（对系统和策略设计很有用），但通常不解决日常运行情形；专家规则实用，但不完备（有很多

[①] 伊泽曼，明奇霍夫. 动态系统辨识：导论与应用[M]. 杨帆，译. 北京：机械工业出版社，2016.

反例，逻辑自洽性差）。因此，在解决问题时，需要根据实际问题的情形选择模型的类型，或者采用多种类型的融合。

表 1-3　各类模型的特点与适用场景

	优　　点	前提（或限制）	适 用 场 景
机理模型	分析推演能力强	基于大量简化或强假设 模型参数的可测量性	理论基础、实验条件良好
统计模型	归纳能力强，具备自适应能力	对数据的要求高 预测结果具有一定的不确定性	大量类似的场景 概念逻辑清楚，但缺乏具象的联系
仿真模型	计算推演能力强，可以计算不同场景下的行为（包括极端情形）	仿真模型忠实刻画了物理世界动态	假设推演分析（What-if 分析）
专家规则	可解释性强	规则的模糊与不完备	逻辑简单明了，需要实时计算

1. 统计模型的应用范式

一般来说，大数据模型的作用与机理复杂度密切相关。本节从产品相似度和机理复杂度两个维度出发，将分析算法应用总结为 6 个范式，统计模型在不同情形中的作用如图 1-3 所示，在不同的组合情形下，统计模型可以发挥的作用不同。

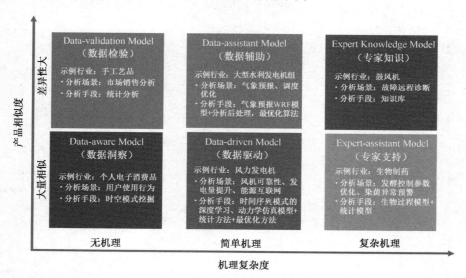

图 1-3　统计模型在不同情形中的作用

（1）从工业产品的相似度来看，可分为大量相似产品（例如，风力发电机组）和少量定制化产品（例如，大型水力发电机组）。对于大量相似产品，在数据分析时可以充分利用产品间的交叉信息；而对于少量定制化产品，应深度挖掘其时间维度的信息。

（2）从产品机理的复杂度来看，可分为无须了解内部机理的产品（例如，电子消费品，通常不需要深入元器件内部分析)、简单明确机理产品(例如,风力发电机组)、复杂机理产品(例如,大型锅炉)。当工业大数据分析被应用到复杂机理产品时,应更加注重机理模型和专家经验。

有了大量状态监控后,很多短时预测变得很简单,但这并不能取代机理模型或结构方程的作用。机理模型在仅知道状态变量初始值和输入的情形下,就可能实现很长时间段内的外推。而根据短时拟合出来的统计模型通常做不到这一点。

2. 统计模型与机理模型的融合

在不同场景下,机理模型对物理过程描述的精度不同,因而对其他模型的需求也不同,在不同工业场景下,数据与模型的可信度如图 1-4 所示。微观机理模型通常无法直接用到中观决策,例如,腐蚀电化学模型无法直接用到地下管道的季度预防性维修计划。很多机理模型在环境(如充分光滑、没有阻力)、模型(如集中参数、刚体、模型参数可以相对精准获得)、动力学形态(如不存在湍流)、初始状态(可测且测量成本可接受)等方面都有一定的前提假设或合理简化,在实际过程中需要用数据来检验其合理性,或与分析模型融合,进一步提高模型的适用性。

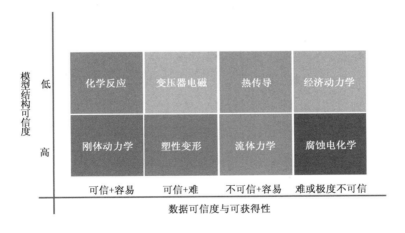

图 1-4　不同工业场景下数据与模型的可信度

分析模型与机理模型融合有如下 4 种范式。

(1)分析模型为机理模型做模型校准,提供参数的点估计或分布估计,例如,Kalman 滤波。

(2)分析模型为机理模型做后期处理或补充。例如,利用统计方法对气象研究与预报模式(Weather Research and Forecasting Model,WRF)的结果进行修正;或者利用统计方法综合多个机理模型,以提高预测的稳定性。机理模型由于未建模因素、参数不精准造成精度低。机理模型的系统辨析需要有效激励输入,但实际的工业系统为了安全和寿命,会限制激励信号的形式。这造成机理模型与物理过程存在一定偏差。分析模型虽然是数据自适应，但在参数维度高时，对训练数据集要求过高，泛化能力差。通常做法是分析模型以拟合机理模型的残差[1]。

（3）机理模型的部分结果作为分析模型的特征。例如，在风机结冰预测中，计算出风机的理论功率、理论转速等，并将其作为统计分析模型的重要特征。更进一步，将机理模型作为深度学习模型结构的一部分。如果使用传统的深度学习，即使训练数据满足所有的物理规律，训练好的深度网络仍然可能违反物理规律限定，例如，惯性矩阵非正定，外插无约束。深度拉格朗日网络（Deep Lagrangian Networks，DeLaN）[2]和哈密尔顿神经网络（Hamiltonian Neural Networks，HNNs）将力学系统作为先验知识成为深度网络模型的一部分，保证了关键物理量的合法性，比传统的前馈神经网络训练速度更快，预测结果更物理，对新的径迹预测也更健壮。

（4）分析模型与机理模型做集成。例如，在空气质量预测中，WRF-CHEM、CMAQ 等机理模型可及时捕获空气质量的全局动态演化过程，而统计模型可对空气质量的局部稳态周期模式有较高精度的刻画。模型集成可有效融合两类模型各自的优势。

除严格意义上的融合外，对计算量大的机理模型，分析模型还可以替代机理模型。例如，物理神经网络（Physics-informed Neural Networks，PINN）[3]用于替代复杂的有限元计算，在训练时，将微分方程或偏微分方程作为深度学习模型损失函数的一部分。物理神经网络已经被广泛用于解决方程求解、参数反演、模型发现、控制与优化等问题。对基于复杂的动力学仿真的优化，强化学习可以用来学习最佳控制策略，强化学习也可以用于求解大规模组合优化问题[4]。

3. 统计模型与专家规则的融合

在很多设备异常预警等工业数据分析中，缺乏足够的标记样本。此时除无监督学习（包括异常样本的相似度匹配）方式外，可采用专家规则与统计模型融合的方式。

---

① REINHART R F, SHAREEF Z, STEIL J J. Hybrid analytical and data-driven modeling for feed-forward robot control[J]. Sensors, 2017, 17(2): 311.

② LUTTER M, RITTER C, PETERS J. Deep lagrangian networks: using physics as model prior for deep learning[C]//7th International Conference on Learning Representations (ICLR), 2019: 1-17.

③ RAISSI M, PERDIKARIS P, KARNIADAKIS G E. Physics-informed neural networks: A deep learning framework for solving forward and inverse problems involving nonlinear partial differential equations[J]. Journal of Computational physics, 2019, 378: 686-707.

④ 李凯文，张涛，王锐，等. 基于深度强化学习的组合优化研究进展[J]. 自动化学报，2021，47(11): 2521-2537.

专家规则通常不够完备，专家规则中很多参数和阈值通常不够精准，大数据平台可以为专家规则提供一个迭代式验证平台，数据分析师将当前版本的专家规则形式化，在大量历史数据运行，领域专家对关键结果（例如，预测为故障状态）进行研究，完善专家规则逻辑，通过这样多次迭代运行，通常可以获得一个相对可靠的专家规则。另外，也可以采用主动学习（Active Learning）①策略，统计学习模型可以挑选一些易混淆的样本，让领域专家进行标记。

4. 统计模型与仿真模型的融合

仿真模型通常用于做模拟分析（What-if Analysis）、设计验证与预案设计。按照时空尺度，仿真模型可以分为 4 种类型：① 系统层级的仿真，包括机械、电子、电力、液压、热力学、控制系统等，典型的语言包括 Modelica、MATLAB Simulink/SimScape 等。注意，这里的"系统层级"是个相对的概念，覆盖了元件级、组件级、部件级、套件级及机组级等不同工业系统级别。② 连续介质理论的计算机辅助工程（Computer Aided Engineering，CAE）模拟，包括有限元法（Finite Element Method，FEM）、计算机流体动力学（Computational Fluid Dynamics，CFD）、电磁仿真及多物理场耦合仿真等。③ 非连续介质理论或介观尺度的模拟方法，涉及微观组织的演变及缺陷、断裂和损伤等各类问题，主要采用第一性原理、分子动力学、蒙特卡洛、相场、近场动力学及元胞自动机等技术。另外，如果把生产经营活动的仿真也纳入进来，可以将其作为第四类，即④ 离散事件仿真，主要仿真活动过程等离散事件下的系统性能。第③类因为涉及微观尺度，通常缺乏大量测量数据的支撑，所以目前工业大数据和第①、②、④类仿真结合比较多。

如果仿真模型结果和实际运行状态相比有一定的可信度，仿真模型将有可能用于指导工业系统的运行控制与运维管理。此时，仿真模型与统计模型有多种结合方式。

（1）仿真作为统计模型的训练验证平台。在现实世界中，数据的场景覆盖度有限，故障样本数量更有限，这对统计学习模型训练通常是不够的。这时可以发挥仿真模型场景覆盖全面的优势，模拟在工业现场出现不了或极少出现的场景（如重大故障、极端工况）。仿真模型为统计模型生成训练数据，统计模型基于这些数据进行训练与验证，可以验证统计模型的技术可行性与性能，也可以用统计仿真训练一个基础模型，根据实际现场数据做迁移学习。反过来，可以通过强化学习，根据统计学习的结果调整仿真参数，让仿真更有针对性，如图 1-5 所示。

这里需要注意，统计模型的输入数据要素要保持与工业现场相同。仿真模型输出大量状态变量，但现实世界可测量只是其中一部分。统计模型学习的也不是整个系统机理生成式模型，而是解决某个具体问题（例如，故障诊断）的模型。

---

① SETTLES B. Active Learning[M]. Williston, VT: Morgan & Claypool, 2012.

图 1-5　仿真作为统计模型的训练平台

（2）机器学习作为仿真加速器。很多仿真模型计算时间长，不能支撑在线生产决策或控制。可以基于离线仿真结果库，利用统计学习的回归分析算法（如神经网络、随机森林等），训练得到一个回归预测模型。在线时利用回归模型进行预测计算，快速得到一个相对可信的估算值。深度学习在这方面也有不少研究，前面介绍的 PINN、DeLaN、HNNs 等模型明确将机理或守恒关系构建为深度学习模型的损失函数或模型结构，深度学习模型训练和仿真是两个独立的过程，需要大量额外存储。还有一种方式是深度学习模型训练伴随仿真计算，不需要额外存储中间结果数据，ModelingToolkit.jl、Modelica 等系统仿真语言通常要求系统模型为微分代数方程（Differential-Algebraic Equation，DAE）形式，如果神经网络可以表达为 DAE 形式，那么可以实现训练与仿真的伴随执行，目前主要神经网络模型包括连续时间的回声状态网络（Continuous Time Echo State Networks，CTESN）[1]、隐性深度学习（Deep Implicit Layers）[2]等。回声状态网络使用大规模随机稀疏网络（存储池）作为信息处理媒介，将输入信号从低维输入空间映射到高维状态空间，在高维状态空间采用线性回归方法对网络的非随机连接权重进行训练。回声状态网络的优点是训练简单，可以作为递归神经网络的简化方法。而 CTESN 可以近似为 DAE 形式，与仿真软件引擎有良好的融合接口。脚注①将 CTESN 作为代理模型开发 JuliaSim 软件，训练后 CTESN 模型可以替代仿真模型做快速推演预测。目前的深度学习用多层显式（explicit）非线性结构 $y=f(x)$ 来实现强大的拟合能力，但其本质仍是寻找复杂系统的不变点。因此，隐性深度学习尝试用隐性（implicit）联合函数分布 $g(x,y)=0$ 来表达系统的不变关系，以期望用形式简洁、内存需求量小的模型实现复杂系统不变点的表达。主要有深度平衡模型（Deep Equilibrium Model，DEQ）、常微分方程（Ordinary Differential Equation，ODE）[2]、可微优化（Differentiable Optimization），一旦表达为 DAE 形式，就很容易结合 Modelica 等系统仿真引擎训练深度学习模型。

（3）机器学习最优控制策略。很多动力学问题的逆问题（根据当前状态和目标状态，求解最佳控制策略）比较复杂，很多时候不存在唯一解，直接求解难度大。基于仿真实验，利

① RACKAUCKAS C, ANANTHARAMAN R, EDELMAN A, et al. Composing modeling and simulation with machine learning in Julia[C]//Proceedings of the 14th International Modelica Conference, 2021: 97-107.

② BAI S, KOLTER J Z, KOLTUN V. Deep equilibrium models[C]// Proceedings of the 33rd International Conference on Neural Information Processing Systems, 2019: 690-701.

用强化学习等策略学习最佳控制策略。

1.2.5　与其他技术方向的关系

工业大数据是一种数字化技术手段，与数字孪生、工业智能、智能制造及工业互联网等技术共同支持工业数字化转型。本节简单讨论它们之间的关系。

1. 数字孪生

数字孪生是构建与物理世界实体要素对应的数字要素，实现虚实映射，并且能够通过数字空间迭代，指导物理空间的决策。与数字孪生相关的一个概念信息物理系统（Cyber Physical System，CPS）也强调建立颗粒度不同的虚实对应的映射关系；但在严格意义上的数字孪生中，数据是单向从物理实体到数字孪生体的，没有以数据"控制物理设备"的行为发生，而在 CPS 中，控制指令从数字孪生体下行到物理实体设备，与上行数据形成闭环。

数字孪生与 CPS 的理念是工业大数据建模的指导思想，尝试构建反映物理实体的全息模型。但同时要意识到，任何模型都是物理世界的简化，数字孪生也是针对特定问题的模型。最后，因为采集技术和采集成本等因素，很多关键工业参数在现实中并没有采集，这样反过来也能从可实现性的角度给出数字孪生模型的适用范围。

2. 工业智能

工业智能是人工智能技术与工业融合发展形成的，贯穿设计、生产、管理及服务等工业领域的各个环节，实现模仿或超越人类感知、分析、决策等能力的技术、方法、产品及应用系统。

工业智能从应用类型的角度来定义，而工业大数据从数据角度来定义，二者有很大程度的重叠，但不是包含关系。工业智能中的人工智能技术（特别是数据驱动或专家系统方法）属于工业大数据分析的范畴，但工业智能中也包括机器人等自动化技术。

3. 智能制造

智能制造将新一代信息技术，贯穿设计、生产、管理和服务等制造活动的各个环节，具有信息深度自感知、智慧优化自决策、精准控制自执行等功能的先进制造过程、系统与模式的总称。工业大数据是智能制造的重要支撑技术，智能制造也是工业大数据的重要应用方向之一。

4. 工业互联网

工业互联网构建了基于云的新价值链网，以典型工业 App 的形式支撑企业内部和外部生态的协同，创建了能力供需生态。工业互联网概念强调的是供需连接方式和协作范围。工业大数据是工业互联网的基础技术，工业互联网丰富了工业大数据的数据内容。

1.3 工业大数据的认知辨析

1.3.1 经济与制度视角

从经济的角度可以帮助我们理解工业大数据的价值创造途径与合适的制度安排。为论证"数字化转型的本质是生产力、生产关系的重构"，就需要回答：① 数据作为一种生产资料，是如何转为生产力的？② 从制度安排的角度，一个合理的组织分工是什么？

新制度经济学和新兴古典经济学从交易费用最小化的视角来研究制度安排或制度创新。对于企业，企业模式的交易成本主要包括计划、监督、激励、控制等管理过程所产生的费用。影响市场交易费用的主要因素是空间费用和契约费用。数据（或宏观的数字经济）带来了哪些成本的变化？戈德法布和塔克[①]将其总结为搜寻、复制、运输、追踪、验证等五类成本的降低。数字经济学探索的是当某些成本大幅下降甚至接近于零时，宏观经济模型或产业模式是如何变化的。

回到工业企业，工业企业内部的交易费还体现在决策依赖信息收集、经验知识的积累与传承、决策与物理系统的交互等方面，工业大数据通过大数据领域建模（或数据资源化）、知识沉淀、模型部署应用有效地降低了这些交易费用。在市场交易费用方面，契约费用还包括必要上下文和技能转移的成本，也就是说，为开发一个工业应用，需要了解工艺知识、现场信息和历史信息，数据技术本身不能直接降低这些转移成本。这就涉及工业企业数字化转型的社会分工（例如，哪些适合第三方专业化服务，哪些适合内生组织）和数字化能力建设机制设计的问题。

工业大数据的特点可以从需求通用性、上下文知识传递效率两个维度描述，不同类型的工业大数据对应的社会分工模式如表 1-4 所示。对于标准的大数据平台或没有业务语义的分析（如图像识别），可以采用标准产品采购模式，通过规模化应用实现经济性；对于有一定个性化，但上下文容易描述清晰的情形，可以采用第三方专业化服务的模式，例如，业务应用定制开发或分析模型研发服务，依靠技能专业化提高整体效率；对于需求通用，但上下文信息很难明确描述，例如，复杂设备诊断，专家需要自主收集所需的数据，这时专家服务是一种有效的方式，依靠专家在知识上的持续积累，提高整体效率；在需求个性化强、专业知识传递效率低、背景信息流动性差的情形下，交易费用远远高于分析技能传递的费用，根据组织经济学原理，最佳的组织形态应该是分析技能向领域专家移动，也就

[①] GOLDFARB A, TUCKER C. Digital Economics[J]. Journal of economic literature, 2019, 57(1): 3-43.

是说，让领域专家掌握基础分析技能，实现内部创新。很多工业分析问题都遵循二八法则，即 80%的问题用 20%的技术算法就可以解决，其余 20%的技术难题留给第三方技术服务商或学界。通常的做法是分层化，底层解决共性问题，逐层缩小范围增加聚焦，在通用性和适用性间折中。

表 1-4　不同类型的工业大数据对应的社会分工模式

	上下文信息传递效率高	上下文信息传递效率低
个性化需求	专业服务 例如，分析模型开发、业务应用定制化开发	内部创新 例如，核心工艺参数优化、制造性能评估
通用需求	产品模式 例如，大数据平台，图像识别应用	专家服务 例如，工业大数据规划、复杂故障诊断

1.3.2　数据资产视角

随着信息化的发展，信息被视为是与自然资源、物质、人力、财务同等重要的资源，由此衍生出了"信息资源"的提法。数据是信息的载体，"数据资源"可以认为是有含义的数据积累到一定规模后形成的资源，是可以转化为生产力的数据集。现在进一步有了"数据资产"的提法，"资产"在"资源"基础上增加了产权、价值和流通等经济要素[1]，即法律上的数据产权（所有权、使用权、经营权、分配权和收益权）、财务上的定价与估值、市场机制上的流通与交易模式。

但数据或大数据与有形资产有很多不同，数据在产权、价值和流通机制方面还需要做很多工作。数据具备无形资产的四条一般属性，包括可扩展性（可复制的）、沉没性（高昂先期固定成本，但却有非常低廉的复制成本）、外溢效应（竞争优势被注意和复制的可能性）、协同效应（不同类型数据组合的价值存在指数级增长的可能）。与很多无形资产不同，数据还具有反竞争性（数据流通后原始数据并没有消失）、可加工性（可以加工二次数据）、依托性（数据本身没有价值，只有依托业务才有价值）、多样性（同样的数据对不同应用的价值不同）。因为有可加工性，二次数据的产权界定比较复杂，基于数据训练出来的机器学习模型的产权确定和隐私保护变得更加间接。因为依托性和多样性，造成定价与估值上的困难，相同的数据面对不同的业务场景，所产生的价值完全不同。但从微观层面看，数据和工业物料类似，原材料只有经过合适的加工，才能成为对其他工艺环节有价值的物料。面向具体场景的数据才有交换价值，也就是说，数据资产通常面对具体应用场景，这样也降低了数据资产在价值评估上多样性的挑战。

---

[1] 李海舰，赵丽. 数据成为生产要素：特征、机制与价值形态演进[J]. 上海经济研究，2021(8): 48-59.

工业数据的一个特点是维度高，一个分析应用所需的数据可能需要从多个不同数据源中加工而来。工业中常见的数据资产包括宏观指示性信息（例如，地域用电数据、风资源信息）、实体画像（例如，企业的用电信息、机械车辆开工信息等），企业内部的数据资产包括上下文信息（例如，地域、设备维修档案）、关键曲线指标（例如，风机的风功率曲线）。最后需要强调，数据是否可以成为资产，不仅取决于数据是否有价值，还取决于数据是否被允许流通，有很多高价值数据（例如，核心工艺参数），因为商务或安全规范要求不能流通，无法形成数据资产，这时候流通的不是数据，而可能是分析模型或数据应用。在工业大数据建设初期，没有必要过度追求数据资产，数据资源才是需要迈过的门槛，只有保证数据可以产生价值，数据资产才是后续发展形成的一种制度安排。

1.3.3 思维模式视角

数据思维已成为逻辑思维、实证思维、构造思维之后的第四大思维模式。实证思维是基于有限观察和控制实验的归纳，逻辑思维是基于若干公理的推理和演绎，构造思维是算法过程的构造与模拟（也称为计算思维），而数据思维是基于数据分布结构的拟合。

数据思维是对其他 3 种思维模式的有益补充。实证思维和逻辑思维是现代科学体系的基础，基于观察，形成抽象，通过形式化框架，构建一个自洽的理论体系，并接受新实验的证伪检验。构造思维是很多复杂工程研发的典型模式，通过数字空间的迭代，减少物理空间实验的成本。但如果理论模型与物理世界相差较大，这些方式就有一定的应用局限性。例如，化工中的分子扩散、流体流动、热量传递等过程是可以用物理、热力学、化学反应、单元传递函数等数学模型来描述的，进而可以用计算机做化工设备单元设计和全流程集成优化等工作。然而用流程模拟和仿真来解决生产运行问题时，会发现计算结果与实际现场并不吻合，预测误差甚至高达 50%[1]。其主要原因包括未建模要素（理想假设、排除非重要因素）、模型参数不精准、现场缺乏必要的测量数据等。虽然理论上有无限多种组合状态，但现实中工厂大部分时候运行在设定参数附近，现实的生产状态数目有限，这样生产 3 年就基本已经经历过 90%可能发生的状态。数据模型本质是查表和插值，通过寻找与待预测点相似的状态点，根据相似历史状态预测新输出。虽然数据模型没有全局的推断能力，但已经可以应对有限状态了，在这种情形下，数据模型也许是一种最经济的做法。

很多具有工科背景的从业人员更相信确定性关系，对数据思维中的概率性关系常持怀疑态度。这种思维定式需要转变。首先，概率是一种关系描述方式，很多关系是天然随机的，例如，一个单词的音频中，音素的持续时间和停顿时长都是随机的，不但不同人会不同，同

---

[1] 中国电子技术标准化研究院. 制造业数字化转型路线图[R]. 2021.

一个人两次说话都可能完全不同，但总体上有一定规律，这样的规律用概率模型描述比确定性模型或规则描述更合适。其实，概率可以近似看作研判的"置信度"，很多问题的研判本身也不是非黑即白的，存在模糊地带。最后，很多过程本质是确定的，但结果对模型参数、初始状态的敏感度太高（学术上说的混沌系统），对模型参数、初始状态的精确估算不可能或不经济，这时将模型简化为一个概率模型也许更实际。例如，抛硬币预测落地是正面、反面，在不存在空气扰动、地面平整且摩擦系数均匀的假设下，这个过程可以建模为一个常微分方程①，结果完全由硬币的质量分布、抛出时的初始状态确定，但结果对参数和初始状态的敏感度太高，还不如通过多次观察，建立一个概率分布模型更直接。钱学森②曾指出，从决定性的牛顿力学演化为非决定性的统计力学是一次科学进步；客观世界是决定性的，但由于人认识客观世界的局限性，会有暂时引入非决定性的必要。这是前进中的驿站，无可厚非，只是绝不能满足于非决定性而不求进一步澄清。

在信息化时代，数据作为一种信息沟通的媒介，通过数据透明和信息对称，提升企业的综合决策水平。在丰富的数据积累前提下，数据思维提供了另外一种认识世界的方式，用数据来发现问题、洞察规律，机器可以自动发现人工认知手段看不到的一些规律，将过去实证思维（观察试验、归纳总结）的小群体人工探索行为变成大规模机器自动挖掘的行为，加速与扩大了认知拓展能力。从行业应用的角度，数据思维把业务问题描述为数据分析需求，把数据分析规划为一个具有业务可行性的数据应用的能力。

在不同应用场景中，大数据发挥价值的途径不同。以工业设备为例，有些设备是标准化或参数化产品，有些设备是高度定制化的产品；有些设备工作相对独立，有些设备与其他系统强耦合。在不同情形下，设备大数据分析的价值途径不同，如表 1-5 所示。

表 1-5　不同情形下设备大数据分析的价值途径

	单　体	强　耦　合
大规模类似	样例：风力发电机组 价值途径：多态遍历性（单个个体的长时间运行）或大样本（大量个体的运行过程）的分析	样例：磨煤机 价值途径：多台设备可以采用共性的基础模型，但每个设备有自己的残差模型
强定制化	样例：水力发电机组 价值途径：多态遍历性和类似部件（如发电机）级别的对比分析	样例：核电系统 价值途径：用短期的插值弥补建模偏差（未建模因素、很难精确测量的部分）

大数据的作用还体现在专家经验的精准化方面。工业中存在大量的操作经验和运行经验，有些经验比较模糊，只能靠语言和实践来掌握，有些经验可以用自然语言或专家规则表达出

---

① STRZAŁKO J, GRABSKI J, STEFAŃSKI A, et al. Dynamics of coin tossing is predictable[J]. Physics reports, 2008, 469(2): 59-92.

② 钱学森，等. 论系统工程[M]. 长沙：湖南科学技术出版社，1982.

来，但仍存在歧义且不够定量，造成理解不一致。工业大数据有能力将部分经验明确化、定量化和标准化，形成结构化的模型，并可接受大量案例的检验，以提高经验的传承效率。虽然结构化模型可能会损失一部分经验信息，但结构化后，传递效率才能提高。在大数据时代，数据还有可能成为知识经验和技能的新载体，推动基于数据模型的知识共享和技能赋能，可提升生态组织开放合作与协同创新能力。

在微观层面，思维模式还体现在不同技术背景的人身上。工业大数据实践通常是操作技术（Operational Technology，OT）、数据技术（Data Technology，DT）、信息技术（Information Technology，IT）的 3T 融合。对同一个问题，OT 专家与 DT 专家会从不同视角来审视，OT 专家从机理角度，可以给出很多先决性研判或猜想；DT 专家从数据统计的角度，可以给出数据上的现象表征。二者的不一致，可以让很多隐含或忽略的假设明确化。对 OT 专家来说，数据提供了一些额外的认识世界、验证猜想、分析问题的工具手段。

在工业数据分析项目中，机理模型与数据分析有 3 种结合方式（见图 1-6）：① 有大量先验知识的课题，首先，明确 OT 的经验和假设，通过数据检验，形成有用的特征，接着，数据分析建模进一步定量化；② 数据驱动的课题，基于统计假设进行建模，在分析结果或现象解读时，融入 OT 专家的认知或经验，进一步提升模型结果；③ 数据驱动的课题，但存在前人的模型，这时做的是尽快用前人模型在新数据上运行，进行结果解读，然后再改进模型。另外，在这些计划中的执行模式外，通常存在很多“意料之外”的分支，在分析数据的过程中，存在临时发现的一些新课题，这些新课题发现的前提是对数据敏感性与领域认知的结合。

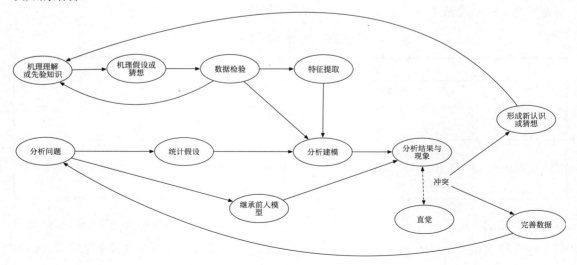

图 1-6　机理模型与数据分析的 3 种结合方式

在数据分析项目中，欢迎专家直觉但更喜欢直觉背后的“研判依据”，尽管直觉或研判依据不一定完备或正确，但直觉触发了跨领域讨论的可能，"研判依据"给出了数据探索的思路，经过数据的检验和跨领域的推理讨论，不断追寻数据现象背后的要素和关系，形成相对完备和自洽的动力学关系图。

但数据思维自身并没有完全解决知识积累与传承的问题。在知识积累方面，从数据中自动学习的机器学习模型蕴含了知识，但通常为黑箱知识，缺乏演绎能力，与既有的形式化理论框架或领域专家的概念体系并不能无缝衔接，也就是说，还需要领域专家的解读、逻辑思考与验证工作，才能纳入既有知识框架体系。另外，物理过程的关键要素是否在大数据中有体现，在实际应用中也是需要校验的。在工业场景下，数据思维与专家知识的融合是一个待研究的课题。

1.3.4　数据技术视角

在工业领域，大数据量经常出现在时序数据（传感器）、仿真数据、多媒体数据（视频监控、图像检测等）等类型的数据上，而不同类型的数据通常需要不同的存储和管理技术。另外，很多工业数据质量要求与应用场景密切相关。同样一个传感器时序数据，在生产分析前，异常值和噪声需要滤除，但对于传感器健康分析，异常值反而是最重要的特征量。这造成数据质量或数据治理没有统一的方法，很难事前完备枚举，最好按需治理，通过单点突破快速迭代，实现数据资源化。这些都构成了工业大数据湖的特点。

原始数据是为满足特定业务应用目的而收集的，不一定完全满足工业大数据的建模需求，而工业物理对象的分析通常需要跨越多个数据集，这时需要一套建模和查询优化技术，以提高工业大数据访问的便捷性。

在现实中，工业大数据的维度在很多时候并不完备。数字孪生是追求的理想目标，但现实中因为测量技术、测量成本及存储成本等原因，很多状态没有监测，很多历史数据没有留存；因为认知和管理水平有限，有些关键要素没有纳入数据采集体系，关键结果缺乏标记。这些都需要依赖专业知识来弥补，如何有效捕获专家知识和经验，如何将这些专家知识与数据模型、机理模型融合，都是工业大数据分析的重要课题。

另外，大数据建模也不是要求所有数据完备后才能开始。数据收集是有成本的，通常只需要提供数据分析或业务应用所需的关键指标即可。例如，风力发电机组的风功率曲线的主要影响因素如图 1-7 所示，除风机故障、启停机、限功率及大偏航等典型工况外，空气密度（季节）、机组对风偏差、风速仪测量误差、叶片对零偏差、风剪切梯度（地形、遮挡物）、湍流强度及叶片气动性能等因素都会影响机组功率。但对于一般的风功率曲线分析，并不要

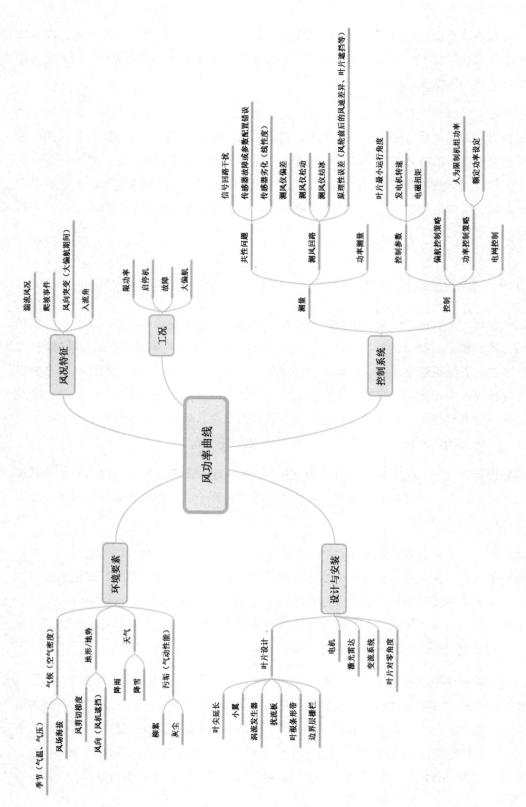

图 1-7　风功率曲线的主要影响要素

求所有的要素，通常仅基于风力发电机组的状态监测数据进行，包括风况、工况和典型控制动作等信息，环境、设计与安装要素只有到细节问题才引入。很多工业问题是一个复杂系统问题，但只要数据能够反映关键要素，在工程上就可以尝试，避免"不可认知论"，这并不违背系统论的整体观。

对于行业数据分析是否应该了解机理这个问题，一直存在争论。从应用推广的角度，不需要了解机理，这样分析技能更容易复制。但我们一直坚持在分析前，尽量整理出问题的系统动力学图（在当前认知水平下）。虽然很多要素（例如，瞬态空气动力学、安装瑕疵等）并不是大数据技术可以解决的，但至少知道了问题的全貌。另外，将隐性要素明确定义出来，也为持续探索创新奠定了基础，避免了低层次的重复徘徊。古代朴素唯物主义哲学思想虽然强调对自然界整体性、统一性的认识，却缺乏对这一整体各个细节的认识能力，因此对整体性和统一性的认识也是不完全的[①]。系统思维既将相互联系的要素联合为一个统一体，同样又将系统对象分解为要素，没有深入的分析就没有良好的结果。

1.3.5　数字化与信息化的差别

过去的几十年内信息化在企业广泛开展，积累了大量有效的建设路径方法，很多方法（如敏捷开发、企业架构等）在数字化建设中仍然是有效的。但数字化与信息化在有些方面存在很大差别，对这些差异的认知偏差也引起了实践误区。

1. 价值闭环

数字化集中在关键决策点，而不是整个业务流程中，数字化的价值闭环仍然依赖既有的业务流程或信息化系统，因此不要过度解读数字化的"价值闭环"。数字化从多领域、多流程数据关联的角度优化物理过程和业务决策。信息化以业务流程为中心，为业务活动提供必要的信息，并记录活动的状态和结果数据。在信息化系统中，很多复杂的决策过程由操作人员完成，信息化系统只需要为此提供足够的信息，以及留出足够的灵活接口即可。数字化恰恰与之互补，基于大量的数据提供智能决策，但仍需输出符合规范接口的决策建议，这样能被信息化系统消费。

2. 创新主体

在工业数字化中，涉及大量的机理和工艺上下文信息，多维度分析通常需要跨技术领域，这与过去的信息化咨询和建设项目不同。信息化咨询与建设项目在不同企业间有很多共性，通常不涉及业务决策和创新，第三方咨询和技术服务是一种有效的社会分工机制，通过专业

---

① 钱学森，等. 论系统工程[M]. 长沙：湖南科学技术出版社，1982.

化的规模效益，可以有效提高项目建设水平。而在数字化建设中，第三方服务协同中信息传输损失和知识转移成本很高，大量基础的数据分析依靠企业内部领域专家解决是最有效率的，这样也利于促进自主创新能力。在数字化创新中，应以内部自下而上的创新为主，第三方服务主要集中在基础能力建设和个别专业难题方面。

3. 建设路径

在企业自动化和信息化建设时，应特别注重整体规划和蓝图，例如，IT 战略计划（IT Strategy Planning，ITSP）或企业架构（Enterprise Architect，EA），这样才能保证前后建设信息系统的一致性与兼容性。

在数字化建设中，整体规划仍然必要，但迭代创新速度更重要。数字化的不确定性远比信息化大，很大程度依赖数据量和数据质量，数据中是否存在可靠的规律，只有挖掘后才能得知，同样的分析课题在不同数据集上的效果也不同。工业不缺经验与知识，缺少的是系统化、强壮的可执行的模型。工业分析模型瓶颈很多时候不在于算力，而在于模型的强壮性。数据的结构和质量多样性是阻碍大规模应用的一个要素。因此，数字化建设走的是"顶层定业务场景，底层迭代创新"的迭代式路径。

4. 数据资源

数据资源不足往往是数字化建设最大的障碍。数据分析模型（特别是数据挖掘模型）的前提是数据维度的完备性和可信度、历史相似性、状态遍历性和时空连续性。这样的前提假设在很多时候不一定成立。

很多数据分析依赖的数据源往往是信息化、自动化系统建设的成果，这些系统建设时不可能完美考虑数据分析模型的需求。在数据分析时，会遇到很多数据问题。例如，多维度数据的整体完备度，只有在数据关联后才能得知，这对数据供给和分析模型研发效率带来了较大挑战。大量历史数据没有标记，再加上工业系统的异常样本本来就少，异常样本的数量和覆盖度成为很多设备异常预警分析课题的主要瓶颈。

1.3.6　OT、DT、IT 的融合与分工

在 1.3.3 节我们已经讨论了 OT、DT、IT 思维模式上的差别与互补关系。一个常见的讨论是工业大数据到底应该以哪类人为主。这个问题其实没有简单的答案，原因在于① 不同的待解决问题需要的核心技能不同；② 工业企业人的角色并没有严格区分，很多领域专家除 OT 角色外，还可能有一定的 DT 技能。因此，这里讨论三者协作效率的决定因素和手段。

首先，在工程化思路方面，OT、DT、IT 人是类似的，他们的差异更多体现在技能和信

息禀赋方面。在行业数据分析中，DT 人通常也会尝试机理推演的路线，通过访谈或先验知识形成一些探索的假想，通过数据探索，获得更深层次的理解，以便与 OT 人高效沟通协同。

OT、DT、IT 人不同的技能层次如图 1-8 所示，从下到上，分别给出 OT、DT、IT 的基础能力和深层次的能力。基础技能的跨领域学习或转移成本较小，而深层次技能的转移成本很高。因此，在工业大数据实施中，一方面需要建立共性的基础能力，避免过度分工带来不必要的沟通成本；另外，要通过技术手段或机制，在保持专业化分工的同时，以形式化或半形式化模式提高跨领域的沟通效率。

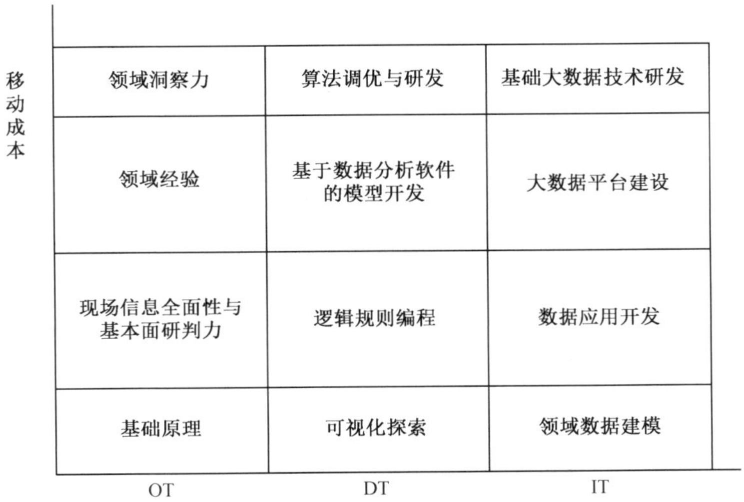

移动成本			
领域洞察力	算法调优与研发	基础大数据技术研发
领域经验	基于数据分析软件的模型开发	大数据平台建设
现场信息全面性与基本面研判力	逻辑规则编程	数据应用开发
基础原理	可视化探索	领域数据建模
OT	DT	IT

图 1-8　OT、DT、IT 人不同的技能层次

OT 人有相对系统的领域认知体系，有良好的解读能力，有一定的研判经验。主要包括：① 控制策略、量测方法与数据解析方法、工况等现场实际信息的掌握，这些基础信息比基础原理具象，通常没有明确的数据记录提高分析的系统性和科学性；② 对数据异常和结果的业务研判力，以避免对大数据量的强依赖；③ 对实际案例的解读能力，相对于机器学习更简洁与体系化；④ 有探索方向，不完全依赖于数据，降低搜索空间，快速定位。很多 OT 也有一定的数据分析能力，因此，对一些算法技能要求不高的分析课题，OT 人做更有效率，但也存在很多潜在提升点，OT 人的数据分析手段与潜在提升点如表 1-6 所示。

对于有类似案例的分析课题，通常的方式是在既有案例上用新的数据进行测试和修改，通过复用来尽快形成解决当前问题的模型或数据应用。对于专家规则型的分析课题，专家规则可以被明确表达，通常方式是 DT 负责形式化和大规模验证，通过具体的反例辅助 OT 人不断精化规则，消除专家规则中的歧义性和不完备性。

表 1-6　OT 人的数据分析手段与潜在提升点

OT 人常用的手段	潜在提升点
BI 图表或基础统计	方差分析（Analysis of Variance，ANOVA）等统计检验与推断方法，提高科学性
一些假设或猜想（Hypothesis）	需要具体案例辅助，让"隐性"知识描述更具象 逻辑形式化，通过证伪提高其普适性和完备性 参数的精准化
一些简单的预处理	效率和健壮性 大量数据的验证，避免基于少量样本的认知偏差
基于启发式规则的结果评价	评价方法的专业性
基于神经网络或深度学习模型的挖掘	算法的科学性 寻找复杂问题背后的规律，避免当经验解释不了时，简单归结到"不可测"因素

对领域背景比较深的分析课题，一种常见的协同模式是：OT 负责解决个例化（具象化）的逻辑或思路，解决 0 到 1 的逻辑问题；DT 解决逻辑的普适性，解决 1 到 N 的逻辑问题，IT 解决自动化和物理部署问题。在这种情形下，OT 需要易用的可视化探索与记录环境，以便将业务逻辑梳理得更清楚；DT 需要灵活高效的模型研发与验证环境，负责形式化和大规模验证，负责算法或模型的性能与效率，尽量完成数据应用的初步设计与开发，平台后台解决数据访问、并行化计算和低代码开发问题。IT 负责个性化的数据平台、应用个性化开发和日常运维。

1.4　工业大数据工程的内容

1.4.1　工业大数据建设面临的挑战

对于工业企业，工业大数据建设中面临的典型挑战与原因分析如表 1-7 所示。

表 1-7　工业企业面临的典型挑战与原因分析

典型挑战	描　述	原 因 分 析
缺乏业务目标或业务驱动力	不知道从哪里开始，业务价值不明确	缺乏明确的数字化转型目标与规划 采用传统的信息技术项目方式管理大数据课题，对大数据的不确定性和工程方法缺乏了解
缺乏可持续性	大数据平台（或工业互联网平台）一次性建设好，但缺乏业务应用	缺乏组织内生的大数据分析和业务应用能力，建设严重依赖于第三方，缺乏数据平台的运维技能 缺乏有效的数据治理体系，增量数据没有很好的组织管理 大数据平台与既有领域分析工具和领域专家技能脱节

典　型　挑　战	描　　述	原　因　分　析
价值落地慢	业务价值见效慢	过度强调整体规划与一次性治理，缺乏必要的迭代，将长期目标与短期效果统筹考虑 分析课题定义过于理想，没有与数据现状及业务流程对接 课题从开发到落地过程太长，需要多种技能、多方的协同工作

工业数字化转型的必要性被广泛接受，但落到具体企业，很多企业缺乏明确的业务目标和规划。另外，由于自动化和信息化的惯性思维，很多企业仍将大数据看作一个效率提升的手段，要求明确的短期投资收益比，而没有意识到大数据是提升企业内部创新的一种手段，是持续提升认知的一种有效手段。

另外，很多大数据建设工程成为橱窗工程，没有变成企业的持续生产力。目前，大数据建设大多采用第三方专业化服务的模式，包括数字化转型规划、大数据平台建设、大数据分析和大数据应用开发。在前期，第三方专业化服务因为专业性，建设进度通常较快。但在更重要的运行运维期，缺乏持续的业务创新应用。原因有 3 方面：① 缺乏组织内生能力，无法持续运行；② 缺乏对增量数据持续治理的意识和机制，大数据平台成为历史数据收集站；③ 不少大数据平台是一个通用大数据技术平台，没有照顾到领域专家的技能体系，也没有与领域软件的交互接口，没有成为工业企业可以消费的工业大数据平台。

在涉及工业具体分析场景、业务应用时，推进速度和效果通常低于预期。原因有多方面：① 过度强调整体规划与一次性治理，仍采用经典数据仓库建设的思路，花费大量时间制定企业数据标准、规范，然后才建设业务应用；② 很多课题定义过于理想，没有考虑真实的数据基础和数据质量现状，也没有规划业务应用场景；③ 大数据平台缺乏必要的面向领域专家的工具，造成大数据分析与应用开发的技能门槛太高，多方协调成本高、效率低。

对第三方工业大数据技术专业服务企业，其面临的挑战表现为需求差异大、价值落地慢，如图 1-9 所示为工业大数据第三方实施中的现象、原因与解决方法。

差异大主要体现在两个方面：一是理想与现实的差异大，感觉中的数据、技术、管理基础与现实的差别大，数据分析结果与业务期望的差别大。很多企业信息化与自动化已实施多年，每个领域单独看起来基础不错，但大数据分析需要全流程、全要素、全周期关联，数据基础的薄弱之处就凸显出来了。每个数据集的完整度为 90%，5 个数据集整合起来完整度不到 60%。二是不同行业间的分析需求差异很大、基础差异很大、落地措施差异很大，造成分析模型和应用的重用度低，没有充分发挥专业化分工的规模效益。

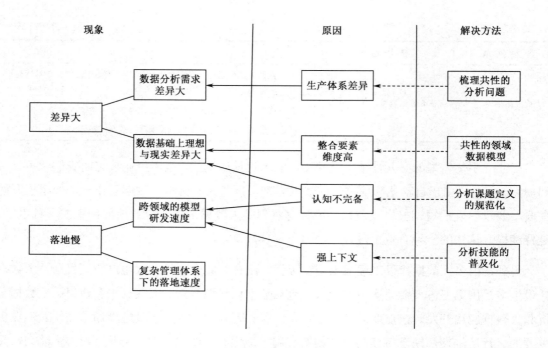

图 1-9　工业大数据第三方实施中的现象、原因与解决方法

第二种现象是落地慢，工业数据分析和落地通常需要跨工艺、自动化、信息化多个组织部门，经常还跨多个技术学科，在这些跨领域协作中信息损失量很大，效率不高；另外，工业大数据分析结果需要与现有业务管理体系、组织流程或控制过程等融合才能落地，但这些融合方式的推进需要的精力可能远超预期。

对于政府和公共组织，在扶持和推进工业大数据应用时，也面临不少挑战：① 企业基础和需求差异大。有些企业两化（信息化与工业化）基础好，有些企业还处于两化建设阶段；不同行业的工业大数据差异大，这对扶持政策的精准性和覆盖度提出了很大的挑战；② 产业的持续发展与人才结构的匹配问题。工业大数据对人才的需求和工业企业、第三方技术服务企业间的匹配问题；③ 产业效益的评估问题。工业大数据本质上是增强企业的内部创新能力和敏捷性，与研发、生产技术革新融合在一起，相对于从无到有的新产业、新技术建设等，很难清晰评价产业价值。

综上所述，工业企业、工业大数据技术专业化服务企业和政府第三方面临的挑战背后的共同需求包括：① 一套指导工业大数据的方法，包括数字化转型方法、大数据工程方法、大数据分析方法和应用部署方法；② 一个面向工业领域专家的工业大数据平台，即匹配工业场景、技能体系和工具链条的工业大数据系统，降低使用和运维技术门槛；③ 有效的组织模式，包括企业间的合作机制、企业内数字化创新组织等。对于数字化转型、组织模式设计这两个话题有很多专文论述[1]，本书内容集中在工业大数据技术，将其归纳为敏捷工业大数据工程方法和面向领域的工业大数据系统技术，将这两个方面统称为工业大数据工程，期望通过一系列工程方法与系统技术，提高工业大数据的技术建设和价值创造速度。

1.4.2　敏捷工业大数据工程方法

工业大数据包括数据资源、数据分析模型、数据应用 3 个要素，为提高工业跨领域创新的迭代速度，结合传统的咨询方法和敏捷的体系，我们提出了一套敏捷工业大数据工程方法，如图 1-10 所示，主要有 3 个构成要素：① 数据资源化，基于工业物理对象的数据建模与集成方法，将海量异构的数据关联成有领域语义的信息资源；② 知识结构化，基于跨行业数据挖掘标准流程（Cross Industry Standard Process for Data Mining，CRISP-DM）[2]的敏捷工业数据分析方法，将大量数据蕴含的规律和领域专家的非结构化知识变成形式化模型，并提供低代码的工业数据应用开发方法；③ 研用一体化，云边协同的机器学习操作（Machine Learning Operations，MLOps）方法，将模型研发与部署运行运维一体化，支撑工业企业的自主研发能力建设。

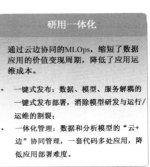

图 1-10　敏捷工业大数据工程方法的 3 个构成要素

1. 基于工业物理对象的数据建模与集成方法：领域驱动，按需治理

数据资源化是指数据提纯和二次加工的过程，即提高数据质量和价值密度的过程。为支持敏捷的数据创新，数据资源的结构化建设很重要。从逻辑上应该对原始采集的数据、转化的数据、集合的数据等数据分层次结构化，与经典的企业数据仓库建设类似。但在执行上，应遵循最小可行产品（Minimum Viable Product，MVP）的思路，采用单点突破的建设方式，

---

① 中国电子技术标准化研究院. 制造业数字化转型路线图[R]. 2021.

② 工业互联网产业联盟，大数据系统软件国家工程实验室. 工业大数据分析指南[M]. 北京：电子工业出版社，2019.

如图 1-11 所示。逐层建设不但周期长，也不现实。由于认知的限制，一次建设不可能完美，需要定期规整化。

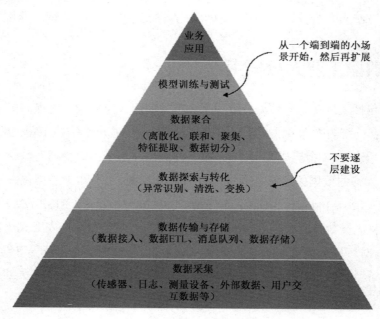

图 1-11　数据资源的单点突破建设方式

工业大数据的强机理与强关联性决定了只有建立起描述业务上下文的工业物理对象模型，才能有效支撑后续的分析与应用，例如，设备全生命周期档案（设备智能运维场景）、物料流转与工艺状态档案（质量分析场景）、需求动力学关系图（需求预测场景）等。这需要在多源异构的原始数据上，二次或三次加工数据。以设备全生命周期档案为例，该档案记录着设备的过往及不同维度的信息，包括设备的基本信息、设备结构（Bill of Material，BOM）、维修履历、故障记录、异常预警记录和工况等，需要从企业资源计划（Enterprise Resource Planning，ERP）、企业资产管理（Enterprise Asset Management，EAM）、SCADA 等原始数据提取加工。

领域建模也是梳理支撑数据的过程。根据业务问题，从逻辑角度思考哪些数据对业务有价值，结合其逻辑结构（例如，时序大数据、非结构化数据、关系型数据）建立领域模型，然后与现有的数据源映射，明确其存储形式和访问方式，从而指导数据处理方式。但原始数据通常有很多历史遗漏质量问题，多个数据源间存在失配或不一致的情形，同一类数据的数据结构存在着演化，这需要大量细致的数据治理工作，才能将其变成业务可用的数据。

数据治理应该有效益意识，按需治理，否则可能出现投入产出不匹配的情形。很多数据质量问题治理策略与应用场景有关，例如，原始监测时序数据中的离群值，在设备健康分析前需要滤除，但在传感器失效分析中则是高价值数据。另外，到一定程度后，数据价值提升的收益和代价是不对等的，95%的精确度和99%的精确度对分析应用来说也许一样好，但二者付出的代价差别很大。

2. 基于 CRISP-DM 的敏捷工业数据分析方法：大数据与小数据无缝融合的研发迭代

传统的统计学习建模采用 CRISP-DM 的过程方法，将数据分析过程总结为业务理解、数据理解、数据准备、模型建立、模型评估、模型部署 6 个阶段，因为业务定义不完整、数据质量不确定等原因，不同阶段间存在着大量局部迭代，CRISP-DM 本身也是一种敏捷迭代的过程方法。

在工业大数据应用中，除统计学习外，数据分析算法还包含计算公式、专家规则、运筹优化等类型。另外，机理与经验等先验知识是工业大数据分析的一部分，跨领域协作更为重要，因此，需要在 CRISP-DM 方法基础上，针对工业分析和典型应用进行细化，形成一套工业分析的协同研发方法，用结构化、量化的思维方式进行分析、拆解和解决问题，同时考虑小数据集上模型研发与大数据集上模型验证的无缝衔接。

3. 云边协同的 MLOps 方法：研用一体化，支撑快速迭代

在传统数据分析模式下，模型研发与运行、运维是两个独立阶段，甚至很多研发模型需要重新开发，业务价值落地周期长。MLOps 或 DataOps 方法[1]尝试消除这样的串行工作，形成如图 1-12 所示的模型研发的快速迭代式推进过程。

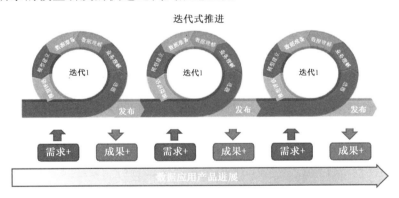

图 1-12　模型研发的快速迭代式推进过程

1.4.3　面向领域的工业大数据系统技术

为应对多样化的工业大数据需求，工业大数据系统宜采用层次化的建设方法，如图 1-13 所示。在充分融合通用大数据技术社区的基础上，开发针对工业特色的算法库、计算框架和

---

① ATWAL H. Practical DataOps: delivering agile data science at scale[M]. New York, NY: Apress, 2019.

物联网数据库技术，在此之上，针对典型工业大数据应用领域（例如，设备健康与诊断、生产质量管理、生产效率优化等），形成领域算子库、领域模型和分析建模环境；在此之上，针对行业对内容进行进一步具象化；这样企业的大数据应用，可以基于底层的共性内容组合出来，形成基于资产的敏捷模型研发。

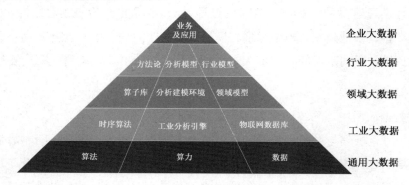

图 1-13 工业大数据系统的层次化建设方法

1. 多源异构数据汇集与处理技术与系统

通过面向工业数据存储优化的工业大数据技术，实现多源异构数据的一体化、低成本、分布式存储；通过面向工业大数据分析负载优化的存储读写技术，实现分析工具对数据的高效存取；通过一体化元数据技术，实现对时序数据、关系数据和对象数据的工业语义化组织与高效检索。

针对跨领域协作效率低的共性挑战，将海量异构的数据变成有领域语义的信息资源，将丰富非结构化的知识变成可扩展的形式化模型，将模型研发与部署运行运维一体化，支撑工业企业的自主研发能力建设。

2. 低门槛工业大数据分析建模环境

为适配领域专家的技能，建模方式最好是组装式建模，基于大量内置的算子，根据业务问题进行配置和建模；或者基于丰富的行业分析案例或分析模型，快速适配当前问题。在模型测试方面，采用"大数据与小数据"无缝切换的方式，开发和调试可以在本地的小数据集上进行，运行在大数据集上出现异常后，能将异常上下文以数据文件的形式提供到本地调试。基于这样的非侵入式并行化技术，大量的现有分析模型资产可通过低代码方式迁移到大数据环境。同时，为保证技术资源的可持续性，要融入 Python、R、MATLAB 等技术社区，一方面可以借用社区的资源和力量，另一方面，也可以保证社区资产的利用。

大数据平台也需要支持已有分析模型的快速成熟。很多工业企业积累了不少单机分析模型（如 MATLAB、Python、R），但缺乏在大数据集上的验证工作。经典的大数据并行化分析系统要求重新编写分析程序，但其算法库（如 MLlib、FlinkML）对工业分析方法（如信号处理、系统辨识等）的支持有限。在很多工业分析场景中，并行化数据通常是按照有明确业务语义的字段来分组的（如风功率曲线计算按照风机、月份进行并行化）。因此，工业大数据平台应该支持非侵入式的 MATLAB、Python、R 并行化，用户只需指定可并行化分组的数据字段，并对单机分析程序做简单适配，就可以直接将分析模型甩到大数据平台上做全量并行化，通过大数据的迭代去伪存真，探究海量数据背后的一般性规律，实现企业已有分析资产和实践经验的快速变现。这就需要分析引擎能够将分析模型与计算模式（批计算、流计算）、运行环境（集群、单机）、数据源独立开来，这样研发的模型可以实现多现场部署。

3. 数据应用的低代码开发工具

工业数据应用与信息化中的业务应用有很大不同。首先，数据应用支持关键决策，业务流程很短，主要集中在决策结果可视化方面；其次，数据应用背后依赖很重的数据上下文，需要明确数据模型抽象；另外，依赖包多，运行环境差异大；最后，数据应用的运行环境差异大，可运行在中心端的分布式环境，也可运行在边侧的单机环境。这些差异也决定了数据应用的低代码开发与业务应用型低代码开发不同。

4. 云边协同的分析模型与数据应用运行环境

因为数据安全、数据传输负载等因素，很多工业现场数据不能回传到中心端。这时通常要求分析模型和应用能够运行在边侧。这样就要求大数据计算引擎可以适应异构环境，包括：① 消除模型研发和生产运维的隔离，最好采用同一套代码，避免重复开发；② 支持灵活的部署方法，包括在线的一键部署与离线的基于文件的部署；③ 屏蔽集群、单机等运行环境的差异性；④ 屏蔽流计算、批计算执行方式的差异。

第 2 章　工业大数据工程的建设与运维方法

工业大数据工程致力于从数据中持续挖掘价值，并结合工程最佳实践实现敏捷数据创新。借鉴物理世界中规模化生产的工厂模式，将工业大数据工程类比为在数字世界中以数据为物料、以规模化数据产品加工生产为目标的"企业数据工厂"（Enterprise Data Factory，EDF）。本章将探讨企业数据工厂（简称为"数据工厂"）的构成、特征和要素，并在此基础上讨论企业数据工厂的规划建设方法。在数据工厂建设并投产后，为保持稳定持续生产高质量数据产品并产生业务价值，讨论数据工厂运行的两个关键方面：数据质量管控与数据工厂运维。

2.1　数据工厂的概念与范畴

2.1.1　数据工厂概述

工业大数据分析即从海量的数据中有效挖掘价值、提升企业核心竞争力是工业企业数字化转型升级的重要内容。虽然数据分析和数据挖掘并不是一个新方向，但如何系统性地以有序、高效和工程化的方式进行数据处理、加工和价值挖掘在最近几年才愈加被重视。

如果映射到工业生产过程，在目前很多的数据分析项目中，数据准备在很大程度上仍然处于手工制作的阶段，其连同分析算法逻辑的试运行和部署等工作环节共同占据了分析项目中的多数时间，这显著增加了数据产品（数据分析结果或数据应用）的加工周期。

借鉴物理世界中规模化生产的工厂模式，吸取零部件的产品化、生产流水线设计及工厂自动化等要素，在数字世界中以规模化的数据产品加工生产为目标，构建以数据为主要物料的"企业数据工厂"，致力于显著提升数据智能化创新的敏捷性和效率，最终推动更大的数据智能化业务发展。具体来讲，将工业数据处理和分析系统视为一条数据的加工生产线：数据源源不断地从这条线的一端进入，经过清洗、转换、数据分析模型的处理、统计分析和数据可视化等一系列的数据加工处理步骤，最终呈现为最终产品——内含分析结果及业务洞察的数据驱动型智能应用，从而实现数据的价值。如图 2-1 所示为企业数据工厂从数据原料到数据价值的数据加工生产过程示意。在企业数据工厂中，数据接入汇聚是前提，数据存储是基础，数据处理是主体，数据分析是重点，数据展示可视化与应用服务是与用户的交互形态。其中，价值的释放是以对数据的处理和分析为核心的。与物理世界中的工厂生产线一样，需要仔细设计、建造、监控和运维这个生产线，以保证生产的质量和效率等水平，并能够持续改进和提升其业务价值产出。

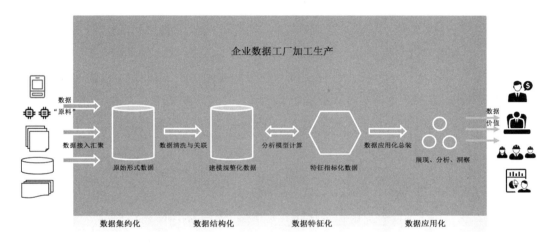

图 2-1　企业数据工厂从数据原料到数据价值的数据加工生产过程示意

数据工厂（Data Factory）这个名词在最近几年被学者[1][2]和商业产品[3]提及。SCHLUETER Langdon C 等[1]提出了由数据权限管理（Data Rights Management）、数据摄入（Ingestion）、数据协调（Harmonization）、质量评分（Quality Scoring）和数据治理（Data Governance）构成的数据工厂框架。WANG Y 等[2]提出的数据工厂包含数据仓库（Data Warehouse）、数据车间（Data Workshop）、工厂组件（Factory Component）和生产流程（Production Process）

① LANGDON CS, SIKORA R. Creating a Data Factory for Data Products[M]//LANG K R, XU J, ZHU B, et al. Smart Business: Technology and Data Enabled Innovative Business Models and Practices. Switzerland: Springer Nature, 2020: 43-55.

② WANG Y, LI Y, SUI J, et al. Data Factory: An Efficient Data Analysis Solution in the Era of Big Data[C]//Proceedings of the 5th IEEE International Conference on Big Data Analytics (ICBDA). Xiamen, China: IEEE, 2020: 28-32.

③ ANOSHIN D, FOSHIN D, STORCHAK R, et al. Azure Data Factory Cookbook: Build and Manage ETL and ELT Pipelines with Microsoft Azure's Serverless Data Integration Service [M]. Birmingham, UK: Packt Publishing Ltd, 2020.

4 个主要组件，没有对持续运行的数据生产和数据创新进行显式划分。微软公司在其 Azure 云上提供了 Azure 数据工厂（Azure Data Factory）①一个无服务器的云托管 ETL 和数据集成服务（用于构建数据驱动的工作流），以编排大规模的数据移动与数据转换。

与前述工作相比，共同之处在于所述数据工厂都着重包含了对数据转换工作流进行开发和管理的能力，实现了对数据的移动、转换和处理；但本书提出的"**企业数据工厂**"主要有以下不同。

（1）着重以工业企业数据智能化转型为背景，结合工业企业的上下文（例如，企业数据技术现状、人员与组织背景等）来考虑数据工厂的内涵和特征。

（2）基于在数据分析与数据创新研发实践方面的经典方法（例如，CRISP-DM 方法②③），着重结合数据科学团队近年来在工程化实施数据分析项目中的实践经验和新进展（例如，DataOps 实践）④，旨在从数据中挖掘业务价值的角度来考虑数据工厂的构成和要素。

（3）基于上述数据工厂的内涵和构成等特点讨论数据工厂的生命周期及相关方法，包括规划建设、价值生产及创新研发。

1. 数据工厂的主要构成：价值加工线和创新加工线

数据工厂是一个持续运行的数据处理和分析系统。在一个传统的数据分析项目中，项目始于一个明确的业务需求目标，数据团队通过数据准备、特征提取、分析模型构建与评估等一系列阶段和过程得出分析结果并形成分析报告，提供业务洞察作为最终产出。这类项目的执行过程往往有明确的**起止周期**，项目结果往往是"离线"形式的报告。相比之下，本书提出的企业数据工厂的生产过程则有很大不同。在这里，数据处理逻辑和分析模型已经提前固化在生产线中。伴随**持续**输入的数据，这些逻辑和模型"在线"运行并持续产出分析结果，而这些结果最终以面向用户的**应用**形式得以展现并与用户交互。

---

① ANOSHIN D, FOSHIN D, STORCHAK R, et al. Azure Data Factory Cookbook: Build and Manage ETL and ELT Pipelines with Microsoft Azure's Serverless Data Integration Service [M]. Birmingham, UK: Packt Publishing Ltd, 2020.

② CHAPMAN P, CLINTON J, KERBER R, et al. CRISP-DM 1.0: Step-by-step Data Mining Guide[M]. Copenhagen, Denmark: The CRISP-DM Consortium, 2000.

③ 田春华，李闯，刘家扬，等. 工业大数据分析实践[M]. 北京：电子工业出版社，2021.

④ BERGH C, BENGHIAT G, STROD E. The Data Ops Cookbook: Methodologies and Tools That Reduce Analytics Cycle Time While Improving Quality[M]. Cambridge, MA, USA: DataKitchen Headquarters, 2020.

上述固化了数据处理逻辑和分析模型的数据加工生产线以源源不断输入的数据为原料持续运转，历经数据测试和验证，生产出分析处理的结果和智能应用的状态，产生潜在业务价值，将这条数据处理加工线称为"**价值加工线**"，简称价值线。价值线强调从接收数据原材料开始，经过一系列加工处理步骤，直到产生用户可消费的数据驱动的智能应用产品的过程。这一过程是数据工厂释放数据价值的主要载体，视为对产品的持续生产。价值线的主要特点是数据不断转换，但包含处理逻辑和分析模型的程序代码保持不变。

图 2-1 为从数据原料加工产出业务价值的生产过程，即一条"价值流"。对应于物理世界中的工厂，这个过程主要偏重于工厂里的生产制造这一业务流程。企业中另一大业务流程是研发创新。回到数据工厂的空间中，新数据产品的定义、工艺的设定选取与创新显然也是一条重要的工作线，其正是数据科学团队着力从事的、关于如何根据业务需求进行分析和应用创新的过程，而这是一条"创新流"。

不同的业务场景需求、不同特质的数据原料都需要研发各不相同的针对特定数据和具体问题的数据处理逻辑和分析模型。从探索和理解数据开始，到构建处理逻辑和分析模型，再到技术和业务评估，最后到数据可视化及应用交互设计和构建并满足用户需求，这是一个创新型、迭代式的分析模型与处理逻辑开发的过程。这条以研发分析模型与处理逻辑为目的的数据加工线称为"**创新加工线**"，简称创新线。创新线着眼于根据业务需求、市场环境等一系列情况进行最终产品的设计、试验与研发，以及包括分析模型、数据处理方法等工艺方面的设计与评估等；这个过程体现出很强的创新和研发性质。类比于物理世界的工厂，此创新线与试验线有相似之处。创新线的主要特点是：处理逻辑和分析模型的程序代码不断调试变化，但数据通常是一个或几个稳定的集合。保持数据静态可以将新的试验结果归因于新试验的处理逻辑和模型算法，即去除数据的变化对试验结果产生影响的维度。

价值线和创新线的概念参见 DataOps 实践[①]。DataOps 是一种数据科学团队所采用的自动化、面向过程的方法实践，用以提高数据分析的质量并缩短交付周期。DataOps 将敏捷开发（Agile Development）、DevOps 和精益制造（Lean Manufacturing）三者应用于数据分析的开发和运维过程中。

2. 数据工厂的生命周期：从规划建设到管控运维

类似于物理世界中的工厂从规划建设到投产运营，数据工厂从 0 到 1 涉及的三大核心业务活动为规划建设、生产制造及产品研发，分别对应数据工厂生命周期中的"规划建设时""价值线运行时"和"创新线运行时"，如图 2-2 所示。

---

① BERGH C, BENGHIAT G, STROD E. The Data Ops Cookbook: Methodologies and Tools That Reduce Analytics Cycle Time While Improving Quality[M]. Cambridge, MA, USA: DataKitchen Headquarters, 2020.

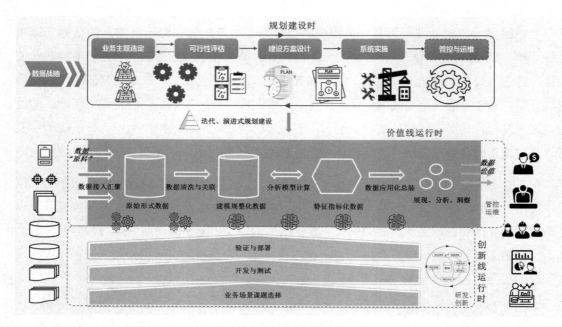

图 2-2　数据工厂的生命周期

"规划建设时"涉及企业数据工厂从立项、启动、建设到竣工的过程。数据工厂宜采用"业务导向＋技术驱动＋数据支撑"的方式进行规划，起始于企业顶层数据战略理解，基于企业统一数据战略，以业务为导向，采用迭代演进的方式实现数字化战略的落地和工厂建设。规划建设方法将在 2.2 节展开。

"价值线运行时"是数据工厂在正式生产状态下的运行过程，是数据工厂为企业持续创造价值的核心业务活动周期。"价值线运行时"起始于数据工厂规划建设并竣工投产后。在这个阶段，原料数据作为物料，经过由运行环境代表的机台的处理（机台注入了由分析模型代表的工艺参数等信息），产出分析结果和数据展示。类似于物理世界生产线中的自动化质检，自动化数据测试是价值线运行时中一个重要环节，其保障价值线正常运行的同时产出满足质量要求的数据产品。测试发生在输入、中间处理和输出多个环节，具有两种类别（无业务语义逻辑、业务逻辑），采用精益制造中的统计过程控制（Statistical Process Control，SPC）方法来监控流经数据的质量。价值线运行时的关键是管控和运维（Operations），这将在 2.4节、2.5 节中展开具体讨论。

"创新线运行时"是一个侧重于研发和设计的过程，其根据业务场景需求、数据支撑情况、市场变化及用户反馈等情况，来研制、试验和改进数据处理逻辑、分析模型，以及应用的用户交互方式。在"创新线运行时"，新的数据处理逻辑、分析模型与结果展示，以及用户交互方式得以研发，新的或改进的数据产品得以定义。在这个阶段，对开发的构件进行业务有效性评估，并通过构建功能测试、回归测试等确保符合业务相关需求。使用自动化构建与部署的工作流程用来实现持续部署，缩短开发交付周期，从而避免数据团队将精力置于手工构建与部署等重复工作中，让其能够专注于创新研发。类比于物理世界工厂中的试验线，通过与生产系统的生产线相分离（如"沙箱"环境），数据团队可以自由试验而不必担心破坏生产系统。创新线运行时的关键是研发（Development），这将在 2.1.4 节中进一步讨论。

2.1.2 数据工厂的特征

物理世界中的工厂与数据工厂有很多类似之处，也有很大的不同。数据工厂的本质不同在于：数字化生产线受时空、物质等物理世界的约束小，更多的是逻辑空间和数字空间的事物；复制性、重用度更高。在生产要素上，物理工厂与数据工厂的比较如表 2-1 所示。

表 2-1 物理工厂与数据工厂的比较

物理生产线的关键要素	相关的管理行为	数据工厂的关键要素	异　同
物料	物料的准备、上料、转运物料的质量检测	数据资源、数据半成品、数据产品	数据的流转不是瓶颈，数据资源的复用度高，二次重用边际成本为零；但数据使用量的计量和安全（跟踪与保护）变得更加困难 数据资源更强调整体价值，不完备数据的价值可能为零，价值评价更困难；易逝性高 数据加工过程没有标准化，造成数据资源的质量评价缺乏标准化
仓储空间	采购、进库、出库管理、仓位管理、仓位盘点	数据相关的存储空间	存储空间不是瓶颈，除个别的大数据外
机台	机台操作、机台监控、异常排查	处理与分析模型开发环境软件和运行环境软件、数据服务	横向扩展较易
人	排班、培训、绩效管理	运维人员等	基本相同，但数据产线不受物理空间的限制
工艺	制程工艺的设计、研发与管理，工艺过程稳定性监测，工艺参数优化	分析模型的研发、分析模型性能监测、分析模型的自演化	基本相同，数据空间的迭代速度可以更快
加工任务	计划、进度监控、动态调整	作业计划	基本相同

结合表 2-1 中的对比，类似于物理工厂生产管理中影响产品质量的几大要素（即人、机、料、法、环、测），数据工厂中也具有如下这几大要素。

（1）人。数据工厂加工生产过程中的运营运维与管理人员，以及产品孵化的创新研发人员。例如，数据工厂产出的数据产品的运营人员、对数据工厂中数据质量的管控人员、数据工厂软硬件系统的运维人员，以及研发数据处理逻辑和分析模型的研发人员等。

（2）机。数据加工所使用的工具、研发和运行软件环境等生产用具。例如，数据分析语言（如 Python、R、MATLAB 等）与数据处理逻辑所对应的开发环境和运行环境，也包括为方便数据加工和数据使用而封装的工具、服务 API 等。

（3）料。数据本身。数据既是原材料、中间半成品，也是最终的产品。

（4）法。如何加工输入原材料得到最终希望的产品，主要包括数据处理逻辑与分析模型（对应于生产领域的工艺）。其中，分析模型的形成不仅是 DT 人员的责任，而是由 OT 人员圈定范围、定义场景和业务机理，并最终负责对 DT 人员研发的分析模型进行评价。

（5）环。数据加工生产的环境，一般来说可以归纳为软硬件基础设施，例如，服务器环境、云环境、操作系统等，提供偏底层的软硬件环境及信息安全与数据安全等保障。例如，目前市场上的工业互联网平台，本质属于"环"+"机"的范畴。

（6）测。有"测量""测试"的含义，即用数据评价数据。与"质量"密切相关。具体来讲，类似于物理世界中工厂的生产质量检测，对于从原材料到产品的数据加工全流程，也需要定义相应的"质量指标"，在原材料、中间半成品、最终产品等关键控制点进行相应的检测和控制。

2.1.3　数据加工价值线的关键要素

价值线是持续生产数据产品并产出业务价值的数据加工生产线。与物理世界中工厂的线上生产类似，价值线要求能够持续稳定地运行，具备高可用性。稳定运行保证了数据产品价值的供给，保证了数据应用的及时性和有效性。具体来讲，价值线的高可用性包括服务高可用性、数据高可靠性等，体现在数据汇聚与处理、数据分析模型运行环境及数据应用运行环境等多个过程与环节。

数据产品带给用户的价值与数据的准确性、完整性、及时性等息息相关。数据满足这些性质的程度归属于数据质量指标的范畴。与其他类型的产品一样，质量是数据产品的生命。数据产品质量的影响因素可以总结为两大类：① 与数据相关，包括原始数据和中间加工结果数据；② 与处理逻辑相关，包括数据处理程序、分析模型和算法等。价值线要求数据加工生产过程的各个环节及数据产品的质量得以有效管控。

生产效率决定着产能，进而影响业务效益。效率是继高质量及数据产品稳定产出后的又一项要求。价值线要具备高吞吐、低延迟的能力。另外，数据工厂的数据原料具有数字空间的特点，相比于物理世界工厂中生产线的原材料，其数据流量的变化相对更灵活，因此，数据工厂要具备规模可扩展的能力。

价值线需要具有可观测性，便于运维管理人员开展工作，包括及时检测数据物料的问题、分析模型运行异常等情况。在传统的数据工作模式中，数据工程师、数据分析师的工作过程不易被人觉察。这是由数据处理和分析工作本身的特点决定的。例如，对于数据处理来说，操作的对象是数据，数据本身存在于数据系统中，往往需要通过专业的工具才能够查看，而且由于数据量大，形态多样，很难在很短的时间内概览其全貌。在数据加工过程中，会加工出多种数据形态，增加了其追踪和查看的难度。因此，价值线需要有效地监控与及时检测问题的手段和能力。

基于上述讨论，数据加工价值线的关键要素如表 2-2 所示。

表 2-2　数据加工价值线的关键要素

要　求	表　现	关键技术要素
高可用	稳定生产、故障时间短	数据汇聚与处理技术
		数据分析模型运行环境
		数据应用的运行环境
高质量	高质量、质量可控	数据质量管控方法
高性能	高产能、高节拍 （高吞吐、低延迟）	数据汇聚与处理技术
		数据分析模型运行环境
		性能调优实践
可观测	有效监控、及时检测问题	数据质量管控方法
		数据工厂监控实践

2.1.4　数据智能创新线的关键要素

工业数据智能具有很大的不确定性，业务需求在不断细化或重新定义，专家经验需要充分检验和持续优化，数据中是否存在稳定的规律需要在大量建模实验和验证后才能得知，分析模型的结果如何变成数据应用或数据产品本身也是不断尝试的过程。这要求数据智能创新线具备敏捷性，可以灵活应对各种不确定性。

另外，考虑到工业大数据的领域知识转移成本高，更有效率的方式是构建一个适合工业企业自主的创新线，这样让更多的人可以参与数据智能创新。这需要降低大数据技术的门槛，以工业人的数据思维习惯和技能水平应用工业大数据技术。

针对敏捷性的要求，一方面是过程方法的敏捷性，在保证动态迭代的灵活性前提下，规范化步骤内容和不同角色间的协同界面，这些将在"第 5 章　敏捷工业数据分析方法"中讨论。另一方面是通过内容与模板等资产，提高创新效率和成功率，包括工业对象模型库、算子库、数据应用 App 模板库和案例库。

在自主性方面，主要包括数据模型、分析模型、数据应用 3 个方面。在数据模型方面，工业数据应用通常需要以工业物理对象为中心的模型，例如，在设备故障诊断中，不仅需要设备的状态监测或检测信息，还需要了解设备的维修记录、历史事件、设计参数等上下文信息，甚至访问同一类型部件在其他类似设备中的表现。这些数据既包括大量时间序列数据，也包括关系数据、文件数据等不同的类型，并且需要关联起来。一种可行的技术方法是采用领域建模思想，构建工业物理对象建模工具，屏蔽背后的数据系统技术细节，这将在第 4 章中讨论。在分析模型方面，依托丰富的算子库，提供图形化建模环境，通过拖拽实现业务逻辑的表达，将在 6.2 节中讨论。很多分析模型需要在大数据上进行并行化计算，有批计算和流计算模式，很多工业分析工具和编程是单机版，需要提供一种简单的方式，以最小的修改量实现并行化。另外，工业数据分析有很多典型模式，可以提高研发效率。在数据应用方面，领域专家或数据分析师最熟悉展示逻辑，但通常缺乏 IT 应用开发技能，通过低代码开发环境，提高应用的开发效率，这将在第 7 章中讨论。

基于上述讨论，数据智能创新线的关键要素如表 2-3 所示。

表 2-3　数据智能创新线的关键要素

要求	方面	关键技术要素
敏捷性	过程与协作方式	敏捷工业数据分析方法
	创新效率	工业对象模型库 分析算子库 数据应用 App 模板
		分析案例库
自主性	数据模型	工业物理对象建模
	分析模型	图形化建模环境 非侵入式分析服务引擎 典型学习方法与模式
	数据应用	低代码开发环境

2.2　数据工厂的规划建设方法

数据工厂的规划建设宜采用"业务导向+技术驱动+数据支撑"的方式，基于技术可行性的客观评价，考虑全生命周期和后续迭代进行规划建设，具体步骤可参考企业数据工厂规划建设的工作流程和方法"STEP-DO"（from Strategy-Topic-Evaluation-Plan to Deploy-Operation，从战略—选题—评估与设计到实施与运维），如图 2-3 所示。首先，对工业企业进行顶层数据战略理解，形成统一数据战略；其次，以业务为导向，采用迭代演进的方式实现数字化战略的落地。在每一次落地迭代过程中，从识别和分析业务主题和业务场景出发，历经评估可行性、设计建设方案环节，建设方案要保持前瞻性并考虑具备演进的扩展性，在经过系统实施后，数据工厂投产运行，并持续有效管控与运维。每一次迭代的经验和从业务角度评估的正反面效果都将作为后续迭代的参考，并为新一轮迭代建设提供经验输入。

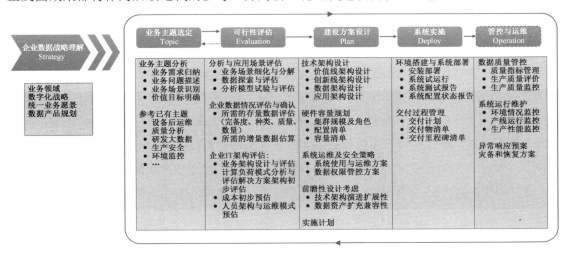

图 2-3　企业数据工厂规划建设的工作流程和方法 STEP-DO

2.2.1　企业数据战略理解

数据智能化是工业企业转型升级高质量发展的一项重要抓手。国家从宏观层面重申数字化转型升级的国家性和紧迫性，也在积极引导工业企业深入实施大数据战略，以数据智能化推动企业高质量发展。工业大数据正在从业务数字化阶段向数据智能化阶段迈进。工业企业结合自身业务领域，统一业务愿景，制定数字化战略是每个企业面对时代挑战的主动回应，新时代也是数字化智能化带给企业经济效益提升的良机。

数据工厂的起始是企业高层达成战略理解，形成战略共识。数据智能化的一个重点是数据思维和数据文化。数据思维增加了一种从数据的视角思考问题的方式；数据文化把数据和业务当成一体来看，而不仅将数据当作一个支持工具。基于企业数据战略理解，通过业务愿景导向与业务场景探索，识别数字化业务主题，制定企业数字化产品规划，推导出企业数据工厂的架构，并培养逐渐深入的数据思维和数据文化，形成和逐渐演进企业数字化产品和服务集。

2.2.2　业务主题选定

数据产品规划建议"轻规划、重场景、迭代演进"。在业务主题选择的过程中，要结合企业自身特点，从业务价值出发进行场景探索；重点是以场景为锚点，基于场景进行比较快速和轻量的主题选定和规划。同时，要理解市场的动态性，通过利用数字化的敏捷性，在保持大的数据战略原则的基础上，让数据产品随着效益的显现逐渐深化。在遇到业务价值瓶颈时及时调整，进行小周期的迭代，并基于反馈效果向更具有积极业务价值的方向演进。

如图 2-4 所示为"业务导向+技术驱动+数据支撑"的"轻规划、重场景、迭代演进"式建设示意，图中体现了上述规划思想。每一次迭代都以业务场景价值为导向，沿着这个场景纵向切分，在企业数据全集中仅定位相关的一个或多个数据子集，并根据数据接入汇聚存储处理等需求及数据分析计算需求落实支撑技术，从而形成建设方案，进而实施与运行。从相对小的数据场景落地，便于快速验证和呈现价值，也便于在数据智能化转型大的进程中逐步实践、逐步积累经验。相较于先从最底层（即建设企业全量数据大而全的管理分析技术支撑系统）再逐层向上的建设方式，能更早地验证系统价值，并逐步地积累经验，这在企业数据智能化转型升级的较长进程中是至关重要的，可以帮助企业自身数字化能力的培养和成长。

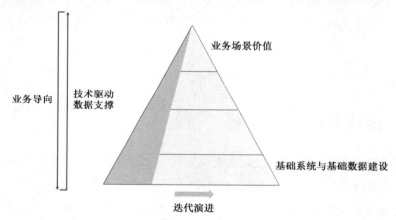

图 2-4　"业务导向+技术驱动+数据支撑"的"轻规划、重场景、迭代演进"式建设示意

业务价值是数据工厂建设的导引，数据工厂始于业务价值。在进行业务主题选定的过程中，涉及一系列分析与识别工作，包括分析业务痛点和需求归纳，总结描述业务问题，筛选识别业务场景，明确将要达成的目标和场景业务价值等。

对已有的业务主题应予以充分参考，包括在前续数据工厂迭代建设中积累的业务主题与场景、选取经验等方面。高优先级、高价值及有一定相关经验、可行性较高的业务主题和场景往往适宜给予专注。

2.2.3　可行性评估

可行性评估是对选定业务主题的目标能否通过建设数据工厂所达成的一项评估。其主要包括分析与应用场景评估、企业数据情况评估与确认、企业 IT 架构评估 3 个方面。

（1）分析与应用场景评估。以业务主题场景为输入，对其进行充分理解，细化与分解业务场景，包括场景对数据的需求，对数据处理、数据分析、分析模型计算等的需求，从数据、分析模型的层面对业务场景进行理解和评估。

- 在数据的需求方面，包括数据的业务类型、数据的质量要求、数据的体量要求等。

- 在数据分析的需求方面，包括数据处理的方法需求、分析模型计算模式、范式、特性等需求等。在评估过程中，可以提取样例数据，对样例数据进行探索与分析，进行分析模型试验等。

（2）企业数据情况评估与确认。根据分析与应用场景的数据需求，在企业数据全规模集合中评估与需求相关数据的情况，体现在存量数据和增量数据两个方面。

- 对于存量数据，定位和评估数据的完备程度、数据的技术类型、数据的质量情况、数据的体量情况等，另外，获得数据所在系统的情况，例如，系统的访问接口、访问性能、系统当前负载情况、网络与传输、安全设置等，并将实际情况与需求进行对比，得出满足程度与差距。

- 在增量数据方面，评估所需数据的未来增量情况及数据所在系统的情况，得出满足度与差距。这些差距可以为接下来的建设方案提供输入与指导。

（3）企业 IT 架构评估。

- 根据对分析与应用场景的分解、细化和理解，勾勒与设计业务架构并进行评估，包括施动者与角色、驱动力、目的与目标、主要功能分解、用例等。

- 根据分析与应用场景的数据分析及计算需求等方面，分析所需的计算负载的特点，包括分析模型计算模式、计算范式、数据处理特性等。

- 基于业务架构及场景所需的计算负载的特点等情况，结合数据需求所涉及的数据工厂外部系统的访问接口、访问性能、网络与传输、安全设置等情况，进行解决方案架构初步设计，包括含主要组成部分的自身架构、与数据工厂外部系统的集成架构、风险与限制等，并进行可行性评估。

- 对系统成本、分析模型与应用建设成本进行初步预估，包括与外部系统集成的开发及技术服务成本、系统自身的软硬件成本、数据接入验证实施成本、分析模型研发与部署实施成本、应用开发成本等。

- 数据工厂的运维运营模式预估。数据工厂运营是一类新型的企业运营活动，为便于开展和高效实现企业数据智能化转型，企业往往需要在组织架构层面予以支持，包括数据工厂运营的人员架构考虑。另外，对数据工厂运维模式进行预估，例如，本企业以管理为主、以外部运维技术服务为辅助等方式。

2.2.4 建设方案设计

数据工厂的建设方案主要包括技术架构设计、硬件容量规划、系统运维及安全策略、前瞻性设计考虑和实施计划五大方面。

（1）技术架构设计。技术架构设计是从技术角度，对数据工厂的系统组成和工作流程等关键信息的设计决策的勾勒、描述和定义，其主要内容包括价值线架构设计、创新线架构设计等。

在价值线架构设计中要考虑支撑从数据中提取价值的一系列数据处理与数据分析工具和系统，涵盖数据接入汇聚、数据存储、数据查询、数据集成、数据处理、数据分析、数据可视化、应用交互设计等能力，这些构成了价值线架构组件的主体。价值线涉及以给定的数据处理和数据分析编排以数据质量可控的方式从数据中提取价值，包括数据的清洗、转换、分析模型处理、数据测试，以及数据可视化等活动。

在创新线架构设计中要考虑支撑数据探索、分析模型实验及应用创新等过程的工具、系统和构件库，包括工业数据分析建模环境、分析算子库、分析案例库、低代码开发环境、数据应用 App 模板库等，这些构成了创新线架构组件的主体。创新线涉及试验新的数据处理、分析和应用想法，研发具有业务价值的新的（或改进已有的）数据分析模型、交互应用（即数据产品）等活动。

（2）硬件容量规划。承载数据工厂软件系统的硬件或云基础设施及相关的容量规划方案，包括明确集群规模、角色信息等，这将在 2.3 节中展开。

（3）系统运维及安全策略。数据工厂建设方案中还包括数据工厂建成投产后的系统使用与运维方案、数据权限管控方案，其中包含系统使用指南、运维最佳实践、数据访问权限控制指南、数据管控实践等。

（4）前瞻性设计考虑。数据工厂的落地实施过程是通过迭代演进的方式进行的，而非一蹴而就。在每次迭代中，建设方案要保持前瞻性并考虑具备演进的扩展性。一方面，对企业数据的扩充要具备兼容性。例如，考虑企业上游数据源情况，为未来根据业务场景接入汇聚更多数据源时力求保持良好的向前兼容性。另一方面，对系统自身架构和组件的升级和扩充，计算资源、计算模式等扩充时，能够良好地扩展，并让整体架构保持演进。

（5）实施计划。以建设方案中的技术架构、容量规划、运维安全策略为基础，制订数据工厂系统实施计划，用于指导整体的实施过程。

2.2.5　系统实施

系统实施以环境搭建与系统部署为主要内容，以交付过程管理为手段。内容包括数据工厂系统安装部署、试运行、系统测试报告、系统配置状态报告等。通过交付过程管理手段，做好几方面的管理，包括交付计划、交付物清单、交付里程碑清单等。

2.2.6　管控与运维

数据工厂管控与运维通过对生产过程进行监测和控制，达到提升和保障数据产品生产效率、产品质量、降低生产成本等目的。

（1）数据质量管控。数据工厂投产运行后，数据质量是一项重要管控内容。对生产环节和步骤（即加工工序）进行科学的过程控制，通过层层把关，减少不合格品产生，从而提高产品质量，减少无谓的数据处理消耗。首先，进行质量指标管理，定义和明确质量指标；其次，对加工生产过程的诸多环节进行生产质量监测和评价；最后，对质量问题及时告警和预警，进行有效的质量监控，提高数据产品的整体质量。

（2）系统运行维护。包括环境情况监控、产线运行监控、生产性能监控等。基于生产行为追踪，对数据工厂中的生产过程及数据处理过程进行追踪、监测和管理，从而对生产过程的情况进行掌控。对数据产品生产性能进行评估、监测、控制与调优，从而高效生产、提高产量，同时降低资源消耗、降低成本。

（3）异常响应预案，包括对异常事件的响应机制与处理方法。

（4）灾备和恢复方案，包括应对灾难性故障的预防性措施和应对方案。

综上所述，数据工厂规划建设以业务价值为导向，以数据为原料支撑，以技术和实践经验方法为驱动。数据工厂的建设需求围绕业务价值，功能设计以对应的业务场景需求为根源。从分析和应用场景出发进行企业数据、IT 架构两方面的可行性评估。建设方案在充分考虑当前功能设计的基础上进行一定的抽象化、可复用化和前瞻性设计，保持在满足当前业务场景需求的同时具有一定的可扩展和可演进能力。在系统实施投产后的管控运维阶段，要考虑企业的人员架构和运维模式，做好数据质量管控，确保数据产品的整体质量。整体建设以迭代与演进的方式进行，每次迭代都是一个以业务场景为起点，通过建设系统能力、生产数据产品，最终产出业务价值的完整过程。

2.3　数据工厂容量规划方法

从广义来说，容量规划①是确保 IT 资源足以经济高效地满足目标业务需求而进行的 IT 资源规划。系统容量是指系统处于最大负载状态或关键指标达到所能接受的最大阈值下对业务请求的最大处理能力。从狭义来说，容量规划主要是根据业务服务需求对计算机与网络系统的 CPU、内存、磁盘、网络及其他组成设备等的配置、构成集群的物理或虚拟计算机节点数量等基础设施资源规模，以及软件系统的性能与容量相关设置的规划；在云计算环境中，也包括对支撑业务的云计算服务规模的规划。实际上，容量管理（包含规划）是一个综合领域，涉及服务器性能监测、性能分析、性能调优、对工作负载随服务规模变化的理解、对计算资源需求的影响分析等，本书只局限于对功能范围已经确定的系统的初始容量规划。

本节主要聚焦从企业数据工厂角度的狭义容量规划，重点在系统配置和集群节点数量规划的考虑。主要包括 3 个步骤，如表 2-4 所示。① 业务需求获取。包括获取数据的范围、业务增长趋势、业务应用场景、应用用户规模、应用服务可用性及预期界面交互延迟等。② 相关技术指标求值。主要包括根据业务需求进行数据相关指标换算、计算负载分析与指标换算。③ 配置与规模规划。

表 2-4　容量规划的典型步骤

序　号	典型步骤	说　明
步骤 1	业务需求获取	包括获取数据的范围、业务增长趋势、业务应用场景等在数据、处理及应用 3 个方面的需求
步骤 2	相关技术指标求值	由业务需求来计算出数据技术指标值及计算负载指标值。技术指标求值有根据理论计算、根据经验（如最佳实践）计算及基于实际测试结果估算等多种方法
步骤 3	配置与规模规划	集群容量空间总量估算（单位是总核数、总内存量、总磁盘量等），以及集群配置与规模的规划。其中，容量空间估算有根据理论计算、根据经验计算及基于实际测试结果估算等多种方法

一般来说，不同的业务场景在写入与存储、查询分析与计算方面的复杂度和比重各有不同，通常先基于数据指标评估存储相关容量，再进行业务负载分析与测试评估计算资源容量情况。串联上述 3 个步骤的示意如图 2-5 所示。下面首先讨论容量规划相关的典型业务需求及体量相关的技术指标，然后在此基础上展开讨论容量规划典型的 3 个步骤。

---

① WESCOTT B. The Every Computer Performance Book: How to Avoid and Solve Performance Problems on the Computers You Work With[M]. Lexington, KY, USA: Createspace Independent Publishing Platform, 2013.

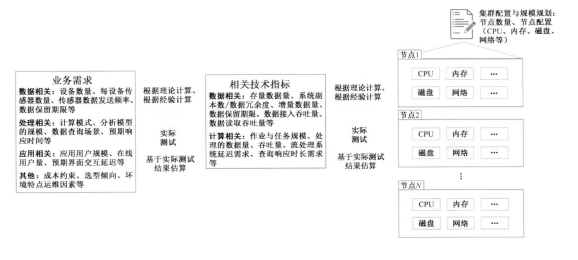

图 2-5　数据工厂容量规划方法示意

2.3.1　业务需求与技术指标

首先，进行容量规划相关的业务需求获取。相关业务需求主要涉及 3 个方面。

（1）数据方面，包括诸如时序数据相关设备数量、每设备传感器数量、时序数据发送频率、时序数据保留期限，关系数据现存总记录规模、增量情况、单记录平均大小尺寸，文件数据现存总文件个数、增量情况、文件平均大小尺寸，数据保留需求、数据波动周期特征及数据可靠性要求等。

（2）数据处理方面，包括模型计算场景、分析模型规模、预期完成分析时间、数据查询场景及预期响应时间等。

（3）应用方面，包括应用用户规模、在线用户量、应用服务可用性要求、预期界面交互延迟等。

以上 3 个方面的需求均从价值线和创新线两个维度考虑。在实际情况中，价值线和创新线通常使用独立的 IT 资源。价值线通常涉及以上全部 3 个方面的需求收集，而创新线更侧重于计算方面和数据方面，原因是其有大量分析模型试验的需要。

通过基于业务主题场景的方式来收集和预估与数据工厂相关的上下文需求信息。这些需求获取的工作在 STEP-DO 的"可行性评估"阶段已经进行，包括分析与应用场景评估、企业数据情况评估及企业 IT 架构评估等过程。

其次，进行容量规划相关的技术指标求值。在相关的技术指标方面，主要包括数据相关技术指标及计算负载相关指标。

数据相关技术指标：在数据工厂中的数据采集、传输、接入、存储及访问等环节中有一系列数据系统和工具。根据业务需求进行数据量等指标的换算和预估是对这些系统和工具进行容量规划的基础。由于不同系统的功能目标和特性不尽相同，导致待预估的数据指标各有差异。如表 2-5 所示，按照不同的数据系统类别分别列出了相关的典型数据指标。不同类别的数据系统将在第 3 章进行展开。对价值线和创新线来说，虽然数据体量等具有差异，但数据指标预估方法是相通的，因此统一进行讨论。

表 2-5 典型的数据相关技术指标

相 关 指 标		所适用的数据系统的类别		
类别	名称	数据湖系统	流数据系统（消息引擎）	数据库系统
存储的数据量	存量数据量	✓		✓
	数据副本数/数据冗余度	✓	✓	✓
	增量数据量	✓	✓	✓
	数据保留策略（老化）	✓	✓	✓
吞吐量	数据接入吞吐量	✓	✓	✓
	数据读取吞吐量/QPS（Queries Per Second）	✓	✓	✓
延迟要求	数据延迟需求（写入、恢复）		✓	✓
	查询响应时长需求			✓
其他	数据库负载模式			✓
	业务峰值特点（数据波动周期特征）	✓	✓	✓

需要说明的是，由于数据系统工作机制不同，不同系统的相关技术指标并不完全相同，例如，有些系统的容量规划要与文件总数量、表数量、时间序列的个数等规模相关，此处仅列出有一定通用性的典型指标。

计算负载相关指标：在数据工厂中的数据接入汇聚、处理、分析、访问等环节中涉及一系列数据处理和计算、应用交互支撑的系统和工具。为了对它们进行容量规划，先要根据业务需求进行数据处理和数据应用的负载分析和预估。具有不同计算模式的系统（如离线批处理型、流处理型、交互式处理型）的待预估负载指标各有差异。如表 2-6 所示，按照不同的计算模式分别列出了相关的典型负载指标。关于对计算模式、分析模型构建环境、应用运行环境和低代码工具的相关讨论将分别在第 3 章、第 6 章和第 7 章中展开讨论。

表 2-6 典型的计算负载相关指标

相 关 指 标		所适用的系统的计算模式		
类别	名称	离线批处理型	流处理型	交互式处理型
作业与任务规模	批/流处理作业/任务数量	✓	✓	
处理的数据量	批处理作业/任务处理的平均数据量	✓		

相 关 指 标		所适用的系统的计算模式		
类别	名称	离线批处理型	流处理型	交互式处理型
处理的数据量	在线服务数据请求平均数据扫描量			√
	在线服务数据请求平均数据返回量			√
吞吐量	流处理作业/任务处理数据的吞吐量		√	
	在线服务数据请求吞吐量/QPS			√
延迟要求	流处理延迟需求（写入、恢复）		√	
	查询响应时长需求			√
其他	业务峰值特点	√	√	√

2.3.2 集群配置与规模规划

不同的数据系统类别、不同的计算模式典型对应着不同的业务需求项和技术指标，在集群配置和规模规划方法方面也不尽相同。下面以 2.3.1 节介绍的业务需求和技术指标为基础，依照不同系统与不同计算模式分别展开讨论。

1. 数据湖

数据湖的主要功能是存储各种类型的数据，包括时间序列数据、关系数据、文件数据等，并提供一个开放式的高吞吐的数据读写通路供计算引擎使用。主要的容量相关指标为数据存储量方面。典型的实现技术包括分布式文件系统（如 Hadoop HDFS）、对象存储系统（如 MinIO）等。

数据湖相关的业务需求项包括：（时间序列数据）设备数量、每设备平均数值型传感器个数、每设备平均开关量传感器个数、数据平均发送频率、数据保留期限，（文件数据）文件数量、平均文件大小，（关系数据）记录数量、单记录平均大小等。相关的技术指标（主要项参见表 2-5）包括存量数据量、数据副本数/数据冗余度、增量数据量、数据保留策略（老化）、数据接入吞吐量、数据读取吞吐量/QPS 等。

对集群存储空间总量的估算是数据湖集群配置与规模规划的开始，其是对存储设备（典型是磁盘设备）总容量的估算。为了简单表示，下面将业务需求项与技术指标共同作为输入进行集群存储空间总量的计算，而非严格地将所有业务需求项换算成技术指标，再全部从技术指标计算存储空间总量。

首先，估算存储空间总量（容量），分别从企业数据工厂中典型的时间序列、关系、文件 3 个类型进行，计算的逻辑如下（其中常量系数等可在实际中根据具体情况调整）。

估算时序数据存储空间 = 设备数×（开关量字段数×1 Bytes +数值型字段个数×8 Bytes +元信息开销）× 数据平均发送频率×3600 s×24 h×366 d×保留年限×副本数×（1+存储膨胀率）÷（压缩比×存储利用率） 注：主要提供一个计算的思路框架，可以因不同的存储格式和数据布局而有所调整。
估算文件数据存储空间 = （现存文件数量×平均文件大小+每日平均新增数据量×平均文件大小× 366 d×保留年限）×副本数×（1+存储膨胀率）÷（压缩比×存储利用率）
估算关系数据存储空间 = （现存记录数量×平均单记录大小+每日平均新增数据量×平均单记录大小×366 d×保留年限）×副本数×（1+存储膨胀率）÷（压缩比×存储利用率）

对上述换算逻辑进行补充说明。① 因系统机制不同，副本数可以表现为数据冗余度。例如，在 Hadoop HDFS v2 以前考虑副本数（典型值为 3），在 HDFS v3 及 MinIO 中考虑数据冗余度（大于 1）；② 存储膨胀率根据不同的系统机制考虑：数据物理存储格式额外存储开销、统计或索引数据量、系统运行开销如系统日志、压实（Compaction）、混洗（Shuffle）操作等；③ 压缩比是原始数据量与压缩后数据量的比值，典型值大于 1；④ 在存储利用率中考虑为保障整个集群稳定运行而预留的存储空间及为操作系统预留的存储空间（存储利用率的值小于 1）；⑤ 在上述计算逻辑中，假定在数据存储年限内业务规模稳定，如果业务规模有增速的预期并且业务规模增长会导致数据规模增长，在换算逻辑中还应体现平均的数据增速率；⑥ 上述换算逻辑中未包含基于所存储数据进行加工而得到的派生数据或中间结果数据的分量。在实际建设中，需要根据具体情况进行估算。

上述估算是从原理角度计算的方法，另外一种方法是类比计算方法，即以同类数据的历史情况（例如，计算单位时段内的增量数据规模）为根据，对未来业务需求时段的数据量进行预测估算。在实际建设中，也可以结合上述两种方法的思路综合运用。

其次，规划集群配置和规模。集群配置要结合企业数据工厂建设背景、预算情况、具体系统选型等多种因素联合考虑，并且，因为数据技术生态中的各种工具和系统特性不尽相同，所以从存储空间到集群配置宜结合具体的系统选型进行，可以参考官方文档、业界最佳实践或基于自身实际测试。以 Hadoop（2.7 版）为例，一个典型推荐数据节点配置为 CPU 32 逻辑核心、128 GB 内存、8 或 12 块 SATA 磁盘或更多（如每块 4 TB 或 8 TB 或更大）、10 Gbit/s 网卡。由此，数据节点数量由存储空间总量除以单节点磁盘空间大小得到。需要说明的是，以上举例是在对应软件版本为主流时代的常见经验数值，其会随着硬件水平的提升和软件架构的发展而有所变化。

2. 流数据系统（消息引擎）

主要使用场景是针对工业时间序列数据进行流式处理与分析及高吞吐流式数据接入汇聚等。主要的容量相关指标为数据流速与吞吐量方面。典型的实现技术包括 Kafka 等。

流数据系统相关的业务需求项包括设备数、数据平均发送频率、每天接入的消息量、平均单消息大小、数据保留期限等。相关的技术指标（主要项参见表 2-5）包括数据副本数、增量数据量、数据保留期限、数据接入吞吐量、数据读取吞吐量/QPS 等。为简单表示，下面将业务需求项与技术指标共同作为输入进行存储空间总量的计算，而非严格地将所有业务需求项换算成技术指标，再全部从技术指标计算存储空间总量。

首先，估算集群存储空间总量（容量）。计算的逻辑如下（其中，常量系数等可在实际中根据具体情况调整）。

> 估算总数据存储空间 = 每天平均新增消息量×平均单消息大小×保留天数×副本数×（1+存储膨胀率）÷（压缩比×存储利用率）

其次，估算集群承载的写入吞吐量。计算的逻辑如下（其中常量系数等可根据具体情况调整）。

> 估算要承载的总写入吞吐量 =［每天平均新增消息量÷（3600s×24h）］×（1+数据写入量波动率）÷（高峰期写入量占总承载吞吐量的百分比）

对上述换算逻辑进行补充说明。① 消息可以是时间序列数据或关系数据，具体根据数据传输情况而定。每天平均新增消息量（在流数据消息引擎中，每条数据记录称为一个事件或消息）可以根据设备数、数据平均发送频率估算（时序数据），或者根据上游关系数据源的平均每日数据记录增量得出（关系数据）。② 存储膨胀率可以根据不同系统机制考虑：数据物理存储格式额外开销、系统运行开销（如系统日志等）。③ 数据写入量波动比（大于 0）可以根据上游数据源产生数据及数据传输特性（如链路稳定性等）得出。考虑数据写入量波动率的目的主要是使系统能够容纳和处理写入吞吐波峰，避免在写入吞吐高峰时因容量受限导致写入延迟、拒绝或出错。例如，当假设 80% 的数据在 20% 的时间到来时，数据写入量波动比的简易计算方法为 80%÷20%−1=3。④ 高峰期写入量占总承载吞吐量的百分比是为保障整个集群稳定运行而预留的能力空间。

最后，规划集群配置和规模。与数据湖方面的规划类似，因为技术生态中各种工具和系统特性不尽相同，所以集群配置宜结合具体的系统选型进行，可以参考官方文档、业界最佳实践或者自身实际测试。以 Kafka（2.2 版）为例进行分析。

（1）Kafka 服务节点（Broker）数量。根据"估算总写入吞吐量"÷"单节点平均可承载写入吞吐量"得到节点的总数量。

（2）磁盘配置。根据将"估算总数据存储空间"÷"节点的总数量"得出每个节点的总磁盘存储空间，然后根据典型磁盘容量和单机位磁盘数量选取合适的值。Kafka 系统使用SATA 旋转磁盘即可，如果成本允许并且对流处理的延迟（包括流处理任务恢复时重放数据时的追平延迟等）需求敏感时，也可以使用 SSD。

（3）内存大小。可以根据 Kafka 中的主题（Topic）数量及分区（Partition）数量、副本数确定，原则是让一定比例的数据可以缓存在操作系统缓存中。

（4）CPU 配置。典型经验是 16 逻辑核心或以上。

（5）网卡配置。根据每节点高峰期写入吞吐量、副本同步网络流量（与副本数相关）、消费者网络流量计算出网络流量，从而得出网卡带宽。

3. 离线批处理型系统

企业数据工厂中的大量数据处理逻辑与数据分析模型属于批处理型计算模式，包括典型的设备健康度评估类、参数寻优类、波动根因分析类分析模型等，也涉及数据的批量清洗、集成、批量特征加工等多种数据处理场景。批处理型计算系统主要的容量相关指标为计算资源消耗量。典型的实现技术包括 Spark 等。

数据处理和数据分析系统中计算作业的资源消耗量（尤其是内存消耗）、运行时长与处理分析逻辑及数据集密切相关。通过一定的经验，粗估其消耗值只适合作为初始步骤（例如，在 Hadoop 与 Spark 等系统中，面向其上负载的一个经验数字是 CPU 与内存保持 1∶4 左右的比例关系）。其仍需通过实际运行并测试所使用的典型处理和分析逻辑及数据子集，得出实际资源消耗、实际运行时长结果来作为规划的参照和输入。在选取被测目标逻辑时，可以根据逻辑特点归类分组，并根据典型性从每个类别分组中选取；数据子集也应具有代表性，如果有比较明显的波动周期，宜覆盖完整周期。

相关的业务需求项包括分析模型数量、分析模型运行时限、分析模型平均所使用的数据量等。相关的技术指标包括（主要项参见表 2-6）：计算作业/任务数量、批处理作业/任务处理的平均数据量、业务峰值特点等。分析模型的业务逻辑决定了分析模型所使用的数据量规模、涉及的工业设备数量等情况。根据分析模型批量运行的时限需求，基于底层并行化计算技术，进而评估计算并行度与作业/任务数量。

首先，估算集群计算资源总量（容量）。基本的逻辑是通过每天并行运行的计算作业平均数量×每作业的平均资源消耗×（1+并行量波动率）÷（资源利用率）。其中，计算资源主要指 CPU 和内存；在资源利用率中考虑了为保障集群稳定运行而预留的资源量及为操作系统预留的资源量（资源利用率的值小于 1）。

其次，规划集群配置和规模。技术生态中不同工具和系统特性不同，集群配置可以参考具体选型的官方文档、业界最佳实践或自身实际测试。以 Spark 举例，一般不要低于 CPU 8 逻辑核心、32 GB 内存、4 块 SATA 磁盘（用于支持计算系统本身运行）、10 Gbit/s 网卡。当资源管理由 Hadoop 统一管理时，节点配置宜与 Hadoop 集群相同。然后，计算节点数量根据集群计算资源总量（CPU、内存）除以单节点资源量得到。

4. 流处理型系统

企业数据工厂中流式数据处理与数据分析模型属于流处理型计算模式，主要场景如设备异常告警、质量指标监测等，也包括数据实时抽取、转换与加载等。流处理型计算系统主要的容量相关指标是计算资源消耗量。典型的实现技术包括 Flink 等。

相关的业务需求项包括分析模型数量、分析模型端到端延迟时限、分析模型平均所使用的数据量等。相关的技术指标包括（主要项参见表 2-6）：计算作业/任务数量、流处理作业/任务处理数据的平均吞吐量、作业的并行度、流处理响应延迟、业务峰值特点等。由业务需求指引的分析模型计算逻辑决定了分析模型所使用的数据量规模、涉及的工业设备数量等情况；流式分析模型的端到端延迟时限需求决定了流处理作业并行度。

首先，估算集群计算资源总量（容量）。流处理的计算任务典型与流处理数据源的数据分片数量有关。例如，在 Flink 的流处理任务中，典型的数据源是 Kafka 中的流式事件（Event）数据。此时，Flink 中的在线流处理任务数量典型等同于 Kafka 相应数据的总分区（Partition）数量，由此可以根据 Kafka 中流数据规模及相应的分区设置换算得出。基本的估算逻辑是集群 CPU 资源总量正比于每天并行运行的流处理任务数量；然后根据经验或者更宜基于实际测试得出 CPU 与内存的比例关系，进而估算出集群内存资源总量。

其次，在规划集群配置和规模方面，仍可参考具体选型的官方文档、业界最佳实践或者自身实际测试。以 Flink 举例，如果资源管理由 Hadoop 统一管理，节点配置应与 Hadoop 集群相同。通过所得的集群计算资源总量除以单节点资源量得到计算节点数量估算。

2.3.3　价值线与创新线的规划侧重

价值线与创新线的目标及关键要素各不相同。因此，在容量规划方法时各有侧重。通常情况下，二者是彼此隔离或独立的软硬件环境。

价值线规划的主要侧重点包括如下几项。

（1）高可用。主要包括服务的高可用性、数据处理与分析的容错处理、数据的高可靠性等。在规划时，着重考虑各个组件系统的高可用方式（包括主备、多活、分布式等架构）、数据处理与分析的容错处理配置与规划相关要求、重要数据的冗余度及数据灾备方案等。

（2）高质量。着重考虑数据质量相关的数据处理的负载量情况，质量监控自身的消耗等。

（3）高性能。主要包括系统延迟能力、系统吞吐能力、并行度及性能优化设置等。

（4）可观测。着重考虑系统监控相关的规划。

创新线规划的主要侧重点如下所示。

（1）数据存储。① 全量数据的存储。创新线侧重于让企业人员以自主方式进行数据智能创新，对数据的使用不仅需要近期状态监测或检测信息，还需要历史的运行数据、设备维修记录及历史事件等全量数据。在规划时，还可以从成本角度考虑数据冷热分级存储。② 中间结果数据的存储。创新线典型涉及大量的数据处理和分析模型构建试验，其间生成很多中间结果数据。在容量规划时需要考虑这些数据的存储空间。

（2）多版本。由于创新线分析模型的敏捷迭代开发和反复试验的特点，主要包括数据处理程序、分析模型的多版本能力、数据系统的数据追溯能力等，着重考虑各个组件系统的多版本支持方式及对规划带来的影响。

（3）可观测。创新线的自主性还要求对系统监控、性能监测等相关的规划，以便创新线方便用户观测和验证敏捷开发过程中的数据处理程序、分析模型满足特定指标要求。

2.4 数据质量管控方法

在生产设备领域，主要面向的数据范围包括：生产设备的时序数据，日志文件、检测文件、MES 的过站数据、生产过程数据等增量事实数据，以及相关业务的主数据，例如，DCS 的点位表，MES 中物料、机台的定义数据等。

现实中几乎 100% 的工业现场都有各种数据质量问题，部分原因是过去工业现场的数据使用场景较少，一般只是做实时监控和事后分析两类常见场景：前者一般由现场人员及时响应和处理，而后者发生频次较低，一般由资深工程师捞取少量相关数据进行离线手动分析。这两类场景的人工参与程度都比较深，严重依赖现场人工经验而非"自动化"算法，因此，很多显性和隐性的数据质量问题往往都被不自觉地过滤和处理了，很少有人认真关注并解决相应的数据质量问题。但是当希望由计算机来完成更多、更复杂、自动化的数据处理和应用时，现场各种潜在的数据质量问题都将暴露无遗。简言之，在数字化时代，当人们真正使用和重视数据后，数据质量问题才浮出水面。

一般来说，主数据的数据质量必须依照相应的数据管理规范，从业务角度进行数据治理，例如，DCS 定位表中的测点命名错误等，这方面的数据治理已有很多专业的管理和技术方法（可参考国际数据管理协会标准），本节不再赘述。作为数据量大但信息密度低的设备和生产系统实时产生的各类事实数据，其数据质量监控问题是本节讨论的重点。

2.4.1　数据质量的定义

国际数据管理协会（Data Management Association，DAMA）对数据质量定义了如下 7 个核心维度。

（1）准确性。反映数据值与准确值之间的一致程度。例如，是否有因为传感器故障所造成的数据错误？是否有其他冗余传感器或其他方式用于判断传感器故障？

（2）完整性。主要评估实体缺失、属性缺失、记录缺失等问题。

（3）一致性。确保相关数据集之间的一致性，例如，数据迁移或加工的前后数据表大小一致性对比。

（4）唯一性。针对某个数据项或某组数据，没有重复的数据值，例如，值必须是唯一的 ID 类数据。

（5）合理性。从业务角度评估（包括格式、类型、值域和业务规则等）是否合理有效，例如，MES 过站数据中，一个批次（lot）进入一个机台的时间一定早于其离开该机台的时间。

（6）及时性。从业务角度评估数据的时效性是否满足业务需求，例如，秒级数据对应的数据应用并非一定要秒级响应，众多分析应用都是 T+1 需求即可。

（7）安全性。主要来源于企业在法律法规上的各种要求，例如，电厂的分区数据安全策略。

在过去几十年，随着各种各样自动化、信息化系统在工业企业中建立，已经形成了若干数据源（PLC、DCS、SCADA、CMS、MES、PLM 等），虽然彼此之间有一定联系，但基本处于独立运营管理的状态，各自解决各自的业务问题。因此，当现场谈论数据质量话题时，往往将其狭义化在特定范围，例如，现场经常听到的声音："数据全都上来了。"然而，在进行全面数字化建设的时代需要全企业域数据的融合，面临新的业务需求，形成新的数据应用，在这种情况下，从业务需求角度重新审视和评估数据质量时，会有不同的结论。例如，从一致性角度出发，因为原有信息系统大多是不同时期独立建设的，往往同一物理对象在不同数字空间的数据是不一致的。

以某钢铁企业建设生产大数据系统为例，其数据源有如下三大类。

（1）设备时序数据。数据源是 PLC 控制器中的变量（tag），通过 OPC 软件进行秒级数据采集，考虑到带宽等限制采用了工业现场常见的有损压缩策略——变化率小于一定数值（例如 1%）的数据不上传。

（2）生产工艺参数。数据源来自过程数据采集软件 ibaPDA（简称 PDA）对各台设备 PLC 变量的采集，通过日志文件的方式记录关键工艺参数的毫秒级波形数据，2 小时上传一次文件。

（3）MES 相关生产控制数据。例如，钢坯进出加热炉的时间、通过每个轧机的开始和结束时间、轧辊的编号等。

在大数据系统建设和应用过程中，会发现若干数据质量相关问题，如下所示。

（1）设备测点命名不规范。PLC、PDA 和 MES 系统对于设备上的同一测点命名不同，需要重新建立统一的命名和映射关系。

（2）系统时钟同步问题。PLC、PDA 和 MES 三个系统的时钟没有严格同步，使得来自三个系统的时序数据无法被准确对齐，影响后续的数据分析。例如，某轧机正常工作电流约 300 A，空载电流约 30 A，因此，PDA 电流数据在时间轴上表现为 30～300A 来回切换的类矩形波。理论上 MES 记录的起止时间正好对应了"工作"和"空闲"的切换时刻，可被用来准确切分轧机"工作"状态下的数据。但由于时钟同步问题，MES 记录的起止时间与 PDA 电流数据的矩形波的上升下降沿无法匹配，导致无法准确获取轧机"工作"状态下的数据以供后续分析。

（3）PDA 记录的波形数据，有时因为设备问题会整段丢失——因为该数据文件过大，以往只是在设备或工艺出现问题时，才偶尔打开对应时间段的数据日志文件进行查看，并未发现类似问题。

按照 DAMA 对数据质量的定义，数据质量需要站在整个企业全局的角度进行全面评估和治理，而不是单一的数据采集维度或单一信息系统的范围。从更实用的角度讲，数据质量的评价从数据应用角度出发，无论是数据分析、数据挖掘模型，还是数据监控、统计、报表、预测等，数据质量可以满足相关应用的需求，那就是合适的——因为全面数字化建设和全局数据质量的治理是一件长期持续的事情，许多时候并不是要求数据 100%没有问题才能被使用。以机器学习领域为例，都是基于大数据样本从数据中学习规律，在实际使用中常遇到两类数据质量相关的情况：① 如果数据样本整体质量较好，少数问题数据完全可以在机器学习的建模和使用过程中被抛弃，而不影响模型的实际使用；② 数据虽然多，但真正有效的样本不足。例如，对于故障诊断类问题而言，历史样本极其缺乏，仅有的样本往往个性大于共性，就算数据质量再好，对于这个应用而言，其"数据质量"仍然是不合格的。

2.4.2　全面数据质量管理

对于工业企业的管理者而言，对数据质量往往比较陌生，但是我们发现：如果将数据也看作生产要素，将数据加工使用的过程比作生产过程——从企业数据工厂的视角来考虑，将生产管理的理念引入数据管理，则许多概念和方法是共通的。

"质量是企业的生命"这是所有企业用经验或教训总结出来的结论。因为产品质量不好，最终会被消费者拒绝和被市场淘汰，所以，质量好坏事关企业生死存亡，是企业的生命。另一方面，因质量问题引起的返工，不仅影响生产进度和产能，也影响员工的工作情绪，从而导致更多问题的出现。对于数据质量而言，上述结论完全可以复制：对于数据的加工、生产、使用者而言，"数据质量就是生命的保证"，否则空谈数字化却无法真正落地。只有把数据的加工使用也看成工业企业生产过程的一环——从企业数据工厂的视角来考虑，用对待生产质量的态度对待数据质量，才能走向"全面数字化"。

正如在物理世界中工厂的生产管理中影响产品质量的人、机、料、法、环等要素一样，对于数据和数据应用而言也有类似的要素。其中，"测"在生产领域中与"质量"密切相关，在数据领域中也有"测量"或"测试"的含义。"测量"就是用数据评价数据，更具体一点，就像生产质量检测一样，对于从原材料到产品的数据加工全流程，也需要定义相应的"质量指标"，在原材料、中间半成品、最终产品等关键控制点进行相应的检测和控制，类似生产过程中的采料质量控制（Incoming Quality Control，IQC）、过程质量控制（Process Quality Control，PQC）、最终质量控制（Final Quality Control，FQC）、出货质量控制（Outgoing Quality Control，OQC）等。而生产领域常用的质量检测和控制手段，例如，统计过程控制 SPC，也可以被用作数据质量的监控，将在 2.4.3 节中展开讨论。

对于数据质量的管理，完全可以参考工厂在生产过程中的质量管理体系，建立起全面的数据质量管理方法。质检领域常说的是：质量是制造出来的，不是检查出来的。数据质量监测已经是事后，而更重要的在于事前预防和事中及时处置。在工业企业数字化长期建设过程中，我们建议的步骤也是从单纯的数据质量检验走向统计质量控制，最终实现全面质量管理体系。从管理角度需要认识到的则是事前预防和教育的重要性。重视数据源（也就是原材料的质量）优于数据加工过程：相比物理化学生产过程，数据加工过程由于都是在计算机上执行，稳定性和可靠性相对较好，但是不变的在于：原料质量一定是所有生产过程的第一道关卡。因此，在全面数据质量管理体系中，不单纯只是数据质量监控等技术问题，也要从管理上、意识上下手，让全链条相关人员建立起数据质量的管控意识和相应的行为规范。另一方面，日常的数据运维类似工厂生产人员的日常工作，需要随时对数据加工的各个阶段及时发现和处理相应问题，尽量避免到最终用户侧才反映出数据问题，再反过来进行追根溯源的问题定位工作。

借用全面质量管理体系的原则，同样可以概况数据质量的全面管理原则。

（1）数据质量就是数字化的生命线。

（2）数据质量是做出来的，不是检验出来的。

（3）采取预防性措施避免数据质量问题的发生，尽早发现和解决。

（4）企业高层管理者的重视，充分认识到数据质量对于企业长期竞争力的价值。

（5）数据质量的改进必须全员参与，而不仅是 IT 部门的责任。

（6）数据质量需要持之以恒地改善，以长远的眼光对待数字化发展。

2.4.3　基于 SPC 的数据质量监控

数据质量评价方法通常分为定性评价法、定量评价法及两者结合的综合评价法。定性方法主要依靠评判者的主观判断，定量方法则提供了相对系统和客观的数量分析方法。

（1）定性评价法。定性评价一般基于一定的准则与要求，根据评价的目的和用户对象的需求，对所涉及的数据资源进行描述与评价。定性方法的主体需要对领域背景有较深的了解，一般应由领域专家或专业人员完成。例如，通过用户反馈、专家评议等手法。

（2）定量评价法。定量评价基于数量分析方法，通过建立数据质量相应的指标，对数据资源进行评价，例如，本节将采用生产领域常用的 SPC 建立数据质量监控。

（3）综合评价法。综合评价将定性和定量两种方法有机地集合起来，对数据质量进行综合全面的评价。

数据质量的评价流程一般如下。

（1）需求分析。从业务需求出发来定义数据质量和评估方法。因为数据资源具有个性化、多样化、不稳定等特点，所以必须针对具体业务的需求特点，才能建立有效的数据质量评价体系。

（2）评价对象及范围。包括数据集的范围和边界，以及其属性、数量、时间等维度信息。

（3）评价维度及指标。参考 2.4.1 节给出的七大维度，根据具体需求细化维度并定义符合业务要求的具体数据质量评价指标。

（4）评价方法。根据评价对象的特点和评价指标的定义，确定其实现方法。

（5）实施与分析。根据上述定义的对象、范围、维度、指标和方法，实施数据质量评价的过程，并对数据质量评价结果进行相应分析，是否满足实际业务需求。

（6）持续监控和运维。数据质量的评价不是一次性的，因为数据应用也不是一次性的，数据质量是为具体的数据应用服务的。如同软件工程中 DevOps 实践的开发运维一体化，对数据质量进行持续监控，及时发现并解决问题。

数据产品的质量影响因素有很多，例如，原始数据质量波动、加工过程是否合理、采用的算法是否合适、具体的数据处理代码是否存在 Bug 等。这些具体因素可以总结为两大类：① 与数据（Data）相关，包括原始数据和中间加工结果数据；② 与处理逻辑相关，包括数据处理过程和算法，因为数据处理逻辑和实现的程序代码相关，所以统称为代码（Code）。在数据分析模型的研发阶段，数据分析师会构建、训练、验证数据分析模型，具体来说是调整代码；当这个分析模型上线后，开始持续处理业务中实际产生的数据，代码是固定的（严格来说是当前版本的模型，暂时不探讨迭代更新），而数据是变化的。因此，在线上环境保证结果质量的因素可以聚焦在如何监控流进系统的数据的质量。

经常会遇到这种情况，当一个数据分析师拿着辛辛苦苦做出来的数据结果，找到一个业务专家进行沟通，结果业务专家第一眼就发现了一个报表上的数据错误，因为在现实情况中这个值根本不可能发生，因此，业务专家就对数据分析师的分析过程产生了怀疑，信任在一瞬间被破坏。而数据分析师后来发现，这个错误来源于一个原始数据的问题，而不是他的分析逻辑。

如果上述数据质量评价方法看起来有点抽象，那么还是从类比生产管理的视角来看整个"数据加工"过程，数据质量评价其实类似于生产过程的原材料、半成品、成品的质量监控。而统计过程控制（SPC）是过去几十年被工业界广泛使用且行之有效的现场质量监控和改善方法，在一定假设前提下，我们也同样可以将 SPC 用于数据质量的监控和改善，数据质量指标就像产品质量检测指标、生产过程指标一样，也可以用统计过程控制的方法进行有效的监控。

下面通过一个例子来展开说明基于 SPC 进行数据质量监控的方法。如图 2-6 所示是某工业企业大型同步电机 3 个月的 SCADA 监控数据，包括电机电流、轴承润滑油温、电机驱动端和电机非驱动端的轴承温度等 8 个监测量，采样率是 1 分钟。

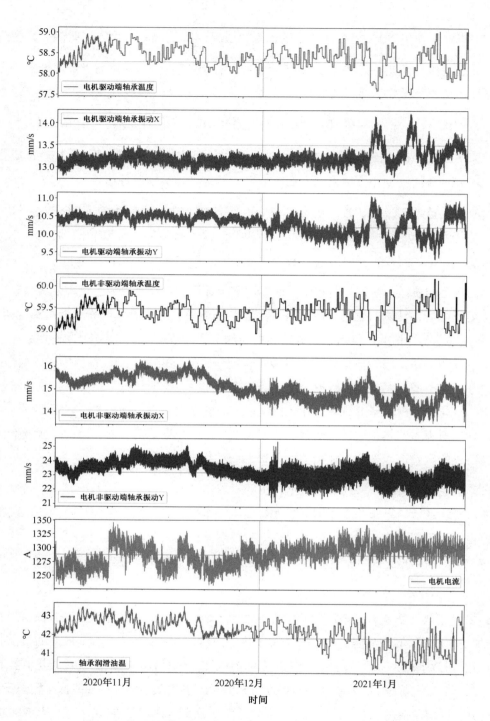

图 2-6　某工业企业大型同步电机 3 个月的 SCADA 监控数据

如果从日常监控角度看，该数据情况看似比较好，没有问题，似乎完全满足需求了，但当计划开发一个设备健康评估的 24 小时不间断数据应用时，潜在的数据质量问题可能会引起数据模型在运行中的报错，无法达成真正无人值守下的健康度监控。例如，缺失值是数据质量中最常见的一类问题，这 3 个月的数据缺失情况如表 2-7 所示。

表 2-7　3 个月的数据缺失情况

点　位	数据量/个	缺失率
电机驱动端轴承温度	2022	98.5%
电机驱动端轴承振动 X	100660	24.8%
电机驱动端轴承振动 Y	132942	0.7%
电机非驱动端轴承温度	2025	98.5%
电机非驱动端轴承振动 X	133382	0.4%
电机非驱动端轴承振动 Y	133395	0.4%
电机电流	133677	0.1%
轴承润滑油温	8044	94.0%

从缺失值的现象中可以发现两个有趣的事实：

（1）温度测点的缺失率都非常高，超过 90% 的数值有缺失。

（2）大部分振动、电流测点的缺失率较低，但是电机驱动端轴承振动 X 的缺失率却有近四分之一。

经过与相关业务及技术人员的探讨，数据缺失（尤其是温度数据的缺失）主要来源于数据采集策略——不变不采（准确地说，变化量小于一定的阈值范围内则不采集），而温度作为慢变量，因此，大量采样点的数值为空是正常的。作为工业现场常见的数据采集和数据压缩策略，不变不采是合乎业务逻辑的；然而，该原因无法解释为何 4 个振动量中，只有电机驱动端轴承振动 X 的缺失率较高，因为振动是典型的快变量，几乎每个采样点的数值都不同，不应该有大量缺失现象的发生。

进一步对数据缺失进行更精细的统计。1 分钟的数据采集频率，1 天应该有 1440 个数据点，则以 1 小时为步长，24 小时为统计窗口，对上述 8 个测点进行数据量统计，可以看到更清楚的数据缺失现象。

（1）在 2020 年 11 月 1 日前，电机驱动端轴承温度和电机非驱动端轴承温度每 24 小时大约有 150 个点，但是在 2020 年 11 月 1 日后，每 24 小时只有 3～5 个点。

（2）轴承润滑油温也有类似的数据量突变现象，只是切换时间发生在 2020 年 12 月 1 日。

（3）振动和电机电流测点每 24 小时的数据量都非常接近理论值 1440，但是电机驱动端轴承振动 X 在 2020 年 12 月 10 日后，每 24 小时的数据量只有 800 个左右。

经过业务人员的再次确认，对于温度测点，在不变不采的数据采集策略下，此前的守护进程是每 10 分钟至少做一次数据采集，而出于各种原因：之后调整为每 8 小时至少做一次。

而对于振动测点，如图 2-7 所示，因为 X 和 Y 方向也存在一定的相关性冗余，所以也对电机驱动端轴承振动 X 做了临时性的修改。

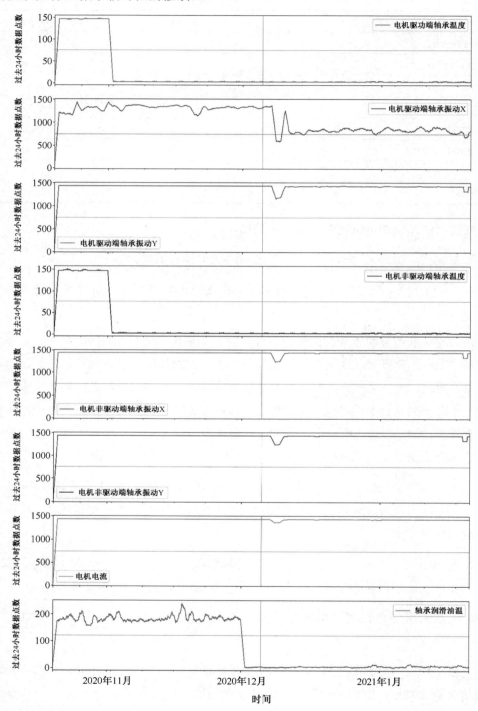

图 2-7　滚动窗口（步长 1 小时，窗口 24 小时）的数据量统计

至此，我们对于该企业电机监控数据的数据质量评估指标——缺失率，进行了详细分析，并发现和确认了相应的原因。然而，我们真实目的是计划开发一个有关设备健康评估的 24 小时不间断的数据应用，而数据分析算法的开发内容严重依赖于数据质量本身。数据缺失本身很常见，在数据分析算法开发过程中也有相应的一些处理手法，但真正的问题在于：如果数据缺失本身随着数据采集机制发生变化，那么很可能数据分析算法（在该例中，即设备健康评估算法）会因为数据缺失机制的变化产生不可预期的结果。然而，从最终用户角度，算法给出的任何结果无法判断是因为算法的问题，还是数据质量的问题所造成的。因此，对关键数据算法而言，其结果依赖于数据和算法两大要素，为及时排除由于数据造成的问题，真正关注算法的结果或发现算法本身的异常，对这种需要连续后台自动运行的算法，有必要对数据质量进行同样连续的监控。当数据质量报警时，首先需要解决数据本身的问题，同时对算法给出的结果可以附上相应时间段的数据质量标签，作为数据分析算法结果"可信度"指标提供给最终用户进行参考。

因此，可以将数据质量评估这件事，转化为对数据质量指标的 SPC 监控问题。

（1）从原始数据中，按照业务定义计算相应的数据质量指标，例如，数据量、缺失率、平均值、变化范围、变化率等。

（2）选择适当的 SPC Chart，例如，对连续变化指标可选择 Xbar-Range Chart、Xbar-Std Chart，对数量、比例型指标选择 p-Chart、np-Chart。

（3）基于历史上某正常时间段（例如，此前一周、一月）的数据，建立 SPC Chart 的基准线、上限和下限。

（4）实时监控数据质量指标，若超出控制限则发出相应的报警信息，提醒数据质量问题。

以电机驱动端轴承振动 X 测点为例，以数据完整度作为数据质量监测指标，选用 p-Chart 对该指标进行 SPC 监控。

（1）以 2020 年 10 月 25—2020 年 11 月 24 这一个月时间作为标准建立的数据区间，计算电机驱动端轴承振动 X 测点每天的数据完整度（非空点数/1440）。

（2）经计算，该指标的基准值为 0.918，下限 0.801，上限 1.0。

（3）以该控制限进行 SPC 的持续监控，接下来一个月 2020 年 11 月 25 日—2020 年 12 月 24 日的 p-Chart 图形如图 2-8 所示。

可以看到的是，2020 年 12 月 7 日电机驱动端轴承振动 X 测点的数据完整率指标跌出了控制限，会引起相应的报警信息，提醒相关业务人员和数据分析人员。

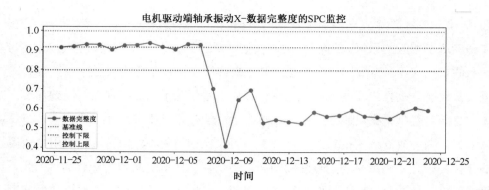

图 2-8   p-Chart 图

将统计过程控制应用在数据质量监控上，需要非常小心地设计相应的数据质量指标——指标本身需要具有业务上的稳定性，如上例中：对连续采样的时序数据，采用数据完整度作为数据质量监控指标，背后的假设前提如下。

（1）固定采样周期下，每天的理论数据量是固定的。

（2）生产过程大多处于连续稳态运行过程中，也就意味着像温度这样的慢变量，其大多数时候变化较小，因此，数据缺失率与采集策略的设置高度相关（如变化率阈值、守护进程时长等）；而如果该设备大量位于非稳态工作，那么很难建立相应的完整度标准。

综上所述，数据质量之于工业大数据分析，就像原材料和产品质量之于生产过程一般重要，尤其当数据分析算法由一次性的分析报告变成持续 24 小时不间断的数据应用时，数据质量的自动监控就变得尤其重要。

对于大数据分析和应用，工业企业的从业者往往比较陌生，容易混淆数据和算法这两个概念。成功的大数据分析和应用一定要基于知识、数据、算法三大要素。

（1）相关领域的专业知识是一切的开始和保障。需要什么样的数据、数据应该怎么被加工、结果如何评估等，都需要业务知识做支撑。

（2）好的数据就像生产的原材料，无论从任何角度强调数据质量的重要性都不为过。

（3）算法是根据业务需求和数据实际情况来选择的。数据作为原材料，其质量决定了数据分析的上限，而算法的选择是用合理的代价（时间和空间复杂度）尽量逼近上限的过程。

工业企业本身不缺相关领域的专业知识，算法是数据分析师的专业，而数据则是连接两者的关键——需要业务专家和数据分析师共同关注和解决。作为工业企业经常使用、被业务专家所熟悉的统计过程控制，将其应用于数据质量监控时，很容易被工业企业从业者理解并正确应用。其中的关键变成：如何合理地定义数据质量指标，实现其自动计算和监控的过程。对于工业数据分析场景，最终服务于工厂生产管理中的人机料法环等要素，数据质量也不一定需要 100%完美才能支持相应的数据分析算法和应用，需要相关业务人员与数据分析师一起，基于业务需求（例如，算法准确性等要求）和数据算法的二次处理能力，对于关键数据源和数据分析算法，共同定义合理的数据质量指标，并使用 SPC 等工具实现自动化的监控。

2.5　运维监控与性能调优

2.5.1　数据工厂监控实践

伴随着企业数据工厂业务的迅速发展，对生产效率、成本效益等方面的要求越来越高。数据产品生产过程监控是提高整体数据工厂系统的高可用性、运行效率提升及生产成本控制等方面的重要手段，有效运转的监控系统是数据工厂运维环节乃至工厂生产产品全生命周期中十分重要的一环。

本节将讨论企业数据工厂监控系统的总体设计要点、设计要素、技术方案落地三方面的内容。其中，总体设计要点包括：① 统一监控管理；② 监控指标定量化；③ 扩展性能力设计；④ 高可用与高吞吐。设计要素包括：① 监控领域；② 监控层次；③ 监控链路；④ 监控指标，如表 2-8 所示。技术方案从典型技术和方案思路两个方面进行讨论。

表 2-8　数据工厂监控设计考虑要素

考 虑 要 素	包 含 内 容	说明与举例
监控领域	系统监控	对数据工厂中"机""环"的监控，例如，对数据工厂的各系统组件、操作系统等软硬件环境的监控
	数据监控	对数据工厂中"料"的监控，例如，对数据工厂各个环节相关数据的监控，包括数据产品质量监控
监控层次	数据处理任务层	了解和监测工厂生产效率、产能等情况，例如，数据处理任务数、数据流量大小等
	数据工厂自研服务层	对数据工厂自研软件组件的监控，其运行情况一般可直接映射到工厂生产各项能力指标
	基础服务层	对数据工厂的通用软件框架引擎与中间件的监控，例如，底层的数据存储与处理引擎（如 HDFS、MinIO、IoTDB、Spark、Python Runtime）等
	系统层	对操作系统、服务器工作状态等的监控，例如，计算资源消耗（CPU、内存）、存储容量（磁盘）等

续表

考 虑 要 素	包 含 内 容	说明与举例
监控链路	数据采集、存储、处理与分析、展示、监控报警、报警处理	从数据链路的角度考虑数据工厂监控
监控指标	监控粒度、监控指标完整性、监控实时性	例如，在数据处理任务层的任务数、任务并行度、任务数据流量，在自研服务层的服务健康度，在系统层的CPU、内存、网络流量等

1. 监控系统的总体设计要点

监控系统采用 "统一监控管理""监控指标定量化""高扩展性"的设计思路，同时具备高可用和高吞吐能力。

（1）统一监控管理。企业数据工厂系统部署形式多样，为避免分散式监控系统所带来的各自分散及整体维护成本高的问题，在充分考虑企业网络拓扑、链路宽带与链路安全的情况下，在安全可控与互联的区域范围内，采用统一监控的方式，建立形成区域统一监控系统。

（2）监控指标定量化。包括将组件的存储、处理、分析、查询能力进行定量化，对任务数、并行度、吞吐、时延、数据流量等指标进行统一定量化等。在此基础上，对监控指标阈值进行设计，将组件的能力指标、生产过程的效率指标和当前的状态以可视化相关形式展示，并通过标准值设计建立预警机制。随着监控系统的演进，根据不同的监控目标与特点，指标阈值与预警机制引入类似于统计过程控制、机器学习模型等方法，从而实现更智能的基于动态阈值的告警和预警。通过监控指标定量化，进一步给出处理措施提示信息，为纠错、控制及数据生产过程，提供有价值的信息。

（3）高扩展性。对监控系统多方面的可扩展能力进行设计，包括以下方面。（a）监控指标可扩展性：监控系统提供良好的对接接口，从而可以方便地对监控指标进行增减维护；（b）系统组件可扩展性：监控系统提供统一的具有良好兼容性的组件对接接口，当数据工厂随着升级换代、演进式建设等原因增减组件，或者监控系统对接其他同类系统时，系统管理员、部署人员或实施开发人员可以在较短时间内接入新系统组件，完成监控指标的调试，实现无缝对接和集成；（c）监控链路可扩展性：当数据工厂的链路得以维护时，可以方便快捷地将新链路的监控数据接入监控系统。

（4）高可用和高吞吐。监控系统要具有高可用的能力保证系统持续可用。同时，由于企业数据工厂上的数据产品生产负载大、系统组件多样，以及全方位监控指标规模大等特点，监控系统要具有高吞吐的能力，可以承载每天有大量监控指标的数据量。

2. 监控系统的设计要素

监控系统的设计要素包括监控领域、监控层次、监控链路，以及监控指标。

（1）监控领域。主要包括系统监控和数据监控。

① 系统监控是指对企业数据工厂软件系统及软硬件环境等的监控。操作系统环境监控、企业数据工厂各系统组件的监控都属于系统监控域。

② 数据监控的被监控对象是数据工厂各环节相关的数据，即主要是对数据产品在各生命周期中的监控。例如，对从数据采集、数据经过预处理后的半成品到最终形态的数据产品过程中的一系列相关环节指标的监控，包括数据产品质量监控（见 2.4 节）。

（2）监控层次。主要包括数据处理任务层、数据工厂自研服务层和基础服务层及系统层。

① 数据处理任务层。监控系统中最靠近数据产品的层级，也是了解和监测工厂生产效率、产能等情况最有效的监测层级。这个层级的主要任务是监测与数据处理任务相关的企业数据工厂运行方面的数据指标，如数据趋势、流量大小等。同时，这些监测还能辅以发现数据处理任务中的 Bug 或设计缺陷。此层级的监控指标开发，决定了工厂运行层监控的多样性。

② 数据工厂自研服务层。企业数据工厂系统最关键的软件服务即为在基础服务层之上的自研服务层。这一层级的运行情况直接反映了工厂生产的各项能力指标。因此，对这一层的指标设计和运行监控往往可以与数据处理任务层的表现构成直接关联，对系统分析（例如，故障、性能等）有很大帮助。另外，自研服务层监控也可以在一定程度上发现自研服务中潜在的 Bug 或设计缺陷。

③ 基础服务层。基础服务层是企业数据工厂系统的重要支撑，例如，目前企业数据工厂中包含诸多开源大数据存储与处理选型（如 HDFS、HBase、Kafka、Spark、Flink 等）及中间件等。对基础服务层的监控往往对数据工厂系统稳定运行起到比较关键的作用。

④ 系统层。系统层是软件运行的环境支持。这一层级的监控包括监控服务器工作状态，以及计算资源消耗（CPU、内存）、容量、性能等。这一层虽然离数据产品与数据处理任务层较远，但它作为最基础的层级，其可观测可控的状态是保证服务器稳定运行的基础。

（3）监控链路。监控链路涉及从数据收集到产生数据产品结果，再到展示和告警的全流程。监控链路具体包括如下几点。

① 数据采集。

② 数据存储。

③ 数据处理与分析。根据处理模式等维度的不同划分为批处理、流处理、交互式处理等。

④ 数据展示。

⑤ 监控报警。根据类型不同，监控报警包括邮件报警、短信报警、IM 报警（Instant

Messaging，即时通信软件，如钉钉）等。

⑥ 报警处理。当接收到报警信息后根据故障级别进行处理的情况。

（4）监控指标。监控指标是监控系统内容建设的重要组成部分。监控指标有监控粒度、监控指标的完整性、监控实时性三个考虑维度。按照监控域、监控层级和监控链路来分别建设指标体系。例如，在数据处理任务层级，常用监控指标包含任务数、任务并行度、任务数据流量等；在自研服务层，常用监控指标根据自研服务情况进行设计，可以通过服务自身暴露 Metrics 方式实现（如服务健康度等）；在基础服务层，常用监控指标包含基础组件的主要指标，以及非功能指标，例如，GC 情况、服务的 CPU 使用率、线程数等；在系统层，常用监控指标包含 CPU、内存、磁盘、网络流量及系统进程等。

3. 监控系统的技术选型考虑与方案思路

首先，监控系统的典型技术包括如下几种。

（1）Prometheus[①]是一个用于监控和报警的开源系统，由 SoundCloud 公司于 2012 年孵化开发，并于 2016 年加入 CNCF（云原生计算基金会），成为 CNCF 继 Kubernetes 后的第二个托管项目。目前，Prometheus 是一个独立开源项目，拥有非常活跃的开发者和用户社区。从功能角度，Prometheus 具有灵活的多维度的数据模型及强大的查询语言，可以辅助快速地进行故障定位和诊断；另外，其具有统一的监控和告警能力；从架构角度，Prometheus 不依赖外部存储，监控数据直接存储在 Prometheus Server 的时序数据库中；可以在单个服务器节点上直接工作，部署和维护简便，如图 2-9 所示；从扩展性角度，在 Prometheus 架构体系中，Exporter 是用于监控数据采集的探针。Prometheus Server 对 Exporter 的监控数据采集采用拉取模式，扩展方便。

目前，有多种开源的探针 Exporter 采集监控数据，例如，采集服务器运行状态的 Node Exporter、采集 Docker 容器运行信息的 CAdvisor、采集各种数据库运行信息的 MySQL Exporter、PostgreSQL Exporter 等。

（2）Zabbix[②]的设计初衷是作为 IT 基础设施监控工具，是一个分布式系统和网络监控的企业级开源解决方案。由 Zabbix LLC 开发，是一个封闭开发的软件产品，按照 GPLv2（GNU 通用公共许可证第 2 版）发布。从功能角度，Zabbix 能监视各种网络参数，并提供灵活的通知机制；从架构角度，Zabbix 包含服务端 Zabbix Server 和可选组件 Zabbix Agent，Zabbix Server 通过简单网络管理协议（Simple Network Management Protocol，SNMP）、互联网控制

---

① 特恩布尔. Prometheus 监控实战[M]. 史天，张媛，肖力，译. 北京：机械工业出版社，2019.

② 吴兆松. Zabbix 企业级分布式监控系统[M]. 北京：电子工业出版社，2014.

消息协议（Internet Control Message Protocol，ICMP）、Zabbix Agent、端口监视等方式提供对远程服务器或网络状态进行监视及数据收集等功能，使用 MySQL、PostgreSQL、SQLite 等数据库存储数据；Zabbix Agent 安装在被监视的目标服务器上，完成信息采集；从扩展性角度，Zabbix 提供了易用的二次开发接口，可以自定义更多的监控功能，例如，监控硬件、操作系统、服务进程及网络设备等。

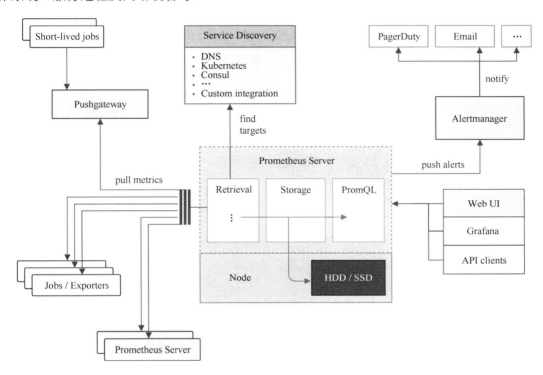

图 2-9　Prometheus 架构图①

（3）Grafana②是一个开源的跨平台的数据可视化 Web 应用。连接数据源后，可以在 Web 浏览器里显示数据图表、图形和告警。企业版本提供更多的扩展与附加功能。从功能角度，Grafana 可以定义可视化仪表盘，并通过整合监控系统（如 Prometheus、Zabbix 等）所采集的数据，直接而美观地进行展示，实现监控的目标，通过交互式查询，对接入的数据进行过滤、分组、聚合等操作（监控指标的计算逻辑）后，在面板中直观展示结果；从架构角度，Grafana 分为前端和后端，分别用 TypeScript 和 Go 语言开发；从扩展性角度，Grafana 提供了插件扩展机制，可以使用交互式查询构建器创建复杂的监控仪表盘；从监控技术生态角度，其作为可视化工具，是监控技术栈中的热门组件：常与 Prometheus、InfluxDB 等时序数据库，

① 特恩布尔. Prometheus 监控实战[M]. 史天，张媛，肖力，译. 北京：机械工业出版社，2019.

② SALITURO E. Learn Grafana 7.0: A Beginner's Guide to Getting Well Versed in Analytics, Interactive Dashboards, and Monitoring[M]. Birmingham, UK: Packt Publishing Ltd, 2020.

Zabbix、Prometheus 等监控平台及其他更多数据源结合使用。

（4）Hadoop 监控工具。分布式文件系统 HDFS 典型监控内容包括容量、读写流量、读写耗时、错误情况（例如，块丢失数量）、集群健康状态等；Yarn 典型监控内容包括资源使用情况、Hadoop 应用运行状态、资源队列与调度设置情况、JVM 运行状态、节点与集群健康状态等。典型的技术选型包括如下几点。

① 原生 Web 用户界面和指标。原生监控与指标子系统提供最主要指标的监视能力，是最直接的方式。同时，其配套提供 RESTful API 接口与 JMX API 接口，可以进行扩展。默认不支持报警。

② CDH 或 Apache Ambari。CDH 是 Cloudera 公司推出的一款集部署、监控、操作于一体的 Hadoop 生态组件管理工具，具有监控界面体验优良的优点。CDH 还提供具有更多特性的商业版本。Apache Ambari 是另一个 Hadoop 集群配置、管理和监控工具，具有良好的扩展性，可以将 Hadoop 与其他企业基础设施集成。然而上述工具都有不能自定义 Hadoop 组件版本的不足，不够灵活。

③ Ganglia 是 Hadoop 集群的传统监控方案，具有 Hadoop 原生支持的优势，配置比较简单。Ganglia 可以采集系统级别和 Hadoop 集群的指标信息并支持聚合。不过 Ganglia 默认不支持报警邮件和短信。

④ Prometheus 相关 Exporter，例如，HadoopExporter、JMX_Exporter 等，目前，在监控指标的丰富度和监控功能方面与上述选型相比较为欠缺。

（5）Kafka 监控工具。消息引擎 Kafka 监控典型指标包括主题数量、消费者组情况、消息传输流量、请求次数、集群健康状态等。典型的技术选型包括：

① CMAK（原 Kafka Manager）。Yahoo 是 2015 年开源的 Kafka 监控工具，可以管理多个集群，监控界面简洁，可以执行简单集群管理操作，如主题管理等。但其目前仅支持 Kafka 0.8.x 至 0.11.x。

② Kafka Eagle 是另一个 Kafka 开源监控工具，支持从 Kafka 0.8.2 到 2.x 多个版本。可以管理多个 Kafka 集群，除支持典型的主题、消费者组监控外，还支持用户管理、权限管理等便捷运维管理的功能。可以监测到消费者组正在使用的主题及在主题上的偏移量、消息积压等，从而帮助理解队列消费速度、消息写入速度等情况，对掌握系统宏观运行情况比较有帮助。

③ Prometheus 相关 Exporter。Kafka Exporter 是一个收集 Kafka 的 Broker、主题、消费者组等信息的 Prometheus 生态下的探针，支持从 Kafka 0.10.1 及其后的多个版本。与 Prometheus 生态的其他 Exporter 类似，主要优点包括配置简单、部署方便（支持 Docker、

Kubernetes）、运行高效并支持大规模集群监控、无缝对接 Prometheus 与 Grafana 生态，从而既可以由 Prometheus 监控 Kafka 集群，又可以方便地利用 Grafana 中大量开源的仪表板。

（6）Spark 监控工具。在 Spark 运行过程中主要监控 Spark 作业（Job）的运行状态，了解作业运行情况、时间花费在哪里，以及在哪里发生异常等信息。典型的选型技术如下所示。

① Spark 自身的 Web 用户界面和指标[①]。可以监测到 Spark 作业的各个阶段和任务的列表、Spark RDD 的大小和内存使用的概要信息、运行的执行器（Executor）信息及包含配置的环境信息等。默认不支持报警。在可扩展性方面，Spark 自身的指标信息除在 UI 查看外，还可以 JSON 格式通过 RESTful API 方式访问；另外，指标子系统可以配置，将指标信息汇集到多种类型，例如，HTTP、JMX 和 CSV 文件等。进而方便构建新的可视化和监控工具。

② Prometheus 相关 Exporter。在 Spark 3.0 以前，主要基于 Java Agent 方式；不足是使用第三方插件容易对特定版本有比较强的依赖，为后续运维和升级带来麻烦。自 Spark 3.0 开始，Spark 对支持 Prometheus 进行指标监控做了原生增强，增加使用 PrometheusServlet 的方式。使用 PrometheusServlet 的优点是消除对外部插件（JAR）的依赖，重用已经在 Spark 中用于监控的现有端口。

（7）Flink 监控工具。在 Flink 运行过程中要监控 Flink 作业的运行状态（如持续运行时间、重启次数）、作业的数据流量（如每天处理的消息数量、高峰时间段的流量）、检查点运行信息（最近检查点完成时长、大小、总成功失败数量）等。典型的技术选型如下所示。

① Flink 自身的 Web 用户界面和指标[②]。可以监测 Flink 作业的主要运行状态信息、集群运行情况等。默认不支持报警。在可扩展性方面，Flink 原生提供 RESTful API 方式及 JMX API 方式提供指标数据；另外，指标子系统可以配置，将指标信息汇集到多种类型，例如，Prometheus、InfluxDB 等，方便构建新的可视化和监控工具。

② Flink 的 Prometheus 支持。由于 Flink 内建支持 Prometheus，因此无须第三方 Exporter。有两种方式：一是 Flink 的 PrometheusReporter，Prometheus 可以直接从开启 PrometheusReporter 的 Flink 拉取监控指标数据；二是 Flink 内建 PrometheusPushGatewayReporter，其将监控指标信息汇集推送到 Prometheus PushGateway Server，然后 Prometheus 可以从 PushGateway Server 拉取指标数据。后一种方式的优点是可以避免由于 Prometheus 与 Flink 不在同一子网或防火墙等原因造成的 Prometheus 无法直接拉取的问题，通用性更好。

---

① 尚贝尔，扎哈里亚. Spark 权威指南[M]. 张岩峰，王方京，译. 北京：中国电力出版社，2020.
② 张利兵. Flink 原理、实战与性能优化[M]. 北京：机械工业出版社，2019.

接下来，探讨监控系统的方案思路。

监控技术方案通过对监控数据的实时采集、实时处理、可视化与报警等手段，实现对企业数据工厂中多业务层次、多种类组件的全域指标监控。由于专为监控场景设计、架构优良、可扩展性好等特点，同时广泛应用于同属于 CNCF 生态圈的容器集群 Kubernetes 的监控系统中，Prometheus 是目前很热门的开源监控告警解决方案。基于 Prometheus 良好的生态和流行度，越来越多的大数据组件与其也有更好的对接。

企业数据工厂监控系统可以考虑以 Prometheus 为选型基础进行构建，同时考虑以 Grafana 或自研展示界面实现监控数据展示，以被监控组件的原生或自研探针实现指标数据采集。一方面，Prometheus 生态中有比较丰富和持续发展的开源监控指标采集探针，告警组件也有良好生态，其架构便于扩展。对于数据工厂自研服务、数据处理任务层及监控链路各环节的监控，可以在必要时基于 Prometheus 开放的架构自研集成。另一方面，Grafana 生态中也具有比较丰富的开源仪表板生态。同时，Grafana 与 Prometheus 有很好的结合性，对于自研采集的监控指标，可以利用 Prometheus 强大的查询语言并结合 Grafana 界面的可定制化性，敏捷构建监控数据展示界面。

例如，一个典型的监控系统方案可以采用如下架构。企业数据工厂的系统服务层组件通过 Prometheus 相关的各类 Exporter 采集指标数据（例如，Node Exporter、ClickHouse Exporter 等），同时通过 JMX Exporter 或其他自研 Exporter 等实现对自研服务层组件、数据处理任务层及监控链路各环节的指标采集，并将指标数据存储于 Prometheus 时间序列数据库。告警通过 Prometheus 实现。Grafana 或自研展示界面通过接口调用和指标编辑来读取 Prometheus 所采集的数据，进行监控数据可视化展示。

2.5.2　性能调优实践

生产效率、成本效益是企业数据工厂运行的关键指标。伴随着数据规模的不断增长、业务驱动分析模型的负载量逐渐加大，如何提升数据产品生产效率、更加高效地处理数据是生产管控要着重考虑的一个问题。

本节将介绍企业数据工厂运行性能调优的一般性思路、调优层次、典型调优技术示例三个方面内容。其中，性能调优的一般性思路的核心是识别性能瓶颈并消除瓶颈。调优层次包括① 操作系统；② 数据工厂软件系统；③ 数据的组织结构；④ 计算负载。调优技术结合数据工厂数据处理的特点，着重从计算负载的角度示例讨论两种具体调优技术和思路：① 批处理调优技术；② 流处理调优技术。

1. 性能调优的一般性思路

性能调优的典型目标是降低系统的响应延迟、减少数据处理的端到端完成时间、提高系统的吞吐量、提高系统并行处理的作业量、减少数据传输的时间或降低计算资源利用率等，所比较的对象可以是自身（优化之前），也可以是其他系统。根据场景的不同，性能调优可能是仅单纯希望进一步提高效率与效益，也可能是为达到一定的由业务指标换算得来的性能目标值。

一般来说，性能调优的典型思路方法是识别性能瓶颈，并通过分析瓶颈原因与相关因素进行有针对性的调整和试验，然后经过评估和确认后根据实际情况实施。典型步骤如表 2-9 所示。

表 2-9　性能调优的典型步骤

序　　号	关　键　词	内　　　容
步骤 1	业务需求	提出性能方面业务需求
步骤 2	基线与目标	建立系统基准
步骤 3		设立调优目标
步骤 4		测量当前的系统性能
步骤 5	瓶颈	识别性能瓶颈
步骤 6	调优	制定优化方案并试验
步骤 7		评估试验后的系统性能
步骤 8	实施	确认优化方案并实施

展开来讲，通常可以通过如下步骤进行。

（1）建立系统基准并设立调优目标。对应表 2-9 中步骤 2 与步骤 3。系统的基准包括软硬件环境与配置水平、数据量水平、处理逻辑与分析模型设置等方面。往往将有关效率与效益方面的业务需求，转换为性能待改善问题。然后以此为导向设定性能调优目标（例如，减少数据处理的端到端完成时间、降低查询请求响应延迟等），并定量化描述可接收的性能目标范围。

（2）测量当前的系统性能（在性能优化之前）。对应表 2-9 中的步骤 4。默认情况下，测量并记录系统在正常相关负载情况下的性能表现，可以利用系统附带的性能监测、运维系统和工具。如果条件具备，那么可以使用压力测试工具测试和记录系统的状态。详细和精确的记录有益于对调优的效果进行评估和分析措施。

（3）识别性能瓶颈。对应表 2-9 中的步骤 5。瓶颈识别与调优目标相关，例如，如果目标是减少数据处理的端到端完成时间，那么可以观测数据处理各阶段的耗时、并行度、资源消耗等情况，然后从耗时大头的阶段开始分析；如果目标是降低查询请求响应延迟，那么可以观测查询请求的执行计划，分析计划的合理性、数据情况、算子耗时与资源消耗等辅以识别。底层系统 CPU、内存、磁盘 I/O、网络等情况也需要关注。同时，在定位过程中可能需要使用多个工作负载。也需要注意测试工具本身对系统环境的影响。总之，识别瓶颈方法不一，而且往往与相关经验和对系统运行原理的熟悉程度有关。

（4）制定优化方案并试验。对应表 2-9 中的步骤 6。针对可能的性能瓶颈，结合系统运行原理及相关经验，制定优化措施，用以改善性能问题。在一般情况下，方案不引入过度复杂性，以降低引入新 Bug 风险。根据实际情况，确定是否可以试验性地实施优化措施。需要注意的是，优化方案中还包括回滚方案，因为调优是一个试验性的迭代式渐进过程，如果试验不成功，那么根据情况需要比较方便地回到之前的系统状态，方便下一轮试验迭代。

（5）评估试验后的系统性能。对应表 2-9 中的步骤 7。对应用了优化方案的系统性能进行验证性评估。可以重启压力测试，包括系统附带的性能监测、运维系统和工具等，在验证性评估过程中，不但要观测调优目标相关的系统指标，也包括系统整体上的其他方面的指标，从而确认优化方案对设定的调优目标的效果，以及对系统整体上的影响。

（6）确认优化方案并实施。对应表 2-9 中的步骤 8。当经过评估的调优方案具备在系统正式实施的条件后，再实施。要注意对优化方案的记录与总结归档（含回滚方案），对实施操作保留日志。实施后，要对日常性能监测、运维记录中相关部分仍保持一段时间的关注。

2. 数据工厂性能调优的层次

数据工厂性能调优的层次包括操作系统、数据工厂软件系统、数据结构，以及计算负载。

（1）操作系统。操作系统是数据工厂软件运行的环境支撑。这一层次的调优主要考虑内存、磁盘 I/O、文件系统、网络调优等。这一层次虽然看似距离数据处理与分析模型的具体逻辑较远，但它在最基础的层次上承载着所有负载逻辑对应机器指令的执行，是硬件能力的直接出口及计算根源动力的"把门人"。硬件能力的出口大小调整在这一层进行。这一层次调优受益于对操作系统、计算机组成与系统结构原理了解和实践经验。关于这部分的进一步内容可以参阅相关专著[①]、Jeaf Dean 的延迟数字及 Colin Scott 对其的更新等。

① 内存调优。典型包括操作系统 Buffer 与 Cache、共享内存、过量分配（Overcommit）相关设置等。对它们的控制要结合上层软件自身对内存（如缓存）的管理方式及对操作系统内存（如缓存）的预期使用方式。如下的操作系统级调优均类似。

② 磁盘 I/O 调优。包括脏页（Dirty）相关、预读、调度算法、透明大页设置等。

---

① 格雷格. 性能之巅（第 2 版）：系统、企业与云可观测性[M]. 徐章宁，等，译. 北京：电子工业出版社，2022.

③ 文件系统调优。包括打开文件数限制、块大小、日志（Journal）设置等。

④ 网络调优。包括连接保持、发送与接收缓存大小、SYN 队列长度设置等。

（2）数据工厂软件系统。数据工厂软件系统包括基础服务、自研服务等数据工厂所有的软件构成。其中，基础服务主要包括引擎和框架，例如，大数据存储处理与数据库选型（如 HDFS、MinIO、Kafka、IoTDB、Spark、Flink 等）；自研服务包括数据工厂关键业务逻辑实现、前后端服务等；这一层次还包括实现语言的运行时（如 JVM）。主要考虑语言运行时（如 JVM）调优、引擎和框架调优、自研服务调优（以下简称为服务调优）等。这一层次的调优是对数据工厂软件系统全局优化。对大数据和数据库引擎与框架原理理解和实际经验及对自研服务组成架构的了解可以帮助这一层次的调优。关于这部分的进一步内容可以参阅引擎和框架官方或业界推荐参考资料[1][2][3][4][5][6]。

① 语言运行时调优。以 JVM 为例，典型包括垃圾回收相关、内存设置等。

② 引擎与框架调优。又称为系统参数调优。例如，计算资源相关（CPU 核数、内存管理相关）、缓存、段数量、压实（Compaction）、工作线程池配置、默认并行度配置等。

③ 服务调优。包括 CPU 核数、内存量及其他与业务相关的配置等。

（3）数据的组织结构。在数据工厂中数据以原料、半成品和成品多种形态贯穿生产加工过程始终。数据的组织结构对效率有显著影响。这一层次的调优要结合数据系统特性，主要考虑数据存储、数据传输、数据读取等方面的优化，典型包括数据布局（行存、列存）与文件格式、文件副本数与块大小、编码与压缩、表格式与表类型、消息主题设置、分区设置、分布式分片、主键选取、约束设置、数据索引、统计信息及多版本并发控制（Multi-Version Concurrency Control，MVCC）垃圾收集等。在这一层次中对数据组织结构的调优要面向计算负载的特征进行，其是对数据工厂中数据物料的局部的针对性优化。对大数据和数据库引擎与框架原理理解和实际经验可以帮助这一层次调优。更多内容读者可以参阅大数据存储和数据库选型官方或业界推荐参考资料。

① 尚贝尔，扎哈里亚. Spark 权威指南[M]. 张岩峰，王方京，译. 北京：中国电力出版社，2020.

② 张利兵. Flink 原理、实战与性能优化[M]. 北京：机械工业出版社，2019.

③ 奥克斯. Java 性能权威指南（第 2 版）[M]. 党文亮，译. 北京：人民邮电出版社，2022.

④ KARAU H, WARREN R. High Performance Spark: Best Practices for Scaling and Optimizing Apache Spark[M]. Sebastopol, CA, USA: O'Reilly Media, 2017.

⑤ 王家林，段智华，等. Spark 内核机制解析及性能调优[M]. 北京：机械工业出版社，2017.

⑥ 纳克海德，沙皮拉，帕利诺. Kafka 权威指南[M]. 薛命灯，译. 北京：人民邮电出版社，2017.

（4）计算负载。加工生产过程的主体是数据处理和分析模型运行，调优的直接对象是表达业务逻辑的计算负载。这一层次的调优要结合数据计算系统特性，主要考虑涉及数据计算环节的程序代码性能合理性、执行计划生成、计算资源消耗、传输开销、处理器物理执行等方面的优化，典型包括代码优化（如中间对象复用、高效算子使用、两阶段聚合、批量化处理）、SQL 优化（如主键匹配、只选取必要字段、索引使用、分区裁剪、控制事务大小）、按作业/SQL 请求的资源量设置（CPU、内存）、动态资源分配、统计信息收集、并行度调优、数据序列化方式、Shuffle 调优、数据倾斜消除、物理执行计划分析、开启小文件合并及自适应执行等。需要强调的是，计算负载与业务逻辑表达是调优的驱动中心，是调优工作的起始点，在调优过程中要充分分析计算负载特点及相关的计算环境与数据特征。对大数据计算和数据库处理引擎原理理解和实际经验可以帮助这一层级调优。关于这部分的进一步内容可以参阅大数据计算和数据库等选型的官方或业界推荐参考资料。

3. 面向计算负载的具体调优技术示例

（1）批处理调优方法。

方法一：使用高效的序列化方式。序列化与反序列化是绝大多数分布式作业在执行过程中必不可少的一个环节，当在计算任务之间跨网络传递数据时，需要先在发送方将内存对象序列化，然后在接收方执行反序列化操作（除非使用免序列化的网络传输方式）。序列化的性能消耗基本与要在网络传输的数据量成正比。因此，在典型的批处理系统中，考虑选用高效的序列化和反序列化方式。例如，在 Spark[1][2]引擎中使用 Kryo 序列化方式。

方法二：更多复用中间数据对象。在不同的批处理计算引擎中，中间数据表示有不同的形式。例如，在 MapReduce 中，一个实际数据处理工作包含多个阶段的 MapReduce 处理，它们环环相扣，构成一个数据处理的有向无环图，其中，每个阶段的结果就是一次中间结果。通过良好的计算逻辑设计，减少中间结果的生成并尽多复用将减少整体数据处理的环节。在 Spark 中，简单地将数据抽象 RDD 的变量视为一种中间结果表示。对一份完全相同的数据，尽量复用一个 RDD 变量，对数据包含关系的 RDD 也可以考虑复用那个较大的 RDD 变量，通过减少 RDD 变量的数量尽可能减少算子执行的次数。另外，在诸如 Spark 这类支持缓存的计算引擎中，对频繁或多次使用的中间结果 RDD 变量进行缓存。引擎的缓存机制会自动将 RDD 变量的数据保存到内存或磁盘中，使后续在对此变量进行计算时

---

① KARAU H, WARREN R. High Performance Spark: Best Practices for Scaling and Optimizing Apache Spark[M]. Sebastopol, CA, USA: O'Reilly Media, 2017.

② 王家林，段智华，等. Spark 内核机制解析及性能调优[M]. 北京：机械工业出版社，2017.

直接从缓存读取。

方法三：使用 Map 侧（Map-side）预聚合的 Shuffle（分布式混洗）计算逻辑。以计算单词计数举例：在输入数据集中计算每个单词的总出现次数（COUNT）。一种计算方式是使用 reduceByKey 的计算逻辑（直接计算每个单词的出现次数），另一种方式是使用 groupByKey 的计算逻辑（先按每个单词进行分组，然后对每组求总计数）。虽然两种计算方法都能得出正确的结果，但 reduceByKey 的逻辑在大量数据集上的性能更高。因为计算引擎会在进行 Shuffle 的网络传输前，将每个分片的数据先按 Key 值分组求和（见图 2-10），这样大大降低了 Shuffle 需要在网络传输的数据量。

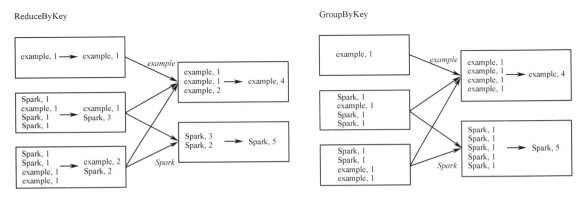

图 2-10　比较 reduceByKey 和 groupByKey 计算过程的示例

（2）流处理调优方法。

方法一：使用微批的处理方式（MiniBatch）。核心思想是把流式输入的数据进行缓冲后小批式处理，这样可以减少对状态的访问，进而提升吞吐并减少数据的输出。

方法二：局部与全局两阶段聚合（Local-Global）。主要用来解决聚合时的数据倾斜问题，如典型聚合函数 SUM、COUNT、MAX、MIN、AVG。核心思想是将分组聚合分为两个阶段执行，先在上游进行局部聚合，再在下游进行全局聚合。如图 2-11 所示给出了一个计算过程的示例，计算逻辑是按照边框样式（实线或虚线）分组后的数值求和（即 SUM GROUP BY 边框样式）。类似于批处理 MapReduce 中的合并（Combine）与规约（Reduce）模式，也就是先进行一个本地的"规约"（即合并），再进行全局的规约计算。通过第一阶段的局部聚合，可以大大减少 Shuffle 的网络传输数据量，并减少状态访问的消耗。此优化方法依赖于微批处理优化，每次局部聚合的累积输入数据基于微批时间间隔。

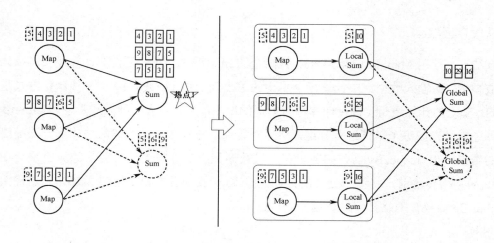

图 2-11　局部与全局两阶段聚合（Local-Global）优化的计算过程示例

　　方法三：去重聚合的拆分（Distinct-Split）。主要用来优化对去重聚合的处理。在说明本方法的核心思想前，先举一个例子并说明上述的"方法二"在此场景下不适用。示例：统计最近一个月每日登录的唯一用户数（其中，用户 ID 唯一值的数量（称为基数）很大）——以用户 ID 作为去重键（Distinct Key）来计算总记录数（即 COUNT（DISTINCT 用户 ID) GROUP BY 日期）。（a）当使用"方法二：局部与全局两阶段聚合"时，如图 2-12（左）所示的示例，其中，不同外框样式（实线或虚线）表示不同日期，字母表示用户 ID，表示计算任务的圆圈上端是任务的输入数据集，在第一阶段后需要网络传输的用户 ID 并无显著减少，因为传输数据中仍然包含几乎所有原始用户 ID 的记录，并且第二阶段聚合的累加任务仍可能是热点任务，从而依然有数据偏斜问题。（b）去重聚合拆分方法的核心思想是将去重聚合分为如下两个阶段：第一阶段由原始分组键（Group Key）和额外的分桶键（Bucketed Key）联合起来进行 Shuffle（分布式混洗），其中，分桶键可以使用"HASH_CODE(用户 ID) % 桶总数"来计算（即 COUNT(DISTINCT 用户 ID)GROUP BY 日期，HASH_CODE(用户 ID) % 桶总数）；第二阶段再由原始分组键进行 Shuffle，但对来自不同桶的 COUNT DISTINCT 值使用 SUM 聚合。因为同一日期的具有相同去重键值（即用户 ID）的所有数据一定会落在同一个桶中进行计算，所以上述两阶段的结果与原始去重聚合的结果是一致的。这样一来，第二阶段中分桶键（Bucketed Key）充当了附加分组键的角色，即第二阶段的输入数据是以（日期，COUNT DISTINCT 值）的形式，而非原始的（日期，用户 ID）形式。由此大大降低了计算最终结果聚合的数据偏斜的可能。在如图 2-12（右）所示的示例中，经过第一阶段聚合后得到的是以日期作为键、局部 COUNT(DISTINCT 用户 ID)作为值的中间结果，中间结果数据量已显著降低，然后以日期为键进行 Shuffle 时，数据得以相对均衡地分发和计算。关于流处理调优的更多信息可以参阅 Flink 官方调优文档。

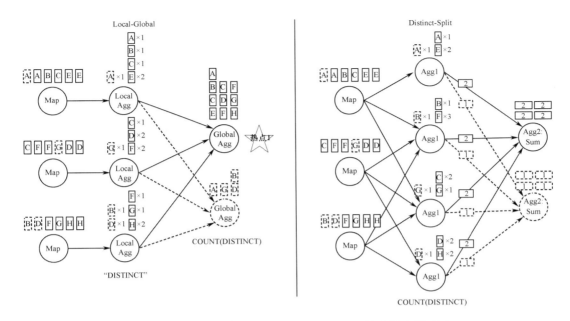

图 2-12 去重聚合拆分优化（Distinct-Split）的计算过程示例

总之，性能工程是一门学科。本节主要围绕在企业数据工厂实践中相关的常用性能调优的关注点、思路和方法进行了讨论。关于数据工厂相关的更多性能调优的知识、方法与技巧，可以参阅大数据和数据库等相关系统选型的推荐资料[1][2][3][4][5]及操作系统等相关的实践指南与读物[6][7]。

① 尚贝尔，扎哈里亚. Spark 权威指南[M]. 张岩峰，王方京，译. 北京：中国电力出版社，2020.

② 张利兵. Flink 原理、实战与性能优化[M]. 北京：机械工业出版社，2019.

③ KARAU H, WARREN R. High Performance Spark: Best Practices for Scaling and Optimizing Apache Spark[M]. Sebastopol, CA, USA: O'Reilly Media, 2017.

④ 王家林，段智华，等. Spark 内核机制解析及性能调优[M]. 北京：机械工业出版社，2017.

⑤ 纳克海德，沙皮拉，帕利诺. Kafka 权威指南[M]. 薛命灯，译. 北京：人民邮电出版社，2017.

⑥ WESCOTT B. The Every Computer Performance Book: How to Avoid and Solve Performance Problems on the Computers You Work With[M]. Lexington, KY, USA: Createspace Independent Publishing Platform, 2013.

⑦ 格雷格. 性能之巅（第 2 版）：系统、企业与云可观测性[M]. 徐章宁，等，译. 北京：电子工业出版社，2022.

第 3 章　工业大数据汇聚与处理技术

从技术角度来看，工业数据应用的前提基础是工业大数据汇聚与处理技术，包括工业大数据的接入与传输、存储、处理与计算。工业大数据的接入与传输技术主要包括对工业时间序列数据、结构化数据及非结构化数据等数据的获取、接入与传输等技术，贴合工业数据相关系统的环境特点，实现分散、多源、异构工业数据的可靠、安全和有效汇聚。工业大数据存储技术主要指构建面向工业场景中的时间序列、结构化和非结构化等多种类型数据的高性能及可扩展的存储技术，实现工业场景中价值密度各异、访问特性不同的数据的有效存储。工业大数据处理与计算技术主要包括支持多种数据处理与分析模式的基础性数据密集型计算技术，为对具有强关联、强机理等特点的工业大数据的高效处理和分析提供计算引擎层支持。综上所述，工业大数据汇聚与处理技术是工业大数据系统与工程的底层核心技术支撑。

3.1　数据接入与传输

3.1.1　典型工业数据来源及其特点

工业大数据的来源广泛，数据的业务与技术类型多样。

一方面，工业大数据来源系统环境多样、安全要求高[1]。工业大数据普遍来源于多种不同的系统，例如，多类企业信息化系统、生产过程监控信息系统、企业外部公共数据资源系统等。从 SCADA、DCS、MES 到 ERP、EAM、CRM，再到企业大数据平台、云平台，工业

---

[1] 田春华，李闯，刘家扬，等. 工业大数据分析实践[M]. 北京：电子工业出版社，2020.

大数据相关的各种计算机系统环境、网络环境及接口形式多种多样。工业生产尤其是企业最核心的业务活动，生产过程监控系统的安全和稳定运行极其重要，影响企业安全生产的命脉；ERP、CRM 等系统蕴含的数据也都是企业中具有商业机密性质的数据。与这些系统的连通、数据采集与收集及对相关数据的传输都对安全有特殊的要求。

另一方面，工业大数据的数据类型多种多样。从技术角度涵盖了三类数据：第一类是关系型数据，遵循经典的关系模型，数据操作主要归类于关系代数操作；第二类是时间序列类型数据，其中，数据的最小单元是一个时间戳与数据值的二元组。时间序列型数据是一种以时间戳作为主维度的、每个数据值都伴随一个具体时间戳的数据集合，数据操作具有时间轴过滤、值聚合及时频变换等时序分析特点。工业中大量被跟踪、监测和记录下的测量和事件数据都具有时间序列型数据的属性；第三类是对象数据，包括半结构化数据（如文档数据）和无结构数据（如图像数据），数据中可以包含一定的对象元数据信息，数据操作主要以键值读写方式为主。

3.1.2　接入与传输技术要素

基于工业大数据的典型来源与特点，工业大数据接入与传输的工程实施包括两个工作环节和四个技术要素。两个工作环节是：① 适配工业数据源协议，对接系统环境各异的工业系统，实现可靠而有效的数据采集与收集；② 将数据传输到数据汇集目的地（例如，工业大数据平台等具有数据存储功能的系统），实现可靠、性能可扩展、安全传输与汇聚。在这两个工作环节中的四个技术要素包括：① 工业数据接口；② 数据传输协议；③ 性能要素；④ 安全要素。下面分别进行展开讨论。

1. 工业数据接口

从业务角度看，工业大数据源涵盖了 ISA-95 企业信息集成模型的大部分层次，不同 ISA-95 层次系统的接口方式如表 3-1 所示。

表 3-1　不同 ISA-95 层次系统的接口方式

层　　次	系 统 层 级	接口（典型）
第 1 层次、第 2 层次	DCS/SCADA 系统	OPC DA/UA
	工业通信协议	Modbus-TCP 或者串口
	物联网协议	MQTT、NB-IoT
	非标准	自定义

层　　次	系 统 层 级	接口（典型）
第 3 层次、第 4 层次	MES 等生产管理系统	REST 或者 Web Services 数据库中间表
	ERP/SCM 等经营管理系统	REST 数据库集成
更高	数据平台	REST 或者数据库接口

需要特别注意，无论使用哪种数据采集手段，都需要考虑工业现场的数据采集对控制或生产系统的影响，例如，数据采集不应对 DCS 系统带来额外压力，引发报警，更不应使产线停产。

2. 数据传输协议

数据源适配解决如何读取数据的问题，而数据传输解决如何运输数据到特定的数据存储的问题。数据传输协议是由数据源和数据存储共同决定的，因为数据源和数据存储技术的多样性，数据传输协议需要配合使用。

常见的工业数据传输协议主要包括如下两种。

（1）特定传输协议。在分布式系统中，数据传输通常会遵守标准或者非标准的网络传输协议，例如，IoT 领域中的 MQTT 传输协议。

（2）通用套接字（Socket）。一些厂商会根据实际需要制定自己的数据传输协议。通常使用 TCP 可靠连接，结合自定义的网络帧数据包进行数据传输。

3. 性能要素

（1）网络带宽与成本。数据跨地域传输需要解决网络带宽的瓶颈问题。在一个典型的将场站数据汇集到中心侧的场景里，假设场站每天产生 200 GB 数据，为了将这些数据传输到中心侧，平均每秒需要传输约 2 MB 的数据，考虑数据的不均匀性和网络带宽的裕度，能够承载这些数据的网络带宽应在 40 Mbit/s 以上，使用专线传输这些数据将为企业带来一笔不小的开销。

有些生产现场地处偏远地区，或者生产设备本身是移动设备（例如，车辆），没有铺设有线网络的条件，这种情况只能使用无线网络传输数据，而无线网络的带宽通常比同等价格的有线网络低很多，因此，更要考虑无线网络的带宽是否能够匹配数据传输需求的问题。

为了解决大量数据跨地域传输的问题，可以考虑：① 通过数据压缩或降频，降低需要传输的数据量；② 数据预处理，抽取中心侧所需的特征量，而不是传输原始数据，例如，很多高频振动波形数据在日常情形下仅传输频度特征量，只有在故障或密切监控时，才传输原始数据；③ 就地处理，将数据分析的算法直接运行在场站侧的环境上，计算结果可以直接被场站侧使用，在这种情况下，数据和计算结果都可以完全脱离中心侧。但是数据就地处理也有代价，首先，对场站侧的计算能力有较高的要求，分析算法的逻辑一般比较复杂，PLC等工控处理器可能无法满足计算能力要求；其次，由于分析算法逻辑的复杂性，必然存在算法版本迭代的需要，因此还要解决场站侧算法版本及时更新的问题；最后，因为专业分工，复杂的分析结果及相关的原始数据仍需要在线传输或离线传递到中心侧处理。所以数据就地处理并非万能，而只是解决大量数据处理的一种辅助手段。

（2）网络传输的不可靠性。工业现场的网络通常是不可靠的，需要考虑在数据源和数据传输链路上构建一定规模的数据缓存，以便在网络中断时能保存一定时间窗口的数据，在网络恢复后能自动进行重连传输。缓存的大小由业务需求决定，但存储量受硬件资源条件的限制。如果存储量过大，那么需要考虑数据压缩、降频等措施。

4. 安全要素

在实际工业现场，受安全合规等非技术因素影响，会出现数据源和数据目的地不能直连的情况。2017 年开始实施的《中华人民共和国网络安全法》和 2021 年开始实施的《中华人民共和国数据安全法》明确规定了重要数据处理者对数据的保护义务和责任。各行业也提出了细化的数据安全或网络安全标准，例如，《国家电网公司智能电网信息安全防护总体方案》对发电、输电和用电等各个环节的数据规定了安全分区、网络专用、横向隔离、纵向认证等原则，从基础设施层面保证了电力数据安全。在电力系统中，核心生产系统部署在安全 I 区（控制区），而大数据系统作为应用，部署在安全 III 区（生产管理区），网络隔离的限制是网络通信不能跨区，并且只能单向发起连接请求，这样需要在 II 区构建一个数据传输中继（如横向隔离装置），一方面接收来自 I 区的数据，同时向 III 区传输数据，如图 3-1 所示。需要注意的是，中继并不能替代缓存，在这种架构下，I 区数据采集器和数据中继需要有自己独立的缓存，以应对 I - II 和 II -III 之间可能出现的网络中断。

数据安全的这些要求对工业数据的传输也带来了挑战。首先，各行业和各企业对数据安全的具体要求并不统一，没有普适的满足所有数据安全要求的方法，例如，在电力生产现场会使用专用的网络安全设备，现场需要进行比较多的定制化开发工作，不仅需要投入更多时间，也引入了很多影响数据质量的不确定因素；其次，网络安全设备可能带来额外的数据延迟，例如，电网里普遍使用的单向隔离装置，在跨区传输时使用文件传输协议，这要求从设备采集的流式数据要先批量化才能通过，因而降低了整个数据链路的实时性。

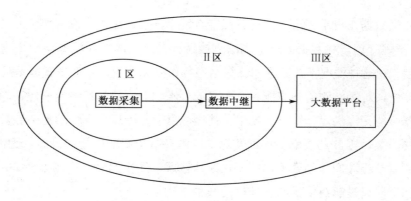

图 3-1　数据传输中继

3.1.3　典型的接入与传输技术

工业大数据的采集主要是通过 PLC、DCS、SCADA 等系统从机器设备实时采集数据，也可以通过数据交换接口从实时数据库等系统以透传或批量同步的方式获取物联网数据；从业务系统的关系型数据库采集结构化业务数据；从机台及其他服务器（如文件系统）等采集半结构化、非结构化的检测、故障等数据。通过 MQTT 传输、ETL 工具、专用定制开发程序、实时与批量数据同步接口与传输引擎等方式将数据传输到工业大数据平台系统。下面分别从数据采集与接入典型相关技术、数据传输典型相关技术两个角度进行介绍。

1. 数据采集与接入典型相关技术

（1）OPC 协议。开放平台通信（Open Platform Communications，OPC）是一种用于工业自动化的通信标准[①]，以 Windows 操作系统下的对象链接与嵌入（Object Linking & Embedding，DDE）、组件对象模型（COM）及分布式组件对象模型（Distributed Component Object Model，DCOM）技术为基础。设备制造商（如 PLC）如果遵从这一标准，则实时数据可提供给 OPC Server，上位机的软件（作为 OPC Client）直接访问 OPC Server 即可获取到设备数据，从而实现将不同设备的差异透明化。最常见的 OPC 规范是读写实时数据用的 OPC 数据访问（OPC Data Access，OPC DA）。制造商一般在提及 OPC 时即指 OPC DA 规范。除 OPC DA 规范外，OPC 基金会也维护了 OPC 历史数据访问（OPC Historical Data Access，OPC HDA）规范、OPC 报警与事件（OPC Alarms and Events，OPC AE）规范。OPC DA 访问的是实时数据，OPC HDA 允许访问及检索已存档的历史数据；OPC AE 基于报警与事件规范，传递报警与事件消息。

OPC 统一架构（OPC Unified Architecture，OPC UA）是一个跨平台、开源的技术规范，

---

① MAHNKE W, LEITNER S H, DAMM M. OPC Unified Architecture[M]. Berlin, Germany: Springer, 2009.

用于实现从传感器到云应用的数据交换。该规范于 2008 年发布，对应于 IEC 62541 国际标准[①]。它是一套安全、可靠的数据交互规范，具有独立于制造商和平台的特点，用于工业通信领域。该规范由制造商、广大用户、研究学院及行业协会共同参与制定，目的是使不同操作系统和不同制造商的设备之间可以进行安全的数据交互。OPC UA 规范不再基于 COM/DCOM 技术，因此，OPC UA 不仅能在 Windows 平台上实现，还可以在 Linux 及其他嵌入式平台中实现。

（2）Modbus。Modbus 是一种工业数据通信协议[②]，由 Modicon 公司（现施耐德电气 Schneider Electric 公司）于 1979 年为 PLC 通信而开发发布。虽然最初旨在串行通信，但是 Modbus 协议逐渐具备了用于串口、以太网及其他支持互联网协议网络的实现版本。Modbus 目前已经成为工业领域通信协议事实上的业界标准，是工业电子设备之间常用的连接方式。Modbus 比其他通信协议使用更广泛的主要原因有：① 公开发布并且没有著作权要求；② 易于部署和维护；③ 对所传输数据的格式约束很少，对供应商比较友好。

（3）Apache PLC4X。Apache PLC4X 是用于与 PLC 进行通信的一组编程库，其使用统一的 API 来实现多种协议通信，即实现与 PLC 通过其原生通信协议进行通信的驱动程序。这些驱动程序中的每个程序都是根据规范或（合法的）逆向工程协议实现的，以便完全获得 Apache 2.0 许可。PLC4X 与 OPC UA 有相似的目标，即统一访问任何类型的 PLC，但实现路径有所不同：在使用 OPC UA 时，需要让 PLC 能够以新协议（OPC UA）进行通信（可能需要修改 PLC 上的软件），并使用通用客户端与其对话；使用 PLC4X 时，则使用相应驱动程序通过 PLC 原生通信协议与其通信，从而无须修改软件，也避免增加硬件计算负担（在现有 PLC 上激活对 OPC UA 的支持将增加 PLC 的负载）。作为开源项目，PLC4X 还具有方便与流行的 Apache 数据类开源项目集成的优势，包括 Apache IoTDB、Apache NiFi 等。从支持范围的角度，PLC4X 目前比较有限，处于持续增加支持的过程中。

2. 数据传输典型相关技术

（1）MQTT。消息队列遥测传输（Message Queuing Telemetry Transport，MQTT）是 ISO 标准（ISO/IEC PRF 20922）下基于发布/订阅范式的消息协议[③]。其基于 TCP/IP 协议族，是为硬件性能低下的远程设备及网络状况不佳的情况下而设计的发布/订阅型消息协议。MQTT

---

① MAHNKE W, LEITNER S H, DAMM M. OPC Unified Architecture[M]. Berlin, Germany: Springer, 2009.

② RINALDI J S. Modbus: The Everyman's Guide to Modbus[M]. Lexington, KY, USA: CreateSpace Independent Publishing Platform, 2015.

③ NAIK N. Choice of Effective Messaging Protocols for IoT Systems: MQTT, CoAP, AMQP and HTTP[C]//Proceedings of the 2017 IEEE International Systems Engineering Symposium (ISSE '17). Vienna, Austria: IEEE, 2017: 1–7.

协议具有轻量级、简单易实现、支持 QoS、报文小等特点，适合资源有限的设备，其广泛应用于工业级别的应用场景。

（2）Apache Flink CDC。Apache Flink[①②]是一个面向数据流处理的分布式开源计算框架，可以用来以规模可扩展的方式实时地处理海量数据流，其核心是一个提供了数据分发及并行化计算的流数据处理引擎。Flink 也可以处理大量的静态数据集。Apache Flink CDC 是一个基于 Flink 的开源引擎，基于数据库日志的捕获数据更改（Change Data Capture，CDC）技术来做全量和增量的一体化数据读取，并借助 Flink 管道能力和上下游生态将数据变更实时地同步到下游存储，实现数据传输的同时，也可以进行一定程度的处理（如聚合等）。Flink CDC 结合 Flink 生态，同时包含了对数据库数据的采集与传输过程。Flink CDC 的数据源一侧支持 Oracle、SQL Server、PostgreSQL、MySQL、Amazon Aurora 等数据库和云服务，生态比较完善。数据目标端支持 Kafka、Pulsar 等消息引擎。另外，Flink CDC 具有并发读取源端数据的能力，适合大数据规模的处理，还具有断点续传等特色功能。

（3）Apache Kafka。Apache Kafka[③④]是一个开源的高性能分布式消息引擎，可被用于实时数据传输平台。分布式消息传递基于可靠的消息队列，在客户端应用和消息系统之间异步传递消息。Kafka 的 3 种典型用途包括：（a）通过 Kafka 可以实现数据传输上下游的解耦，避免了上下游传输协议一致化的开发工作量；（b）通过 Kafka 可以起到数据传输削峰填谷的作用，也就是在数据量突增时，Kafka 缓冲对下游写入的压力，而在数据量减少时，又能让下游持续消费数据以可接受的流速完成接收；（c）通过 Kafka 可以起到缓存的作用，也就是如果下游服务不可用，不影响上游的数据传递，上游依然可以正常传输数据到 Kafka 中，而待下游服务恢复后期，再从 Kafka 把之前传来的数据接收过来。反之，如果上游服务不可用，情况也是类似的。

Apache Flume[⑤⑥]是一个分布式、高性能且高可用的海量日志聚合系统。Flume 支持定制

---

① CARBONE P, KATSIFODIMOS A, EWEN S, et al. Apache Flink™: Stream and Batch Processing in a Single Engine[J]. IEEE Data Eng. Bull., 2015, 38(4): 28-38.

② 霍斯克，卡拉夫里. 基于 Apache Flink 的流处理[M]. 崔星灿，译. 北京：中国电力出版社，2020.

③ KREPS J, NARKHEDE N, RAO J. Kafka: A Distributed Messaging System for Log Processing[C]// Proceedings of the 6th International Workshop on Networking Meets Databases (NetDB'11). Athens, Greece: ACM, 2011: 1–7.

④ 纳克海德，沙皮拉，帕利诺. Kafka 权威指南[M]. 薛命灯，译. 北京：人民邮电出版社，2017.

⑤ HOFFMAN S. Apache Flume: Distributed Log Collection for Hadoop[M]. Birmingham, UK: Packt Publishing Ltd, 2013.

⑥ 史瑞德哈伦. Flume：构建高可用、可扩展的海量日志采集系统[M]. 马延辉，史东杰，译. 北京：电子工业出版社，2015.

多种数据发送方，可用于批量收集和传输数据的场景；同时，它提供对数据进行简单处理，并写入多种数据接收方的能力（例如，Hadoop 生态系统等）。基于事务的 Flume 管道，确保了数据在传输和接收过程中的一致性。当数据收集速度超过写入速度，即出现峰值时，Flume 会在上游数据生产者和下游数据接收者间做出调整，以使数据平稳传输。

3.1.4　接入与传输技术路线

为实现将分散、多源、异构工业数据可靠、安全、有效汇聚的目标，下面围绕工业大数据接入与传输技术要素进行技术路线与优缺点分析。

1. 数据采集与接入技术路线分析

从业务角度看，工业大数据源涵盖了 ISA-95 企业信息集成模型的大部分层次。从数据类型角度看，这些数据的形态是多样的，包括关系数据（如 MES、ERP 等信息化应用数据）、时序数据（如 DCS 监控数据）、对象数据（如 AOI 检测图像、CAD 设计文件），以及其他半结构化数据（如工单等文档数据）。数据源的业务维度和技术维度分类是正交的，针对每一种特定的数据源，其采集适配方式需要单独考虑，不同 ISA-95 层次系统接口方式下的可选技术路线如表 3-2 所示。

表 3-2　不同 ISA-95 层次系统接口方式下的可选技术路线

层　　次	系 统 层 级	接 口（典 型）	技 术 开 发 工 作
第 1 层次、 第 2 层次	DCS/SCADA 系统	OPC DA/UA	协议适配开发库
	工业通信协议	Modbus-TCP 或者串口	结合厂商提供的数据编码规划，使用对应的协议进行数据帧的获取和解析
	物联网协议	MQTT、NB-IOT	数据传输层协议的中间件
	非标准	自定义	厂商配套接口或者数据访问 SDK
第 3 层次、 第 4 层次	MES 等生产管理系统	REST 或 Web Services 数据库中间表	厂商提供的标准数据接口 数据库软件 SDK 等
	ERP/SCM 等经营管理系统	REST 数据库集成	厂商提供的标准数据接口 数据库软件 SDK 等
更高	数据平台	REST 或数据库接口	根据平台软件，具体确定

由于工业生产现场的特殊性和企业数据管理的成熟度不够，还有一些离散的数据并不能集成到上述典型数据源中，如手持点检仪的检测数据。甚至在一些场景中，数据是离线的，例如，户外仪器仪表、设备临时加装的传感器等都需要额外考虑。下面就 4 种典型的数据源说明其采集方法和注意事项。

（1）第 1 层次、第 2 层次的传感监控层数据。主要包括仪器仪表、系统监控、智能设备传感等数据。在接入这部分数据时，优先考虑从 DCS/SCADA 系统中接入。通常情况下，厂商会在建设相关系统时优先将监控数据进行组态集成，将监控历史数据存储到实时数据库中，并提供 OPC DA/UA 标准数据访问接口，辅以配套或开源的协议适配开发库，可以相对容易地访问数据。OPC 接口提供轮询和订阅两种数据访问模式，前者适合周期性地采集数据，后者适合在特定数据发生变化时触发采集（例如，随机的报警事件）。值得注意的是，OPC 协议的主要编程平台是 Windows，微软的.Net 开发套件是该场景下使用的典型技术栈。

一些设备没有被 DCS 系统集成，但提供了 Modbus-TCP 或者串口等通信协议，例如，老旧的 PLC 或地磅等设备。这时需要结合厂商提供的数据编码规划，使用对应的协议进行数据帧的获取和解析。

随着物联网技术的发展，工业现场也会加装一些新型智能设备，尤其是移动设备，通常会内置 MQTT 等标准物联协议支持，新一代智能燃气表等智能设备也会支持 NB-IOT 等新一代物联网协议，针对物联网的开发生态，不需要在协议适配层单独考虑，只需要在数据传输层选取支持这些协议的中间件即可。

工业现场还有非标准的移动设备数据采集，例如，移动点检仪。一般来说，这些数据是与设备或内置 App 的厂商相关的，需要厂商配合提供配套的接口或数据访问 SDK 来实现数据采集。移动数据采集的一个重要用途是可以覆盖一些老旧的非联网、无接口设备仪表，例如，机械式水表电表，或者一些难以实现技术改造的老旧设备和工艺段。配套相应的数据采集计划，包括采集点和采集频率定义，通过人工巡检的方式也可以采集这部分数据。

（2）MES。生产过程数据包括工艺段、生产段配置、产品定义、生产计划、人员班组、物料、过程数据等很多要素。取决于 MES 建设的成熟度，这些数据可能在 MES 系统之内或之外，需要分情况考虑。如果数据已经被 MES 集成，那么可以将 MES 系统当成一个典型的信息化系统，优先考虑 MES 厂商提供的标准数据接口，例如，HTTP/REST 或更传统一些的 HTTP/Web Services 接口；如果没有数据接口，那么可以采用数据库中间表集成的方式进行。

通常会有一部分生产过程数据由于数据量太大、MES 系统成熟度低的原因，没有被集成到 MES 系统中，例如，一些生产机台的检测和过程数据。这时需要根据设备生产厂商提供的信息到机台中直接获取。这些数据通常以数据文件的方式存在，在数据采集阶段可以暂时不做结构化处理，存储到大数据平台的对象文件区，之后按需求进行转换处理。

（3）ERP/SCM。ERP/SCM 等第 4 层次的系统虽然业务层次升高，但从数据采集的角度看仍然属于典型的信息化系统，常用的数据采集手段是 API 接口或数据库集成两种方式，在上一节中已做探讨，这里不再赘述。

（4）自建或第三方数据平台。随着工业数据智能化的发展，很多企业建立了自己的数据平台。通常这些平台只覆盖一部分业务范围，在建设新的业务时，为减少企业重复投资，通常会考虑新旧系统的数据如何实现集成，而不是重新采集。

2. 数据传输技术路线分析

数据传输协议是由数据源和数据存储同时决定的，因为数据源和数据存储技术的多样性，数据传输协议需要共同使用。对于常用的工业数据传输协议，下面分别分析相应的数据传输技术路线。

（1）特定传输协议。在分布式系统中，数据传输通常遵守标准或非标准的网络传输协议。在这种情况下，需要构建特定协议的客户端程序来接收和处理网络数据传输包。

（2）通用套接字（Socket）。如果厂商根据实际需要制定了自己的数据传输协议，在这种情况下，数据接入需要开发通用的 TCP 服务端，结合可插拔的帧解析插件进行数据的接入和读取，并转换存储到目标数据库中。

（3）ETL 工具。ETL 工具适用于数据源和数据存储都是数据库的情况。当采用基于 ETL 工具的技术路线时，需要使用数据库查询语言来编写数据如何从数据源中抽取、转换并加载到目标数据库中的逻辑（包括正向逻辑、出错处理等），并需要结合目标数据存储的一致性等特性设计数据一致性机制，使得在出错重执行等情况下达到与预期相符的数据一致性保证和处理。另外，还需要设置调度等运行计划信息。

（4）流式接入。在以上接入方式中，数据源和数据目标都是成对出现的，如果考虑一个数据源要存储到多个数据目的地，或者一个数据目的地要存储多个数据源的情况下，就需要一个可扩展的架构，能够对数据源和数据目的地进行解耦并灵活配置，流式接入可用来解决这个问题。在流式接入的架构中，首先建立一个高吞吐的数据队列，可以看作一个典型的生产者—消费者队列。数据源作为生产者，把自己采集获取的数据都发送到数据队列中，而不用关心数据如何被消费；数据目的地也不用关心数据是如何被采集的，只需要在数据处理程序的帮助下直接消费数据队列中的数据，并根据目标数据进行格式转换。在这个架构中，数据源和数据目的地的协议可以被持续扩充，同时，通过管理数据转换任务的方式来配置数据接入流。

3.2 数据存储

为实现工业大数据的可靠、高效、低成本存储，需要结合工业大数据各方面的特点，构建支持多数据类型、高通量的数据存储技术。首先，梳理工业大数据存储的需求特点与关键要素；其次，在回顾数据存储方面的系统设计考虑后，讨论典型的数据存储技术和适应于工业大数据特点的多种数据存储技术；最后，引出存储架构实践的选型方法和考虑因素。如表 3-3 所示为工业大数据存储的主要需求特点与技术挑战。

表 3-3　工业大数据存储的主要需求特点与技术挑战

需 求 特 点	技 术 挑 战
数据类型特点	工业数据类型多样，具有不同的格式和标准
数据体量特点	工业数据整体体量大，不同类型体量各异
数据读写特点	工业数据读写的高效执行，例如，高吞吐写入、低延迟读取等
系统运维特点	很多工业企业技术团队对存储系统的运维经验比较有限

3.2.1　存储的需求特点与关键要素

工业大数据系统接入的数据源数量大、类型多，需要能支持从 TB 级、PB 级到百 PB 级的多种类型数据的存储，包括时间序列、关系表、网页、文本、JSON、XML、图像等，以具备尽可能多样化的存储方式来适应各类存储及其上的分析场景。

数据存储的需求包括以下主要特点。

（1）工业数据的类型特点。工业数据的类型多样，在不同角度上有不同的分类。数据的业务类型包括经营管理类、生产制造类、产品研发类等。数据的技术类型包括四类：第一类是关系型数据，企业信息化系统是主要关系型数据的来源；第二类是时间序列型数据。工业数字化转型的一个重要的数据类型是时间序列数据类型，这类数据的主要来源是工业传感器产生的源源不断的带有时间戳的数据，可以来自 DCS、SCADA 等系统，也可以是物联网网关等；第三类是半结构化或无结构化数据，包括文本型数据、JSON、XML、设备故障文件数据、仿真结果数据等；第四类是多媒体数据，主要包括图像和音视频。其数据来源包括多种工业质量检测设备和系统、设计图纸软件等。

（2）工业数据的体量特点。数据规模大，而且面临着大规模增长。面向企业管理和业务运营方面的数据属于高价值密度的核心业务数据，规模通常在 TB 级或以下；而传感器等时间序列数据、仿真过程数据虽然价值密度较低，但规模更大，可达 PB 级或以上。随着智能制造和物联网技术的发展，产品制造阶段少人化、无人化程度越来越高，运维阶段产品运行状态监控度不断提升，传感器等产生的数据将呈现指数级的增长。

（3）工业数据的读写特点。与通用的数据系统一样，不同数据读写需求直接影响数据存储策略，进而影响整体存储方案的设计。工业数据的典型读写需求主要包括以下四个方面：① 少量数据的低延迟访问。包括在面向企业管理和业务运营信息系统上涉及的对相关数据的低延迟访问，也包括对传感器产生的最近时段时间序列数据上的访问，例如，支撑实时监控数据展示等；② 较大量历史数据的聚合统计计算，交互性访问响应。例如，整合多种数据来制作商业策略性报表，展示工业设备数月甚至数年的汇总统计、异常信息统计等；③ 大量历史数据的批量抽取。例如，周期性地对产线生产的历史数据、质量检测的历史数据等进行抽取，提供给计算引擎进行机器学习模型训练，海量数据的模式挖掘等；④ 实时接入数据的实时流式访问。例如，对接入的工业设备等传感器值进行实时处理，以进行状态实时监测。

（4）存储系统的运维特点。不同的存储方案对于存储系统的运维需求难度、人员技能范围要求有所不同。从业务功能角度讲，数据存储系统既需要保持存储服务的持续可用，又需要保持所存储的数据满足持久、无误、一致等要求，实现数据存取的准确与精确。另外，从技术角度讲，存储系统是一种有状态服务，相比运维无状态服务具有更大的复杂度。尤其对于分布式、一致性要求高的存储系统，日常运维、故障诊断与恢复等操作需要更多的经验和对系统自身运行原理的掌握。

（5）其他方面。在包括存储持久性、存储可靠性、存储成本等方面具有显著特点。

① 存储持久性需求特性显著。一方面，工业数据既要保存多年，以供进行设备运行状态分析、产品用户使用情况分析、产品设计时参考，以及供营销管理部门进行企业运营、销售分析等。另一方面，对于海量的传感器时间序列数据，具有很强的数据使用和访问的热度特点，即通常来说，随着时间的久远，访问频度呈显著下降趋势，这样就减少了对这些数据进行持久存储的必要性。上述数据存储持久性需求的特点，可以作为优化存储设计等方面的考量。

② 存储可靠性要求各异。工业数据因业务类型不同，其价值也有所差异。例如，生产、销售、客户数据是企业的关键业务活动数据，它们的价值非常高，因此需确保高可靠性；设计图纸和关键仿真结果等数据也同样具有高价值。而设备运行相关的、从传感器采集的大量原始时间序列数据，其价值会随着时间流逝逐渐降低，对存储可靠性要求也相对降低。

③ 存储成本受限。主要包括软硬件、基础设施成本。不同的存储技术方案对于同等的待存储数据量，所需要的集群规模、软件能力、计算量等有所差异。工业企业数字化转型仍处于初期，很多企业还需要控制相应的成本，并随着效益显现逐渐增加投入。

综上，面向工业大数据存储的需求特点，基于计算机与网络技术，工业大数据存储架构实施包括五个技术要素：① 数据的类型要素；② 数据体量要素；③ 性能要素；④ 运维要素；⑤ 其他要素。

3.2.2　存储的挑战和问题

一方面，对具有多样性、多模态、高通量和强关联等特性的工业大数据的存储和读取，远超过单一传统数据管理系统（如传统商业数据库）的能力范围。另一方面，由于观念和资金的缺乏，部分企业受市场竞争压力大而更关注短期效益等原因，工业大数据存储的统筹规划和建设也进一步面临挑战。

（1）工业数据类型多样，具有不同的格式和标准。关系型数据、时间序列数据、图结构数据，以及各类文件如图纸、检测报告、故障记录和仿真数据等，都要进行合理且高效的存储。要能够通过合理的接口，在满足性能要求的情况下读取数据。同时，还要在充分考虑到多源异构数据的来源和结构会随时间而增加和变化的前提下，保持可扩展的存储架构。

（2）工业数据整体体量大，不同类型体量各异。面向企业管理和业务运营的核心业务数据的体量通常不会特别巨大。然而，传感器产生的时间序列数据却往往是海量的。例如，一家装备制造企业可能同时接入高达数十万台的设备，其数据写入吞吐量可达百万至千万数据点/秒；在大数据平台中，仅时序数据每天的存储增量就需要达到百 GB 或者更多。此外，工业领域中面向仿真、试验等场景的非结构化数据，特别是数量众多、体量巨大的小文件，也构成了存储系统的另一项挑战。

（3）工业数据读写的高效执行。在使用海量时间序列数据方面，要支持诸如点查和中少量范围查询的低延迟读取。也就是说，不限于简单地在时间维度上回放数据，还要高效支持多条件复杂查询处理；特别是对最近时段数据的读取，很多场景对此有很低响应延迟的要求。此外，系统还要支持高速数据写入，以及对海量时间序列数据、海量小文件的批量扫描的高吞吐读取能力。上述这些挑战要求工业大数据平台往往要考虑面向读取优化的数据组织和索引结构、预计算辅助数据结构，以及面向批量读取优化的海量小文件存储架构等。

（4）对存储系统的运维经验有限。典型互联网企业中的数据开发和运维团队有着很强的系统开发和运维能力，从而成为互联网企业数据基础设施持续运营和发展的保障，然而，由于数据人才和组织的瓶颈，与互联网企业相比，工业企业缺乏大数据人才。大型数据存储系统的运维对工业企业运维人员往往成为挑战。从而企业需要持续购买系统的运维服务，而这又反过来不能良好锻炼企业数据人才的相关技能，进而减缓数字化转型进程。工业企业以生产经营为业务主线，过去信息化通常是非业务主线部门，在企业经营决策中缺少话语权。目前，数字化转型及企业数字化相关部门或工作组均处于起步阶段，数据人才的招揽也处于开始阶段，人才发展和企业组织变革都需要一个过程。

（5）其他方面主要涉及存储系统成本受限。工业企业数字化转型还处于初期，一些企业通常以试点方式开启数字化项目，在整体进程中需要伴随着效益显现逐渐增加投入。一些企业由于观念和资金的缺乏，包括受市场竞争压力大而更关注短期效益等原因，面临工业大数据存储架构缺乏统筹规划，缺乏建设的未来持续性。

综上所述，工业大数据存储作为企业数字化转型中的一个关键"底座"，充满挑战、问题和机遇。首先，工业企业经过多年经营发展，历经自动化和信息化建设，系统运行过程中涉及大量具有可利用潜质的工业大数据。由于业务需求优先级及技术与成本的限制，过去只对关键和业务价值高的数据进行存储。而在工业企业数字化转型的新时代，数据被普遍认为是一种"资产"，企业希望更广更深地挖掘数据中蕴含的价值，要求存储更大规模的数据。对高通量工业大数据的广泛存储已经远超传统数据管理系统的能力范围，技术挑战显著。其次，在企业数字化转型进程中，按照事物发展的客观规律，数据人才发展和组织变革需要一个过程。人才和组织的短缺和限制将是工业大数据全面展开应用的很大挑战，在诸多方面形成瓶颈。最后，人才短缺的一个影响体现在工业大数据存储架构方面。在存储架构的运维难度方面，需要考虑企业人员环境的短期和长期特性，这也是工业大数据存储建设、维护和应用能否成功的关注点之一。

3.2.3 典型的数据存储技术

1. 分布式存储系统

伴随着互联网公司云计算和大数据应用的兴起，分布式存储技术开始大规模应用到工程实践中。典型的分布式存储系统包括谷歌公司的分布式文件系统 GFS、亚马逊公司的对象存储 S3、阿里巴巴公司的 TFS 等，也包括开源分布式存储系统，例如，Hadoop HDFS[1]、Ceph[2][3]、GlusterFS、MinIO 等。

分布式存储系统从存储接口的角度主要分为 3 种：分布式文件存储、分布式块存储和对象存储。它们的数据组织和数据表示的方式不同，具有不同的特点和限制。

（1）分布式文件存储。从接口类型角度划分，分布式文件存储可分为支持 POSIX 接口

---

[1] 怀特. Hadoop 权威指南：大数据的存储与分析（第 4 版）[M]. 王海，华东，刘喻，等，译. 北京：清华大学出版社，2017.

[2] WEIL S A, BRANDT S A, MILLER E L, et al. Ceph: A Scalable, High-performance Distributed File System[C]//Proceedings of the 7th symposium on Operating Systems Design and Implementation (OSDI'06). USA: USENIX Association, 2006: 307-320.

[3] 辛格. Ceph Cookbook 中文版[M]. Ceph 中国社区，译. 北京：电子工业出版社，2016.

（如 CephFS、GlusterFS）和类似 POSIX 的接口（如 GFS[①]、HDFS[②]）两类。对于支持 POSIX 接口的文件存储系统，既可以如同对普通单机文件系统（如 Ext4）的方式访问，又拥有并行化访问和数据冗余等的能力；还可以采用 NFS、CIFS（Samba）等协议访问，数据共享方便。对于提供类似 POSIX 接口（但不完全符合 POSIX）的系统，也拥有并行化访问和数据冗余能力，可以存储海量数据。分布式文件存储将数据组织表示为文件夹与文件的层级结构，其面向的用户可以是自然人、应用软件或系统软件，具有容易理解并被大众接受的特点。其主要用途包括存储海量结构化数据（如 Parquet、ORC 等）及非结构化数据（如网页文件、文本文件、图片文件等）。典型的开源分布式文件存储系统有 Hadoop HDFS、CephFS、GlusterFS、JuiceFS 等。

（2）分布式块存储。分布式块存储面向的用户通常是可以直接读写块设备的软件系统，例如，文件系统、数据库系统等。通常来说，自然人不会直接在块存储上存取数据。分布式块存储通过 FCoE（光纤通道）、iSCSI（Internet 小型计算机系统接口）等高性能协议访问，具有高性能、高数据可靠性和可用性等特点，但块存储的数据共享不方便。其主要用途包括用于做数据库存储和虚拟化平台存储等。典型的开源分布式块存储系统如 Ceph RBD、Sheepdog 等。

（3）对象存储。对象存储结合了文件存储和块存储的特点，同时具有高速直接访问和数据共享的优势。其相当于做了一种折中，保证一定的存储性能，同时支持数据的共享。在对象存储中，基本的存储单元称为"对象"，每个对象关联着对应的元数据。其向外提供 REST 数据读写接口，常以网络服务的形式提供数据访问。对象存储的传统用途主要是存储非结构化数据。而随着大数据、云计算技术在近年来逐步走向成熟，对象存储的成本优势逐渐显现，对象存储正在云原生技术的高速发展下逐渐整合大数据生态链，逐渐成为面向大数据分析用途的海量数据存储的优选。云对象存储服务有亚马逊 S3、阿里云 OSS 等，典型的开源对象存储系统有 Swift、Ceph RGW、MinIO 等。

分布式存储的典型类型如表 3-4 所示。

表 3-4　分布式存储的典型类型

类　型	典　型　特　性	系　统　举　例
分布式文件存储	目录树层级结构组织，部分兼容 POSIX（Portable Opcrating System Interface）接口	CephFS、GlusterFS、JuiceFS、TFS、HDFS、GFS

① GHEMAWAT S, GOBIOFF H, LEUNG S-T. The Google file system[C]//Proceedings of the 19th ACM Symposium on Operating Systems Principles (SOSP '03). Bolton Landing, NY, USA: ACM, 2003: 29-43.

② 怀特. Hadoop 权威指南：大数据的存储与分析（第 4 版）[M]. 王海，华东，刘喻，等，译. 北京：清华大学出版社，2017.

续表

类　型	典　型　特　性	系　统　举　例
对象存储	基本存储单元是对象，提供 REST 数据读写接口，应用对接便捷	Ceph RGW、MinIO、AWS S3、Aliyun OSS、Tencent COS
分布式块存储	以直接访问存储介质的方式访问，性能高	Ceph RBD、Sheepdog、AWS EBS、Aliyun EBS

2. 数据库技术

数据库是遵从一定的数据模型，并按照一定结构来存储和处理数据的系统软件。数据库及其相关技术已经有 60 余年的发展历史。数据库领域在 20 世纪经历了层次数据库、网状数据库、关系数据库、面向对象数据库和数据仓库等不同类型特点的长足发展，又在 21 世纪迎来了 NoSQL、NewSQL、HTAP（Hybrid Transactional/Analytical Processing）等具有时代特征的系列演进。

目前，数据库相关系统的种类非常多，从不同的角度也有不同的划分方法，严格来讲，并没有固定的划分标准。常见的分类角度如下。

（1）从数据模型角度进行划分，有关系型数据库、键值型数据库、文档型数据库、时间序列型数据库、搜索引擎型数据系统，以及综合了多种模型的多模数据库等，表 3-5 为一些典型数据库系统。

（2）从架构角度划分，有嵌入式数据库、单机数据库、主备数据库、分布式数据库、云数据库等。

（3）从负载类型与场景特征的角度划分，有 OLTP 型、OLAP 型、HTAP 型[1]、HSAP 型（Hybrid Serving/Analytical Processing）[2]、LakeHouse 型[3]等。

（4）从技术时代特征角度划分，有 NoSQL[4]、NewSQL[5]、云原生数据库等。

---

① ÖZCAN F, TIAN Y, TÖZÜN P. Hybrid Transactional/Analytical Processing: A Survey[C]//Proceedings of the 2017 ACM International Conference on Management of Data (SIGMOD '17). New York, NY, USA: Association for Computing Machinery, 2017: 1771-1775.

② JIANG X, HU Y, XIANG Y, et al. Alibaba Hologres: a Cloud-Native Service for Hybrid Serving/Analytical Processing[J]. Proceedings of the VLDB Endowment, 2020, 13(12): 3272-3284.

③ ZAHARIA M, GHODSI A, XIN R, et al. Lakehouse: A New Generation of Open Platforms that Unify Data Warehousing and Advanced Analytics[C]//Proceedings of the 11th Annual Conference on Innovative Data Systems Research (CIDR '21). USA(Virtual Event): Online Proceedings, 2021.

④ CATTELL R. Scalable SQL and NoSQL data stores[J]. ACM SIGMOD Record, 2011, 39(4): 12-27.

⑤ PAVLO A, ASLETT M. What's Really New with NewSQL?[J]. ACM SIGMOD Record, 2016, 45(2): 45-55.

表 3-5　一些典型数据库系统

类　　型	数 据 模 型	典 型 特 性	数据库系统举例
关系型数据库	关系模型	二维表结构，SQL，事务处理，广为使用	Oracle, MySQL, PostgreSQL, Greenplum, TiDB, Microsoft SQL Server
键值型数据库	键值模型	存取键值对、优良的性能和可扩展性	Redis, RocksDB, etcd, Riak KV, Memcached, Infinispan, LevelDB
宽列数据库	宽列模型	列非提前固定，可容纳大量列	HBase, Cassandra, Accumulo, Google Cloud Bigtable
文档型数据库	文档模型	数据记录无须结构一致，数据记录可以有嵌套结构	MongoDB, Couchbase, Realm, IBM Cloudant, CouchDB, Amazon DocumentDB
时间序列型数据库	时间序列模型	高速写入，时间序列特色查询（如降采样等），高效压缩	InfluxDB, Prometheus, OpenTSDB, Apache IoTDB, TDengine
图数据库	图模型	由顶点和边的图结构表示，高效处理在以边构成的多跳关系上的查询	Neo4j, JanusGraph, Amazon Neptune, InfiniteGraph, Nebula Graph
搜索引擎	文档模型	支持全文搜索，支持复杂搜索表达式	Elasticsearch, Solr, Splunk, Amazon CloudSearch, Microsoft Azure Search

在数据存储和数据库技术中，为适应不同的存储需求，发展出了多种数据存储相关技术。

（1）事务处理（OLTP）与分析处理（OLAP）。在数据处理技术应用早期阶段，数据库主要用于商业交易场景，如销售、订单、银行转账等。数据库的一次写入操作往往对应一次交易（或称为事务，Transaction）。尽管后来数据库应用领域大大扩展，其基本访问模式仍与处理商业交易类似，因此，"事务"一词得以延续——主要指组成一个逻辑单元的一组读写操作。此类访问模式称为在线事务处理（OLTP）。随着信息系统的发展和业务场景的驱动，数据库也逐渐越来越多地用于数据分析。自 20 世纪 90 年代开始，将对分析的处理逐渐放在单独的数据库（典型的作为数据仓库）上执行。数据分析具有非常不同的访问模式。通常，分析需要扫描大量记录，每个记录只读取少数几列（通常是个位数），并计算汇总统计信息（如计数或平均值），而不是返回原始数据给用户。有别于事务处理，把这种使用数据库的模式称为在线分析处理（OLAP）。

数据仓库中通常记录着表示在特定时间发生特定事件的记录，例如，一条记录可能表示某客户花多少金额购买了某产品。为了给之后的各种统计分析提供最大的灵活性，数据以最低粒度保存，即每个事实情况（而非聚合值）作为一条数据记录。在通常情况下，数据仓库中的数据记录量非常庞大。同时，典型情况下这些记录事实的表的列数也很多（如几百列）。

（2）行式存储与列式存储。行式存储是表数据的一种自然的存储方式。类似 CSV 文件的存储方式，表的一行的所有列的值彼此相邻布局。以一个表数据举例，首先存储表第一行的所有列的值，然后是第二行的所有列的值，以此类推，直至最后一行。

列式存储[①]是将每列中的所有值布局放在一起。以一个表数据举例，首先存储表第一列的所有值，然后是第二列的所有值，以此类推，直至最后一列的所有值。由于同一列的数值都属于同一种数据类型，非常适合做数据压缩。

以数据仓库上的一个全量聚合查询为例，如果记录事实的表有 100 列，而查询只有 3 列，假设列式存储中每列存储在一个单独的文件里，那么此查询只需要读取和解析 3 个文件并读取数据，相比在行式存储时要读取全部 100 列的数据可以节省大量的开销。

传统上来说，在大多数良好支持事务处理的关系数据库中，存储以面向行的方式布局；而在多数的数据仓库系统中，都支持列式存储的布局功能供用户使用。基于不同的数据存储布局与格式，事务处理系统与分析处理系统的主要特性对比如表 3-6 所示。

表 3-6　事务处理与分析处理系统的主要特性对比

	事务处理系统（OLTP）	分析处理系统（OLAP）
主要读特性	基于键，每次查询返回少量的数据记录	主要对大量数据记录进行汇总，返回少量的列
主要写特性	随机访问，低延迟写入少量数据	批量导入或周期性作业运行的数据输出
应用场景	终端用户应用程序支持、关键业务运行支持等	决策支持、数据分析帮助解决问题、帮助做计划
存储方式	大多数使用行式存储	大多数使用列式存储

列式存储技术包括 Parquet、ORC、Greenplum、Vertica、Snowflake 等。Parquet 作为 Hadoop 生态中主流的列式存储技术，可以充分结合底层分布式文件系统 HDFS 的特性（如按照数据块划分行组等）做数据布局，从而对上层的数据访问提供高效支持。Snowflake 使用列式存储技术，并基于存储与计算分离架构，充分结合了底层云服务基础设施的能力（如 AWS S3、EC2），实现了高效的云原生分析处理。

（3）关系数据模型与时序数据模型。关系模型被广泛用于关系数据库，数据被组织成关系（Relation），在数据系统中称为表；每个关系都是元组的无序集合，在数据系统中称为行或数据记录。从数据系统角度，关系模型通过简洁的接口，隐藏了背后的数据表示和存储实现细节。同时，SQL 通过声明式接口的方式为用户解除了考虑查询处理过程细节的负担，也

---

① STONEBRAKER M, ABADI D J, BATKIN A, et al. C-store: a Column-Oriented DBMS[C]//Proceedings of the 31st International Conference on Very Large Data Bases (VLDB '05). Trondheim, Norway: VLDB Endowment, 2005: 553-564.

便于系统实现查询优化。

在典型的时序数据库系统中，时间序列是由一个序列标识，以及一个由时间戳与数据值的二元组组成的数据集。在不同的时序数据库系统中，时间序列标识的构成各有不同。在 InfluxDB 中，由度量（Measurement）、标签集（Tag set）和一个字段键（Field key）的组合构成一个时序序列标识；在 Apache IoTDB[①]中，一个设备（Device）与一个传感器（Sensor）的组合构成一个时间序列标识。通过提供的类 SQL 查询接口可以实现具有时间序列特点的原始数据、时序降采样、多种聚合等多种查询处理。

（4）工业实时数据库与时间序列数据库。从工业大数据中时间序列类型数据的场景需求的角度出发，有两类数据库系统与工业时间序列数据的存储相关。一是以 PI System 为代表的实时数据库系统，二是近年来伴随着大数据技术发展而来的物联网时间序列数据库系统。表 3-7 对工业实时数据库与时间序列数据库典型系统及其优势和限制进行了讨论。

表 3-7　工业实时数据库与时间序列数据库典型系统

系 统 类 型	典型特性与优势	限制或不足	系统产品举例
工业实时数据库	● 工业协议支持比较完善 ● 支持多种数据压缩方式，存储效率高 ● 多种数据访问方式（API、ODBC、OPC 等），兼顾效率和通用性 ● 与现有工业物联系统集成度高 ● 近二十年来已涌现了国产自主可控软件，并已在能源物联等多个领域应用	● 随着数据量急剧攀升，水平扩展能力较弱 ● 技术架构相对偏老旧，有些强依赖于 Windows 平台 ● 在大数据分析时代，面对更大量的测点时，成本较高 ● 数据处理和分析能力偏弱	● OSIsoft PI System / PI Server ● GE Proficy Historian ● Honeywell Process History Database ● 庚顿 ● 朗坤 ● 麦杰 ● 力控
时间序列数据库	● 有些产品针对工业物联场景专门设计，性能高、具有面向工业特色功能 ● 支持多种数据压缩方式，存储效率高 ● 多种数据访问方式（API、JDBC、类 SQL 等），兼顾效率和通用性 ● 分布式横向扩展支持海量数据规模 ● 有些产品是云边端一体化原生设计 ● 大数据生态系统与工具链集成度较高 ● 中国自主研发与国际软件属于同一代产品，不存在跨代问题	● 工业协议支持比较有限，有待扩充 ● 与现有工控系统集成度有待提高 ● 个别系统安装部署与运维复杂，存储成本高（如 OpenTSDB） ● 软件系统较新。需甄别产品是否专门面向工业物联网场景设计	● InfluxDB ● Apache IoTDB ● TDengine ● OpenTSDB ● TimescaleDB ● MatrixDB

---

① WANG C, HUANG X, QIAO J, et al. Apache IoTDB: Time-Series Database for Internet of Things[J]. Proceedings of the VLDB Endowment, 2020, 13(12): 2901-2904.

3.2.4　存储的选型考虑与思路

工业大数据存储架构在选型和设计时需要考虑的因素包括以下几个方面。

（1）数据的技术类型。对于有待存储的各种业务类型的数据从 IT 技术的角度进行识别，技术类型包括但不限于关系型数据、文本型数据，包括 JSON、XML 等半结构化类型数据，包括图像与音视频的多媒体数据、时间序列型数据、图结构类型数据等。基于技术类型考虑可能适用的数据模型，例如，关系模型、时间序列模型、键值模型、文档模型、宽列（列族）模型、文件系统（目录树）数据模型、对象存储（键值与元数据）数据模型、图数据模型等。

（2）数据体量与增速。对于有待存储的存量数据规模及规划预期增量数据规模进行估算，典型的数据需要按照数据的技术类型分别进行。数据规模会影响系统架构、集群规模等方面的选择。

（3）数据支撑的业务类型与场景特征。通过了解对于有待存储数据的主要使用场景，获知数据的读写特性。典型的数据读写特性包括：① 对大量数据的离线批量读取；② 对接入数据的实时流式读取；③ 对所存储数据的低延迟点查读取，要考虑并发访问量的高低；④ 对所存储数据较快速的复杂范围查询读取（如带有复杂条件、聚集计算、表间连接等），要考虑并发访问量的高低；⑤ 对存储数据的单点或小范围低延迟更新或删除，要考虑并发访问量的高低；⑥ 数据批量加载导入；⑦ 数据实时流式写入；⑧ 数据访问的用户接口语言等。从而可以得知典型读写的数据范围、响应时间、访问并发度要求、读写偏好、性能要求大体方向、典型计算模式、接口语言等需求情况。

（4）系统运维复杂度要求。根据企业数据人才和组织现状与特点，结合企业的存储系统建设规划及系统运维体系规划，推断和获知对存储系统的运维要求。相关的运维要求如 Linux 与网络基础运维、单机开源关系数据库运维、分布式开源关系数据库运维、商业数据库运维、分布式开源存储系统运维、Hadoop 技术栈运维等。这些特点会为系统架构等方面的选择提供输入。

（5）数据可靠性要求与系统服务可用性要求。根据数据支撑的业务类型，推断和获知对数据可靠性的要求。典型的数据可靠性特性包括：① 可容忍磁盘级故障；② 可容忍单节点故障；③ 可容忍单机房集群部分节点故障；④ 可容忍机房故障等。根据数据服务场景的特征，推断和获知对系统服务可用性的要求。典型的存储系统服务可用性特性包括读高可用、写高可用、单点故障消除、自动故障转移等。

（6）数据的保留要求与一致性要求。① 根据数据所服务场景的特征，推断和获知对于有待存储数据的保留特性。例如，待存储数据的保留要求是否各异。进一步按照不同保留要求分别考虑：哪些需要长久保留，哪些只保留一段时间；保留条件除了按照时间范围确定，是否还有其他选择逻辑等。② 根据数据支撑的业务类型，推断和获知对一致性的要求。典型的存储系统的一致性特性包括：在分布式一致性方面的最终一致性、因果一致性等要求；在事务一致性方面的原子性、可重复读一致性、读提交一致性等要求。

（7）数据存储的成本要求。根据数据存储的成本要求，为存储系统架构、系统特性、系统设置（例如，数据冗余与副本策略）等方面的选择提供输入。

（8）其他。包括通过企业存储系统建设规划、数据支撑的场景特征等因素来推断和获知数据量的未来扩展度、基于数据的软件开发的技术倾向等信息，这些可以为存储系统架构、部署环境，包括有模式无模式的系统特性等方面的选择提供输入。

基于上述选型考虑维度，下面以场景驱动的方式对典型的可供选型的系统进行概括，包括适用场景、优缺点等。

首先，根据数据技术类型进行选型思考。从关系型数据、文本型数据、半结构化类型数据、图像与音视频数据、时间序列型数据等的技术类型确定所适配的数据模型：关系模型、时间序列模型、键值模型、文档模型、宽列（列族）模型、文件系统数据模型、对象存储（键值与元数据）数据模型等。各种数据模型所对应的数据库系统或分布式存储系统的选型候选可以参考表 3-4 和表 3-5。

其次，根据支撑的业务类型与场景特征、不同的数据规模进行选型思考，同时结合运维复杂度、数据可靠性要求与系统服务可用性要求、数据的保留要求与一致性要求、拥有成本等考虑因素。不同数据规模、各种读写访问的需求特性对应的数据库系统或分布式存储系统的选型候选可以参考表 3-8。需要说明的是，表中"数据体量"中仅有一些经验数值，这些数值并非对应系统的容量上限，而是结合目前典型工业用户的运维现状水平，考虑适当的（在相对可接受的运维复杂度下）数据体量值，而且其也会逐渐随着硬件水平的提升和软件架构的发展不断升级演进；"运维复杂度"中是偏主观的经验值，会因不同团队的技术领域运维经验的不同而不同。

最后，充分考虑端侧、边侧、云侧的环境特点，从数据规模、运维人员能力建设规划等多个方面进行场站、集控中心、数据中心存储系统的选型。例如，在场站环境下，难以有专门的计算机系统运维人员的配置，所以这时要求类似于修复台式机软件故障，重新启动所在的计算机就能尽可能地消除存储系统故障。另外，要结合企业数字化转型的总体规划，着眼于存储系统的建设预算、阶段性目标进行选型架构，同时兼顾未来系统扩容和迭代演进方面的延续性考虑。

表 3-8　各种场景特点与业务类型、数据体量下的存储系统举例

场景特点（含数据访问特性）	数据体量	可以考虑的存储系统举例	运维复杂度	优 势	局 限	其 他
存储关系型数据，OLTP 型或服务型负载 例如，支持企业内的应用程序	不大于百 GB 级或者 TB 级时	MySQL，PostgreSQL	较易	● 占用硬件资源少，系统轻便 ● 适用于小数据量的关系数据存储	● 单机或主备架构，数据可靠度偏低 ● 为提高数据可靠度时，需要运维手段（如定期备份等），加大了运维复杂度	● 支持单机架构、主备架构
存储关系型数据 OLAP 型或侧重于 OLAP 的 HTAP 型负载 例如，报表分析、多维分析	十 TB 级到十 PB 级时	Greenplum	中等	● 基于双副本的数据可靠性保证 ● 自动故障转移保证系统高可用	● 推荐不少于 4 个计算机节点的集群，即需要一定的硬件资源	● 支持分布式架构
存储半结构化、键值等类型的数据，主要使用场景包括高并发访问及交互式小范围查询	不大于 PB 级时	HBase，Cassandra	较难	● 高并发数据访问支持 ● 低延迟访问请求处理	● 不擅长大范围扫描式读取（吞吐量低）	● 支持分布式架构
存储海量非关系型数据，主要用途是大量数据离线分析	百 TB 级到百 PB 级时	HDFS（Hadoop）	较难/中等①	● 支撑海量数据的横向扩展能力强 ● 对海量数据的高吞吐扫描读取	● 不支持数据文件的随机修改 ● 不擅长大量随机读场景	● 支持分布式架构 ● 结构化与半结构化数据可以存储为 Parquet、Orc 等高压缩比文件格式
存储海量非关系型数据，主要用途包括离线分析、应用开发使用的对象存储服务	不大于 PB 级时	MinIO	较易/中等	● 海量数据的高吞吐量扫描读取 ● S3 接口对应用开发友好	● 相比 HDFS 稍显年轻，但发展很快，已被多家企业采用	● 支持分布式架构 ● 结构化与半结构化数据可以存储为 Parquet、Orc 等高压缩比文件格式

① 取决于企业运维团队在 Hadoop 技术生态方面的经验。

续表

场景特点（含数据访问特性）	数据体量	可以考虑的存储系统举例	运维复杂度	优势	局限	其他
海量历史数据的归档和备份	不大于百PB级时	Ali OSS	较易（云托管）	● 运维工作托管于云服务商	● 无法私有化部署，即公有云	● 属于云服务
工业感知时间序列数据存储，主要用途是实时监测、历史趋势、周期规律分析查询等场景	不大于十TB级时	InfluxDB	较易	● 适用于小数据量的时间序列数据存储	● 大量历史数据上的查询处理速度慢 ● 单机架构、数据可靠度低（开源版）	● 支持单机架构（开源版本不支持分布式架构）
工业感知时间序列数据存储，主要用途是实时监测、历史趋势、周期规律分析查询等场景	不大于PB级时	Apache IoTDB	中等	● 高速写入与压缩存储，统计聚合查询效率高 ● 支持用户定义函数，便于逻辑扩展 ● 国产自主数据基础软件	● 相比 InfluxDB 稍显年轻（但中国、欧美等国的多家企业在使用）	● 支持分布式架构
工业感知时间序列数据存储，主要用途是实时监测、历史趋势、周期规律分析查询场景	不大于PB级时	OpenTSDB	较难	● 横向扩展能力强	● 大量历史数据上的查询处理速度慢 ● 存储效率低，占用磁盘空间大，成本高	● 支持分布式架构
工业感知时间序列数据存储，主要用途是实时监测、历史趋势、周期规律分析查询场景	不大于PB级时	TDengine	中等	● 原生支持消息队列，基于滑动窗口的流式计算等复合功能 ● 国产自主数据基础软件	● 相比 InfluxDB 稍显年轻（但中国、欧美等国的多家企业在使用）	● 支持分布式架构
存储半结构化数据，主要涉及 JSON 文档数据，主要涉及点查及交互式查询场景	不大于百TB级时	MongoDB	中等	● 数据记录无须结构一致，数据记录可以灵活有嵌套结构 ● 模式灵活，可敏捷适应业务需求变化	● 数据模式灵活带来的另一面是数据处理时容易因格式不同而出错	● 支持分布式架构
主要涉及文本及全文检索场景	不大于百TB级时	Elastic Search, Solr	较难	● 支持全文索引，复杂搜索表达式	● 消耗内存等资源较大，成本较高	● 支持分布式架构

3.3 数据处理与计算

数据处理与计算是挖掘和释放工业大数据价值的主要手段。这些数据处理与分析的执行从底层角度属于一种数据密集型计算形式。本节将首先介绍工业大数据处理与计算的需求特点和关键要素，然后回顾数据计算方面的系统设计考虑，讨论典型的数据计算模式、范型及关键技术，最后，我们将探讨计算架构实践的选型方法和考虑。表 3-9 概述了工业大数据处理与计算的主要需求特点和技术挑战。

表 3-9 工业大数据处理与计算的主要需求特点和技术挑战

需 求 特 点	技 术 挑 战
多种计算模式、计算范型的特点	对多种类型数据、面向多种计算场景进行高效处理和计算
海量数据处理与计算的特点	数据处理和计算的横向扩展能力支持
分析师友好的高级语言接口特点	分析语言与分布式计算引擎的原生结合
系统运维特点	很多工业企业技术团队对海量数据处理系统的运维经验比较有限

3.3.1 处理与计算的需求特点及关键要素

工业大数据处理与计算为工业数据的各类预处理、集成计算、处理与分析执行提供了底层支撑。工业大数据处理与计算根据所支持的不同上层计算任务域展现出不同的特点，取决于其所支持的上层计算任务域。从预处理、集成计算、处理与分析执行、数据服务等任务域出发，可以总结出工业大数据处理与计算的需求特点如下。

（1）多种计算模式、计算范型需求。

在以分布式系统为主流的数据基础架构环境中，典型的计算模式包括批处理、流处理、交互式处理。批处理的主要特征是高吞吐量，流处理的主要特征在于低延迟和流式处理数据，而交互式处理则关注尽快响应提交到系统的处理请求并返回结果。工业场景中涉及非结构化工程数据、来源于企业信息管理系统中的关系数据、机器传感器产生的时间序列数据等。首先，在数据的预处理、集成、处理与分析过程中，数据计算会涉及这三种计算模式。其次，对于不同类型的数据需要使用不同的计算范型和常用操作集。例如，对于文本和键值型数据，典型的计算范式包括 MapReduce 等；对于结构化的关系型数据，典型的计算范型是关系代数；对于时间序列数据，常用的操作子包括降采样、时频变换等。

（2）海量数据处理和计算需求。

当前，海量数据处理和计算通常通过横向扩展能力进行支持。工业大数据的数据量巨大，且需要保持持续的高吞吐量接入。随着企业数字化转型和数据建设的深入，越来越多的数据被统一纳管并进行计算和分析。随着数据量和处理计算任务的增加，灵活的横向扩展计算能力成为一项关键需求。

（3）分析师友好的高级语言接口与运行环境需求。

一方面，在进行数据分析项目时，数据分析师通常使用 Python、R、MATLAB 等高级分析编程语言，这些语言具有表达能力强和简洁性好的特点。底层计算引擎需要提供用户熟悉的语言接口和运行环境，以满足数据分析师的需求。另一方面，工业中的各行各业都是历史悠久的，在多年的生产优化过程中已经积累了各种分析和优化程序。为了更好地重复利用已有工作，底层计算引擎需要提供尽可能小的迁移和移植代价，以运行已有程序资产。

（4）系统运维复杂度与计算成本需求。

系统运维复杂度需求各不相同。不同的计算技术方案对于计算系统的运维难度、人员技能范围等需求不同。运维环境包括但不限于故障恢复、问题诊断和优化运行等。

计算成本需求也不同。主要包括软硬件和基础设施成本。不同的计算技术方案对于同等上层计算任务所需要的集群规模、软件能力等也会有所差异。

综上，针对工业大数据处理与计算的需求特点，基于计算机与网络技术，工业大数据处理与计算架构实施包括 4 个技术要素：① 计算模式与计算范型；② 分析语言；③ 运维；④ 成本。

3.3.2　处理与计算的挑战和问题

工业大数据的处理和计算需求涉及强关联和高通量的数据，其处理能力远超传统的数据管理系统，如传统商业关系数据库和工业实时数据库。然而，由于数字化转型还处于起步阶段，企业仍然注重成本、现有组织和人才结构等方面的考虑，因此，工业大数据处理和计算的建设和实施需要一个逐步推进的过程。为满足业务需求，包括处理和分析等方面的需求，我们还需要解决以下一系列挑战和问题。

（1）对多种类型数据的高效处理和计算。

需要支持对时间序列数据的高效处理和计算。既包括在海量时间序列数据上，高效处理多条件复杂查询和降采样聚合查询等查询请求，也包括面向分解、切片、分类、预测、模式检测和频繁模式挖掘等分析任务，高效执行分解计算、切片计算、频繁模式计算和模式匹配计算等核心操作。

同时，还需要支持半结构化和无结构化数据的高效计算和执行。这包括对大量文本型数据（例如，维修工单、工艺流程文件、故障记录和质量检测数据）的高效计算支持，例如，关键词提取、词性标注、分类和聚类等分析任务。

（2）数据处理和计算的横向扩展能力支持。

不同计算模式的目标不同，导致系统架构不同；不同类型数据的处理方式和典型计算逻辑也各不相同；不同计算逻辑所适用的并行化方法也不尽相同。这些差异在面对海量多样数据和大量计算负载的情况下，给由多个计算机节点组成的分布式系统中自动、优雅的扩展整体计算负载容量和提高整体运算能力带来很大挑战。

（3）分析语言与分布式计算引擎的原生结合。

分布式计算引擎与框架属于计算机基础层软件，通常使用 Java、Scala、C/C++等系统级语言进行开发和构建，这些语言与操作系统和计算机硬件更加贴近，从而便于高效执行计算逻辑。然而，在人机交互接口层面，数据分析师通常使用 Python、R、MATLAB 等高层语言进行程序设计，这些语言便于表达处理和分析逻辑语义，使用户可以将精力集中在处理和分析方法本身，而不必关注计算机底层架构实现细节。

在继续保持用户使用习惯的前提下，一个关键的挑战和技术方向是如何充分结合甚至原生结合底层系统级引擎，以便让用户开发的处理和分析程序能够充分利用底层引擎的分布式架构组件，贴合并行化机制，减少数据移动，降低序列化反序列代价等在数据计算过程中的消耗。

（4）持续运维。

工业企业，尤其是大型工业企业，对数据安全非常敏感。因此，许多工业大数据系统选择进行私有化部署或混合云部署。然而，工业企业的运维人员和组织环境现状与互联网公司有着很大的不同。在集群管理、故障处理、性能保证、运维开发等方面，与互联网公司相比，工业企业仍存在明显差距。此外，在系统层面和数据处理层面，工业企业运维人员的经验仍然以传统的商业数据库为主。因此，在如何提高工业大数据处理和计算系统的自身可运维性，以及如何让工业企业结合自身运维体系进行系统选择方面，蕴含着挑战和机遇。

（5）成本控制。

在企业数字化转型的起始阶段，工业企业往往对数字化投入方面的成本比较敏感。成本控制是在系统架构过程中的一个重要问题。在控制系统成本方面，存储与计算分离是工业大数据处理和计算层的一个重要的发展方向。存储与计算分离是指计算与存储解耦的一种架构。与之相对的是计算与存储耦合的方式，其中两者共享相同的资源（如计算机节点）。当存储容量或计算能力有一方需要扩容时，就需要增加节点，这可能会造成另一方资源的浪费，也无法自由搭配计算与存储资源配比，以满足不同的计算业务负载需求。而存算分离架构中，存储层资源（如节点数）由数据量、副本数等指标得出，而计算层可以独立按需扩缩，从而可以较为灵活地单独对计算资源、存储容量进行伸缩，更加合理地控制总成本。

综上所述，工业大数据处理和计算是数据价值挖掘的主要途径。由于工业大数据多样性、高通量等特点，在数据处理、分析与应用的上层业务的多种需求下，在工业企业数据人才和组织特点的环境中，工业大数据计算架构的建设和稳定高效持续运行蕴含着挑战和机遇。

3.3.3　典型的数据处理模式与技术

在工业大数据基础架构层面，典型的数据处理模式有 3 种：批处理、流处理、交互式处理。伴随每种处理模式相应的处理技术应运而生。① 将其分批处理，通常采用离线处理方式，作业往往需要执行较长时间，用户不需要立刻响应，而是定期运行批量作业。例如，基于大量设备时序数据进行模型训练等。② 流处理是接收流式输入的数据，并在接入后很快对数据进行处理和输出。例如，设备的状态分析与预警应用，需要进行较低延迟的模型结果输出。③ 交互式处理是接收用户提出的处理请求后，通过快速处理和计算在线得出结果，并将结果返回给请求提出者。例如，数据分析师在做数据探索时，提交一个表达计算语义的SQL 请求后，希望在较短时间内即可看到返回结果。

批处理和流处理的一个显著区别是对底层数据的访问方式，类似操作系统 I/O 设备层的块设备与字符设备之间的区别，即大体上来说，流处理对数据只能按照其流式输入的顺序访问（现实中可以通过窗口化技术积攒一小批数据进行随机访问），而批处理可以无序地随机访问待处理的全部数据。流处理与交互式处理的不同在于，流处理通常不是为了在线响应用户的某种请求。

1. 批处理

批处理主要操作大数据量的有界静态数据集，将全部数据作为一批或整理成几批来执行数据处理逻辑，并在计算过程完成后返回结果。批处理的输入数据通常具有以下两个特征。

- 有界：批处理的输入数据集是有限的数据集合。

- 持久与大量：数据始终存储在某种类型的持久存储位置上，通常包含大量数据。

具体来说，批处理的输入是在一段时间内已经收集保存好的数据集合，每次批处理产生的输出也可以作为下一次批处理的输入。批处理的输入数据都是有限数据集（称为"有边界数据"），输出结果同样是有限数据集。批处理关注的是事件时间，也就是数据本身的时间，例如，时间序列数据中数据本身自带的时间戳，或者工业产品质量检测数据中的检测时间。

批处理任务执行的主要特征包括如下两点。

● 定时：在许多情况下，批处理任务的执行方式会被提前设置，进而以此预定义的时间与间隔来一次性或周期运行。

● 高吞吐：批处理通常具有很高的吞吐性能。

需要处理大量数据的任务通常很适合使用批处理技术。例如，计算企业各维度的数据总量、计算企业全部设备各项指标在过去 5 年的聚合值等。批处理系统在设计过程中充分考虑了数据的体量，可合理使用大量的计算机计算资源，因此，常被用于对历史数据的分析。由于处理大量数据需要消耗大量时间，而且只有到处理完毕后才有有效的效果。所以对批处理任务的处理通常具有较大的延迟，可能达到数分钟、数小时或更长，因此不适合对低处理时间延迟要求的场景。

批处理技术具有良好的可靠性和可扩展性。由于批处理往往是在分布式环境下处理大量数据，因此，可靠性和规模可扩展性是批处理技术中的关键点。在大数据批处理技术的系统设计中，一些失效被考虑为运行时会遇到的正常情况。这些典型的失效包括硬件故障、软件故障、人为失误等。在遇到这些失效时，系统应该可以继续正常运行，并确保功能的正确性，尽管性能可能会有所下降。

（1）MapReduce 技术。MapReduce 是一种经典的大数据批处理技术，在 2004 年由 Google 发表[①]，并通过处理 Google 的超大量数据集证实了其技术能力。MapReduce 技术在多种开源系统中都得以实现，包括 Hadoop、MongoDB、CouchDB 及 Greenplum 等。与数据仓库的并行处理系统相比，MapReduce 是一个很低级别（Low Level）的编程模型和处理系统，但 MapReduce 可以在普通计算机硬件（Commodity Hardware）上处理大量数据是一个很大的技术进步。

MapReduce 编程范型是指：应用程序被分区成许多小部分，而每部分都能在集群中的任意节点上运行或重新运行。基于 MapReduce 并行编程模型，用户只需要实现包含必要的 Map 与 Reduce 等不多的方法，就可以完成一个分布式批处理任务的程序开发，而无须显式书写处理分布式故障等相关的逻辑代码（控制类，非业务逻辑）。单词计数（Word Count）是一

---

① DEAN J, GHEMAWAT S. MapReduce: Simplified Data Processing on Large Clusters[J]. Communications of the ACM, 2008, 51(1): 107-113.

个典型计算任务实例，目标是从一系列给定的文本文件中统计输出每个单词出现的总次数。图 3-2 展示了一个示例计算过程，其中，输入是 4 行文本，最终输出各单词的计数。在单词计数这个示例中，Mapping 和 Reducing 阶段的计算取决于用户提供的实现逻辑。系统能够自动处理集群节点的故障。批处理任务可以自动地在可伸缩的集群上并行执行，可以处理和分析大规模的数据。当运行集群的计算资源不能得到满足时，用户无须修改程序代码，可以通过增加计算机节点的方式来扩展计算能力，并以此处理更大量的数据。

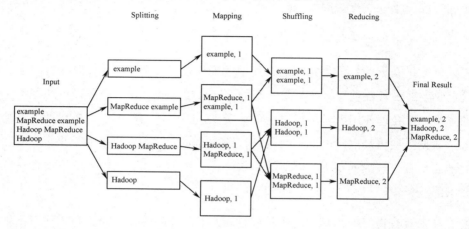

图 3-2　Hadoop MapReduce 计算过程示例

（2）数据流引擎（Dataflow Engines）。尽管 MapReduce 可以处理非常大的数据量，但它具有一些明显的不足，例如，执行效率较低，编程模型（只有 Map 和 Reduce）表达力有限。为解决 MapReduce 的问题，出现了用于分布式批处理的新的执行引擎和计算框架（如 Spark[①]）。新的框架与引擎把整个批处理的工作流作为一个作业进行处理，而不是把它分解成独立的由 Map 和 Reduce 构成的子作业。新框架引擎通过若干处理阶段来明确地建模数据流，因此，将其称为数据流引擎。这种处理引擎的风格源于 Dryad[②]等研究类系统。

与 MapReduce 一样，它们通过反复调用用户定义的函数来处理数据记录。通过对输入进行分区来并行工作。通过网络，将一个函数的输出复制给另一个函数作为输入。与 MapReduce 不同的是，这些函数不需要严格地交替 Map 和 Reduce 角色，而是以更灵活的方式进行组合。数据流引擎提供了多种不同的选项来连接一个函数的输出到另一个函数的输入。

① ZAHARIA M, CHOWDHURY M, DAS T, et al. Resilient Distributed Datasets: a Fault-Tolerant Abstraction for In-Memory Cluster Computing[C]//Proceedings of the 9th USENIX conference on Networked Systems Design and Implementation (NSDI '12). USA: USENIX Association, 2012: 2.

② ISARD M, BUDIU M, YU Y, et al. Dryad: Distributed Data-Parallel Programs from Sequential Building Blocks[C]//Proceedings of the 2007 EuroSys Conference (EuroSys '07), Lisbon, Portugal: ACM, 2007: 59-72.

数据流引擎可被用于执行与 MapReduce 工作流相同的数据处理。相比 MapReduce 的优点包括：① 执行速度通常明显加快；② 开发更加简便高效，框架提供了算子、数据抽象和多种编程语言的 API。

2. 流处理

流处理系统对随时进入系统的数据进行计算。无须等待并针对整个数据集，而是对传输进入系统的每个数据记录执行操作，并按照设定的规则适时输出结果。流处理开源引擎例如 Apache Flink[1][2]等。

流处理技术中涉及的数据集典型具有以下两点特征。

● 无界：流处理的输入数据集是无界的，如图 3-3 所示。

● 非持久：数据往往存储在某个消息引擎供处理系统使用，消息引擎中的数据一般不会持久保存全部数据，而只保留最近一段时间的数据。

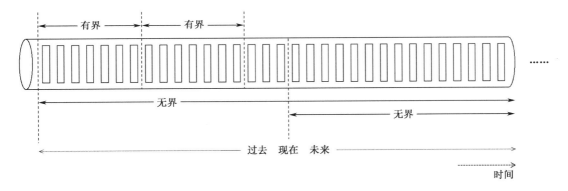

图 3-3　无界数据集示意

流处理任务执行的典型特征包括以下两点。

● 长时运行：流数据源源不断没有尽头，因此，流处理任务往往一经部署运行后即保持长时运行，除非明确停止。

● 低延迟：大数据流处理任务的很多场景通常都与低延迟需求有关。

一个流处理任务的典型形式是由三部分构成的有向无环的数据处理流图：① 数据源（Source）节点；② 数据输出（Sink）节点；③ 算子构成的中间处理节点。数据处理流图描

① CARBONE P, KATSIFODIMOS A, EWEN S, et al. Apache Flink™: Stream and Batch Processing in a Single Engine[J]. IEEE Data Eng. Bull., 2015, 38(4): 28-38.

② 霍斯克，卡拉夫里. 基于 Apache Flink 的流处理[M]. 崔星灿，译. 北京：中国电力出版社，2020.

述了当数据记录进入流处理系统后，对每个传入的数据记录所执行的不同转换、计算，以及最终输出的计算逻辑。

流处理任务在很多场景中都具有低延迟和实时性的特征，但要强调的是，它们并不是流处理的必要特征。流处理更强调的是处理的数据是无界的，从内涵的角度，流处理与"实时"和"低延迟"并没有强制的必然联系。

（1）处理方式。流处理系统典型的处理方式有微批处理（Micro-batch Processing）和逐项处理（One-at-a-time）。

在成熟的流处理技术和系统出现之前，通常采用基于分批的模式处理流数据，即将源源不断的数据按照到达系统的时间少量分批依次处理。这种方式可以复用批处理技术来解决流处理问题。在微批处理方式中，流处理系统需要对进入系统的数据进行缓存。缓存机制使该技术可以处理比较大的传入数据，因此，便于提高整体吞吐率。但等待本批次数据到达及等待缓存区清空等附加操作因素都会导致处理的延迟增加。因此，微批处理方式对延迟有较高要求的场景往往无法满足要求。

相比之下，逐项处理是一种更自然的流数据处理方式。然而为了满足现实场景需求，这种处理方式有时无法更多地借力于已有的批处理技术，因此，这种处理方式需要克服更多的技术挑战，包括维护和管理任务状态、妥善处理计算一致性等。

（2）有状态与无状态。算子的状态是指为了完成对流过数据的某种计算，必须保存下来的历史数据的信息。例如，对于一个计数算子（Count），当算子对当前数据记录进行处理时，它需要知道历史上该算子已经处理过多少条数据记录，然后在此基础上加 1 作为处理完当前数据记录后的结果。这里，历史上该算子已经处理过多少条数据记录的计数就是这个计数算子当时的状态。算子的状态与它所处理过的数据记录相关。某个算子是否有状态，取决于算子本身的逻辑。例如，求绝对值算子就是无状态的。一个流处理任务由一系列算子构成，其状态是所有算子状态的集合，同时要求其中所有算子的状态都基于数据流的同一个数据记录的状态。

现实中，许多流处理场景都依赖状态算子。同时，对大量工业数据的处理，也需要分布式处理系统。因此，对任务的分布式状态的妥善维护、管理和容错非常重要，对流任务的稳定运行和流处理的正确性至关重要。需要注意的是，现有的流处理系统对状态的支持程度不同，需要根据自身的应用场景进行选择。

（3）数据时间与处理时间。工业领域有大量与时间相关的数据，这些数据中的时间信息需要在采集和存储时予以保留，并在分析和应用中使用。流处理系统中把这类时间称为数据时间，数据时间常常是数据所记录事件的发生的时间，所以通常也称为事件时间（Event Time）

或发生时间等。

与批处理数据的有界性不同，流处理的输入数据会源源不断流入，流处理系统通常按照数据进入系统而被处理的时间对数据做一定的处理（如分批分次等）。因此，数据被处理的时间也是一个重要的被附着到数据记录的一个重要信息。这个信息被系统在多个环节中使用。将这类时间称为处理时间（Processing Time）。

按照处理时间处理流数据会相对容易一些，具有这类能力的系统也很多，但在工业大数据流处理的多种场景中，由于数据时间与业务相关，数据分析和应用往往需要使用数据时间。

（4）流处理一致性。流处理技术中的计算一致性语义分为 3 种：至多一次（At-most-once）、至少一次（At-least-once），以及精确一次（Exactly-once）。

- 最容易实现的是至多一次语义。但它无法保证处理结果是否能反映数据的真实情况，即不保证正确性。因此，至多一次语义在实际应用中较少使用。

- 至少一次语义保证系统不会漏掉对每条数据记录的处理。但数据可能被重复多次处理，输出的可能是对某些输入数据进行多次处理的结果。尽管未得到精确的结果，但是由于没有漏掉数据，因此，在一些对数据精确性要求不高的场景下，这种处理方式可以较好地胜任。

- 精确一次处理可以得到对输入流数据做且仅做一次处理的结果，既不漏算，也不重算。从正确性角度来说，这是最佳选择，但也是实现代价最大的类型。具体来说，实现此类语义保证的流处理系统能够在故障恢复时从流处理任务一个过去记录的状态中恢复，在结果输出系统上回滚之前的部分结果，并在输入数据流向前，回溯到适当位置重新开始处理数据。因此，其不但要求流处理系统具有精确一次的处理能力，还要求数据源有可重放的特性，以及结果数据输出系统支持可回滚、幂等或可逆等相关特性。

在通常情况下，可以根据具体的工业大数据流处理的场景需求来选择一致性类型。往往从至少一次或精确一次中选择一种。

工业大数据处理中有许多适用于流处理技术的场景。例如，那些需要近实时处理的任务往往适合使用流处理技术。流处理也通常适用于需要及时响应变动或峰值数据的处理，并且需要关注一段时间内数据变化趋势的场景。

关于批处理、流处理及更多数据密集型计算技术与分布式数据系统的概念、技术和思想可以进一步参阅经典书籍[①]。

---

① 科勒普曼. 设计数据密集型应用（影印版）[M]. 南京：东南大学出版社，2017.

3. 交互式处理

交互式处理是用户和系统之间存在交互作用的数据处理方式。用户向系统提交处理请求，系统接到请求后快速计算，在线得出结果，并返回给请求提出者。交互式数据处理的典型场景包括探索性数据分析、实时数仓、快速响应简单查询与复杂多维分析等。

交互式处理技术涉及的数据具有以下典型特征。

- 输入数据体量灵活：既可以是中小规模的输入数据集，也可以是庞大海量的输入数据集，在工业大数据场景下，后者更为普遍。

- 结果数据体量有限：计算的结果数据可能是统计聚合结果、输入数据的特征等，通常体量较小。

在交互式处理中，计算逻辑与执行情况的典型特征如下。

- 处理的输入数据有一定范围：所施加处理的往往是输入中的部分数据，但通常数据体量很大。例如，对输入数据集上特定指标在特定时间段内的数据进行统计聚合。

- 快速响应：具有用户交互可接受的高响应时效性，在很多场景下延迟不能过长。

面对大体量的输入数据，交互式处理技术的核心挑战是快速响应处理请求。与批处理相比，交互式处理的输入数据集常常体量相当，批处理的场景可以接受很长的处理时间，而交互式处理场景却要求快速处理完成。

为应对上述挑战，交互式处理技术通常基于分布式架构在以下 3 个方面进行设计：① 空间换时间，提前预计算并存储中间结果，待用户在线提交处理请求时，基于这些中间结果进行计算，实现高效处理；② 充分利用分布式架构、现代 CPU 特性等软硬件环境高效并行执行处理与计算逻辑；③ 对交互式处理请求制定尽可能优化的执行计划，包括在输入数据集中，尽可能只扫描处理请求相关的部分数据等。

（1）预计算技术。预计算技术是指提前计算和存储中间结果，再使用这些预先计算的结果，加快用户在线提交的请求处理。预计算的思想广泛应用于数据系统中，包括物化视图、Cube 技术等。其实，索引技术在一定程度上也与预计算的思想相符。

物化视图是将视图的数据实际存储下来，以便快速回答用户提交的交互式处理请求。举例来说，将一个十亿行的质检记录数据表按照物料批次聚合汇总后，物化视图可能只剩下几千行数据。在交互式处理请求可以通过物化视图回答时，可以直接使用物化视图中的聚合数据，而不必使用原始数据表格，从而大幅提升处理速度。尽管使用物化视图需要占用额外存储空间，并增加构建和维护的工作量，但由于其在提升交互式处理速度等方面的优势，物化视图已成为广泛使用的一种技术。在使用物化视图时，还需要考虑其更新与否及更新的同步度等问题，以保证物化视图能够与原始数据表格保持同步。

Cube 技术是预计算技术的进阶，主要目的是让预计算中间结果可以更多地用于交互式请求的处理。在典型的数据仓库维度建模中，为了让中间结果可以回答具有任意数量维度的交互式处理请求，预计算要包括构建所有维度属性组合的聚合汇总结果。Cube 就是一个数据的多维度数组。将原始输入数据载入 Cube 的预计算过程典型包括对原始数据的关联和聚合。一个理论上满载的 Cube 等于 2^d 个汇总表，其中，d 是维度的数量。为解决维度爆炸和扫描数据过多等问题，有一系列 Cube 优化技术，包括设置聚合组、设置联合维度、设置衍生维度、设置中间结果关键存储结构等，从而降低预计算量及提升中间结果的访问效率。

Cube 的优势是其能带来最快的交互式处理体验，因为所有的计算都已预先完成。无论请求是数据的哪个维度，除了从 Cube 获取结果，几乎不需要再进行联机计算，这完美实现了低延迟和高并发。另一方面，Cube 不够灵活，而且维护成本高。这不仅因为预计算和存储本身消耗资源，还因为将数据从原始输入数据载入 Cube 通常需要人工地建设数据加工管道。每次业务需求变更时，都需要一个新的开发周期来更新数据管道和 Cube。这需要投入时间和金钱。尽管 Cube 技术存在上述劣势，但在需要追求极致低延迟、高并发的大数据多维交互式分析场景中，它仍然是不可或缺的一个选择。

预计算主要适用于有固定模式的交互式处理与查询场景，例如，快速响应多维分析等。显然，对于用户在输入数据集上自由探索的这类处理模式不固定的请求就无能为力了。

（2）大规模并行处理（Massive Parallel Processing，MPP）。MPP 是一种通过多个处理器协同进行请求处理的模式，其中，每个处理器拥有自己的操作系统和内存，它们以整体协同的方式分别处理数据的不同部分（即数据分片）。具体来说，对于一个提交的数据处理请求，系统会将其并行分散到多个服务器节点上，每个节点在自己的部分进行计算，最后将各自的结果汇总到一起，得到最终结果。在此过程中，服务器之间通过高速网络互连，实现了数据在节点间的高速传输。

MPP 是一种并行计算模式，通过多个处理器协同处理请求。MPP 还是交互式处理技术中的主要技术之一，它能够在处理大量数据的同时，提供比批处理模式更高的处理效率。典型的 MPP 架构由协调器（Coordinator）、工作者（Worker）、元存储（Metastore）和调度器（Scheduler）组成，它们各自扮演着以下的角色：对于一个处理请求（如 SQL），协调器负责从处理请求到物理执行计划的生成及执行。执行计划通常被切分为多个计划片段，计划片段之间通过添加数据交换算子来传递数据（如混洗 Shuffle）。计划片段对应请求处理的阶段（Stage）。协调器调用轻量级调度器将阶段分发到不同的工作者节点上执行，形成多个任务（Task）。每个任务包含一个或多个算子，例如，投影、过滤、扫描、哈希连接、聚合等。元存储负责提供元数据、分区/分片位置等信息，辅助协调器进行校验。这样的技术设计使 MPP 能够充分利用分布式的特性，让算子并行执行，从而达到加速查询的效果。

MPP 的另一个架构特点是在数据传输方面采用流水线方式，即上游阶段无须等待下游阶段完全执行结束就可以拉取数据并执行计算。数据通常不落盘，算子之间通过内存直接复制到 Socket 缓冲区发送。这期间需要保证足够的内存，防止内存溢出（Out of memory，OOM）。

与批处理技术相比，MPP 技术有以下关键不同，这些系统设计上的不同取舍使 MPP 可以更好地应对高效处理的挑战。

- 任务调度和资源分配不同。批处理通常需要专门的资源管理器来进行资源分配和任务调度。这种方式能够全面掌握集群状态，具有功能强大的优点，但在分配资源和调度任务时往往比较耗时。相比之下，MPP 只需要轻量级的调度和资源控制，因此，具有更低的延迟。

- 请求执行时的容错。批处理中典型对子任务做比较充分的容错处理，例如，失败的子任务会自动重新调度，在同样的输入数据上再次运行；MPP 在一般情况下不对容错做特别处理，只要有子任务执行失败，则整个请求执行失败并立即返回。

- 受掉队者（Straggler）的影响不同。批处理中往往具有预测执行等机制，减少因某些节点上的子任务执行过慢而对整体请求处理的拖累（例如，慢节点上的子任务将在其他节点上重启）；MPP 中请求处理整体效率通常受到掉队者节点的影响（需等待掉队者执行完成才能完成整体请求）。

（3）执行计划优化。交互式请求的处理过程通常包括以下步骤：首先，将请求解析转换为抽象语法结构；其次，转换为初始逻辑执行计划，通过优化器的处理变为优化后的逻辑执行计划，其中包括多种逻辑层面的操作算子（如连接）；再次，优化器在输出结果相同的众多候选物理执行计划中进行优化选择，输出物理执行计划，其中包括各种实现级算子（如哈希连接）；最后，在分布式环境中执行物理执行计划，得到最终结果并返回。

执行计划优化主要包括逻辑执行计划优化和物理执行计划优化两个环节，技术上主要包括基于规则的优化（Rule-Based Optimization，RBO）和基于成本的优化（Cost-Based Optimization，CBO）[1][2]。

RBO 是一种优化执行计划优化的方法。它包括一系列这样的优化规则，使得任何执行计划在经过这些规则转换后，得到的新的执行计划的计算代价，都一定不高于原始的计划（已知或理论可证明）。在执行计划优化过程中，原有执行计划将经过转换，通过遍历优化规则集合，只要满足条件就转换，就会生成一个新的执行计划。常见的规则包括分区裁剪、列裁剪、谓词下推、投影下推、聚合下推、Limit 下推、Sort 下推、常量折叠、子查询内联转连接

———————————

① GRAEFE G, MCKENNA W J. The Volcano Optimizer Generator: Extensibility and Efficient Search[C]// Proceedings of IEEE 9th International Conference on Data Engineering (ICDE'93). Vienna, Austria: IEEE Comput. Soc. Press, 1993: 209-218.

② GRAEFE G. The Cascades Framework for Query Optimization[J]. IEEE Data Eng. Bull., 1995.

（Join）等。这些规则可以让优化后的执行计划尽可能只扫描请求相关的数据范围，从而显著降低扫描无关数据的磁盘、网络等消耗。但需要注意的是，其中一些规则需要在存储层面提供支持，例如，列式存储技术。

CBO 是一种利用数据信息的更 “聪明” 的执行计划优化方法。考虑对于很多等价变换规则，经过这些规则转换后的执行计划的执行代价与原始（转换前）执行计划的执行代价相比，是否更小并无法直接确定，而与数据本身的情况相关。因此，人们设计了一种对执行代价进行计算的模型（称为成本模型），其以数据的统计概况信息为输入，输出得出每种执行计划的执行成本（即执行代价）。于是，对当前执行计划、基于数据的统计信息和代价模型，尝试探索生成等价的执行计划，并最终选取成本最小的执行计划，是基于成本优化的主要思想。基于成本优化的一个典型例子是对连接算子的优化。连接算子是最消耗吞吐性能的算子之一，也是在很多工业场景多数据关联分析中常遇到的基础算子。通过结合 Join Reorder、如何选择 Join 算子实现（例如，Hash Join、Index Loop Join）等优化手段，并结合数据的统计信息进行基于成本的执行计划优化选择。

（4）高效物理执行。利用分布式架构与计算模式，基于优化的物理执行计划，在物理层面高效地计算执行。面对大体量输入数据集，概括来说，物理执行就是将每个数据记录读取进入计算单元（CPU）并进行计算。典型的执行实现是称为 Row-based Streaming Iterator Model 的算子实现，即通过 Open、Next 和 Close 三个函数，将数据从底向上地拉取到计算单元，并驱动计算进行。这种 Tuple-at-a-time 的执行实现模型称为火山模型（Volcano-style）[1]。

向量化执行（Vectorized-style）。向量化执行[2]是面向大体量输入数据的一种改进执行实现方案，其思想是算子之间的输入输出是一批（例如，上千行）数据，从而贴合 CPU 物理执行特性，可以显著提高 CPU 物理执行效率。因为向量化执行中的物化中间结果（Materialization）会带来额外的开销，所以其是以物化的开销来换取更高的 CPU 物理执行性能。因此，向量化执行适合对大量数据进行计算的场景，即典型的分析型场景。

代码生成与在线编译[3]。动态地生成针对执行计划优化的代码，并在线编译为优化的机器码，从而提升执行效率。一般来说，执行计划对应的处理逻辑是经过面向通用化设计而产生的，这在处理大量数据集时往往有较大的效率提升空间。人们提出通过使用代码生成的方

① GRAEFE G. Volcano-An Extensible and Parallel Query Evaluation System[J]. IEEE Transactions on Knowledge and Data Engineering, 1994, 6(1): 120-135.

② BONCZ P, ZUKOWSKI M, NES N. MonetDB/X100: Hyper-Pipelining Query Execution[C]//Proceedings of the 2nd Biennial Conference on Innovative Data Systems Research (CIDR'05). Asilomar, CA, USA: Online Proceedings, 2005.

③ KERSTEN T, LEIS V, KEMPER A, et al. Everything You Always Wanted to Know about Compiled and Vectorized Queries But were Afraid to Ask[J]. Proceedings of the VLDB Endowment, 2018, 11(13): 2209-2222.

式，对于待执行的执行计划，动态地生成更贴近计算的算子逻辑，减少冗余和虚函数调用，还可以将多个算子合成为一个函数，并在线编译为更高效的机器码，提升整体执行效率。同样，代码生成与在线编译自身也会带来额外的开销，其是以额外的开销来换取更高的物理执行性能。因此，同样主要适合对大量数据进行计算的分析型场景。

3.3.4　处理与计算的选型考虑与思路

工业大数据处理与计算架构在选型和设计时需要考虑的因素包括以下几个方面。

（1）数据模型与计算模式。从数据处理与数据分析的目标和场景中，一方面识别出计算施加在数据中的模型，例如，结构化的关系型数据、文本与键值型数据、时序型数据等；另一方面识别出计算模式，例如，批处理、流处理、交互式处理。

（2）数据处理与分析的规模。从业务类型和场景中梳理数据分析模型的运行量、数据处理的环节与运行量等信息，从而预估总体计算量，以及随着业务发展的计算量增量。计算量会影响系统架构的选择，例如，存储与计算分离架构等。

（3）数据分析的开发语言。从场景中识别数据分析程序的接口语言类型。首先，评估有多少已有数据分析程序需要继续使用，并评估这些分析程序使用的编程语言与所需运行环境，包括语言版本等信息。其次，结合项目建设计划、企业数据人才环境等因素，识别数据分析过程中为表达处理和分析逻辑语义的开发语言，例如，Python、R、SQL 等。这些对于在考察数据计算架构所支持的语言接口与运行时的类型方面提供输入。

（4）运维复杂度。根据企业数据人才和组织现状与特点，结合企业的计算架构发展及运维体系规划，推断和获知对计算架构的运维要求。例如，企业人员是否有 Hadoop 技术栈经验（如 Yarn、Hive）、Spark 技术栈经验和 Greenplum 运维经验等。这些特点会对系统架构方面的选型提供输入。

（5）其他。包括通过企业计算架构发展规划、数据分析支撑的业务场景等因素来推断和获知计算架构的未来扩展性、资源管理架构、基于数据软件开发的技术倾向等信息，这些可以为计算架构、部署环境等方面的选择提供输入。

基于上述选型考虑维度，表 3-10 为各种场景特点的计算引擎举例，其中，对典型可供选型的系统进行了概括，包括适用场景、优缺点等。需要说明的是，表中"运维复杂度"列是偏主观的经验值，会因不同团队的技术领域运维经验的不同而不同。

表 3-10　各种场景特点的计算引擎举例

场景特点 （含数据计算模式）	计算引擎 类型	接口与语言	可考虑的计算 引擎举例	运维复杂度	优　势	局　限	其　他
计算和处理流式数据。例如，设备监控、实时诊断等对时效性要求较高的场景	流处理计算引擎	SQL、Python、Java、Scala	Flink、Spark Streaming	中等	● 海量数据的低延迟流式处理且可横向扩展计算能力 ● 计算与存储分离架构，计算单独扩缩容以便控制成本 ● 自动故障转移保证系统可用	● Spark Streaming 不擅长对状态进行高级管理的计算场景	● 支持分布式架构
离线处理已接入的数据，适用于对大数据量的周期性运行的数据分析。例如，阶段性的设备健康分析、生产能耗分析、营销分析等	批处理计算引擎	SQL、Python、R、Java、Scala	Spark、Hive、MapReduce	中等①	● 海量数据的高吞吐且批量处理能力 ● 可横向扩展计算能力 ● 自动故障转移保证系统可用	● MapReduce 编程较复杂，同时执行时间较长 ● Spark 在处理大量数据时任任需要关注内存控制	● 支持分布式架构
流式处理、离线处理时间序列型数据。例如，设备监控、实时诊断、设备健康分析等对时间序列数据计算等场景	时序专用复合型引擎	类 SQL、JDBC、REST、SDK、MQTT	IoTDB、TDengine	中等	● 一套系统支持时间序列数据的流式处理、交互式处理多种类型、省去运维多个组件的繁冗	● 只适用于时间序列数据类型 ● 对流处理高级功能支持有限（例如，复杂事件处理等）	● 支持分布式架构
大量数据的交互式计算。例如，产线或产线或销售环节的综合报表分析等场景	数据多维分析（OLAP）	SQL、JDBC、ODBC、SDK	Greenplum、ClickHouse、Doris、StarRocks、Trino、Kylin	中等或较难	● 自动故障转移保证系统可用	● 留存一些系统是计算与存储一体（耦合）架构（如 Greenplum、ClickHouse、Doris、StarRocks） ● Kylin 需要进行预计算，主要面向固定模式的处理与查询场景	● 支持分布式架构
中小量关系数据的增删改查。例如，支持企业内的应用程序	高频时数据读写（OLTP）	SQL、JDBC、ODBC、SDK	MySQL、PostgreSQL	较易	● 占用硬件资源少，系统轻盈 ● 适用于中小数据量的交易类查询	● 单机或主备架构 ● 当为提高数据可用度时需要运维手段（例如，定期备份等），加大了运维复杂度	● 支持单机架构，主备架构

① 取决于企业运维团队在 Hadoop 技术生态方面的经验。

第 4 章 工业大数据建模与数据集成技术

工业大数据工程最大的挑战之一是数据的集成。工业大数据分析通常要求把工业现场各个维度的数据进行汇聚、参照、关联。一个好的数据集成系统可以提高数据分析和数据应用获取多源数据的效率，还可以帮助处理不同数据源之间数据的关联，从这些关联的数据中，数据分析师和业务专家可以获得比任何孤立数据集更多的数据洞察。

根据实际的工程项目经验，有超过一半的时间都消耗在数据的准备、处理、关联上。虽然在其他行业的数据工程中也存在同样的挑战，工业领域又具有其独特性：一方面，典型的工业企业经历了几十年跨度的自动化和信息化建设过程，通常存在严重的数据孤岛和数据质量问题；另一方面，工业领域的业务理解起来门槛相对较高，而数据工程和数据分析要求团队对工业领域具有一定的理解，因此，增加了其工作难度。

为解决上述问题，本章结合工业大数据的场景首先介绍数据集成的一般概念、方法，解释为什么以全局数据模型为核心的数据集成方法（如数据仓库集成方法）更适合工业数据分析的需求。之后，结合工业领域的上下文，展开介绍上述数据集成方法中的 3 个重要步骤：数据建模、数据模型转换、数据访问中的具体方法和要点。同时，给出 3 个工业领域中常见场景的数据模型参考，包括设备模型、产线模型和守恒流模型。

4.1 工业数据集成概述

4.1.1 工业数据集成的概念

数据集成是指利用若干数据库或数据源，使来自这些数据源的数据协同工作，为数据用户提供统一的视图，就好像它们是单一的数据库一样。数据集成的价值在于让数据更容易被数据消费端理解和使用，包括各种数据处理、数据挖掘、数据应用等程序。另外，数据集成使原本孤立的数据产生关联，从而获得比单独的数据集更深入的数据洞察。

在工业领域，无论是工业设备的运行还是复杂的生产制造过程，都涉及多种不同的工业对象相互作用。在设备健康领域，要想设备持续高效稳定运行，就涉及设备运行时的监控信息、设备设计信息、设备检修和维护历史信息、配件供应链信息、外部自然环境信息（如风、水、光新能源发电对自然条件的依赖）。以设备故障处理过程为例，设备实时监控数据作用在一个算法上，可以发出设备告警；设备监控人员将该告警转化为一个新工单，交给维修人员处理；维修人员从该设备故障时段的运行数据，及其最近几次维修记录中推断故障的原因，最后定位到配件问题上；该问题被处理上报后，设备主管通过供应链信息知道与该故障配件同批次的配件还装配在其他哪些设备上，提前进行预警，规避类似问题的发生。

在生产制造过程中，涉及生产设备、生产工艺、物料、操作员、物理环境等各种生产要素的基础数据和过程数据。工业数据分析通常需要对这些数据进行综合利用。以生产质量分析场景为例，当一个批次的生产合格率下降到告警值以下（质检机台数据），首先查看该产品的历史合格率趋势（质检历史数据），然后针对异常下降区间选取特定批次，查看该批次在各个工段上的过程数据（工段过程数据），或者在关键工段上，对服务该工段的多个并行机台进行横向对比（机台加工数据），看是否存在差异。如果特定机台出现劣化导致加工精度下降，那么需要警惕具有类似情况的那些机台（设备管理系统数据）是否需要提前检修；或者因为该批次使用的物料出现问题，那么也需要警惕该批次物料所影响的生产范围（生产计划和物料数据）。

一个典型的数据集成系统在整个数据架构中的位置和作用如图 4-1 所示。在存在数据湖的情况下，数据集成系统直接访问数据湖中已经统一接入和存储的数据；如果企业还没有建设

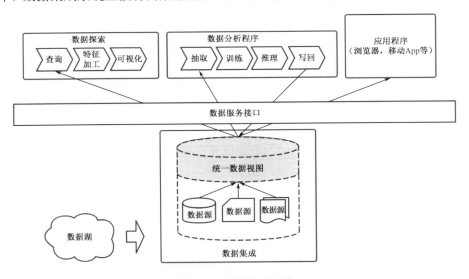

图 4-1　数据集成总览

数据湖，数据集成系统可以直接与多个数据源连接。数据集成层通过数据建模形成统一数据视图，通过数据服务 API 对其上层数据应用提供数据访问的能力。数据服务把来自数据应用的访问请求分解为对底层多个数据源的请求，并将结果汇总组装，返回给数据应用。

4.1.2 工业数据集成挑战

本节列举了工业数据集成的主要特点与挑战，并且在 4.1.3 节中，讨论如何针对这些挑战采用合适的工业数据集成模式。

挑战 1：天然的数据孤岛

与通信、互联网等行业不同，工业是建立在物理世界之上的，一个典型的工业企业在发展过程中，会持续进行自动化和信息化建设，例如，ERP、PLM、MES、SCADA 系统等。从功能上看，这些系统解决各自领域的问题，因此是孤立的。

从时间维度看，工业系统的建设时期跨度从几年到几十年不等，在这个时间跨度上，IT和数据管理技术发展迅速，造成了不同时代、不同技术的数据管理系统混用的状况，例如，从早期的商业数据库 Oracle、IBM DB2、MS SQLServer 等到近期的开源数据系统 PostgreSQL、MySQL、InfluxDB、Hadoop 等，数据集成需要适配多样的数据源，增加了数据集成的技术难度。

挑战 2：工业数据质量

工业数据质量参差不齐，工业过程的首要目的是保证设备平稳运行和生产，因此，工业现场对数据收集和存储的投资和管理意识普遍不足，过程数据的含义、格式、规范区分较大，需要在数字化过程中一边使用，一边"补课"，同行业中也较少存在落地的数据标准，这种情况对数据集成需要的统一数据模式（Schema）推测和定义提出了挑战。

挑战 3：工业业务门槛高

随着工业互联网、工业数字化的大力推动，有大批非工业领域背景的技术专家，例如，IT 专家和数据分析专家加入工业数据分析领域。工业领域不同于消费互联网、金融、电信等领域，是日常生活中不能直接接触到的，工业也具有行业的多样性，甚至同行业之间也存在明显不同，因此需要跨领域交流。

挑战 4：工业数据智能应用重复建设，浪费成本

在过去几年，有越来越多的企业开始尝试利用数据技术获得了业务价值，这不断增强了企业对数据智能应用的信心，并推动企业开始在更大的范围和更多场景中使用数据价值。在这种趋势下，之前针对单个课题的临时性的数据工程需要被更大范围的数据集成替代，使数

据资源能够在多场景、多课题中得到复用，减少重复投资。

4.1.3　典型工业数据集成模式

在不同的发展阶段，工业企业常用的数据集成模式如图 4-2 所示。

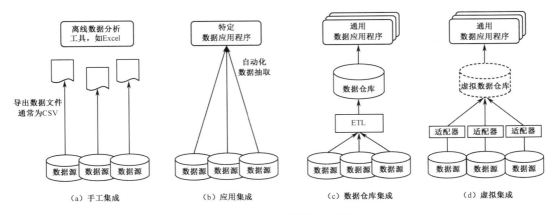

图 4-2　常见的数据集成方法

1. 手工集成

手工集成一般是为解决一个临时的数据查询和处理任务，由用户手工从各个系统进行数据查询和抽取（俗称"捞数"），获得多个独立的数据集，然后对数据集进行肉眼观察，根据数据情况确认一个数据清洗方案，使用工具（如 Excel）或者简单的脚本程序对数据进行清洗、关联，最后输出为业务报表。这样的过程如果只进行一次，那么可以接受，如果需要重复执行，那么显然效率是十分低的。除了低效，另外一个严重的问题是，多次的操作过程可能是不一致的，另外，处理的正确性极大地依赖人的因素，人是容易出错的，因此，结果也变得容易出错。

2. 应用集成

应用集成可以看作手工集成的自动化程序实现。当相同或者类似的数据集成需求重复出现，用户很自然地想到编写一个应用程序代替人工进行重复劳动。这个应用程序一般表现为一个带有前端界面的应用，用户通过页面操作指定特定的参数，如集成范围、一些可选的规则等，然后手动或者定期触发集成任务，最后把运行结果保存在历史任务中供用户使用。与手动集成方式相比，应用集成的效率和数据可信度得到很大提高，但是集成应用的功能是为了满足特定的数据场景，通过一个相对固定的数据获取和加工方式进行数据集成。当更多的不同集成需求出现时，需要为每个需求都开发特定的应用，会引入一些重复的工作，或者想在之前的应用上进行扩展开发，但是受到之前应用设计时的基本假设限制，扩展的难度较高，有时基本等于重写，甚至还使已有的功能变得不好用。

3. 数据仓库集成

为提高数据集成系统的通用性，扩大数据集成的范围，最常用方式是建设企业数据仓库。数据仓库是一个面向数据分析的数据系统，目的是把来自多个数据源的数据进行清洗、集成并集中存储。数据仓库的典型数据链路是基于 ETL 的方法，即首先需要构建数据集成的全局数据模型，然后根据该数据模型对数据源的数据进行清洗、转换，最终加载到数据仓库的数据存储空间中。为了与后面的虚拟集成方式进行对比，可以形象地称此过程为"数据搬家"。经过这个过程，数据仓库中的数据就是已经集成好的数据，而数据集成的范围取决于数据仓库的业务主题，随着数据主题的增加，集成的数据范围也越来越大。

4. 虚拟集成

虚拟集成是一类数据集成方式的总称，与数据仓库方法比较，最大的不同在于数据仍然停留在源系统中，不需要"搬家"。对于每个被集成的数据源，虚拟集成系统使用一个适配器进行对接，并读取其中的数据模型，称为"源数据模型"。相对地，数据集成系统同时维护一个全局的数据模型，以及和源数据模型的映射关系。当用户基于全局数据模型查询数据，系统会根据数据模型映射将查询分解为向各个数据源的查询，通过适配器进行执行，并将适配器返回的结果进行合并组装，返回给用户。因此，从用户的视角看，全局数据模型好像一个数据库，但是实际上这个数据库并没有存储任何数据，是"虚拟"的。与数据仓库方法类似的是，虚拟集成也需要一个统一的数据模型作为集成数据模式。虚拟集成的方式主要适用于数据源系统数据搬家代价较大，数据源数据模型频繁变化，或者因为安全、合规等非技术因素不能实施数据搬家的情况。

表 4-1 对比了 4 种数据集成方法，需要根据具体情况进行选择。如果一个工业企业处于数据智能的单点应用向全面应用的转换时期，那么需要一个能够持续生长，持续积累数据资源的数据底座，使数据能够在多个分析课题中得到复用，手工集成和应用集成虽然能够解决特定场景的数据集成问题，但是对跨课题的数据复用支持不好，因此，在成本允许的情况下，尽量避免选择。相比之下，数据仓库集成或虚拟集成的方式可以建立一个可以扩展的数据底座，能够支持不断增加和调整的数据需求，因此，推荐优先选择。

表 4-1　工业数据集成方法对比

集 成 方 法	数据集成范围	数据复用性	可 扩 展 性	数 据 模 型	数 据 移 动
手工集成	小	无	弱	不需要	需要
应用集成	小	无	弱	局部	需要
数据仓库集成	大	可复用	强	全局	需要
虚拟集成	大	可复用	强	全局	不需要

无论是数据仓库集成还是虚拟数据集成，都需要一个共性的、能够同时满足多个数据分析课题数据访问需求的数据模型。同时，为应对新需求扩展、业务规则调整、数据模型优化等变化情况，需要对该数据模型进行持续迭代，并尽量做到向后兼容。数据模型中重要的业务对象、过程和概念具有丰富的业务语义，因此，需要业务专家、数据专家、数据分析专家协同完成。数据建模输出的数据模型和共同语言也可以作为团队后续沟通的基础，可以有效帮助解决工业业务门槛高的问题。另外，这些标准术语、属性命名等，会形成事实上的数据标准，作为后续数据处理和使用的依据，帮助提升数据质量。

4.2　工业数据建模方法

从上面的论述中可以看到，建立一个好的全局数据模型是建立可扩展、可复用的数据集成系统的必要条件。在本节中，介绍常见的两种数据建模方法及其在工业数据智能领域的实践。值得强调的是，任何数据模型都是对要解决的业务问题领域的抽象，且依赖于业务领域中的基本概念和业务规则，因此，数据建模一定需要业务专家、数据管理技术专家全程参与创建和更新。

4.2.1　数据模型的层次

数据模型是指将现实世界中的业务对象表达为计算机中数据对象的抽象模型。数据模型主要包括上述业务对象的属性映射、业务对象之间的结构、相互之间的业务关联等。数据建模是获得上述数据模型的过程。

对数据模型的常见误解之一是认为数据模型等价于数据库模型，甚至等价于"建表"。实际上，数据模型是对现实世界业务对象和过程数据的描述，与具体使用的数据库技术无关。在数据建模的最佳实践中，通常会对数据模型进行分层。首先，数据建模过程首先会在一个更贴近业务、与具体数据库技术无关的层次上进行，获得的模型称为"逻辑模型"（Logical Model）。之后，为实现该逻辑模型，会根据具体选定的数据库系统，将逻辑模型转换为该数据库支持的模型，称为"物理模型"（Physical Model），其工作过程如图 4-3 所示。

在逻辑数据建模过程中，首先通过业务分析，识别出业务中重要的对象和概念，并通过核心属性刻画对这些对象的内涵。同时，逻辑模型还描述这些对象之间的结构、组成及与其他业务的关联关系。在通常情况下，逻辑模型还应包括其他帮助人理解和沟通模型的辅助信息，如业务规则备注说明等。逻辑建模过程是一个偏重业务分析的过程，需要业务专家、数据专家、数据分析师（作为数据消费者的代表）共同完成。最终的逻辑模型应做到对业务中的重要概念和规则进行充分、完整、无歧义的表达。常用的逻辑模型包括 ER 模型、雪花模型等，在后面的 4.2.2 节中会详细说明。

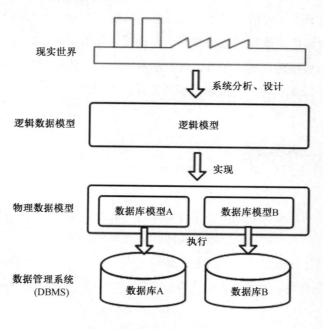

图 4-3　数据模型层次

逻辑模型确定后，需要被"翻译"为底层具体的数据库系统使用的模型进行系统实现。目前，各种数据管理系统的技术碎片化非常严重。从物理数据模型角度看，使用最广泛的仍然是关系模型（Relational Data Model），随着互联网应用的发展，关系数据库在应对一些业务场景的弊端开始显现，因此，逐渐出现了多种 NoSQL（Not Only SQL）数据库，如键值（KV）模型、文档（Document）模型、图状（Graph）模型等。深度学习在计算机视觉领域取得的成功也推动了非结构化对象存储的大规模使用。同时，在数据模型的发展历史中，也曾经出现了网络模型（Network Model）[1][2]、层次模型（Hierarchical Model）等多种数据模型[3][4]，这些数据模型适合的场景各不相同，因此，需要结合使用。从数据库系统实现的角度，不同

[1] BACHMAN C W. Software for random access processing[J]. Datamation, 1965, 11(4): 36-41.

[2] TAYLOR R W, FRANK R L. CODASYL data-base management systems[J]. ACM Computing Surveys (CSUR), 1976, 8(1): 67-103.

[3] TSICHRITZIS D C, LOCHOVSKY F H. Hierarchical data-base management: A survey[J]. ACM Computing Surveys (CSUR), 1976, 8(1): 105-123.

[4] 科勒普曼. 数据密集型应用系统设计[M]. 赵军平，吕云松，耿煜，等，译. 北京：中国电力出版社，2018.

的数据模型需要由不同的数据库系统进行实现，即使是同一种数据库模型，例如，使用最广泛的关系模型，在 MySQL，SQL Server，PostgreSQL 等最常见的数据库系统中实现也不完全相同。截至 2022 年 5 月，DB-Engines（数据库信息收录和流行度排名网站）一共收录了 394 种数据库，其中有 159 种使用了关系模型；在其最流行排名的前 10 种数据库中，关系数据库占据了其中 7 席位置。

如上所述，在数据库技术碎片化的时代，并不存在一种数据库系统能够满足所有的业务需求，因此，在进行业务需求分析和数据建模的过程中，不能假设未来该系统一定是在某种特定的数据库上实现的，而要进行数据模型抽象、分离设计和实现。在 4.4 节中将介绍如何把逻辑模型转化为多种常见的物理数据模型。逻辑模型向物理模型的转化过程中，除了语义的转换，还需要重点考虑数据访问的优化，如数据索引、分区、滚动更新等。读者可以参考第 3 章相关内容，以及特定数据库系统的说明文档，这里不再赘述。

在某些特别复杂的领域下，在逻辑建模前可能还存在概念建模的阶段。在概念建模过程中，通过业务理解，抽象出领域中重要的概念，形成实体，以及这些实体在业务过程中的关系，但是概念模型并不包括更多的细节，如关键属性，关系详情等，对于系统实现来说，其信息是不完备的，但是通过概念建模能很好地确定系统的边界。

表 4-2 对比了不同层次的数据模型通常应该包含的内容。由于建模人员、业务方的思维方式、工作习惯不同，也可能存在一些微小差异，但是不妨碍读者理解这些模型的定位、差异和递进关系。概念模型一般只包括主要的业务实体定义及其关系，因为它们反映了业务中的核心概念。逻辑模型在概念模型的基础上，通过细化分析获得实体的 ID、关键属性、和其他实体的关联属性等，这些信息大多来自业务规则的约束。物理模型包括所有针对特定数据模型和数据库实现的设计信息，例如，表名、列名、数据类型、约束、分区索引等。

表 4-2　概念、逻辑、物理数据模型内容

内　　容	概 念 模 型	逻 辑 模 型	物 理 模 型
实体名称	√	√	
实体关系	√	√	
实体属性		√	√
主键（实体 ID）		√	√
外键（关系的实现方式）		√	√
表名（或 NoSQL 中类似概念）			√
列名			√
列数据类型			√
分区和索引			√

4.2.2　数据建模技术

在数据管理技术发展的几十年中，先后出现了很多数据建模技术。对于工业数据分析来说，其中最基础的两种方法是实体关系建模（Entity-Relationship Modeling，ERM，简称 ER 模型）和维度建模（Dimensional Modeling，DM）。在下文中，将通过具体工业场景分别介绍这两种方法。在了解其基本方法后，本节讨论如何在工业场景中选择和应用这两种方法。

1. 实体关系建模

实体关系模型由 Peter Chen 于 1976 年提出[1]，之后被广泛应用于 OLTP 数据库设计。在 OLTP 数据库设计中，典型的用法是使用实体关系建模再转换为关系模型，同时进行数据库范式设计，以保证数据的插入和更新一致。而在数据分析的场景中，使用实体关系建模主要强调对业务领域的基本概念和规则的辨析，以及准确表达[2]。

实体（Entity）指业务关注的那些对象和事件，实体可能是物理上的存在，例如，一台设备，一条产线，一个产品。也可能是逻辑上的存在，例如，一个订单，一次销售。因为本书主要针对以工业设备为核心的生产运行过程的数据智能应用，所以主要涉及的都是前者，称为"工业物理对象"。

实体类型（Entity Type）指一批具有相同类型的实体的集合。严格来说，在数据建模的过程中，通常针对一个特定的实体（实例）去抽象描述该类实体共性的属性，定义为实体类型。例如，"一号风机"是一个特定的实体，而它的型号"100MW 风力发电机组"是对应的实体类型。

团队中所有人都应该对模型中的实体类型表达的概念理解一致无歧义。举个例子，普通人提到"物料"和"产品"，通常认为"物料"是原材料，"产品"是最终产品，然而在很多工业语义下，"物料"被定义为可以是原料、半成品或成品（因为从更大的范围来看，一个生产段产生的"成品"其实是下一个阶段的"原材料"）。如果不把这个概念表达清楚，那么团队的沟通就会变得失真、低效，甚至南辕北辙。

针对同一个业务问题，数据模型也不只有一个正确答案，换一个抽象的层次和角度，将"原料"和"最终产品"分开定义当然也是对的。笔者强调的是在一个特定的模型版本中，所有的概念都应该是清晰无歧义、形成共识的；如果模型更新了，那么所有人的共识都要跟着更新。

---

[1] CHEN P P-S. The entity-relationship model—toward a unified view of data[J]. ACM Transactions on Database Systems, 1976, 1(1): 9-36.

[2] INMON W H. 数据仓库（第 4 版）[M]. 王志海，等，译. 北京：机械工业出版社，2019.

关系（Relationship）指实体和实体之间由于某种业务规则而产生的联系和互动。关系就像胶水一样，把原本独立的实体信息整合在一起。例如，一个设备上有多个传感器，多个传感器可能会度量同一个逻辑测点（传感器冗余），一个车间包含多条产线，一条产线包含多个工段，等等。

关系的定义也需要依照业务规则进行，如果识别到两个实体之间会产生一个关系，要进一步识别以下几方面的内容：① 关系的基数，即一对一，一对多，还是多对多；② 关系的强弱，即产生关系的两个实体生命周期是否受关系的影响；③ 关系的附加属性；④ 关系双方在这个关系中的角色名称。

举个例子，假设对一个金属铸造的过程进行数据建模。模具需要安装到铸造机台上进行铸造使用，假设业务目标是找出不同的铸造机台是否会对铸造质量产生影响，那么机台和模具之间的关系如图 4-4 所示。在这个版本中，机台和模具的关系是一对一的，因为一个机台最多绑定一个模具，同时，一个模具也不可能安装到多个机台上；从关系的强弱角度是强关系，由于铸造是由机台和模具共同完成的，在当前定义的问题中，没有必要把它们分开看，如果从系统中把一个铸造机台记录删除，那么上面安装的模具记录可以一并删除；关系上也无须附加任何额外属性；双方的角色名只有在数据访问时才会用到，目前暂不关注。

名称：铸造机台和模具的匹配关系
版本1

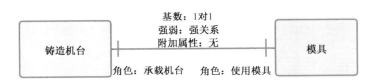

图 4-4　ER 模型片段—金属铸造—版本 1

工业领域专家随后补充了一条重要的业务规则，即"铸造机台和模具之间虽然在一段时间内是一对一的绑定关系，但是每隔一段时间，都会把模具从机台上拆卸下来换上新的模具，拆下的模具会被清洗保存，直到下次安装到其他（不确定是哪台）的机台上使用，如此循环"。基于上述新的业务知识，修改后的关系如图 4-5 所示。在这个版本中，关系的基数变成了多对多，因为任何一个机台都可能安装任意一个模具，反过来，一个模具也有可能被安装到任意一个机台上；关系的强弱变成弱关系，因为模具会被单独清洗保管，独立于机台进行管理，与机台是动态匹配的关系。为了表达这种关系，还需要一个关系附加属性来表达"在什么情况下，一个特定的机台会和一个特定的模具绑定在一起"，根据业务专家反馈："换模具是在换批次的间歇进行的，换批的时候可能换模具，也可能不换，取决于模具是否需要清洗，但是在一个铸造批次执行过程中不可能换模具"，因此，只要在关系额外属性上记录批次号，机台和模具的绑定关系就完整了。

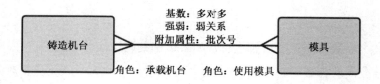

图 4-5　ER 模型片段—金属铸造—版本 2

上面的例子体现了数据模型中关系的定义如何反映实际的业务规则。假设业务专家说："换模具的时间没有特定规则，就是班组长觉得需要换了就换，即使在一个批次生产过程中。但是换模具时我们有记录，因为工人会扫码。"感兴趣的读者可以思考，在上述规则下，机台和模具的关系应该如何描述。

最后，实体关系建模也有一定的门槛，需要提前考虑实体关系模型在未来转换为关系模型时满足第三范式的要求，这需要一定的数据库理论和技术基础，也是实体关系建模在执行过程中的客观障碍之一。但是在工业数据智能领域，最大的门槛不是特定的数据库技术，而是工业知识、IT 知识和数据分析知识的融合。在实体关系建模过程中，业务专家、IT 专家、数据分析专家依据业务规则对数据模型进行反复澄清讨论，由此产生的信息交流和最后产出的数据模型会帮助整个团队建立共同业务认知和语言体系，这对后续数据分析和应用的研发是一个重要的基础。

2. 维度建模

在维度建模（Dimensional Modeling）[①]中，数据被分为事实和维度两种类型。事实指在业务过程中发生的一次度量，而维度指这次度量发生的上下文。一次度量（事实表中的一行）可以包含多个度量结果和多个与之关联的维度信息。

图 4-6 展示了工业领域中最常见的两种事实表。第一个例子来自 DCS 或 SCADA 系统中的设备时序数据，PLC 的一次采样会产生多条测点数据，如温度、压力等，同时伴随这条事实数据的至少有时间戳和点位号两个维度。第二个例子是在生产制造领域常见的质检数据，一个半成品或成品在检测环节经过特定检测手段会产生的一次检测结果记录，检测的指标（例如，尺寸、重量等）属于度量数据，而被检测的产品 ID、检测程序、检测机台等属于维度数据。

---

① 金布尔，罗斯. 数据仓库工具箱（第 3 版）：维度建模权威指南[M]. 王念滨，周连科，韦正现，译. 北京：清华大学出版社，2015.

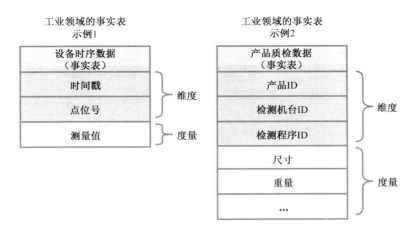

图 4-6　工业领域的事实表

在事实表中，维度列的取值只是一个单值（标量），但背后通常代表一个业务实体（这也是为什么很多维度列以某某 ID 命名），称为维度实体。一个维度实体可以和其他的实体产生联系。例如，上面的例子中，设备时序数据表中的"点位号"代表的"点位"可以抽象为一个对象，除了点位号（ID），还有度量单位、量程、物理意义等属性。通常多个点位同属于一台设备，所以一个点位对象又和一个设备对象发生关联。根据事实表和维度表之间组织成的形状不同，维度模型分为星形模型（Star Schema）和雪花模型（Snowflake Schema）两种类型。

星形模型以事实表为中心，所有的维度直接和事实表相关联，维度和维度之间没有关联，维度表围绕在事实表周围呈星状分布。

雪花模型以星形模型为基础扩展，允许维度表和维度表之间继续产生关联关系，也就是说，事实表可以通过维度和维度的关联获得间接维度。

同一个问题，既可以用星形模型组织数据，也可以用雪花模型组织数据，那么这两种模型的优缺点分别是什么呢？图 4-7 和图 4-8 以设备时序数据为例进行对比说明。

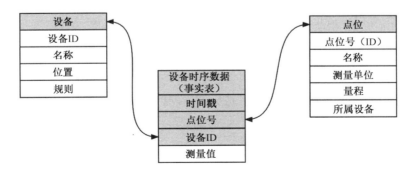

图 4-7　设备时序数据的星形模型

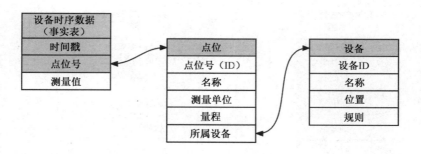

图 4-8　设备时序数据的雪花模型

在设备时序数据的星形模型中，点位号是设备时序数据的一个维度，通过一个点位实体类型来记录点位对象的其他属性；时间戳是一个维度，但是在工业数据分析中，时间戳直接参与运算，并不会像销售数据那样，时间是小时、天、月、年等自然时间段进行分析聚合的，因此，不用进行对象化处理。接下来，假设分析课题要在设备的粒度上对监测数据进行聚合，例如，存在多个点位对同一设备组件的冗余测量，需要计算它们的平均值。针对这个问题，星形模型方式需要重新处理事实表，增加一个"设备 ID"维度，并且与设备实体类型进行关联。

在设备时序数据的雪花模型中，点位号和时间戳两个维度的处理方式与星形模型相同，不同之处在于，如果要增加一个新的分析维度"设备"，并且经过业务分析得知，多个点位是属于同一个设备的，也就是说，设备和点位之间存在一个一对多的关系，那么就按照实体关系建模的思维在点位和设备实体类型事件建立一个新的关系，时序数据需要在设备维度进行聚合时，要通过关联点位再关联设备的方式进行。

对比两种模型不难发现，雪花模型其实是星形模型的维度部分用实体关系建模处理的结果。星形模型的好处是维度数据和事实表永远直接关联，因此，数据库访问的效率相对较高，缺点是间接维度在事实表中存在数据冗余，如果维度数据进行更新，或者业务上提出新的分析需求需要增加维度，那么事实数据需要重新进行清洗处理。因此，星形模型比较适合处理"预先定义的，需求相对确定的"数据分析课题。

相比之下，雪花模型的维度部分用实体关系建模处理，在关联查询，尤其是多层次的维度关联查询时，效率略低，但是换来的好处是数据模型相对稳定，维度的更新、增加等操作代价较小，对分析需求的变更有一定的自适应性。因此，适合解决"探索性的，随时有可能变化的，临时的"数据分析课题。

实体关系建模和维度建模在业界有大量的实践经验，其特点决定了它们适合不同的分析场景，表 4-3 对其进行了详细的对比，主要体现在建设启动时间、数据一致性、后期维护成本和适合的数据分析场景 4 个维度。在工业领域应用时，企业应该结合自身的数据智能应用成熟度和具体建设项目目标来确定数据仓库的建模和实施思路。

表 4-3　实体关系建模和维度建模体系的对比

比 较 项	实体关系建模	维 度 建 模
建设启动时间	慢，需要对业务概念和规则进行辨析	快，只针对当前课题设计事实和维度
数据一致性	强，满足三范式	弱，数据存在冗余和不一致
后期维护成本	低，数据模型反映了业务的核心运行规则，新的课题数据访问需求只是这个数据模型上的一个视图	高，更新维度数据或增加维度都需要重新清洗事实表
适合的数据分析场景	长期持续创新，需求不断涌现	需求明确，追求单个课题的数据访问效率

对于数据智能的尝鲜者，可以采用维度建模针对单个课题进行数据组织建模，这样项目的建设启动时间短，数据建模的难度相对较低，能够快速完成数据分析课题，获得价值，这样可以帮助团队和企业建立对数据智能应用的信心。

对于开始有规划地建设跨课题、跨部门统一数据底座的企业，建议开始采用实体关系建模的思路，通过有意识地组织业务专家、IT 专家、数据分析专家进行协作，对一个给定的业务范围的基本业务对象、规则进行辨析，规范命名，构建统一范式数据模型；对于事实数据的部分，建议采用维度建模中的雪花模型进行组织，即维度部分尽量采用实体关系建模的方式处理。这样可以获得相对稳定，维护代价较小的数据模型，虽然启动的成本增加，但是从长期维护和应用角度是总体效率较高的方式。更重要的是，实体关系建模可以促进团队乃至组织对业务概念、规则、知识进行沟通交流，构建统一语言。

实施实体关系建模的一大误区是一开始就陷入大而全的境地。例如，以工业设备为核心的生产运行领域，基本生产要素包括设备、工艺方法、物料、人、环境等几大模块，每个模块分解后，其包含的实体类型数量有几个到几十个不等，试图一次性把范围如此庞大业务领域梳理清楚是几乎不可能的、也没有必要。建议按照主题的方式进行业务划分，每个主题的范围不宜过大，但是要尽量做到完善，以业务场景驱动完成底层基础数据建模。通过多次迭代累积主题场景，以拼图的方式完成更大业务范围的基础数据建模工作。

4.3　工业数据参考模型

为了让读者更好地理解工业数据建模，本节列举 3 个常见的工业领域的建模场景，设备模型、产线模型和守恒流模型。更具象地说明工业对象建模的方法。需要说明的是，针对这些场景没有一个唯一正确的建模"标准答案"，模型是对物理世界的反映，也受建模者观察视角的影响。因此，本章的目的不是给出领域模型的标准答案，而是结合更具象的场景，让读者了解上面的建模方法。

4.3.1 设备参考模型

在设备健康管理（PHM）、生产质量管理（PQM）等场景中，主要的研究内容是设备的运行状况，使用的数据以设备时序数据为主，辅以设备维护、检修日志、设计参数等其他多维度数据。图 4-9 展示了一个设备参考模型。

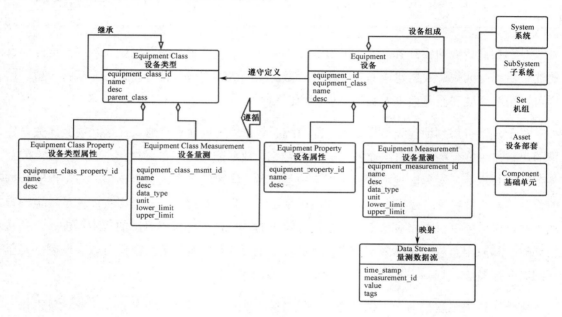

图 4-9　设备参考模型

设备（Equipment）是工业中生产运行依靠的物理设备，从基本的轴承、泵、阀到大型水力发电机组，都可以建模为一个设备。设备级别从大到小主要分为系统、子系统、部套和基础单元等。设备的上下级具有包含关系，例如，一部风力发电机组由塔架、叶轮、发电机等主要子系统组成，发电机由定子、转子等部件构成等。

设备需要多个属性（Equipment Property）来描述设备的状态、参数等信息。属性可以是静态的，例如，设备的生产厂商、型号、规格、额定功率等。也可以是动态的，例如，当前的温度、压力、转速、功率等。其中，动态属性主要来自 DCS、SACDA 系统的传感器数据。动态属性也可以称为量测（Measurement）。如果把量测的变化历史持续进行记录，那么会形成典型的时序数据，是设备分析主要依据的数据。如果记录的频率很大，或者设备的数量很大，那么设备时序数据会有很大的容量，需要采用大数据技术单独处理。

设备类型（Equipment Class）是设备的标准定义，是设备实例产生的模板，定义了所有该种类设备公共的属性、量测、数据定义等，每个设备实例都需要和一个设备类型相关联并受到其约束。设备类型可以带来 3 个好处。首先，通过对相似设备的抽象，可以部分消除工业现场"一机一模型"的复杂性，并且设备类型中定义的标准属性名和量测名称也是后面设备数据治理的基础；其次，设备类型可以作为数据分析模型的上下文对象，即一个数据分析模型可能适用于多种设备类型，使分析模型的实用性更广；最后，当有同类型、大批量设备需要注册到系统中管理时，例如，如果一个风场有几十台风力发电机组，那么可以使用设备类型进行批量设备创建。

设备类型之间具有继承关系。继承借鉴了软件设计中面向对象的思想，用来描述两个业务对象之间泛化—特化的关系[①]。在工业设备领域，一种常见的继承关系是一种设备的产品线可能存在多种不同的"子型号"，这些子型号之间略有区别，但是大体上都从一个通用型号演变而来，因此，可以定义具体的"子型号"是通过继承"通用型号"获得的。另一种继承关系是机理上的，例如，"发电机"和"电动机"都遵循电磁原理工作，但是互为逆过程，此外，它们的结构也很类似，都包含定子、转子、轴和轴承等。因此，可以抽象一个"电机"的类型来描述这些共性的部分，再让"发电机"和"电动机"继承这个通用的"电机"。在继承关系中，被继承的泛化的类型称为父类型，特化的类型称为"子类型"。继承的好处是可以简化模型的维护，当父类型的属性进行修改调整时，这些改动可以被自动传播到它的子类型，以及子类型的子类型上，否则这些改动可能被重复多次。图 4-10 展示了上述设备参考模型实例化后的典型使用场景，包含设备类型继承树，设备实例组成树。

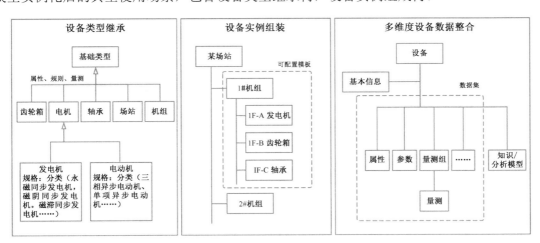

图 4-10　设备参考模型使用示例

---

① BHALLA N. Object-oriented data models: a perspective and comparative review[J]. Journal of information science, 1991, 17(3): 145-160.

构建设备模型的目的是对设备多维数据进行组织管理。在设备运维场景中，需要建立设备的全生命周期档案，把设备的设计阶段参数、仿真数据、设计图，以及上述设备运行阶段量测、设备检修记录等数据都关联到设备上，这样可以实现以设备为中心的数据关联，发现隐藏其中的数据价值。可以想象如下场景，当一台设备发生故障时，首先想到的是从维修记录中查询最近几次的记录（类比于人的病历），然后结合设备故障现场量测数据进行诊断，必要时还要参考设备设计时的参数进行辅助。上述场景中的所有数据可以很容易地在设备模型上进行实现，并且具有很好的可扩展性，满足更多类似场景的需求。

4.3.2　产线参考模型

在工业生产制造领域，典型的分析课题是产品质量、设备运行效率、关键参数等。研究的对象是由多个工艺段、生产设备、物料等对象组成的产线。建立产线模型用于描述生产过程中的各个生产要素，以及这些要素的关联关系，并通过生产过程组织各个环节产生的数据。

图 4-11 展示了一个参考产线模型，由 5 部分组成：设备模型、工艺段模型、物料模型、产品定义模型、生产过程信息模型。假设产线是以高度自动化设备为主的生产过程，暂时不考虑人的因素。如果需要，上述参考模型也可以很直观地扩展出人员相关的模型，例如，人员、班组、班次等概念。

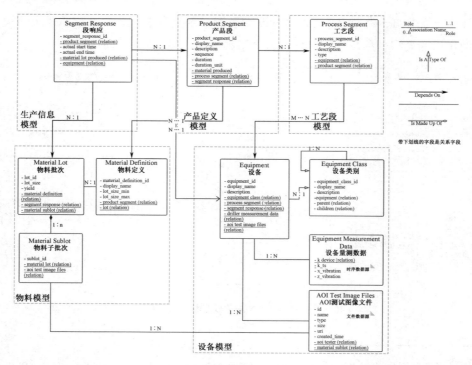

图 4-11　产线参考模型

设备模型描述了生产过程中使用的各种加工设备。产线模型中的设备和 4.3.1 节中介绍的内涵相同，只是站在生产的视角，描述的维度和属性不尽相同，在实际项目中可以进行合并。

工艺段模型描述了基于设备能力和关键工艺产生的加工能力，这种加工能力和具体生产什么样的产品无关。例如，在一个印刷电路板（Printed Cricuit Board，PCB）生产线中，清洗、加热、打孔其中的 3 个工艺段，表示该工厂具有这样的加工能力。然而，这些能力如何串联生产特定的产品，具体的加工过程和参数如何，需要再针对具体产品进行定义，形成产品定义模型。在以设备为中心的自动化生产过程中，工艺段的能力主要来自加工设备，因此通常和设备模型一起讨论，例如，清洗、加热、打孔 3 个工艺段分别依赖清洗机设备、加热设备和打孔设备。在以手工劳动为主的生产过程中，工艺段能力来自加工工人。

要注意工艺段和设备的区别，在某些产线中，工艺段和设备类型一一对应，为了模型简单可以进行合并简化，但是在一些产线中可能出现两种非一一对应的情况：① 一个工艺段的能力需要多个设备协作完成；② 一个加工设备的能力多样（综合加工中心），可以完成多种工艺过程。这需要对工艺段和设备进行区分，并且两者是多对多的关系。

物料模型中主要的实体是"物料定义"，注意物料可以是原材料、半成品或最终产品，因为从加工的视角来看，一个工序的输出是下一个工序的输入，最后一个工序输出的物料是通常意义上的最终产品。物料的主要属性包括描述、供应商、质检标准等。在批量生产模式中，一定数量的产品形成一个产品批次，统一进行计划、派单、执行和销售，因此，产品质量管理的粒度一般也按照批次进行。在更精细化的管理中，批次需要被继续分解为更小的粒度，形成子批次，甚至达到"一件一码"的粒度。

产品定义模型主要包含的实体是生产段。生产段是指针对一个具体的产品，如何使用多个工艺段的加工能力一步步把这个产品生产出来。生产段是物料（产品）、工艺段及特定工艺参数 3 个要素的叠加。例如，打孔是一个工艺段，当不指定待生产产品的时候，仅代表一种待使用的能力。假设现在要生产产品类型 A，根据工艺设计，第 3 步需要进行打孔，并且控制孔深为 2 毫米，这就是一个生产段。此外，生产段还包括该阶段消费的物料，产出的物料，预计的持续时间，以及质检的标准等。

在生产段和工艺段一一对应的情况下，两者的概念很容易被混淆。但是在一些长流程的生产过程中，可能多个生产段需要一个共同的工艺段进行支撑，也就是重复做一个加工过程。图 4-12 中给出这样一个例子，其中，生产线包含 3 个工艺段：清洗、加热和打孔。生产一种特定产品需要经历 4 个生产段：清洗（一次）、加热、加工、清洗（二次），其中，清洗（一次）和清洗（二次）使用的是同一个清洗工艺段的能力，但是具体的清洗时间设置不同。

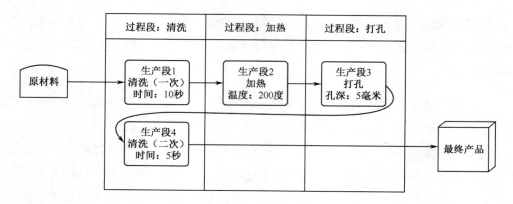

图 4-12　生产段和工艺段的区别和联系

最后是生产信息模型。生产信息模型是指在产品生产过程中产生的数据，包括过程记录及产品质量检测数据。生产过程数据是数据分析课题的主要对象，其数据量、产量和数据密度成正比。通常情况下，生产过程中的数据由加工设备产生，但是与设备模型中的数据不同的是，这些数据并不是描述设备本身，而是描述其对物料的加工过程的数据，一般以不定周期的日志形式存在。另外，在段响应中记录了一个特定的产品批次（或者子批次、产品单元），在一个特定生产段的重要过程记录，例如，开始时间、结束时间、实际使用的设备 ID、实际产生的物料批次 ID 等。机台日志数据和段响应数据必须结合使用，才能完整地从数据视角复现产品的生产过程，从而进行进一步的数据挖掘。

通过上述的产线模型，把生产过程数据和设备、物料、工艺 3 个重要的生产要素进行了关联，用户可以从上述 3 个维度对数据进行切分分析，例如，从物料的视角看，对其加工过程进行追溯，从设备的视角看，对同一个生产段的所有设备进行横向对比，或者与自己的历史进行对比，实现灵活的数据访问。

在实际案例中，可能针对特定问题对上述模型进行扩展，例如，增加人员班组的维度或增加能力模型集成生产排程信息。通过扩展，上述模型也可以支持柔性制造的场景。例如，生产设备单元能力重构，描述的是一个加工设备通过更改配置具有不同的工艺段能力，但是在任意一个时间点，它的能力是确定的，这可以通过修改设备和工艺段之间关系来实现；另外，在柔性制造过程中，生产设备重构或重调度可能随时发生，这些信息也可以被记录在生产过程信息模型中。一个更加完整的产线参考模型可以业界已有的标准，如 ISA-95 模型主要对生产制造过程的信息进行整合[1]，数据模型中包含的主要模块如图 4-13 所示，具体细节可以参考相关标准文档，本书不再赘述。

---

① SCHOLTEN B. The road to integration: A guide to applying the ISA-95 standard in manufacturing[M]. ISA, 2007.

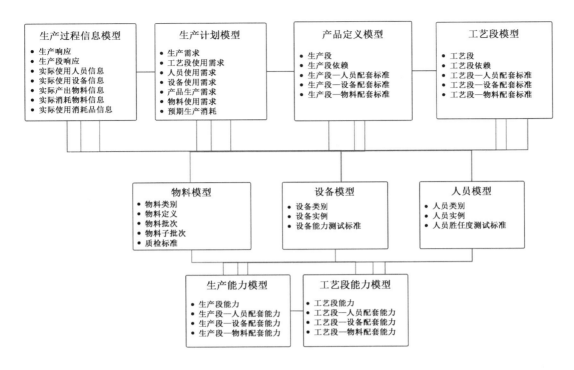

图 4-13　ISA-95 定义的生产域模型主要模块

4.3.3　守恒流参考模型

典型的研究对象（如水循环系统、矿山传送带运送加工矿石场景），其特征是物料（或能量）在封闭系统内流动，经过一系列站点进行物质或能量交换。每个站点可能有多个输入和多个输出，不同站点的输入输出通过单向的传送装置进行连接（例如，管道或传送带）。系统有通向外部系统的输入输出，系统的输入和输出在理论上保持质量或能量的守恒。

针对这类对象的典型分析课题是质量或能量的推算。例如，一个交换节点的所有入口流量和所有出口流量之和应该相等，这个交换节点的出口流量又作为其他交换节点的入口流量，在这样一个守恒流网络上，如果知道其中一部分测点的数据，那么根据守恒等式可以测算出其他位置测点的数据，称为"软测量"。另外，随着生产情况、季节等因素的影响，上述守恒流网络的拓扑结构会发生变化，因此，先对该系统进行建模，并且当系统拓扑调整时同时调整对应的模型，就可以实现计算的灵活性，消除修改代价。

图 4-14 展示了一个守恒流系统的实例，主要由 3 类实体组成。管道（Connection）是一个具有一个输入和一个输出的单向系统，例如，水管、传送带等。站点（Exchange）是一个具有多个输入和多个输出的系统，例如，三通、热交换器等。从物料或能量流动的角度看，站点和管道的区别只是输入和输出的数量，并且不管数量如何，输入总量应该等于输出总量。

连接点（Port）定义为管道与管道、管道与站点之间的输入输出连接。如果一个管道连接了一个站点，那么管道的输出连接点和站点的输入连接点是一个对象。

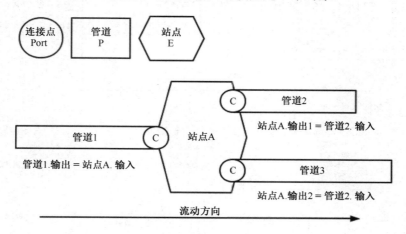

图 4-14　守恒流系统示意

对该系统进行抽象，可以得到守恒流系统的对象模型，如图 4-15 所示。对站点或管道来说，连接点区分输入和输出，因此分别有两个关系来描述输入输出关系。对站点来说，有多个输入和输出，所以是一对多的关系；对管道来说，有一个固定输入和一个输出，所以是一对一的关系。在定义关系时，分别为站点、管道、连接点赋予了双向的访问属性，这样它们之间可以方便地互相引用。例如，在实例图中，通过管道 1 的输出连接点可以找到站点 A 对象，因为站点 A 的输入连接点和管道 1 的输出连接点是一个对象。

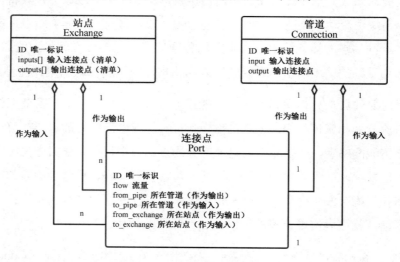

图 4-15　守恒流系统参考模型

数据建模带来的好处是，按照业务中的系统连接关系，可以方便地从一个点访问到关联的对象及其数据两侧（上例中的流量），并且当物理系统发生调整时，只需要调整对象实例的连接关系，不需要改变数据模型，这会给系统带来很大的灵活性。

4.3.4　工业数据模型复用

具有丰富业务语义的数据模型是工业企业重要的核心资产之一，它描述了工业运行过程的基础对象和规则，可以被用于沟通、数据分析、系统开发等各个场景。因此，能持续沉淀和复用高价值环节的数据模型可以帮助工业企业减少重复投资，加快数据智能应用的进程。

因为工业现场的个性化程度很高，在较大的粒度上，很难实现模型的复用。例如，即使是一个工厂的两条生产同样产品的产线，其过程也不尽相同。如果把一个大的工业过程持续拆解为更小粒度（例如，模块、组件），那么可以发现更多可以复用的内容。

模型复用主要有两个方向，称为继承复用和组合复用。继承复用基于一种抽象思维，从类似问题中抽象共性的部分，再基于共性的部分派生出个性化的解决方案。在之前的设备模型章节中展示了如何使用继承对设备对象进行建模的案例。但是，在使用继承时要避免过度使用陷入继承陷阱。继承的层次越深，继承树上的模型依赖程度越大，首先使模型难于阅读和理解，其次，如果需要对模型进行修改和演进，修改继承树上底层的模型，其影响范围将很难进行全面评估，产生"牵一发动全身"的负面效果，长此以往使模型变得僵化甚至被废弃。因此在最佳实践中，继承的层次以不超过 3 层为宜。

另一个复用的思路是组合。组合思想基于对工业领域的基本观察，一个复杂的工业系统是由很多基础单元有机组成的，例如，一台压缩机是由一台电动机和压缩装置组成的，电机又是由定子、转子、轴承等部件组成的，产线是由很多生产段组成的，而生产段又是由各种设备组成的。因此，可以先从多个数据模型上发现共同的组成部分，将这些基础共性单元进行建模，之后就可以把这些基础单元进行组合，创建新的模型。

4.4　数据模型转换

数据模型转换是指把一种数据模型"翻译"为另外一种数据模型，如图 4-16 所示。数据模型转换有两个目的：① 把逻辑模型转换为物理（数据库）模型，目的是通过特定的数据库（或组合）进行数据系统实现；② 把一种逻辑模型转换为另外一种逻辑模型，目的是让用户以一种新视图对数据进行组织和理解，在一些直接支持特定逻辑模型的数据系统中，还可以通过该逻辑模型提供的语义直接对数据进行访问，编写数据应用程序。

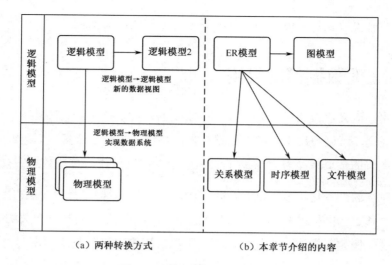

（a）两种转换方式　　　　（b）本章节介绍的内容

图 4-16　数据模型转换和实例

　　本章介绍的内容是基于统一数据模型进行数据的集成，因此，涉及逻辑模型向多种物理模型转换的情况。本节以 ER 模型为例，介绍如何通过简单的规则就可以把 ER 模型转换为关系模型、时序模型和文件模型，以便实现一个包含上述三种数据类型的工业数据集成系统。另外，在 4.5.3 节中将介绍一种新的逻辑数据模型——图状（Graph）模型，介绍图状模型的核心概念及其在数据语义和数据易用性提升方面的优势，以及如何把 ER 模型转换为图状模型，并使用图状数据模型对数据进行统一访问。

4.4.1　ER 模型转换为关系模型

　　关系模型是目前使用最广泛的数据库模型。关系模型以数学上的关系理论（relation theory）作为数学基础，一个数据上的关系（relation，注意不要和 ER 中的 relationship 混淆）在数据库中表现为一个表（table），一个表是由多个列（column）组成的，数据的访问通过表和表之间的连接（join）结合数据的分组（group）、过滤（filter）等关系操作来表达和执行。

　　ER 模型中的主要概念向关系模型转换规则如图 4-17 所示。

　　（1）实体类型（Entity Type）转换为一个表，其中，一个实体属性转换为一个表列，实体的 ID 属性转换为表的主键。

　　（2）关系（Relationship）的转换方式和关系的元数、基数、是否存在关系属性等多种因素相关。作为起点，可以先应用以下普适的关系转换规则：一个关系转换为一张（关联）表，其中，参与关系的两个实体类型主键分别对应上述表中的一个列，每个关系属性也需要额外在关联表中增加一列。图 4-17 展示了 ER 模型中关系的普适转换，其中包含设备、工艺段两个实体及它们之间的关系。

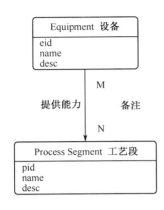

（a）ER模型：设备—工艺段

表：Equipment

eid	name	desc
1	清洗机1	
2	清洗机2	
3	综合加工机台	

eid	pid	comment
1	1	
2	1	
3	2	
3	3	

表：Process Segment

pid	name	desc
1	清洗	
2	打孔	
3	加热	

（b）关系模型：设备—工艺段

图 4-17　ER 模型中关系的普适转换

如果一个关系同时满足以下几个条件，那么关系对应关联的表可以省略，关联信息可以合并到实体表中：① 关系是二元关系，即两个实体之间发生的关系，不能是三个或以上实体间发生的关系；② 关系的基数为一对一，或者一对多，不能是多对多；③ 关系上没有附加属性。

例如，图 4-18 中的模型片段展示了上述情况：物料和物料批次之间是一对多的关系，并且关系上没有附加属性，因此在转换的结果中，不需要一个单独的关联表，取而代之的是在物料批次表中增加一列物料 ID（mid）来记录它们之间发生的关联。

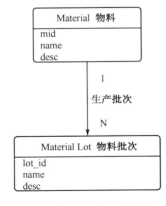

（a）ER模型：物料—物料批次

表：Material

mid	name	desc
1	M0l	
2	M02	

表：Material Lot

lot_id	name	desc	mid
lot1	批次l		1
lot2	批次2		1
lot3	批次3		2

（b）关系模型：物料—物料批次

图 4-18　ER 模型中关系的优化转换

实体类型继承（inheritance）的转换策略有 3 种：① 单一表策略；② 连接表策略；③ 联合表策略。不同的策略造成不同的存储结构，分别适用于不同的数据访问场景。图 4-19 以设备继承树为例，分别展示了 3 种策略的结果。

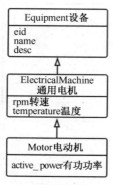

ER模型中的继承

表：Equipment

eid	name	desc	rpm	temperature	active_power	_type
1	el	通用设备1	N/A	N/A	N/A	Equipment
2	eml	通用设备1	200	65	N/A	ElectricalMachine
3	motor1	电动机1	300	76	300	Motor
4	motor2	电动机2	300	65	280	Motor

策略1：单一表

表：Equipment

eid	name	desc
1	el	通用设备1
2	eml	通用设备1
3	motor1	电动机1
4	motor2	电动机2

表：ElectricalMachine

eid	rpm	temperature
2	eml	通用电机1
3	motor1	电动机1
4	motor2	电动机2

表：Motor

eid	active_power
3	300
4	280

策略2：连接表

表：Equipment

eid	name	desc
1	el	通用设备1

表：ElectricalMachine

eid	name	desc	rpm	temperature
2	eml	通用电机1	200	65

表：Motor

eid	name	desc	rpm	temperature	active_power
3	motor1	电动机1	300	76	300
4	motor2	电动机2	300	65	280

策略3：联合表

图 4-19 实体类型继承的 3 种转换策略

策略 1：单一表。在单一表策略中，一棵继承树上的所有实体类型共同转换为一张表，其中，列是所有实体类型属性的并集。单一表中的每一行可以是这棵继承树上任意一个类型的实体，因此，还需要一个额外的列来区分该行对应的实体类型（图 4-19 中的 _type 列）。表名一般采用继承树的根节点，在图 4-19 中为 Equipment。单一表策略中，属性的非空语义在列上不能表达，另外也可能造成数据表的稀疏存储，但是该策略对各种数据访问模型的支持度都较好，因此，一般作为默认策略使用。

策略 2：连接表。在连接表策略中，每个类型对应一个表，每个表中包含该实体类型的主键，以及该类型新增的"本地"属性，而不包含父类型的属性。因此，对于任意一个子类型，它的属性值分别存储于该类型对应的表，以及它所有的父类型（链）中。如果要获得一个子类型的完整属性值，需要按照类型主键进行连接（join）操作，继承的层次越多，连接的表越多。

策略 3：联合表。在联合表策略中，每个类型对应一个表，但与连接表不同的是，每个表都包含对应实体类型的所有属性，包括继承的属性和该类型新增的"本地"属性。因此，查询单个特定的实体时，无须进行表关联就可以获得该实体的所有属性。然而，当进行父类型的批量查询时，需要把该类型及其所有子类型的表进行联合操作，才能获得完整的实体清单（因为子类型也是一种特殊的父类型）。

4.4.2 ER 模型转换为时序模型

当一个实体类型描述的是时间序列量测或者事件，并且需要使用专门的时间序列数据库进行优化存储和访问时，需要把该实体类型转换为时间序列模型。

在 4.2.2 节中介绍过，时间序列数据是一种事实数据，包含一个时间列，零到多个标签列（上下文）和一个到多个量测列。在典型的时间序列数据库中，标签列和量测列需要做区分，以达到最佳存储和访问性能。因此，为了把实体类型转换为时序模型，首先需要在实体属性上标记区分标签和量测。

在不同的时序数据库实现中，其时序数据模型是不同的。图 4-20 展示了两种典型的时序模型的转化规则。第一种时序数据模型中保留了类似关系模型中"表"的概念，例如，InfluxDB[①]，其中 measurement 对应一张表，tag 列代表一条时序数据中的标签，value 列代表一条时序数据中的值部分。针对这种类型的时序模型，其转换规则是把一个时序实体类型转换为时序数据库中的一张表（或类似概念），其列处理和关系模型十分类似。

另一种典型的时序数据模型（如清华大学牵头的国产自主时间序列数据库 Apache IoTDB[②]），采用的是"测点层次模型"，即通过 tag 的层次结构表达一个树状的包含关系，映射现实世界中工业设备的组成结构，树的叶子结点代表具体的测点，如图 4-20（c）所示。向这种类型的时序模型转换时，先要把 tag 元组转换成树状结构，其中，每个 tag 对应树中的一层，因为 tag 之间没有包含关系，所以 tag 在层次上出现的顺序可以随意。每层包含的

① NAQVI S N Z, YFANTIDOU S, ZIMÁNYI E. Time series databases and influxdb[J]. Studienarbeit, Université Libre de Bruxelles, 2017, 12.

② WANG C, HUANG X, QIAO J, et al. Apache IoTDB: time-series database for internet of things[J]. Proceedings of the VLDB Endowment, 2020, 13(12): 2901-2904.

节点是这个 tag 所有出现过的 tag 值的排列组合。随着时序数据的增加，如果出现了新的 tag 值排列组合，那么需要在测点树上注册新的分支进行映射。时序的量测对应测点数的叶节点。时序数据的查询过程是根据给定的 tag 值序列在测点数上选定一条路径确定测点的位置，然后再根据时间范围进行过滤。

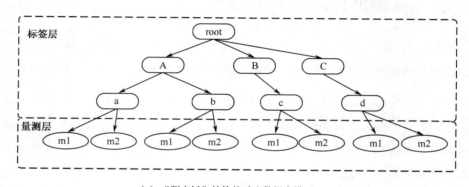

（a）时序实体类型　　　　　　　　　（b）近似"表"结构的时序数据库模型

（c）"测点树"结构的时序数据库模型

图 4-20　时序数据模型转换

4.4.3　ER 模型转换为文件对象模型

一个文件实体类型描述的是业务过程中的文件（如设计文档、图片、视频等）。文件对象除了包含文件本身，还包含多个描述文件的元数据，例如，文件名、大小、上传时间、文件类型等。文件本身通过一个可访问的链接进行下载，或者通过编码方式（Web 中常用 base64 编码）对小文件进行序列化返回给用户。图 4-21 展示了文件实体类型转换为物理模型的方法。

将上述文件实体类型转换为文件存储的物理模型时，一般需要考虑两个组件：文件本身的存储和文件元数据的存储。文件存储系统有多种选择，例如，S3 对象存储、FTP，甚至本地文件系统；文件元数据的存储一般使用一个数据库表单独存储，并在表中的每行维护一个标识文件实际存储位置的指针。其中，文件的元数据表的转换与 4.4.1 节中介绍的实体类型向关系表转换一致，这里不再赘述。

在一些文件存储系统中（例如，一些对象存储的实现），其内置的元数据管理已经能够满足上述文件元数据字段的存储和扩展需求，因此，可以不用单独使用关系数据库进行元数据存储。

表：文件元数据

fid	name	size	...	tag1	tag2	_pos
1	f1	1k				
2	f2	10k				
3	f3	300k				
4	f4	1M				

文件对象FileObject

fid 文件id
name 文件名
size 大小
type 文件类型
created_at 上传时间
link 文件下载链接
content 文件内容（序列化）

tag1 用户自定义属性1
tag2 用户自定义属性2

文件存储区

文件　文件　文件

文件

（a）文件实体类型　　　　　（b）用关系模型和文件存储共同完成的文件物理模型

图 4-21　文件对象模型转换

4.5　统一数据访问

在经过数据建模和模型转换两个步骤后，数据已经可以被实施到底层的数据系统中，也可以直接通过底层数据库的查询语言或接口进行数据访问。但是直接访问底层数据接口有两个明显的弊端：① 一个全局的工业数据模型经过转换，可能映射到多种数据库系统上，因此，直接通过底层数据库访问会造成数据的碎片化，仍然需要数据访问者进行处理集成；② 即使底层只有一个数据库，仍然存在逻辑模型和物理模型的语义偏差，例如，在 ER 模型中的关系被转换为关系模型中的一张表，但是这张表其实是没有一个业务实体与之对应的，数据消费者需要自行在两种模型语义中进行转换，这就是经典的"对象关系不匹配"问题。

为解决数据集成访问的问题，本节给出了一个通用的统一数据访问框架，该框架可以支持用户以逻辑模型语义进行数据关联查询请求，然后根据查询语义分解为对底层不同数据库的查询请求，并将查询结果进行汇总，返回给用户。针对面向用户的逻辑模型，本章还介绍了图状数据模型及其在数据集成查询上的优势，以及实现图状数据模型查询框架时的重要优化方法。统一数据访问的最终目的是：① 提供富含业务语义的数据查询方式；② 保证数据查询性能。

4.5.1　统一数据访问框架

多源工业系统经过数据集成，向用户提供一个统一的数据访问框架，如图 4-22 所示。在该框架中，首先定义面向用户的数据模型和查询语义，并且该语义一定是基于逻辑数据模型生成的，因为相对于物理数据模型，逻辑模型更接近被建模的工业具体场景，因此，能够让用户更直观地表达数据访问需求。可选的逻辑模型有前面介绍的 ER 模型，配套类似 SQL 查询语言。后面还会介绍另一种逻辑模型——图状数据模型和配套的 GraphQL 查询语言。无论选择哪种，对框架的工作机制不会产生影响。

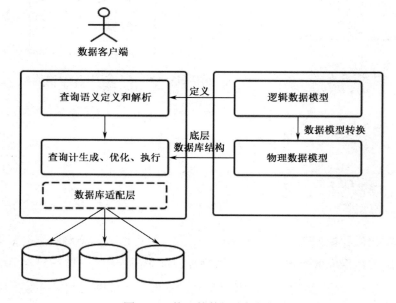

图 4-22　统一的数据访问框架

在该框架下，一个典型的数据查询请求执行过程如下：① 查询解析模块根据逻辑数据模型对数据访问请求进行解析，生成语法树；② 查询计划生成模块根据语法树和对应的物理数据模型进行物理查询计划的生成，即生成面向底层数据库的查询请求，例如，面向关系数据库的 SQL 语句，面向 S3 对象存储的 HTTP 请求，面向时序数据库的查询语句等；③ 执行模块向底层数据库发出执行语句，等待全部请求执行完成，将结果汇聚；④ 数据查询层参照逻辑数据模型，将这些数据片段组装为集成好的数据实体，返回给数据客户端。

4.5.2　图状数据模型和查询语义

在 4.2.2 节中介绍的 ER 模型可以作为统一数据访问框架的面向用户的语义。在本节中，介绍另一种面向用户的逻辑数据模型：图状（Graph）数据模型①。在工业数据访问的场景中，图状数据模型可以天然地表达多样工业对象之间的关系，使数据访问具有更强的业务语义，在数据集成的基础上进一步降低工业领域专家访问数据的门槛。

图状数据模型中的图是由多个"节点"（Node）和"边"（Edge）组成的。其中，节点代表一个业务对象，边代表两个业务对象之间发生的关联。图状数据模型随着互联网社交网络的兴起而得到大规模应用，在社交网络图上，每个节点代表一个人，人和人之间通过"朋友"关系进行连接，此外，图上的节点还包括一些事物，例如，人喜欢某本书，某部电影等。在社交网络上典型的使用场景是发掘人与人的间接关系，例如，校友、二度同事、具有共同爱好的人群，等等。在工业领域中，因为工业过程的复杂性，涉及的业务对象类型、对象数量、关联类型非常多，图 4-23 展示了一个示例，其中一台设备、一个操作工，或者一张检测照片等都是图上的一个节点，图中的边代表这些工业对象之间的关联。工业对象之间的关联可能是直接的，如一个设备关联一个设计文档，一个设计文档关联一名设计人员，也可能是间接的，例如，使用了同一批备件批次的设备。

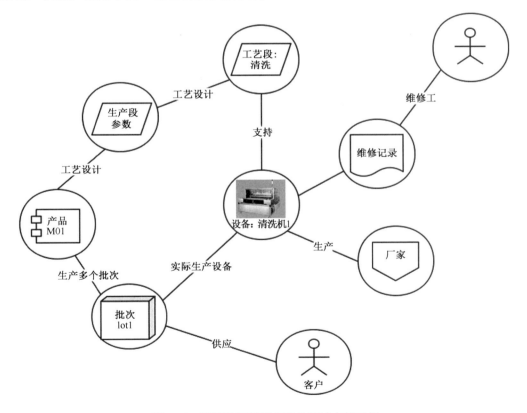

图 4-23　图状数据模型在工业领域中的示例

---

① ANGLES R. The property graph database model[C]. AMW, 2018.

图 4-24 展示了 4.2.2 节中介绍的压铸机台一模具片段在图模型上的表示。在图状模型中，每个节包含节点的类型和一系列属性的集合，其中，属性中包含该对象唯一的标识符信息。每个节点还包含一系列出边和入边的集合。图上的每条边包括边开始和结束的节点、边的类型标签及一些属性的集合，其中包括该边的唯一标识符信息。

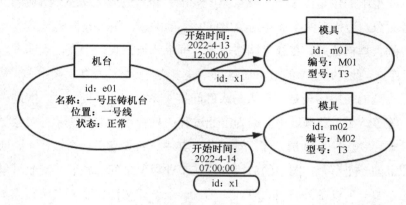

图 4-24　图状数据模型的基本组成

相比其他数据模型，使用图状数据模型来组织数据有 3 个好处。首先，图是人们刻画现实世界时最自然的思考方式。在工业领域中，由各种工业对象组成的系统是客观存在的，业务人员每天观察和思考这些系统的运作过程，并且过程数据的来源也是这些系统和过程，因此，业务人员会把数据和工业对象进行关联思考。对象和对象之间的关系赋予了这些数据丰富的上下文信息。其次，图模型可以支持异构数据的集成。图上的每个节点类型可以不同，例如，设备、产品、工单、批次、设计图纸等。最后，图的关系表达能力强。与 ER 模型类似，图状数据模型明确地区分了节点和关系的表达，能更直接地处理数据关联。同时，图数据结构可以退化为树结构和链表结构，表达层次关系和线性连接关系，因此可以认为，树结构与链表结构是一种特殊的图结构。

在图状模型上，数据查询的语义非常直观：从图上的任意一点开始，按照对象之间的组成关系在图上进行遍历，在遍历过程中，可走任意多步（或称为一跳），也可以回退，同时在访问到的节点类型上根据业务条件进行过滤剪枝，最终的查询结果是全图上自己感兴趣的一个子图。

以 4.3.2 节中介绍的产线参考模为例，如果想要对产品批次、工艺段、设备进行联合查询，如"M01 产品在第三周良率低于 92% 的批次在打孔工艺段使用的机台"，在图状数据模型上的查询过程如图 4-25 所示。

（1）从访问"段响应"节点类型开始，过滤条件为：生产时间在"第三周"的范围内，生产段为"最终质检"且良率低于 92% 的段响应。

（2）根据段响应—物料批次—物料的两跳关系，获取生产 M01 类型产品的批次号集合。

（3）回到"段响应"节点类型，根据段响应—生产段的关系，找到所有 M01 产品打孔段的段响应数据。

（4）根据段响应中记录的实际使用机台号，找到对应的机台集合。

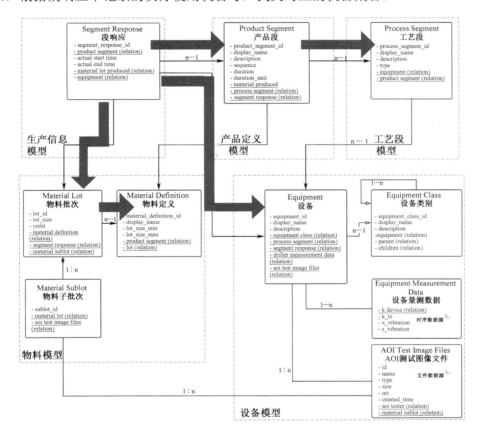

图 4-25　产品批次、工段、工艺段、设备联合查询

类似地，业务人员可以使用上述模型轻松地进行更多富有业务语义的数据查询，质量追溯场景如"在 2021-3-1 至 2021-3-9 之间生产的双层板"的所有批次号，这些批次的"实际起始时间和在每个工序上实际使用的机台"，设备健康场景如"与特定问题涉及的设备具有相同的商场，并且加工了特定批次范围的其他设备"，等等。

上面描述的数据查询过程不依赖具体的图查询语言。常见的图查询语言有 Cypher、GraphQL 等。其中，GraphQL 的语法相对简单，作为本章后续使用的示例。GraphQL 中的基本元素是属性（Field）和对象（Object），其中，对象代表图上的节点，Field 代表顶点中的属性，一些属性的类型是另外一个对象，或者另外一类对象的清单，用来表达图中的边，

GraphQL 查询的一次对象嵌套等价于在图上查询的"一跳"。例如，图 4-26 展示了图 4-25
的查询对应的 GraphQL 查询语句示例。

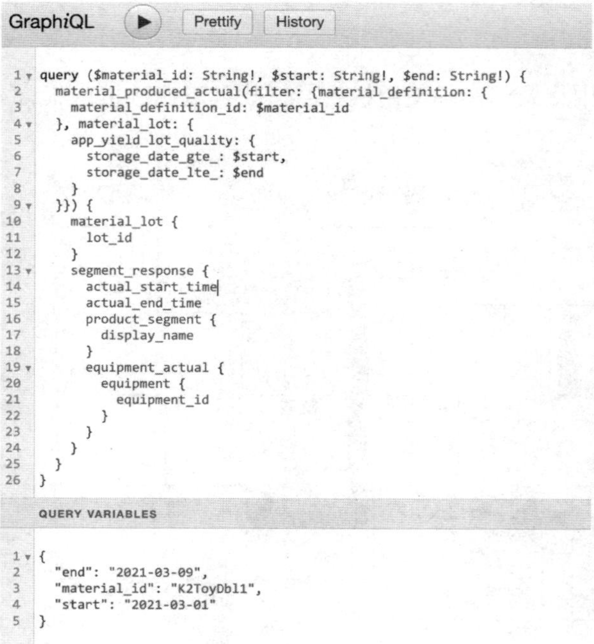

```
GraphiQL    ▶    Prettify    History

1 ▾  query ($material_id: String!, $start: String!, $end: String!) {
2      material_produced_actual(filter: {material_definition: {
3        material_definition_id: $material_id
4 ▾    }, material_lot: {
5        app_yield_lot_quality: {
6          storage_date_gte_: $start,
7          storage_date_lte_: $end
8        }
9 ▾  }}) {
10     material_lot {
11       lot_id
12     }
13 ▾   segment_response {
14       actual_start_time
15       actual_end_time
16       product_segment {
17         display_name
18       }
19 ▾     equipment_actual {
20         equipment {
21           equipment_id
22         }
23       }
24     }
25   }
26 }

QUERY VARIABLES

1 ▾ {
2     "end": "2021-03-09",
3     "material_id": "K2ToyDbl1",
4     "start": "2021-03-01"
5   }
```

图 4-26　GraphQL 查询语言示例

4.5.3　ER 模型转换为图状数据模型

为了利用图状数据模型的优势，需要使用图状数据模型语言进行建模，或者通过简单的
规则将 ER 模型转换为图状数据模型[①]，复用 ER 逻辑建模的成果。ER 模型向图状模型的转
换规则如下。

（1）ER 模型中的实体转换为图状模型中的节点，其中，实体属性转换为节点的属性。

（2）ER 模型中的关系转换为图模型中的边，其中，关系的属性转换为边的属性，关系
的角色分别转换为顶点的额外属性，通过该属性可以访问其关联的对象（双向关联），并且
关系基数为"一"的角色转换为单个对象，关系基数为"多"的角色转换为对象的列表。

图 4-27 展示了 4.3.2 节中介绍的产线参考模型片段转换为图模型示例。

---

① ROY-HUBARA N, ROKACH L, SHAPIRA B, et al. Modeling graph database schema[J]. IT Professional,
2017, 19(6): 34-43.

（a）产线参考模型片段

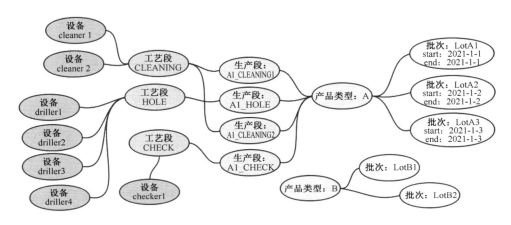

（b）产线对象和关系组成

图 4-27　ER 模型转换为图模型示例

4.5.4　图查询计划生成和优化

在面向图结构的数据查询系统中，查询分析模块首先将图查询请求（如 GraphQL 请求）进行解析，生成该请求等价的语法树，之后进行语义的实现。实现图查询语义，一般基于底层的数据模型实现，常用的底层数据模型包括键值模型和关系模型，图查询语义和底层查询语义不同，需要在转换时充分考虑底层模型的优化访问方式，让用户享受直观的图查询语义的同时获得良好的访问性能。

图查询的逻辑是对图的广度优先遍历。根据图查询请求，从图中的特定类型节点开始，按照过滤条件定位一类节点的子集，然后按照两个节点类型之间的关系，对下一个节点类型进行上述处理，如此循环，直到满足查询请求涉及的所有节点类型为止。其中，从一个节点类型搜索与之关联的节点类型称为"一跳"。从查询计划的角度看，如果使用了 4.5.3 节描述的 ER 模型转换为图状数据模型的规则，就可以保证图上属于同一个类型的所有节点必然存储于同一个底层数据库系统，不同的节点类型可能存储于不同的底层数据库系统，因此，原始的图查询计划是按照每一跳的顺序，分别根据该类型对应的物理数据库系统，生成对应的查询语句。

在上述查询计划的基础上进一步优化，可以是查询计划层面的或是针对底层数据库系统的优化。在本节中介绍两种实现图查询语义时常见的优化模式：自动批量（batching）和缓存（caching）。之后介绍几种逻辑模型语义指导的优化。

1. 自动批量

在图模型中查询模式是依据边遍历图中的顶点，例如，一个生产批次包含多个产品，一个产品包含多个检测照片，在图中形成一个典型的两跳查询。如果不加优化，那么上述两跳查询会映射为关系模型中按照如下伪代码的描述进行。

```
# 已知 lot1
# 第一跳：查询 lot1 包含的产品 unit id
units <- select unit_id from units where lot_id='lot1'
# 第二跳：查询每个 unit 的检测照片
for each unit_id in units:
        select * from aoi_check_pics where unit_id=unit_id
```

首先，第一跳对应查询 lot1 批次中含有的 unit 清单，获得一批顶点，在图查询的实现框架汇总，查询是按照顶点的粒度进行的，所以第二跳会针对每个顶点，查询该 unit 对应的多个检测照片。假设有 n 个 unit，每个 unit 有 m 张照片，那么对数据库查询的次数为 $1+n+n\times m$。

但是应注意，上述图查询的每条查询都是同样类型的顶点，其在关系库中存储在一个数据库表中，因此，可以把第二跳的 n 次查询进行批量，合并为 1 次查询；同理，可以在更深的层次上继续使用这种优化策略，大大减少了数据查询的开销。这种优化方法称为"自动批量"，图 4-28 展示了图查询中的物理查询优化——自动批量。

自动批量优化后的数据查询伪代码如下。

```
# 已知 lot1
# 第一跳：查询 lot1 包含的产品 unit id
units <- select unit_id from units where lot_id='lot1'
# 第二跳：查询每个 unit 的检测照片
select * from aoi_check_pics where unit_id in units
```

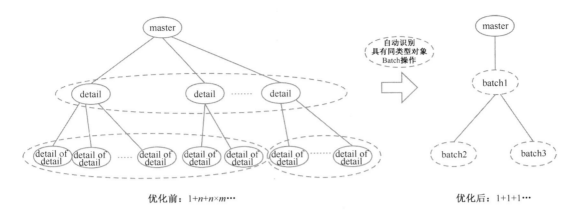

图 4-28　图查询中的物理查询优化——自动批量

2. 自动缓存

在图查询中，每一跳可能是一批新的类型的顶点，也可能是该次请求中之前某一跳曾经访问过的节点。例如，发现一个 unit 有质量问题，通过 unit 到 lot 的关系找到该产品对应的批次，然后找到这个批次使用的物料，发现物料存在质量问题，那么业务专家有理由怀疑，使用同批次物料的其他生产批次也有类似问题，因此，希望把这些批次找出来，上述查询需求在图中的路径是　unit->lot->material_lot->lot。注意，该查询中的第一跳和第三跳访问的是同一个实体类型 lot，而且命中的数据范围有重复。在未实施优化的情况下，图查询框架认为每一跳都是独立的，因此，第一跳和第三跳中的部分数据会被重复从数据中查询，造成不必要的开销。在应用自动缓存优化策略后，随着图查询的过程，每一跳访问到的数据都会被保存到一个数据缓存中，如果在新的数据访问层次上要访问的数据已经在之前的访问中命中，那么会优先使用缓存中的数据，消除了不必要的数据库访问。图 4-29 展示了上述自动缓存优化的过程。注意，自动缓存的作用范围一般限制在一个请求范围内，避免了数据被更新后，数据查询结果不一致的问题。

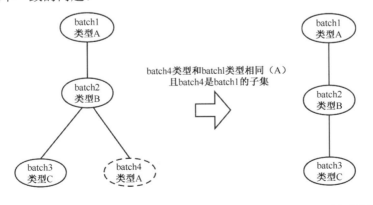

图 4-29　自动缓存优化的过程

3. 逻辑模型语义指导的查询优化

逻辑模型中包含了丰富的业务语义，但是当把逻辑模型转换为数据库模型后，一部分语义并不能被底层数据库完全表达，因此出现信息丢失。如果能在物理执行计划生成时参考这部分业务信息，就能够增加很多优化的机会，本节列举其中可能的几种。

（1）在通常情况下，系统不知道用户将按照什么字段进行过滤，但是在图模型中，每一跳都是按照关系对应的关联字段进行的，因此，系统可以提前针对关联字段创建索引，加速图查询的过程。

（2）在逻辑建模中，可以通过业务分析对每个实体的数据量进行大致估算，标记出其中的大数据量对象（例如，千万行级或以上），在数据存储中，系统可以针对该实体类型进行大数据优化，例如，自动分区分片，自动换入换出等。

（3）数据连接优化。关系数据库的一个最佳实践是在处理数据连接（join）操作时，应该用小表连接大表，否则会造成很大的性能问题。在图语义中，可以通过规定关系的方向规避从大数据量的顶点向小数据量的遍历，可避免这种访问的可能性。

4.5.5 批处理

除了数据查询，数据批处理也是一个常用的工业数据处理场景，例如，定期进行数据加工处理，数据指标计算，系统综合评估，等等。批处理的特点是一次性获取大量数据，进行数据并行计算并保存结果。

4.5 节介绍的统一数据访问系统也适用于数据批处理。用户以数据逻辑模型为依据，通过图数据查询语言表达本次需要处理的数据范围，之后与数据查询系统不同的是，因单个数据批次的数据量较大，不能实时返回，而将本次查询转换为一个异步任务，包括对多个数据源的数据进行抽取、处理，在后台进行执行，并且在最后按照逻辑数据模型进行组装，作为数据处理的最终结果。上述后台任务完成后，通知用户查看本次结果，或者通过数据应用进行展示。通过同一套逻辑建模和数据模型转换的逻辑，可以同时支持数据查询和数据批处理两种常见的数据计算框架。

4.6 本章小结

工业数据具有多源、异构、数据质量参差不齐等特点，同时，工业数据集成和关联对数据分析具有重要的意义，一个好的工业数据集成系统可以提高工业数据分析的效率，帮助发现更多的数据关联和洞察。本章着重介绍了基于统一数据模型的数据集成方式，通过使用 ER 建模对工业领域进行理解和描述有助于在工业数据分析中跨专业团队的沟通和协作，并形成统一语言，实现事实上的数据标准，改善数据质量。在技术上，通过将 ER 逻辑模型转换为多种物理数据模型来支持多种异构数据源的数据集成，可以让用户以工业领域的视角对数据提出访问需求，屏蔽底层碎片化数据管理技术的细节，丰富数据的语义，降低数据访问的门槛。本章还探讨了图状数据模型在工业数据访问中的优势，基于图状模型思考工业领域数据是一种更符合业务思维的方式，通过将 ER 模型转换为图状数据模型，以及底层针对图查询语义的优化，既能提供很好的数据访问语义，也能保证良好的数据访问性能，并且同时支持数据查询和批处理两种最常用的数据计算模式。通过本章介绍的数据集成方法和技术，可以形成一个稳定可扩展的数据访问能力，让团队把更多精力聚焦到数据分析课题上，侧面推动数据分析课题的成功。

第 5 章　敏捷工业数据分析方法

大数据本身没有价值，只有和业务问题结合才可能产生价值。本章将探讨如何基于企业数据工厂的基础设施和能力实现工业数据创新，特别提出敏捷工业数据分析的过程方法。工业大数据分析需要业务视野、运行机理、数据技术、分析技术、IT 应用等不同领域的知识，很难靠一类人单独完成，需要跨领域协作。数据分析本身是一个创新探索的过程，其需求在本质上有很大的不确定性。过程方法的目的是明确执行阶段，与各阶段的内容、不同领域人的交互模型及典型套路，从而以形式化模型的规范性提高协作质量，以执行过程的敏捷性应对数字化需求的不确定性本质。

5.1　数据分析类型

广义的工业数据分析模型[①]除了机器学习模型，还包括数据整合处理（包括多数据源融合统计、BI 分析等）、专家规则模型和运筹优化模型，如表 5-1 所示。不同类型模型的特点不同，分析侧重点也有所不同。

表 5-1　四类工业数据分析模型

类　　别	典 型 场 景	主要技术关注点
数据整合处理	目的：基于大数据形成相对可靠的业务认识，例如 ● 基础数据的统计：风机经历极端运行阵风的次数、工程机械工作强度画像； ● 假设检验：风机结冰是否由温差变化引起、齿形带断裂是否会带来 2Hz 振动模态	分析的开发/迭代速度。 ● 如何充分利用已有的 Python/R/MATLAB 等分析程序； ● 大数据平台多维数据访问的便捷性

---

① 田春华，李闯，刘家扬，等. 工业大数据分析实践[M]. 北京：电子工业出版社，2021.

类　　别	典　型　场　景	主要技术关注点
专家规则模型	目标：业务人员有相对清晰的逻辑描述，需要形式化、自动化。 主要应用场景：异常类型研判、报警的综合研判（消除虚假报警）	专家逻辑无歧义、完备性地保证和逻辑（特别是复杂逻辑流程）精化； 专家逻辑验证的迭代速度
机器学习模型	目标：从历史数据中发掘潜在的规律与模式，指导未来运作。 主要应用场景：故障预警、销售预测	模型的外推能力
运筹优化模型	目标：刻画不同决策量间的驱动关系和边界约束，求解全局最优解。 主要应用场景：生产计划、排程优化	所需数据的准确性和实时性； 智能约束松弛机制

5.1.1　数据整合处理

工业分析中存在大量的数据整合处理模型，包括多数据源融合统计（例如，根据机台日志和 MES 记录分析操作人员的操作行为）、多维度的 BI 分析（例如，统计不同生产批次、原料批次、班组、产品类型的良率水平）、基于公式或业务逻辑的数据计算（例如，计算换热器的热效率）等。这类模型在具体应用领域内有通用性，计算逻辑相对明确，但需要较深的领域知识，通常期望领域专家自主通过基础算子组合和参数配置建立模型。

5.1.2　专家规则模型

工业中的专家知识可分为显性知识（可明确表达的）、隐性知识（只能部分描述的）、缄默知识（只可意会不可言传的）三类。本节介绍的专家规则模型指的是显性（或经过知识捕获、结构化的隐性知识）的过程研判（而不是描述概念之间关系的概念型知识）的知识。专家规则模型包括专家规则集、专家规则流两种形式。

专家规则的结构化、形式化、完备化、定量化是专家规则模型的重点工作。相对于数据整合处理，原始的专家规则在逻辑上通常不完备（存在很多未考虑的例外情形），研判阈值需要根据实际数据确定，另外，自然语言表达的专家规则转化为计算规则时，需要做进一步的形式化。例如，"启停机时同转速下通频量差值较大，意味着转子热弯曲风险高"一条规则，可以分解为"启停机工况研判""最近两次启停机时段的匹配""转速区间切分""转速区间内通频值计算""两个向量差异大的研判"等算子逻辑，算子中需要处理很多例外情形，例如，数据严重缺失（如查询到最近一次启停机是一年前的数据）时"最近两次启停机时段的匹配"逻辑。

5.1.3　机器学习模型

与其他类别模型的显著差别是，机器学习模型包括训练（Training）和应用（Scoring）两个阶段，应用阶段利用训练阶段的机器学习模型做预测。机器学习模型依赖输入数据的分布，如果输入数据分布发生了变化，训练的模型不再适用，因此，机器学习模型通常需要后续的重新训练，应用阶段模型的性能需要密切监控。

在技术方面，需要关注模型的泛化性、使用条件和性能；在业务方面，需要注意模型与业务应用场景的匹配性。对预测性模型，在研发阶段还需要明确模型应用时可用数据的范围，例如，日风功率预测模型用到了气象观测数据，而气象观测数据有固定发布时间点（不同气象组织不同），下载数据需要时间，由气象观测数据到天气预报的计算也需要时间，根据这些时间，可以倒推风功率预测模型中实际可以利用的最新气象观测数据。

5.1.4　运筹优化模型

运筹优化模型在一定的约束条件下，寻求目标函数最佳的决策变量。运筹优化模型由决策变量、目标函数、约束条件（可行解域）三类要素构成，建模过程也是三类要素定义和形式化的过程。但在实际应用中，约束条件不是固定的（在一定条件下可以放松），目标变量是多个且重要度不是绝对的，这对运筹优化问题的定义和建模提出了很大挑战。

5.2　敏捷工业大数据分析方法概述

5.2.1　CRISP-DM 过程方法

数据挖掘是一个复杂的过程，需要一个明确的方法，有序有效地组织这个过程。跨行业数据挖掘标准流程（Cross-Industry Standard Process for Data Mining，CRISP-DM）是一个广泛应用的数据挖掘过程方法，由 NCR（Teradata 从 NCR 脱离出来）、Clementine（后被 SPSS 收购）、OHRA 和 Daimler-Benz（现为 Daimler-Chrysler）在 1998 年联合提出。除了 CRISP-DM，还有一些其他方法框架，早期 SPSS 提出的 5A（Assess，Access，Analysis，Act，Automat）模型，SAS 提出的 SEMMA（Sample，Explore，Modify，Model，Assess）模型，2016 年，微软提出的 TDSP（Team Data Science Process）将数据挖掘划分为业务理解、数据获取与理解、建模、部署、用户接受 5 个阶段。这些方法框架与 CRISP-DM 基本思想一致，CRISP-

DM 被广泛采用，成为目前的事实标准①。

CRISP-DM 认为，数据挖掘是如图 5-1 所示的业务理解、数据理解、数据准备、模型建立、模型评估、模型部署 6 个阶段的迭代过程。与一般的 IT 项目不同，分析项目的不同阶段之间存在很强的迭代关系。

（1）业务理解。从业务角度理解项目的目标和要求，然后把理解转化为数据挖掘问题的定义和一个初步执行计划。狭义的业务理解指的是理解业务部门或业务分析师提出的业务问题，广义的业务理解还包括数据分析师主动发掘和定义问题。

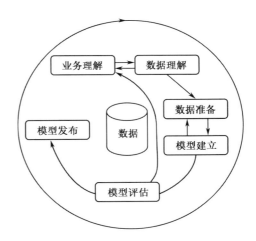

图 5-1　CRISP-DM 方法

（2）数据理解。熟悉收集的原始数据，标明数据质量问题，对数据进行初步探索和理解，发掘有趣的数据子集，以形成对隐藏信息的假设。

（3）数据准备。包括从原始数据集到最终数据集的整合、选择、清洗、特征加工等活动。数据准备任务可能迭代多次，而且不存在固定的顺序。

（4）模型建立。包括分析算法选择、超参数调优和模型融合。在建模过程中，通常会发现新的数据质量问题而返回数据准备阶段。

（5）模型评估。进入项目中的这个阶段时，已经建立了一个或多个相对可靠的模型。在模型最后发布前，需要更彻底地评估模型和检查建立模型的各个步骤，检查对业务场景的支持是否完备，确保它达到业务目标和应用条件。

（6）模型发布。分析模型通常需要以业务应用的形式发布和部署，以业务用户能够理解的方式呈现出来。

CRISP-DM 对每个阶段的活动做了细化②，CRISP-DM 每阶段的执行内容如图 5-2 所示，使其成为一个具有指导性的方法论。即便如此，对特定领域的数据分析来说，还需要在 CRISP-

① MARTÍNEZ-PLUMED F, CONTRERAS-OCHANDO L, FERRI C, et al. CRISP-DM twenty years later: From data mining processes to data science trajectories[J]. IEEE Transactions on Knowledge and Data Engineering, 2019, 33(8): 3048-3061.

② SCHRÖER C, KRUSE F, GÓMEZ J M. A systematic literature review on applying CRISP-DM processing model[J]. Procedia Computer Science, 2021, 181: 526-534.

DM 方法论的基础上加入领域特征、细化活动内容、实例化交付物、明确侧重点，使其成为在特定领域内具有可操作性的方法论。

业务理解	数据理解	数据准备	模型建立	模型评价	模型部署
确定业务目标 • 背景 • 业务目标 • 成功准则 **评估形势** • 资源投入 • 需求、假设和约束 • 风险和应急对策 • 术语 • 成本和收益 **确定数据挖掘目标** • 数据挖掘目标 • 成功准则 **制订项目计划** • 项目计划 • 工具和技术的初步评估	**收集原始数据** • 数据收集报告 **描述数据** • 数据描述报告 **探索数据** • 数据探索报告 **检验数据质量** • 数据质量报告	**选择数据** • 数据保留或删除的理由 **清洗数据** • 数据清洗报告 **生成数据** • 特征加工 • 生成记录 **融合数据** • 数据融合 **数据格式统一** • 数据格式变换 **数据集** • 数据集描述	**选择模型** • 建模技术 • 建模假设 **检验设计** • 模型检验设计 **建立模型** • 初始参数设定 • 模型描述 **评估模型** • 评估 • 调整模型参数	**评价结果** • 用商业成功准则评价数据挖掘结果 • 模型确认 **回顾挖掘过程** • 过程总结 **确定下一步工作内容** • 下一步行动清单	**计划发布** • 发布计划 **计划监测和维护** • 监测和维护措施 **生成最终报告** • 最终报告 • 最终演示 **回顾项目** • 经验总结

图 5-2　CRISP-DM 每阶段的执行内容

课题成熟度的差异和分析师经验知识体系的差异，使不同项目在 CRISP-DM 的"业务理解"环节的差异较大，在执行中具体体现为 3 类典型场景。

（1）业务规划类。只有一些业务愿景或宏观目标，如用大数据提高产品质量、用大数据构建精加工工业互联网。此时需要分解业务愿景，并将其归结为若干个数据分析问题。

（2）业务问题理解类。有明确的业务需求（如备件需求预测）。这时需要将其放在组织结构、业务流程、业务场景（如促销、囤货、地区公司合并等）等业务上下文信息进行细化与理解。

（3）数据分析问题定义类型。有些问题不涉及业务上下文，如监控图像识别。这时只需要将业务期望（如检出率、误报率、处理速度等要求）确认清楚即可。

在工作量上，"业务理解"和"数据准备"往往会占用 75%以上的时间。很多分析问题的定义需要在迭代中不断厘清；数据结构层面的数据预处理（包括数据类型及值域检查、数据集的合并等）通常比较简单，但业务语义上的数据质量问题只能在数据准备和建模过程中不断被发现。

5.2.2　MLOps 最佳实践

在传统方式下，机器学习（Machine Learning，ML）模型的建立和运作（Operations，Ops）是两个独立的阶段，如图 5-3 所示为传统数据分析流程，ML 阶段的成果是训练好的模型，Ops 阶段负责投入生产、投产后的监控、运维和升级工作。在 CRISP-DM 方法论中，数据分析的最后一步"模型部署"虽然也包括监测和维护措施计划的内容，但更多指的是分析模型的标准化和项目总结。

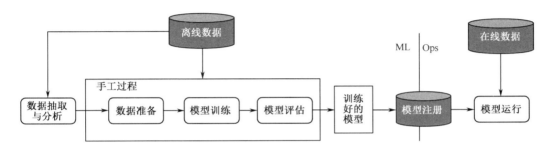

图 5-3　传统数据分析流程

ML 与 Ops 的分割会影响模型从研发到投产的衔接效率。机器学习的探索味道更强，模型研发时，很多探讨性代码与最后采纳代码混淆在一起（甚至分布在多个不同的脚本文件中），投产前需要进行清理。如果运行环境与开发环境的编程语言不同，数据预处理逻辑需要软件工程师重新实现。分析模型的正常运行不仅依赖算法计算本身的正常工作，也依赖基础设施的正常工作。另外，在模型更新或调试方面，通常存在一定的效率损失。随着团队规模和解决方案的增长，重复工作量随之增加，分析任务相互依赖的复杂程度也在增加，这就需要一些自动化的软件和管理手段去提高模型创建、测试、部署、运行、运维、更新过程的自动化、规范化和系统化，业界为此提出了 MLOps 思想。

机器学习模型由数据（Data）、模型（Model 或称 Artifacts）、代码（Code）3 部分构成，代码包含预处理、特征提取、模型训练或评估等逻辑及其运算顺序、输入输出关系，模型是参数化的预测或研判逻辑，数据是模型训练的素材，数据结构或数值分布的改变会影响代码与模型。机器学习模型的重现需要三者的综合，因此，MLOps 从逻辑上也从这 3 方面着手：① 数据工程包括数据接入、探索与质量检查、数据清洗、数据标记、数据集切分等操作；② 机器学习模型工程包括特征工程、模型训练与调优、模型评估与测试、模型打包、模型服务化、性能监控、运行日志等；③ 代码工程包括将机器学习模型集成到应用系统的代码的开发、集成、测试与发布。

MLOps 本身是与语言、框架、平台、基础设施无关的实践方法与准则，但其运行依赖很多软件和基础设施，从数据、代码、模型的要素角度，支撑机器学习模型的创建、部署与监控各环节，如图 5-4 所示为 MLOps 在不同阶段的支撑。

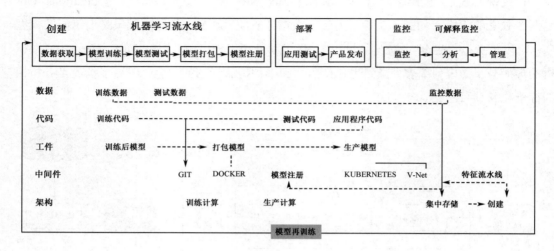

图 5-4   MLOps 在不同阶段的支撑①

5.2.3   工业数据分析的过程模型

基于 CRISP-DM 过程方法和 MLOps 最佳实践，将工业分析总结为如表 5-2 所示的 3 部分、11 阶段的过程，并给出每阶段的工作项。在 CRISP-DM 或 MLOps 中，通常假设分析课题已经给定，但在实际执行中，通常发现给定的只是一个业务目标，需要业务分析师或数据分析师分解或重新定义为一个数据分析课题，因此，这里增加了"课题定义"阶段。敏捷模式强调快速迭代，但同时需要保证分析课题与业务目标的一致性，因此在研发阶段，采用 CRISP-DM 的六大步骤，并根据工业分析特点需求细化每步的工作项。模型研发后，进入持续的运行和运维阶段，涉及数据工程、作业监控等工程问题。为了与 CRISP-DM 保持一致，"课题定义"部分暂不编号，从"业务理解"开始进行阶段编号。每阶段的工作项采用二级编号，例如，"1.1 系统运行机制理解"，为清晰起见，后面章节三级标题中用"Step 1.1"引用。

---

① RAJ E. Engineering MLOps[M]. Birmingham: Packt Publishing, 2021.

表 5-2　敏捷分析的过程模型

工作阶段	课题定义	敏捷开发（CRISP-DM 过程方法）						持续运行运维（MLOps 过程方法）			
		1. 业务理解	2. 数据理解	3. 数据准备	4. 模型建立	5. 模型评估	6. 模型发布	7. 数据工程	8. 物理信息对象建模	9. 模型部署	10. 作业监管
工作项	业务目标分解与价值评估 要素归纳与完备度评估 课题问题优先级排序	1.1 系统运行机制理解 1.2 当前处理逻辑理解 1.3 业务可行性确认 1.4 分析问题类型规约 1.5 数据需求梳理	2.1 数据结构理解 2.2 数据源理解 2.3 数据探索 2.4 数据质量的统计审查 2.5 数据质量的业务审查 2.6 数据处理措施确定	3.1 数据建模 3.2 数据导入 3.3 数据清洗 3.4 特征工程	4.1 业务指标与技术要点梳理 4.2 数据集划分 4.3 算法建模 4.4 模型检验 4.5 业务场景校验	5.1 技术评估 5.2 业务评估	6.1 模型打包与分发 6.2 模型运维机制设计	7.1 数据接入 7.2 数据流转模型开发 7.3 数据质量统计	8.1 工业对象元模型建立 8.2 数据映射	9.1 模型导入 9.2 与工业对象实例的关联与任务配置	10.1 作业执行计划与状态管理 10.2 计算资源与性能监管 10.3 模型性能监管 10.4 作业日志管理
产出物	选题报告	课题定义文档 数据需求清单	数据探索及建议措施报告	数据处理程序 数据处理逻辑说明文档 数据模型文档	分析建模程序 分析建模说明文档 实验数据集	模型评估报告	分析模型包 模型运维机制设计文档	数据处理流模型 数据接入说明文档 质量统计报告	工业对象模型文档 数据映射说明文档	大数据平台中的分析任务	运维日志（包括建议行动项）
角色	业务分析师	数据分析师参与全程；在#1（业务理解）、#5（模型评估）阶段，业务分析师是负责人						数据工程师	数据工程师	部署实施工程师	运维工程师

　　表 5-2 给出的是工作项全集，逻辑上每个分析课题都应包含这些步骤，但不同课题侧重的工作项可能不同，一个实际分析课题集中在少数几个工作项上。不同类型模型在研发阶段的侧重点如表 5-3 所示。另外，在既有分析案例基础上的分析课题场景和一个全新课题场景的执行路径也不同，存在既有案例的分析课题通常做法是优先进行"模型评估"，根据评估结果再进行其他步骤的工作。

表 5-3　不同类型模型在研发阶段的侧重点（H 表示很重要，L 表示不重要，空白表示一般重要）

		数据整合处理	专家规则模型	机器学习模型	运筹优化模型
1. 业务理解	1.1 系统运行机制理解				H
	1.2 当前处理逻辑理解		H	H	H
	1.3 业务可行性确认	L		H	H
	1.4 分析问题类型规约	L	L	H	L
	1.5 数据需求梳理				H
2. 数据理解	2.1 数据结构理解				H
	2.2 数据源理解	L			L
	2.3 数据探索	L	L	H	L
	2.4 数据质量的统计审查				L
	2.5 数据质量的业务审查				H
	2.6 数据处理措施确定				H
3. 数据准备	3.1 数据建模				
	3.2 数据导入				H
	3.3 数据清洗				L
	3.4 特征工程	L	H	H	L
4. 模型建立	4.1 业务指标与技术要点梳理			H	
	4.2 数据集划分	L	L	H	L
	4.3 算法建模		L	H	H
	4.4 模型检验	H		H	H
	4.5 业务场景校验	L		H	H
5.模型评估	5.1 技术评估	L			
	5.2 业务评估			H	H
6. 模型发布	6.1 模型打包与分发				
	6.2 模型运维机制设计	L	H	H	H

　　不同背景人员执行的侧重点也不同，例如，在业务理解阶段，领域专家也许不需要花费太多时间。另外，领域专家的工作方式和领域外的数据分析师可能不同，在数据理解阶段，领域专家往往带着很多先验假设来审视数据，而不是从数据结构、数据分布、多变量统计关系去理解数据。但表 5-2 给出的工作项是一个很好的参考框架，避免遗漏一些重要事项，以

及经验直觉带来的偏差。

另外需要说明的是，分析过程步骤的多寡不是区分是否敏捷的关键，敏捷的本质在于每次迭代的速度，包括每个工作项的速度和工作项间的衔接顺畅度，但必要的工作项并不能以"敏捷"的名义而省略。

一个数据分析课题除了数据分析模型，通常还包括数据应用（将在第 7 章详细介绍），二者在一定程度可以并行执行。"业务理解"和"数据理解"是二者的共同基础，但数据分析需要更细致深入，因此，这两个阶段放在工业数据分析的过程模型中。从阶段 3 "数据准备"开始，二者就可以并行执行，数据分析关注算法，数据应用关注数据展示与交互。

5.3　课题定义

在经典的 CRISP-DM 方法中，假设分析课题是给定的，"业务理解"只是对该课题的业务背景和含义进行理解。但现实中，很多数据分析项目并不是这样，它们需要根据业务需求不断细化和定义，这在工业大数据领域尤为普遍。典型工业分析课题的定义方法在《工业大数据分析实践》[①]中有详细的论述。这里讨论一般情况下的课题定义。

5.3.1　业务目标分解与价值评估

工业数据创新通常基于企业的业务战略或目标，业务目标需要进一步分解，才能变成一个数据分析课题。从技术角度提出的数据分析课题，往往也需要与业务战略关联，评价其业务价值。在敏捷开发的情况下，很容易出现一些仅以技术性能改进为目的的分析课题，业务价值评估因此变得十分重要。

业务战略或目标的范围和明确程度在不同情形下差异比较大。有的目标可能比较大，例如，产品良率提升、智能制造，这时需要对一个大的业务目标按照内涵、构成关系、驱动关系等方法进行分解，利用行业参考模型（如质量管理中的 PDCA、6-Sigma 等方法论框架[②]）、管理工具（如 Value Chain Analysis[③]等）、分析方法（如 5W2H、MECE 原则等[④]），将业务

① 田春华，李闯，刘家扬，等. 工业大数据分析实践[M]. 北京：电子工业出版社，2021.

② 吴忠培. 企业管理咨询与诊断[M]. 北京：科学出版社，2011.

③ LOCHER D A. Value Stream Mapping for Lean Development: A How-To Guide for Streamlining Time to Market[M]. Boca Raton: CRC Press, 2008.

④ 明托. 金字塔原理[M]. 海口：南海出版公司，2019.

需求转化为数据分析需求；最后形成一些数据分析课题定义。有的目标看起来很具体，但仍需要对其关键过程或影响要素进行分解。以洗衣液灌装过程分析为例，将灌装质量问题分解为4个生产环节，从业务运作层面分解灌装不良的主要原因，然后从技术层面发掘大数据可以解决的问题。例如，在"袋平铺与抓取"环节，主要的异常模式包括灌装袋推送速度不稳定、位置没有达到预期、抓取失败，从机械系统工作原理分析，这些异常模式可以从行星轮位移的异常上表现出来，因此，"袋平铺与抓取"环节的质量异常问题可以总结为"行星轮位移的异常识别"这一分析课题，灌装过程中的质量问题分解如表5-4所示。

表5-4　灌装过程中的质量问题分解

	袋平铺与抓取	喷　码	开袋与灌液	封　袋
业务问题	● 推送速度不稳定 ● 袋子位置不达预期 ● 抓取失败	● 喷码失败 ● 文字不清晰	● 开袋失败 ● 溅液 ● 漏液	● 封口不紧，污染同箱其余产品
数据分析问题	● 行星轮位移的异常识别	● 编码器位移异常识别	● 溅液的视频检测 ● 控制参数优化（降低溅液风险） ● 滴液的因素识别	● 最佳温控曲线
业务价值	低	中	高	低
关键因子	● 推送速度 ● 传送带摩擦系数 ● 吸盘真空吸力	● 编码器转动速度 ● 打印机缺墨信号	● 吸盘真空吸力 ● 喷嘴开关的瞬时速度 ● 灌液体积、液体性质 ● 滴液传感器数据	● 封袋温度曲线

5.3.2　要素归纳与完备度评估

"数据"是数据分析课题的基础原料。应在业务分解的基础上，总结对应的因子，审视关键因子对应的数据要素的可用性和质量。例如，在表5-4中，"行星轮位移的异常识别"课题需要的数据，包括推送速度、传送带摩擦系数、吸盘真空吸力等因素，传送带摩擦系数可认为是一个恒定值（有机会通过机器学习模型拟合得到），但推送速度目前没有测量（需要较大的硬件改造），吸盘真空吸力只有压缩机出口压力间接反映，因此，"行星轮位移的异常识别"的数据完备度相对较差。

这里用"要素"而不是"数据"，目的是将其与"数据理解"阶段的工作区分开。"数据理解"阶段针对数据表间关系、数据字段含义、数值分布等进行分析，而本阶段的分析颗粒度较粗，只关心分析需要的数据是否存在、是否可信，但本阶段视野宽，不限于企业内部已经存在的数据，也包括外部可用的数据或通过后期建设获得的数据。

5.3.3　课题优先级排序

工业中的业务目标分解通常跨领域，超越了一个业务领域专家能够覆盖的范围，这时候分析课题需要以一种能够反映全局的形式组织，提高沟通效率，同时避免遗漏重要事项。常见的行业参考框架是很好的组织方式，在实际项目中常用如表 5-5 所示的目标分解结果的矩阵展示形式，列是工艺过程，行是分析主题或分析问题类型。

表 5-5　目标分解结果的矩阵展示形式（以汽车智能制造为例）

	主 题	问题类型	冲 压	焊 装	涂 装	总 装
正式生产	设备	设备健康管理	基于设备参数数据的设备故障预测			
		设备备件管理	工装、设备备件库存优化			
		设备矫正指导		台车夹具偏差计算		
	质量	来料质量控制	卷料、捆包追溯&参数区间优化			装配件尺寸精度质量分析
		制程参数优化		焊接工艺参数优化	喷涂工艺参数优化	
		质量问题追溯		车身质量问题的全程追溯		
				点焊质量问题追溯		
		质检数据波动性		基于三坐标测量数据的车身质量问题预警	基于外观质量数据的涂装批量质量问题预警	基于总装质检数据的总装批量质量问题预警
		质检卡数据分析	质检卡统计分析			
	产能	运转率数据分析	运转率统计分析			
		设备故障率数据分析	设备故障率统计分析			
	能源	节能减排			针对能源消耗进行排班优化	
	售后	市场问题点反馈	市场问题点的透明化反馈			
试生产	质量	制程参数优化		装配量参数的快速调优		
		工件搭配优化		基于冲压精度的车门内外板搭配		
		车型质量问题知识库		车型质量问题模式挖掘		
		车型质量问题解决方案知识库		车型质量问题解决方案推荐		

分析课题可以按照业务价值、数据基础两个维度进行评价，形成如图 5-5 所示的课题优先级排序矩阵示例，优先选择业务价值较高且数据基础较好的分析课题。

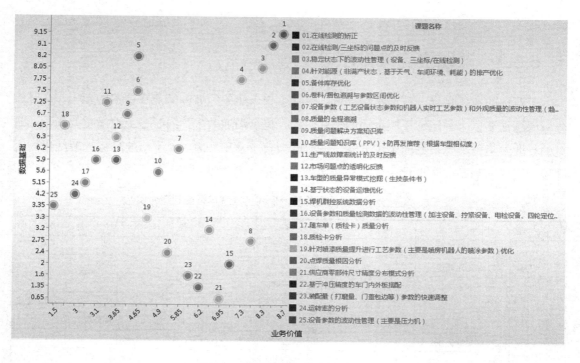

图 5-5　课题优先级排序矩阵示例

5.4　业务理解

　　工业数据分析常常出现知识严重二分的情形。数据分析师对工业过程缺乏深入了解，而领域专家对数据分析不太了解，这时需要一种方法把两种技能结合起来。领域业务专家拥有工业过程知识，但不一定完备和准确，适当的业务理解也可以避免一些想当然的错误。

　　业务理解的典型执行方式是基础知识培训（快速建立双方交流的基础）、纠正式访谈（访谈后由数据分析师对业务理解的总结，领域专家纠正，这样保证信息传递的底线质量）和典型案例剖析（降低沟通歧义）。为进一步降低跨领域交流的信息损失，敏捷工业大数据分析方法推荐：① 采用定性的形式化模型作为交互接口，将系统运行机制、当前处理逻辑描述清楚，形式化模型也为数据平台的进一步自动化辅助分析奠定了基础；② 提供适合领域专家的数据探索工具，让领域专家系统梳理既有的经验，这对专家规则类的分析课题尤为重要。③ 基于知识库或案例库的支撑，在类似问题的业务理解总结基础上进行，避免冷启动。

5.4.1　系统运行机制理解（Step 1.1）

从系统上下文、系统动力学两个角度理解当前系统的运行机制。系统上下文主要是系统的外部物理、市场、信息环境。系统动力学指的是待研究对象的组成、分解、因果/相关、关联关系模型。典型问题类型的系统运行机制理解的内容如表 5-6 所示。

表 5-6　典型问题类型的系统运行机制理解的内容

类　　　型	系统运行机制的内容	备　　　注
经营类	组织架构 业务流程 环境因素（市场、客户、执行异常） 业务指标（销售、效率、成本）	特别要关注 ● 异常或波动的影响因素：可能是宏观市场变化、可能是产品变化、可能是组织变革、可能是市场营销 ● 部门间的目标冲突
生产类	组织架构 工艺流程 典型工况（包括异常事件） 生产指标	离散制造业：制造流程 流程行业：PFD（Process Flow Diagram）、P & ID（Piping & Instrument Diagram）
设备类	设备制造商 设备 BOM，或主要部件图 工作原理、关键工况和控制策略 典型失效模式 关键业务流程（如运维、监控） 关键采集量	适度的故障树分析（Fault Tree Analysis，FTA）或失效模式与后果分析（Failure Mode and Effect Analysis，FMEA）
监测、检测类	测点位置，或 P&ID（Piping and Instrumentation Diagram）图 测量时空颗粒度（频度、密度、分辨率） 测量方法（精度、适用条件、局限性、干扰因素） 监测/检测成本（包括传感器寿命）	测量/检测都是有成本的，从业务的角度理解为什么很多指标没有被测量，避免"异想天开"地要求数据完备
通用技术（如图像识别）	用户及其技能背景 应用的业务、物理上下文 影响因素（如手写随意性、光照不均匀）	把具体应用上下文了解清楚，包括物理环境（如昏暗嘈杂的车间）、业务环境、使用者的技能等

通过系统运行机制的理解，针对数据分析问题通常可以归纳出如下 3 种描述。

（1）假设（Hypothesis）：基于机理或先验知识，猜测存在某种关系或规律，需要用数据证实或证伪。例如，在居民燃气负荷预测中，假设居民用气的主要构成是做饭、沐浴等日常生活需求，那么居民用气应该存在明显的时（周期性、季节性）空（不同地区、不同小区类型）规律，也会受天气等外部因素的影响。

（2）不变量（Invariant）：问题中的不变因素或规律是什么。例如，在图像识别中，期望的性质有位移、旋转、尺度、形变不变性。期望分析算法能够保持这个不变量规律。

（3）动力学模型：对于物理/化学等微观过程，可采用如图 5-6 所示的磨煤机的系统动力学模型描述各量间的影响和转化关系（带框的变量表示有数据支撑，不带框的变量表示没有测量数据）。为突出主要过程，并方便不同领域的人交流，这里并不推荐开始就用数学公式（方程组、微分方程或偏微分方程等），而是结构化的定性模型。

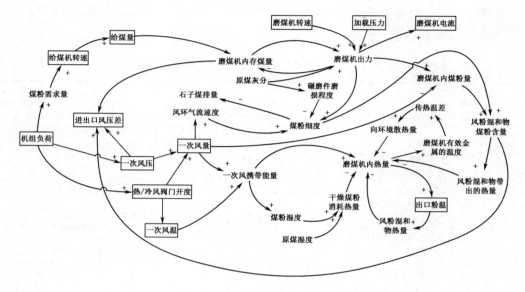

图 5-6　磨煤机的系统动力学模型

很多系统的控制原理也可以采用类似的表达方式。例如，风力发电机组转速—扭矩曲线如图 5-7 所示，根据风机叶片特性，在达到额定功率前，需要保持最优攻角。每条虚线是一个给定风速下，发电机转速与扭矩的关系，该曲线上矩形面积（即功率）最大点是最佳工作点。将不同风速下这样的点连接起来，就是黑色实线，即最优 Cp 曲线，也就是风能利用率最高。基于这样的曲线图，外领域的人也可快速了解设备的运行和控制机制。

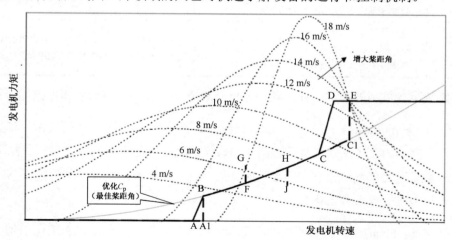

图 5-7　风力发电机组的转速—扭矩曲线

5.4.2　当前处理逻辑理解（Step 1.2）

在提出一个新的技术解法前，最好了解一下当前的处理逻辑和潜在改进点，回答谁来用、什么时候用、如何用、达到可用所需要的技术指标底线（如容忍的虚警率）等问题。这对运筹优化课题尤为重要，因为运筹优化课题通常是将现有决策逻辑定量化和自动化。

1. 业务上下文

业务上下文包括业务流程、业务场景和组织结构等内容。在业务流程描述方面，把分析任务（什么时间点、基于什么数据、做什么决策）和任务间的关系描述清楚，复杂一些的可以用泳道图把任务和组织交互信息表达清楚。以单晶硅生产计划为例，图 5-8 展示了月生产计划模型的输入是月需求计划（确认的订单需求量减去库存满足量），输出是日生产计划的重要参考量。另外，也需要把典型场景了解清楚，例如，在集装箱送箱量预测中，除日常预测（包括节假日）外，还需要考虑台风/大雾、航运企业航线调整等例外场景下的预测。例外情形的梳理通常容易被忽略，也很难一次性梳理完备，通常在后续步骤中不断完善。另外，也要了解不同组织部门的关注点、工作接口和技能基础。例如，在设备管理上，运行部更关心设备的可用性和生产的稳定性，而设备部还关心设备的健康与寿命。

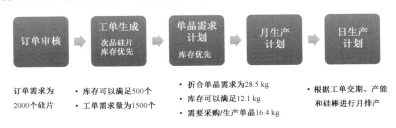

图 5-8　单晶硅生产计划流程

2. 决策逻辑

当前决策逻辑的理解和形式化描述对于机器学习模型的特征加工、专家规则模型的细化、运筹优化模型的建模非常重要。

对于机器学习模型，当前决策逻辑的理解是判断是否存在改进空间的基础。以备件需求预测为例，当前工程机械企业已经开发了一个 Excel 工具，基于往年的季节/周期性和最近的走势进行预测，精度为 50%左右。机器学习模型可以将这些启发规则进一步优化（例如，对周期和趋势项的提取，对随机相关残差过程的建模），并引入开工量等预示性指标，有望进一步提升备件需求预测的精度。

对当前决策逻辑的理解也有助于机器学习模型课题目标的理性定义，避免人为"创造"

技术难题。很多技术需求是在反问当前处理逻辑为什么不满足时获得的。例如，在基于示功图（力矩与位移的相位图）的抽油机故障类型研判中，存在很多数据分析模型判断抽油机的故障类型，精度能做到85%以上，但业务部门仍认为不可用，在盲目提升模型精度前，不妨反问当前面模型为什么不能用。通过反复讨论，最终发现：① 示功图的人工研判不存在技能门；② 业务部门的真实需求是在保证不出错的前提下，降低一线监测人员的工作量。也就是说，即使精度为99%的分析模型，如果无法具体指出那些1%的错误样本，仍然需要全量的人工复核，还是没有降低工作量。这样还不如一个可以完全准确地研判30%样本的模型（其余70%样本留给人工研判），它至少节省了一线监测人员30%的工作量。

对于专家规则模型，决策逻辑的细化是重点。以如表5-7所示的转子热弯曲专家研判规则为例，它是3条征兆规则（如第1列所示）的加权（如第2列所示），专家规则描述中的歧义需要在"业务理解"阶段进行澄清（如第3列所示）。

表5-7 转子热弯曲的专家研判规则

专 家 规 则	权 重	逻 辑 澄 清	运 行 周 期
R1：振动通频值大	0.1	稳定运行期间（满负荷和降负荷期间）的振动，不包括其他动态工况下；在同转速区间下比较；这里应该采用自适应阈值，以便与振动监控系统（行业标准的阈值报警）形成互补	运行周期可以为15～60分钟，实时报警在振动监控系统中已经存在
R2：启停机时同转速下通频量差值较大	0.4	同转速指的是转速区间，从业务上按500转作为一个区间，但低速部分需要在"数据准备"阶段细化	运行周期为小时或天，因为启停机不会太频繁
R3：启停机时同转速下工频量的差值较大	0.5	需要对多个转速区间的差异进行综合研判，一阶临界转速、二阶临界转速附近振动幅度随转速变化更敏感，需要小心处理；"差值过大"需要采用相对量，因为不同转速区间振动的基本面是不同的	运行周期为小时或天

为进一步消除歧义，可以将其转化为逻辑规则流。根据运行频度和数据模型，规则R1与R2可表达为图5-9所示的8个算子的组合研制流程。规则R3与R2类似，为了简单，这里只展示R1与R2。

3. 依赖信息

对于预测类的问题，最好用图明确说明模型运行时段和依赖的信息（时效性），避免模型建立时使用实际运行不能获得的数据。以未来24小时空气质量预报为例，其目标是预测第二天0:00—23:45各观察站点的空气质量（时间分辨率为15分钟）。统计模型需要使用WRF-CHEM模型的计算结果，当前集群运行条件下WRF-CHEM的计算需要9小时，目前安排在当天中午12：00开始运行（考虑WRF-CHEM源数据的获取时间），因此，WRF-CHEM使用的观测数据是当天上午11：00前的数据。分析模型运行时间在15分钟内，可以安排在当天晚上11：35左右运行，空气质量预报的计算时序如图5-10所示，分析模型可以拿到当天晚上 11:30 前的所有气象和空气质量观测数据，以及 WRF-CHEM 模型的预测数据。

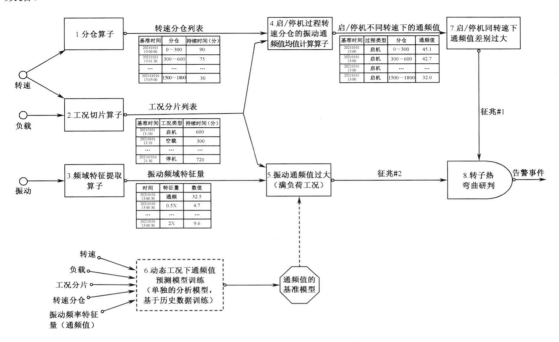

图 5-9　8 个算子的组合研判流程

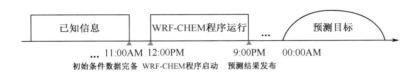

图 5-10　模型的运行时段

5.4.3　业务可行性确认（Step 1.3）

基于对系统运行机制和当前处理逻辑的理解，我们可以明确定义典型业务场景、技术指标和系统用例，同时基于这些信息，可以从业务角度给出可行性研判，避免后续无谓的投入。对于不可行的课题，可以通过重新定义的方式发现新的课题。

5.4.4　分析问题类型规约（Step 1.4）

根据前面的分析，可将数据分析课题归结为 5.1 节的四类问题之一，不同问题的应用前提和需要解决的挑战有所不同，数据分析问题的重点如表 5-8 所示。

表 5-8　数据分析问题的重点

类　别	问题描述重点
数据整合处理	数据范围 数据整合处理逻辑 对于 BI 类应用，需要明确定义数据维度 对于假设推断（what-if）类问题，需要明确定义假设场景
专家规则模型	有哪些规则 规则如何细化 实时处理的性能指标
机器学习模型	目标变量类别 因素的范围、业务颗粒度（例如，是风场还是风机） 精度要求 对预测性问题，需要描述时间提前量（例如，是提前 1 天还是 30 分钟）
运筹优化模型	优化目标 约束条件 时效性要求（例如，每天 1:00—6:00 完成优化）

5.4.5　数据需求梳理（Step 1.5）

"业务理解"步骤的成果之一是把数据需求列举清楚，这样相关部门可以并行准备数据，为"数据理解"阶段做准备。数据需求梳理从业务逻辑的角度（不要求精准到数据源系统的数据结构定义）给出主要的数据类型、关键的数据项、数据颗粒度和数据范围（时间范围、组织范围、空间范围等），示例如表 5-9 所示。

表 5-9　数据需求（示例）

类　别	数　据　项	数 据 粒 度
配件销售订单	物料编码、数量、制单日期、发货日期、代理商、发货仓库	每个销售订单
采购订单	物料编码、计划数量、审核通过数量、发货数量、制单日期、发货日期、代理商	每个采购订单
代理商库存状态	仓库编码、物流编码、日期、库存量	每天
工程机械车辆状态监测数据	工况回传时间、设备号、工况 ID（如液压油温度、泵送排量、发动机转速、换向次数等）、工况	单个车辆所有工况指标的监测值
工程机械车辆 GPS 定位数据	设备号、GPS 定位信息、所属省市	单个车辆所有 GPS 位置（到城市级别）
车型与物料的对应关系	无	待预测的物料（包括替代品）、物料涉及的车型
静态参考信息	车辆基本信息（编号、型号、车龄）、物料型号（包括型号替代关系）、不同地区的泵车保有量和销售量、影响配件销售的事件	无

5.5　数据理解

数据理解的目标是确认当前数据是否足以支撑数据分析，主要任务包括数据结构理解（概貌是什么）、数据源理解（从哪里来）、数据分布探索（内涵如何）、数据质量审查（是否可信）等，以形成对数据的初步理解和直觉判断，有时需要重新进行业务理解。

5.5.1　数据结构理解（Step 2.1）

基于样例数据，对数据结构（Data Schema）进行初步理解。包括数据表的理解和表间关系的理解，可以借助数据库范式建模或 UML（Unified Modeling Language）类图进行描述。

数据表的理解，包括：① 字段理解，包括字段含义、量纲、采集频率、量程等信息，示例如表 5-10 所示；② 业务主键及主键的唯一性；③ 记录间的关系，包括实体的层次性（如组织架构、时间）、特定类型数据的结构特征（如时序数据的等间隔性、趋势性、周期性）。对于时序数据，理解字段的类型（类别、有序、计数、连续），并通过多序列可视化的手段理解不同字段之间的关系。

表 5-10　数据表的字段说明（示例）

类　别	描　述	采 集 频 率	量　程
工况数据	一回路功率	1s	0～200%FP
	一回路温度	1s	265～345℃
	一回路计算温度值	1s	0～350℃
	稳压器压力	1s	11～18 MPa
	一回路计算压力值	1s	0～200 Bar
主泵 1 密封数据	注入密封水压力	1s	0～2.8 MPa
	注入密封水温度	1s	0～120℃
	<更多指标省略>		

表间数据结构的探索，包括表间关系的基数（Cardinality）和关系的规范性。对于多个数据表（例如，加工计划数据、加工过程数据、质量检测数据），试图构建不同表之间的关联关系（业务主键）、不同表之间的映射管理（例如，一个工件有多少条检测记录），并从业务的角度解释。表之间的关系理解有 3 种相辅相成的方式：① 业务层面的映射关系，如图 5-11 所示，根据工艺流程，建立不同工艺生产机台、抽检机台、检测机台的工件映射关系，还可以从业务中了解是否存在工件的切割/组装、重加工、工件丢弃、重检等情形，这些业务层面的映射关系对理解数据结构非常有用；② 基于系统的数据字典，特别是设计文档

中的数据结构设计，但需要注意，实际运行中的数据结构与设计结构可能完全不同；③ 基于样例数据的数据画像（Data Profiling），从数据中获取数据表之间的关系，但这种方式的前提是样例数据有代表性。

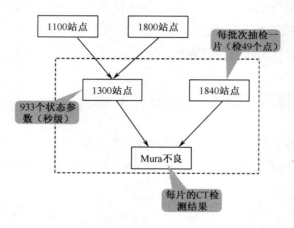

图 5-11　业务层面的映射关系（示例）

5.5.2　数据源理解（Step 2.2）

数据源理解包括数据字段的来源和数据链路两部分内容。

数据是数据分析的基本原料，数据的来源对数据分析十分重要。

（1）对于物联网数据，是什么类型的传感器采集的？传感器的部署位置和采集精度怎样？

（2）对于生产数据或故障数据，探究可能影响数据真实性的因素，例如，很多保养工单看起来数据项很完整，但实际执行过程和记录可能不完全一致。

（3）对于运营数据，了解数据是如何在业务流程中产生的，数据是客观真实的，还是经过修正的。

在工业领域，一种常见的数据类型是传感器监测或检测数据，除数值质量本身外，还要考虑传感器的可靠性和安装方式，分析传感器测量的重复性和再现性（Gage Repeatability and Reproducibility，GR&R）。在风电领域，测风仪测的风速值是尾流风速，不是轮毂风速，另外，测风仪的安装位置本身可能存在偏差，甚至结冰。在化工领域，气体产量不仅要关注其流量（体积），还要关注对应的气压和温度，否则可能被"虚假表征"误导。在工程机械车联网分析中，施工动态性（如传统油位传感器数据噪声太大）、施工环境（数据在传输过程中丢失）、人为破坏、部件更换、传感器及解析程序的升级换代等多种外部因素共同作用，造成数据理解和质量审查非常繁杂，有些存量数据的质量问题甚至无法解释（例如，月开工时长超过 744 小时），但这些艰苦而基础的数据理解工作必不可少，否则很难保证数据分析结果的可信度。

除了数据字段的来源，数据链路的理解有时也很重要，特别是对后面的数据质量问题的分析与追溯。以图 5-12 所示的产线机台状态监测数据链路为例，机台上有工艺过程日志、事件记录、检测文件（仅对检测机台）3 类数据，工艺过程日志通过 CIM PC 上传到故障检测分类（Fault Detection Classification，FDC）系统或 MES 系统，检测文件通过 FTP 上传到缺陷文件服务系统（Defect File Server，DFS），工程数据分析（Engineering Data Analysis，EDA）软件从制造数据仓库（Manufacturing Data Warehouse，MDW）或 DFS 下载数据进行分析。

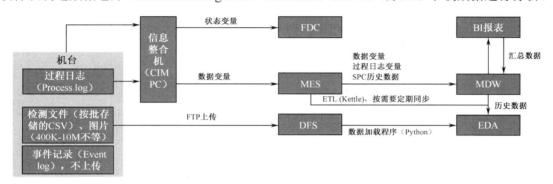

图 5-12　产线机台状态监测数据链路示例

5.5.3　数据探索（Step 2.3）

数据探索包括：① 统计层面的数据探索，包括单变量统计分布和多变量间（通常是两个变量间）的统计分布；② 业务层面的数据探索，包括业务维度组合（例如，生产批次）、关键假设（包括专家经验）、主要特征、典型业务场景的数据探索。数据探索是数据质量审查的基础，让数据分析师掌握数据集的特点，更好地做数据预处理和算法选择，并且建立起数据直觉，提高数据分析师与领域专家的沟通效率。

1. 统计层面的数据探索

统计层面的数据探索通常也称为探索性分析（Exploratory Data Analysis，EDA），通过描述性统计、图形化等手段了解数据量、数据质量、数据分布和多变量间的关系。

对通用统计层面的数据探索，分析工具软件中有很多算法包或工具。例如，R 语言中有 12 个常见的 EDA 包，如表 5-11 所示[①]，其中，D. 代表 DataExplorer 包，dM. 代表 dataMaid，fM. 代表 funModeling，v. 代表 visdat，a. 代表 arsenal，x. 代表 xray，aE. 代表 autoEDA，d. 代表 dlookr，SE. 代表 SmartEDA，s. 代表 summarytools，e. 代表 exploreR，R. 代表 RtutoR。从表中可

---

① PEARSON R K. Exploratory data analysis using R[M]. Boca Raton: CRC Press, 2018.

以看出，不同包各有特色。在 EDA 报告生成方面，dlookr、dataMaid、DataExplorer、SmartEDA 做得比较好。

表 5-11　统计层面数据探索的主要内容（以 12 个 R 语言 EDA 包为例）

任务类型	任务	D.	dM.	fM.	v.	a.	x.	aE.	d.	SE.	s.	e.	R.
数据集	变量类型	x	x	x	x			x	x	x	x		
	数据集大小	x	x	x	x			x	x	x			
	其他信息	x			x								
	数据集比较			x	x	x							
性能	缺失值	x	x	x	x			x	x	x	x		
	多余列		x	x	x			x	x	x	x		
	离群点		x	x				x	x				
	非典型值		x	x									
	类别变量编码		x										
单变量	描述性统计		x	x				x	x	x	x		x
	直方图	x	x	x				x	x	x	x		x
	箱线图	x											
	柱状图	x	x	x				x	x	x	x		x
	Q-Q 图	x							x				
双变量	描述性统计				x			x	x	x			x
	相关矩阵	x			x				x				
	相关系数			x				x		x		x	
	时间依赖性				x								
	目标值柱状图	x		x				x	x	x			x
	目标值直方图			x				x	x	x			
	散点图	x								x		x	x
	列联表				x			x	x	x			
	其他因素			x						x			
多变量	主成分分析（PCA）	x											
	统计模型				x								
	平行坐标轴图									x			
特征工程	缺失值处理	x							x				
	特征缩放			x					x			x	
	消除有偏性								x				
	离群点处理			x					x				
	数据分箱	x		x					x				
	级别合并	x		x									
报告	PDF/HTML 报告	x	x					x	x	x			x
	保存输出			x		x	x				x	x	

除了体系化的 EDA 软件包，R 语言的 descr、GGally、Hmisc、skimr、summarytools 等算法包提供了数据探索函数。例如，summarytools 包中的 dfSummary 函数可以自动输出数据框各列的类型、数值区间、频度、直方图和完整度等信息，示例如图 5-13 所示。

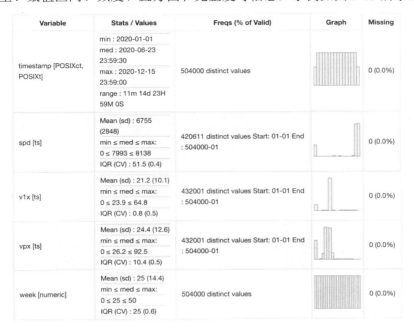

图 5-13　dfSmmary 函数的自动输出示例

2. 业务层面的数据探索

数据仅仅是物理过程的一个记录，一个优秀的数据分析师应具备研判数据是否正常的直觉和判断力，不要迷信数据。业务层面的探索是培养数据直觉的重要手段。

业务层面的数据探索内容主要包括：① 业务维度组合下的分布差异，例如，不同批次的工艺参数的概率密度如图 5-14 所示；② 重现业务专家经验或关键假设，通过一些反例或"意料之外"的案例，将与业务讨论深入一层；③ 关键特征量的理解，例如，关键的工况过程、工艺控制参数等；④ 对比不同业务场景下的数据特点，例如，对比冬季与夏季的风功率曲线，对比台风期间与其他时段的集装箱送达量。

业务层面问题个性化强且比较繁杂，很容易迷失方向或遗漏重要问题，因此，探索前最好整理出一个探索维度的清单。一个好的清单遵循 MECE 原则（Mutually Exclusive，Collectively Exhaustive）。以工业园区用电负荷数据为例，根据业务语义列出的数据探索维度如图 5-15 所示。除了传统商业智能分析中的拖曳式手工探索，还可以通过脚本实现各维度组合的自动化探索。

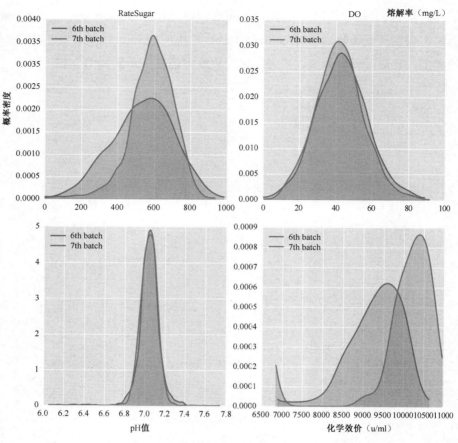

图 5-14　不同批次的工艺参数的概率密度对比

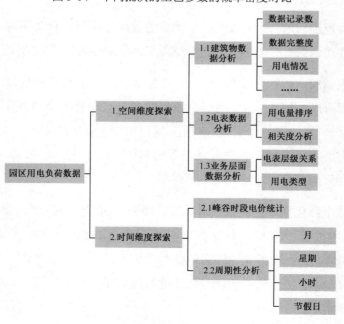

图 5-15　数据探索维度（示例）

5.5.4　数据质量的统计审查（Step 2.4）

在数据结构层面的质量问题方面，业界有很多类似的评价维度体系。国际数据管理协会[1]提出了准确（Accuracy）、完备（Completeness）、一致（Consistency）、完整（Integrity）、合理（Reasonability）、及时（Timeliness）、唯一（Uniqueness/Deduplication）、合法（Validity）、可及（Accessibility）9 个指标。Fan 和 Geets[2]主要考虑一致、重复（Deduplication）、准确、完备、现时（Currency）五大方面。Strong-Wang 框架[3]从数据内在（Intrinsic）、上下文相关（Contextual）、代表性（Representational）、可及性四大方面提出了 14 个数据质量度量指标。在数据质量跟踪与治理方法上，Alex[4]按照颗粒度，将数据质量问题分为标量、字段、记录、数据集、跨数据集 5 个层面。

在工业数据分析中，一般从数据表映射关系、字段类型、层次化字段语义、时序关系（例如，采样间隔）等 4 个维度探查数据结构层面的质量问题，如表 5-12 所示。

表 5-12　数据结构层面的质量问题

维　　度	检 查 内 容
主键及其映射关系	表间 1:1, 1:n 的关系是否真正满足 表内是否存在重复记录
字段类型	数据类型、范围 缺失 统计意义上的离群点
字段语义	数值异常（例如，pH 值） 层次化字段语义（例如，分公司销售额的和=总销售额）
记录间的关系	记录集：根据主键看重复 时序数据：根据采样间隔看缺失和重复

另外，要从数据分布的角度查看是否存在离群点。离群点检测方法如图 5-16 所示。

---

① DAMA 国际. DAMA 数据管理知识体系指南（第 2 版）[M]. DAMA 中国分会翻译组，译. 北京：机械工业出版社，2020.

② FAN W, GEERTS F. Foundations of Data Quality Management[M]. San Rafael: Morgan & Claypool Publishers, 2012.

③ WANG R Y, STRONG D M. Beyond Accuracy: What Data Quality Means to Data Consumers[J]. Journal of Management Information Systems, 12(4), 1996, pp. 5-33.

④ GORELIK A. The Enterprise Big Data Lake[M]. Sebastopol: O'Reilly, 2019.

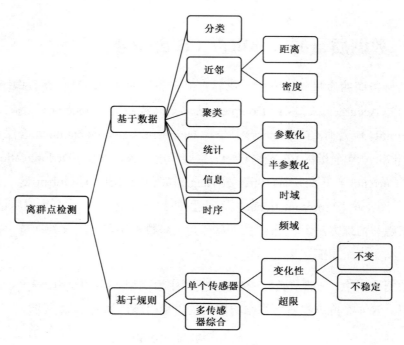

图 5-16　离群点检测方法

5.5.5　数据质量的业务审查（Step 2.5）

对数据分析师来说，数据"质量"问题不限于数据结构层面的数据质量问题。在传统意义上，"数据质量问题"指实际结果与设计期望不一致的问题；而数据分析的"数据质量"关心的是妨碍当前数据建模分析的与数据相关的所有问题。更具有挑战性的是，很多数据质量问题并不能用常规手段发现，有的甚至连领域专家也意识不到。在实战中，可以利用数据还原典型过程，剖析数据中的"异常"场景，完善业务上下文的理解。例如，气化炉炉内温度软测量的一个前提假设是 CH_4 的浓度相对稳定。但在实际数据探索中，发现其中一台气化炉并不满足这样的假设，CH_4 浓度逐年上升（直到大修）。基于工艺猜想，这种情况是由炉子内壁不断扩大造成的，但这样的隐性规律，专家在看到实际数据前也不确定。运营和运作数据也有类似的问题。例如，备件销量大的原因不一定是市场需求增加，也可能是代理商囤货（冲业绩）。只有把影响数据变化的主要因素考虑全面，才可能做出有意义的分析。

数据质量业务审查的常规做法是业务场景重现（或数据的业务化），基于"业务理解"步骤的系统动力学（Step 1.1）、业务场景（Step 1.2）的工作，用数据检验数据上是否存在"异常"。例如，在备件需求预测中，基于如图 5-17 所示的备件需求的动力学模型，相对容易理解当前数据集外的营销活动因素引起的"数据异常"。

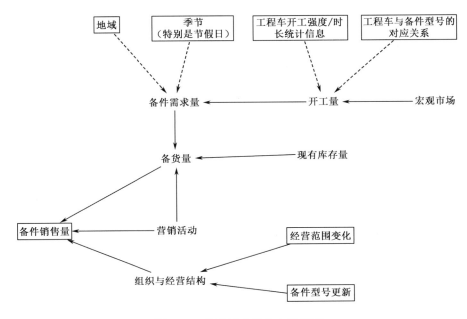

图 5-17　备件需求的动力学模型

如果存在典型案例（例如，设备故障失效案例），也可以采用案例过程回放和交叉对比的方式审视其中的数据质量。这种业务审查依靠数据分析师的责任心与敏感度，尽力发现业务访谈中没有提到的异常场景。例如，风力发电机组的变桨 PLC 控制系统重启时，3 个桨距角应该为零，但如果认真一点，会发现存在极个别 PLC 回路单独重启的情形，如图 5-18 所示。这对业务人员来说是隐性常识，且发生频度很低，故在业务理解阶段中没有提及，若数据探索不够细致，这样的风险将传递给后续的建模环节。

#1: 关键字段全部为0或NA（重新启动）

	wman_tm	wrot_ptangval_bl1	wrot_ptangval_bl2	wrot_ptangval_bl
10209	2013/8/9 星期五 下午 21:37:15	87.510	87.680	87.680
10210	2013/8/9 星期五 下午 21:37:22	87.510	87.680	87.680
10211	2013/8/9 星期五 下午 21:37:30	87.510	87.680	87.680
10212	2013/8/9 星期五 下午 21:37:37	87.510	87.680	87.680
10213	2013/8/9 星期五 下午 21:37:54	0.000	0.000	0.000
10214	2013/8/9 星期五 下午 21:38:02	0.000	0.000	0.000
10215	2013/8/9 星期五 下午 21:38:09	0.000	0.000	0.000
10216	2013/8/9 星期五 下午 21:38:17	0.000	0.000	0.000
10217	2013/8/9 星期五 下午 21:38:24	0.000	0.000	0.000
10218	2013/8/9 星期五 下午 21:38:32	0.000	0.000	0.000
10219	2013/8/9 星期五 下午 21:38:40	87.510	87.680	87.680
10220	2013/8/9 星期五 下午 21:38:47	87.510	87.680	87.680

#2: 变桨角的突然变化（个别控制电路重新启动）

	wman_tm	wrot_ptangval_bl1	wrot_ptangval_bl2	wrot_ptangval_bl3
10266	2013/8/9 星期五 下午 21:45:17	87.510	87.680	87.680
10267	2013/8/9 星期五 下午 21:45:25	87.510	87.680	87.680
10268	2013/8/9 星期五 下午 21:45:32	87.510	87.680	87.680
10269	2013/8/9 星期五 下午 21:45:40	0.000	87.680	87.680
10270	2013/8/9 星期五 下午 21:45:47	0.000	87.680	87.680
10271	2013/8/9 星期五 下午 21:45:55	0.000	87.680	87.680
10272	2013/8/9 星期五 下午 21:46:02	0.000	87.680	87.680
10273	2013/8/9 星期五 下午 21:46:10	0.000	87.680	87.680
10274	2013/8/9 星期五 下午 21:46:17	0.000	87.680	87.680
10275	2013/8/9 星期五 下午 21:46:25	0.000	87.680	87.680
10276	2013/8/9 星期五 下午 21:46:32	0.000	87.680	87.680
10277	2013/8/9 星期五 下午 21:46:40	0.000	87.680	87.680
10278	2013/8/9 星期五 下午 21:46:47	0.000	87.680	87.680
10279	2013/8/9 星期五 下午 21:46:55	0.000	0.000	87.680
10280	2013/8/9 星期五 下午 21:47:02	0.000	0.000	87.680
10281	2013/8/9 星期五 下午 21:47:10	0.000	0.000	87.680
10282	2013/8/9 星期五 下午 21:47:17	0.000	0.000	87.680
10283	2013/8/9 星期五 下午 21:47:25	0.000	0.000	87.680
10284	2013/8/9 星期五 下午 21:47:32	0.000	0.000	87.680
10285	2013/8/9 星期五 下午 21:47:40	0.000	0.000	0.000
10286	2013/8/9 星期五 下午 21:47:47	0.000	0.000	0.000
10287	2013/8/9 星期五 下午 21:47:55	0.000	0.000	0.000
10288	2013/8/9 星期五 下午 21:48:02	0.000	0.000	0.000

图 5-18　风力发电机组变桨控制系统重启的两种情形

有时数据中包含的场景和信息远超过当前分析课题关心的范畴，这时需要从现有数据中筛选合适的数据；更多时候，数据分析问题的因素并没有完整地反映在数据中，或者数据反映的仅仅是部分生命周期的状态。这就要求数据分析师能够从业务上下文的角度梳理问题的关键要素，以及它们之间的关系，审视数据在多大程度上反映问题的发展过程。业务审查不是一个单向过程，通过"业务的数据化"和"数据的业务化"的迭代，不断加深对分析课题和数据集的理解。数据质量业务审查的典型内容如表 5-13 所示。

表 5-13　数据质量业务审查的典型内容

物理系统或过程	业务逻辑	数据层面
控制逻辑	目标对象发生变化	测量不准或测量精度变化
设备动作：PLC 重启	关键要素的缺失	数据结构的变化
设备运维	动态过程	数据的偶尔跳变
人工操作	外部影响	
设备间的相互影响		
环境的影响		
未意识到的因素		

5.5.6　数据处理措施确定（Step 2.6）

对从统计和业务角度发现的质量问题，整理一个明确的清单列表，包含问题类型、描述、实例（方便具象交流）、发生频度、潜在影响、推荐措施、最终处理措施等信息。很多数据质量问题的处理措施需要放在业务的上下文中决定。在初期探索时，可以采用简单策略快速尝试，在确定了数据分析模型的基本面后，再回来处理数据质量问题。

最后需要强调一点，"数据理解"阶段不可能发现所有的数据质量问题，很多细节的数据质量问题是在后续的"数据准备""模型建立"，甚至是在"模型评估"阶段发现的。但早些发现质量问题，可以有效避免后续的无效工作。

5.6　数据准备

基于"数据理解"阶段对数据分布和数据质量的理解，"数据准备"对数据进行清洗、转换与提取，为"模型建立"阶段做准备。

5.6.1　数据建模（Step 3.1）

在传统模式下，数据建模不是数据分析的重点，一般在模型部署进入生产系统时才开始考虑。在 MLOps 研运一体化下，数据建模应该在"数据准备"阶段就开始了，这样部署时就不用做重复工作，保证模型大规模部署的可能性。

数据分析中常用的数据结构为数据框（Data Frame），它虽然也是结构化的，但数据框中的字段间存在很多冗余，这与关系库范式建模（消除传递依赖性）不同。在工业数据分析中，通常需要将数据建模为多个数据框。很多工业数据分析计算的执行周期不同，需要将数据保存在不同的数据框中。另外，工业数据分析通常涉及多个物理对象，需要多个数据框。例如，在 OLED（Organic Light-Emitting Diode）显示面板生产中电性参数 Vth 超限的排查分析中，涉及多个不同时空颗粒度的因素指标分析，如图 5-19 所示，跨越几十个工艺站点（例如，蒸镀、刻蚀、清洗等）。排查逻辑明确简单，但需要结合 MES 的多张表和多个机台日志文件进行分析，人工排查通常需要 1～2 天，基于数据整合的自动化排查，可以将排查周期缩短至 30 分钟内。这里涉及多个不同时空颗粒度的中间数据框和结果数据框。质量检测结果和加工时间以大板为单位，加工路径以批（一批包括多块大板）为单位，机台稳定性记录以机台、时间为主键。在分析时，需要根据时间关系，将机台稳定性记录与在制品（板或批）关联。为支持各指标的异常识别，还需要存储近期各指标的统计分布信息，这也需要额外的数据框。

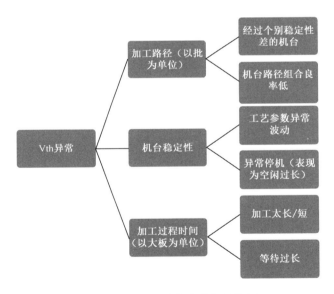

图 5-19　Vth 异常排查的相关指标

数据建模通常是迭代更新的，在分析过程中，经常会发现与前期假设冲突的情形，此时需要反过来修改数据模型。在集装箱码头的送箱量预测中，经过第一轮业务理解和数据理解阶段，大家（包括行业专家）都认为：① 一个航班可以用航线号、预期出发日期唯一标识；② 一个航线号的挂靠港是不变的；③ 同一个航线号的多个航班用的集装箱船都是同一艘。因此，在数据模型上，① 航线可以认为是一个静态数据，可以用 1～2 个表表示（航线基本信息表、航线挂靠港信息表），② 航班对象也很简单，即物理 ID、航线号、预期出发日期这几个字段。但在后期的模型建立阶段，发现了少数几个航线不满足上述假设：① 在航线号不变的情形下，挂靠港是随时间变化的，有大的结构调整，也有个别临时情况的临时调整；② 在航线号不变的情形下，集装箱船存在非常低频的更新，例如，地中海航线，其中一家航运公司在某年换了一艘新的大集装箱船。对数据分析更为隐秘但重要的一点是，一条航路上的竞争态势发生着细微变化，例如，某个航运公司退出了该航路竞争、有航运公司换了大船，船运公司间的共享航线合作可能变化。有了这样的变化，后台数据表需要重新设计：① 航线不是一个静态数据，必须有起止日期；② 航班必须包括船的型号信息；③ 对于航路，至少建立一个宽表（支持数据分析），记录不同时期该航路上航线的情况。上层数据分析宽表的结构也发生了不少变化（但宽表之间不存在外键等强约束，改动成本不大），所有相关的数据，需要重头导入一遍。

5.6.2 数据导入（Step 3.2）

本地分析软件（如 Python、R 语言）有各种常见数据文件格式的读取。在云端分析环境中，也有各种数据接入组件。数据导入等数据准备工作，在模型通过评估后需要变成自动化任务，因此，在前期需要有意识地做些准备工作。

5.6.3 数据清洗（Step 3.3）

根据 Step 2.6 中的建议进行数据清洗，包括以下几个方面。

（1）变量数值清洗：缺失值填补、变换（如归一化）、降维、降频；

（2）特定数据类型的处理：工况切分、分解；

（3）数据聚合中异常记录的处理；

（4）数据集合并中失配记录的处理。

把处理过程以数据流的形式记录下来，如图 5-20 所示为过程状态数据与质检结果融合的数据处理过程，保证其可追溯。

在实际分析中，通常分多批次拿到数据，最好能够记录不同时段数据集的清洗结果，如表 5-14 所示。

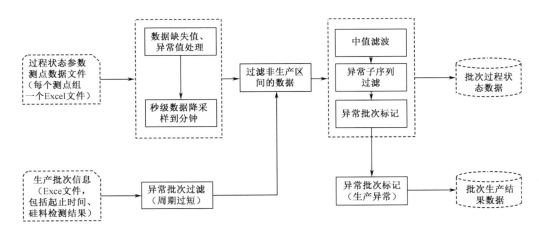

图 5-20 过程状态数据与质检结果融合的数据处理过程

表 5-14 多个批次数据的清洗记录

数 据 批 次	文件数量（个）	生产批次数	清 洗 后	描 述	日 期
1	12	12	/	仅有在线数据	9.21
2	1	12	/	对应第一批的离线数据	9.26
3	12	12	/	包含在线和离线数据	10.18
4	24	24	/	包含第三批数据	10.18
5	29	29	29	整理较为完整的数据	11.1
6	298	298	192	较多批次的周期混乱	11.10
7	107	107	106	最新一批数据	11.21

5.6.4 特征工程（Step 3.4）

特征工程包括特征提取和特征选择两个部分。特征提取既包括机器学习意义上的特征变量加工，也包括专家规则中的特征量和征兆量计算。

一个分析问题的特征变量有 4 个来源。① 特定数据结构的特征：基于数据类型（类别变量、连续变量、时间戳、时间序列结构）、表之间关系；② 典型问题的领域特征库：例如，振动分析、负荷预测、能源优化等；③ 从业务逻辑角度总结出的特征变量：例如，不同地区春节前后备件销售模式、台风过后的送货规律等；④ 针对特定场景的特征变量：通过观察模型在哪些场景下表现不足总结出来。

针对①和②，很多分析软件提供了典型特征变量库，大大降低了特征提取的工作量。目前也存在自动机器学习算法，例如，Featuretools 是一个可以自动进行特征工程的 Python 库，主要原理是根据多个数据表间的关系，通过转换和聚合操作自动生成新的特征；R 语言的 gramEvol 包提供了语法树的定义方法，根据语法树生成表达式的能力，还提供了每个表达式适应度评价函数的接口，这样实现了语法演化。有些工业领域的分析软件还提供了更多高层面的特征库，如图 5-21 所示为上升、下降、毛刺、振荡等时序征兆。工业企业应该不断沉淀企业内部的算子库，以加速数据创新速度，让更多业务专家参与数据分析建模过程。

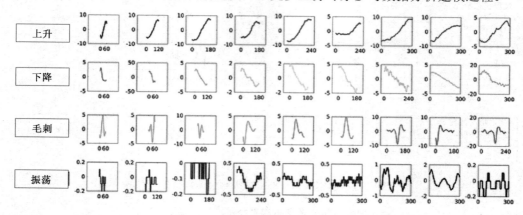

图 5-21　上升、下降、毛刺、振荡等时序征兆

根据业务问题，通常可以总结出潜在特征组合，最好能够以明确方式罗列出来，在后面模型建立阶段对这些特征进行证实或证伪，避免不必要的纠结。例如，在齿形带断裂预警分析课题中，齿形带断裂带来的可能征兆是桨距角不同步、变桨时振动偏大、有功功率不一致、变桨电机温升、变桨曲线不一致等。根据这些业务知识，可以提取若干特征变量，桨距角不同步可以用 Pearson 相似度、余弦相似度或偏差的方差来度量，形成如表 5-15 所示的 8 个特征，第 1、5、6 这 3 个特征在后续的模型建立中被证明不显著，但这也避免了后面有人走无谓的重复路。

表 5-15　在齿形带断裂预警中根据领域知识提取的 8 个特征变量

		特　征	启发/假设	结　论	影响结果的其他外部因素
✗	1	3个角的Pearson相关度		显著性很弱	（1）多个不一致产生源 i. 变桨电机自身有差异（力矩） ii. 传感器误差 （2）偶然因素引起齿形带断裂时，断裂前客观上无异常特征
✓	2	3个角/角速度的余弦相似度	3个叶片是同步变桨，齿形带快断裂时应该产生不一致现象	变桨角的余弦相似度	
✓	3	3个角/角速度差异曲线的方差		变桨角/角速度差的绝对值是显著的	
✓	4	加速度幅度等时域特征	断裂或快断裂时可能伴随异常的振动频率或幅值	有指示性，但提前量不多	振动源较多：变桨系统、偏航系统、发电机转动、风振动在7s的采样频率上反映不出来
✗	5	加速度频域特征		幅度有一定显著性，频域特征不明显	
✗	6	期望功率/变桨速度与实际功率/变桨速度对比	变桨的控制逻辑是一定的，差异出现在执行机构上	无法达到合理的预测精度	理论功率曲线是稳态下的结果，而实际过程是个动态过程（如受转动惯性影响）
✓	7	变桨电机的温度分析	快断裂时变桨电机需要更大的扭矩带动齿形带，齿形带疲劳往往与变桨电机疲劳有关系。变桨电机温度与其疲劳有关	相关性不显著	不同变桨电机温度差、变桨电机温升与散热风扇工作状态、风速等不确定因素有关
✓	8	变桨瞬态过程特征	齿形带故障会影响变桨动态过程，造成三个桨过程的不一致性	显著度高	瞬态过程复杂多变

特征选择由特征子集生成策略（或搜索策略）和特征子集评价策略构成。特征子集搜索策略可分为如图 5-22 所示的 3 类。① 完全搜索：根据评价函数做完全搜索。完全搜索主要有穷举搜索和非穷举搜索两种；② 启发式搜索：根据一些启发式规则在每次迭代时，决定剩下的特征是应该被选择还是被拒绝，这种方法很简单并且速度很快；③ 随机搜索：基于设置参数，采用随机选择特征，提高获得全局最优的可能性，复杂度比完全搜索低。

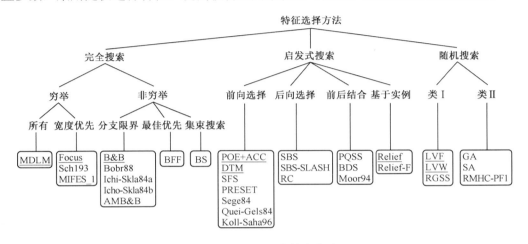

图 5-22　特征子集搜索策略

子集评价包括评价准则和评价方法两个方面。评价准则是对特征选择的评估标准，直接影响子集的结果。例如，距离度量使用的 Relief、ReliefF 算法等；一致性度量使用的 Foucus、LVF 算法等。

根据特征选择、模型训练的融合方式，评价方法主要分为如图 5-23 所示的 3 类。

（1）过滤式（Filter）：如图 5-23（a）所示，先进行特征选择，然后训练模型，特征选择的过程与模型训练无关。相当于先对特征进行过滤操作，然后用特征子集训练分类器。

（2）绕封式（Wrapper）：如图 5-23（b）所示，直接把最后要使用的模型性能作为特征选择的评价准则，对特定的分类器选择最优的特征子集。从最终模型的性能来看，绕封式特征选择比过滤式特征选择更好，但需要多次训练模型，计算开销较大。

（3）嵌入式（Embedding）：在前两种特征选择方法中，特征选择过程和模型训练过程是明显的两个过程。嵌入式特征选择将特征选择过程与学习器训练过程融为一体，两者在同一个优化过程中完成，即在学习器训练过程中进行特征选择，如图 5-23（c）所示。

在利用统计算法时，要提防数据的"虚假"统计表征。以图 5-24 为例，第 3 张图显著表明温度的变化会引起第 1 张图的变化（相关性分析也支持），但仔细查看第 3 张图的坐标，其温度的波动非常小（在 0.1℃内），与现场传感器测量精度是 0.05℃没有太大区别，所以这样的相关性是不可信的。

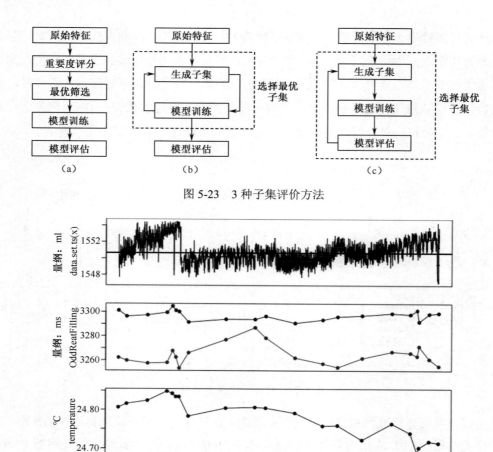

图 5-23　3 种子集评价方法

图 5-24　3 个时序的相关性

另外，在手工加工特征时，要注意边界条件（特别是输入的数据框中的异常）和时间窗口的处理，以便其适用于流计算、批计算等不同计算模式。小数据开发、大数据验证通常是各种算子开发的常用实践方法。

5.7　模型建立

模型建立是分析建模的核心环节，但由于大量算法包的支持，技术瓶颈不是算法模型的训练，而是算法的输入与输出的处理。

5.7.1　业务指标与技术要点梳理（Step 4.1）

本工作项是对"业务理解"结果的再次明确，经过"数据理解""数据准备"两阶段，对最初的分析课题目标有了更深入、更贴近现实的理解，在数据建模前进行再次确认，目的是提高数据分析工作的透明度，形成业务专家可参与、管理人员有掌控感、技术人员了解全貌的状态。

首先，再次明确分析任务的目标与范围，包括问题的颗粒度、业务场景、分析定位（离线挖掘、在线分析），形成明确的分析问题框架。

其次，进一步明确技术指标。常见的机器学习算法评价指标如表 5-16 所示，但在实际分析项目中通常需要根据问题的业务语境确定技术指标。例如，在集装箱到达量预测项目中，业务专家提出按每 5 箱一个台阶进行准确度评价，即 1～5 是一类，6～10 是另一类，依次类推，但这样的定义并不太合适。例如，在这样的准则下，把 5 个预测为 1 个是对的，而预测成 6 个是错的。因此，建议业务专家采用滑动窗口的评价方式（真实值两个左右被视为是正确的），很快达成一致。

表 5-16 常见的机器学习算法评价指标

类　　型	评　价　指　标
分类（二分类）	混淆矩阵 |	P（预测）	N（预测）
---	---	---
P（实际）	TP（真实 1，预测 1）	FN（真实 1，预测 0）
N（实际）	FP（真实 0，预测 1）	TN（真实 0，预测 0）	 $Accuracy = \dfrac{TP+TN}{TP+TN+FP+FN}$ $Precision = 1-误报率 = \dfrac{TP}{TP+FP}$ $Sensitivity = Recall = 1-漏报率 = TPR（真阳率）= \dfrac{TP}{TP+FN}$ $Specificity = 1-FPR（假阳率）= \dfrac{TN}{TN+FP}$ $F_{\beta}score = \dfrac{(1+\beta^2)*Precision*Recall}{\beta^2*Precision+Recall}$，当 $\beta = 1$ 时，为 F_1 score，最大为 1 ROC 曲线（x 轴 FPR，y 轴 TPR），曲线下面积为 AUC，越大越好，最大为 1，该指标适用于样本不均衡问题 Kappa 指标：多类别的一致性综合评价
回归	MAE（Mean Absolute Error），也称为 L1 范数损失 MSE（Mean Squared Error），也称为 L2 范数损失 RMSE（Root Mean Squared Error） R^2（决定系数）反映因变量的全部变异能通过回归关系被自变量解释的比例，为去量纲化指标，越大越好，最大为 1 MAPE（Mean Absolute Proportion Error），去量纲化指标
聚类	外部指标包括 Jaccard 系数、FM 指数、Rand 指数等 内部指标包括 DB 指数、Dunn 指数等

5.7.2　数据集划分（Step 4.2）

在机器学习模型中，为提高模型的泛化性，通常把原始数据划分为训练集（Training Data）、验证集（Validation Data）和测试集（Testing Data），如图 5-25 所示。训练集用来训练模型，验证集用来做超参数调优与模型集成，测试集用来评价模型的最终性能。在没有超参数选择或模型集成时，也可以将数据划分为训练集和测试集两份。

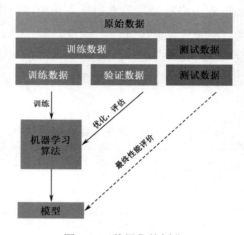

图 5-25　数据集的划分

在切分方法方面，有留出法（hold out）、k 折交叉检验（k-fold cross validation）、留一交叉检验（leave one out cross validation）、自助法（bootstrap）。留出法将数据集直接按照特定的比例进行划分。例如，80% 为训练集，其余的 20% 为测试集。但这种划分方式的前提是原始数据集足够大，并且划分后的数据分布与原始数据集相同。k 折交叉检验是将数据集平分为 k 份，每份轮流作为测试集，其余作为训练集，这样每个样本数据都有训练数据和测试数据两种身份，避免过拟合的情况发生。一般经验取 k 的值为 5 或 10。留一交叉检验是每个样本轮流作为测试集，其余作为训练集，可以看作 k 折交叉检验的极端情形。自助法是一种采样法，样本进行有放回的随机抽样（也就是说，有的样本可能会被重复抽取），形成训练集，没有被抽到的样本被当作验证集使用。在数据集比较大的情形下，一般先采用留出法快速探索，然后采用交叉检验方法，提高模型的严谨性。

5.7.3　算法建模（Step 4.3）

机器学习、运筹学建模有标准做法，这里不再重复。数据整合处理模型是根据业务逻辑数据框的计算过程，也有标准的开发过程。专家规则模型的重点是规则形式化建模。

将机器学习模型应用到工业中，特别是设备故障诊断、长稳过程、质量异常预警等场景中，通常缺乏大规模的标记样本，这时不太适合常规的监督学习算法，通常的做法是基于正常样本的核函数拟合方法或基于异常样本的相似度匹配方法，也可以采用主动学习等方法，以少量样本为起点，主动发现异常样本，并通过领域专家确认，形成一定量的标记数据集，然后再通过监督学习算法，形成数据驱动的模型。

与基于历史数据的模型不同，生产运行中的模型通常基于少量近期数据的批量或流式运行。在关键算法研发后，根据运行周期将数据处理切分为多个模型，模型发布后，每个模型对应一类作业任务，从模型运行到模型监控都比较方便。

5.7.4　模型检验（Step 4.4）

模型检验的内容包括模型预测性能（参阅 5.7.1 节）、计算性能和鲁棒性（极端情形下模型的表现）。

模型检验方法除了本地数据集的交叉检验（参阅 5.7.2 节），还需要在大数据集上，甚至模拟数据上进行计算性能和鲁棒性检验。一个比较好的大数据分析平台支持大数据与小数据的迭代开发，在本地数据集上开发的模型训练代码，无须修改（或经过很小的接口适配性修改）就可以实现大数据集并行化运行。

这样的校验需要数据分析师对预测结果认真分析，不要放过细节，预测结果中的异常可能是模型改进的方向。齿形带断裂模型在某风场 13 号风机的预测结果如图 5-26 所示，横轴为相对于真实断裂的小时数（真实断裂时间为 0，断裂前的时间为负数），纵轴为风险值（风险值为 0～1，值越高意味着风险越高），可以看到，在失效前 150 小时，模型已给出预警，但同时也可以看到，风险值并不稳定，150 小时内的风险值经常跌到 0.5 之下。经过研究这些时段的数据可以发现，风险值低是因为这些时段没有发生变桨（风速很低），例如，在断裂前 126～118 小时，只有少量时段桨距角非零。这也从侧面说明分析模型依赖变桨过程的不一致性、振动偏大等表征来研判齿形带断裂风险，如果没有发生变桨，本分析模型是不起作用的。这也触发后续改进措施的想法，对低风速时段，风险值采用最近变桨过程风险值的平滑值。任何模型都是在一定前提假设下对物理世界的简化，在建模时不仅要关心平均性能，还应关心最坏的情形，清晰地给出模型在什么场景下不适用，明确应对措施。

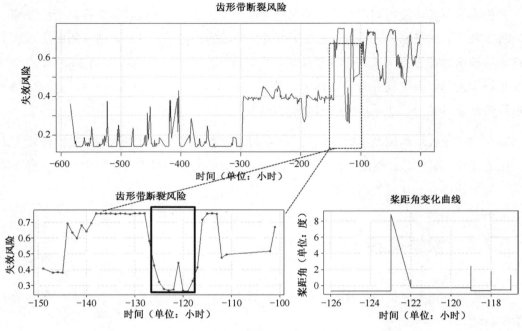

图 5-26   齿形带断裂预测结果

5.7.5   业务场景校验（Step 4.5）

业务场景检验包括：① 分析模型结果的解读，相对现有处理逻辑，分析模型有什么优势（决策性能、结果一致性、计算效率）？为什么有提升？重要特征量的物理含义是什么？挖掘出哪些新规律（特别是那些意料之外，情理之中的规律）？② 分析模型的适用范围，或者说对哪些情形，分析模型不适用?有什么对策？

要勇于交流模型中存在的缺陷或有待改进的地方，以获取领域专家的帮助，增加更多的数据，或将分析模型与业务流程合理融合。例如，在城市地下管道失效风险评估项目中，第一期模型的总体性能还不错，但发现在几个区域的模型表现并不好。当把这些区域以 GIS（Geographic Information System）的形式展示在业务专家面前时，业务专家很快意识到这些区域属于围海造田区（围海造田区的不均匀沉降会引起管道失效），围海造田区这个信息是一个非专业人士很难联想到的。数据分析是一个迭代过程。很多模型的性能瓶颈并非来自算法本身，而是来自业务定义、数据理解和数据准备。例如，一些很少发生但很重要的业务/生产场景没有被考虑，一些重要因素没有包含在当前数据集中，或一些严重的数据质量问题没有被意识到。由于工业大数据分析技能二分化，数据分析人员无法穷尽所有场景，领域专家也不可能思虑万全，通过具体的异常业务场景，可能触发更全面的思考。

另外，"业务理解"阶段通过业务访谈得到的"业务场景"通常不完备，在模型建立中会发现很多异常场景。例如，在集装箱到达量预测问题中，其中的一个异常场景是航运公司对航线的变更，某个航线暂停了 5 个月后，送箱规律发生了变化，并且业务量比之前显著提高。通过再次了解才得知当时因为船运公司换了一艘大船。这个异常是由于模型检验精度低而发现的。

5.8　模型评估

建模阶段已经从数据和技术的角度对分析模型进行了充分的检验，但该阶段的模型评估与业务校验通常由数据分析师主导进行。在模型评估阶段，尝试跳出数据分析师的视野，以业务分析师和业务专家为主，再次从业务的角度审视了模型的业务可用性（Actionable），明确模型的适用范围，设计分析模型与业务流程的融合方式。

即使采用已有的成熟模型，本阶段也很重要。任何模型都有一定的适用前提，有些前提在模型开发时没有被意识到，有些前提是模型文档忽略的。因此，模型是否适用于当下场景，需要进行严谨地测试和验证。需要补充说明，除了 CRISP-DM 方法中模型发布前的模型评估，实际项目分析中也有模型部署后的模型评估（集中在业务适配性、实际业务价值），但考虑到二者内容接近，这里不再单独区分。

5.8.1　技术评估（Step 5.1）

基于历史数据的技术评估包括：① 性能评估，从业务用户的角度独立检验核心的技术性能指标，特别是模型的特别极端情况下的性能指标；② 工程化评估，从实际应用的场景角度看数据分析模型处理各种场景的完备度，从应用系统的角度思考基于数据模型的应用与现有应用的数据关系，以及数据的可得性，另外评估模型运行性能；③ 模型的可维护性，评估模型技术文档的全面性，评估模型的可扩展性。

在业务场景方面应该包括：① 典型业务场景，覆盖不同业务颗粒度（组织、产品、时间等）、业务角度的数据集划分、多种评价指标（从业务语义的角度）和差异性分析；② 极端情形，包括数据缺失/异常、新场景（例如，新型号产品预测）、最差情形分析和数据攻击（安全性要求高的情形）。

5.8.2　业务评估（Step 5.2）

企业生产与管理是以工艺流程或业务流程为驱动的活动，经典信息化大多围绕流程（或改造后的流程）进行数据采集/整合和流转，以提升业务效率；数据驱动的大数据方法尝试从全要素、全过程和多维度的新视角再次审视其中蕴含的业务价值。但数据分析的结果若不能落实到企业流程中（现有的或新创建的），分析模型会游离在企业现有运作系统外，很难实现价值落地。因此，业务评估主要包括如下 3 个方面。

（1）可用性。分析模型是否可以融入当前或改造后的业务或生产流程，结果是否可信，是否满足时效性要求。

（2）可消费性。分析模型结果是否可被现场人员掌握。

（3）可维护性。分析模型与运维人员在技能上是否匹配。

在可能的情形下，最好能在实际工业运行场景中进行检验，分为以下两个步骤。

（1）制定验证方案，包括验证地点、时段选择、验证目标及异常情形设置。

（2）验证效果的评估，包括可行性评估、改进建议及业务价值评估。

5.9 模型发布

5.9.1 模型打包与分发（Step 6.1）

模型发布的内容包括：① 模型文件、代码和数据模型；② 模型的运行环境说明、执行模式（批处理、流处理）、执行周期等配置信息；③ 模型的研发过程文档，按照表 5-2 所示的敏捷研发过程的工作项进行组织，记录研发中的关键业务逻辑和技术点，以便后续的模型运维与更新。

为支持跨平台协作（例如，SAS 训练的模型部署在 SPSS Modeler 上运行），业界制定了开放的机器学习模型标准，主要有预测模型标记语言（Predictive Model Markup Language，PMML）、可移动的分析模型格式（Portable Format for Analytics，PFA）、开放神经网络交换（Open Neural Network eXchange，ONNX）这 3 种公开标准，特点对比如表 5-17 所示，其中，PMML 和 ONNX 使用相对广泛。

表 5-17　3 种公开标准的特点对比

开放协议	组织	支持的语言与平台	内容是否可读	是否压缩	开发环境支持包
PMML	DMG	R, Python, Spark	是（XML 格式）	否	R 语言的 pmml、r2pmml 包，Python 有 sklearn2pmml，SPSS Modeler 等商用软件可支持

开放协议	组织	支持的语言与平台	内容是否可读	是否压缩	开发环境支持包
PFA	DMG	PFA-enabled runtime	是（JSON）	否	R 语言有 aurelius 包，Python 有 Titus 包
ONNX	SIG LFAI	TF, CNTK, Core ML, MXNet, ML.NET	否（二进制）	是	R 语言有 ONNX 包实现接口，Python 有 onnxruntime 包

5.9.2　模型运维机制设计（Step 6.2）

运维机制设计主要分 3 个方面：① 运维组织体系，指定负责人和负责范围；② 性能监控机制，包括监控指标、监控周期和异常处理机制；③ 模型更新流程，包括模型更新的触发机制（定期、模型性能下降事件触发）和应对措施（例如，重新训练、重新研发）。

5.10　持续运行运维

模型研发仅是模型生命周期的开始，更长的是持续运维过程，保证数据处理过程正常、模型正常运行、模型的预测性能正常。当出现异常时，能够快速溯源与定位，及时解决。MLOps 等实践方法试图解决从研发到运维的无缝切换。更彻底的切换是数智化平台的运行环境与研发环境无缝对接，特别是与常用的本地分析环境 R 语言、Python 或常用的工程分析工具 MATLAB 的对接，这样可以充分利用既有分析工具技能和技术社区，避免成为一个自成体系的孤立平台。

5.10.1　数据工程

数据工程包括数据接入（不同的数据源接口、传输协议）、数据质量审查和数据处理流水线的建模与开发，数据流水线示例如图 5-27 所示。

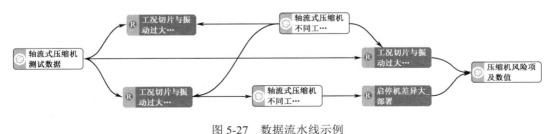

图 5-27　数据流水线示例

5.10.2　物理信息对象建模

在工业数据分析中通常需要访问多个维度的信息，例如，在设备健康评估和故障诊断时，除了设备状态监测数据（高频时序数据），还需要关联基础信息（如临界转速等）、运维记录（关系型数据）、检测数据（不定期的时序数据）、生产工艺数据（时序数据）等。这些数据被散落在不同的信息系统，为了访问方便，最好能以物理对象的形式将其关联起来，提供统一的访问语言（如 GraphQL、OQL 等）与接口。

物理对象建模依赖数智化平台对多源异构数据引擎（例如，IoTDB、InfluxDB、PostgreSQL、MySQL、Cassandra、Minio、HDFS）的抽象。例如，在工业数据分析中，常用的数据结构是数据框（通俗讲是宽表，把用到的维度都加工到列上），但在工业中很多数据框以工业物理对象、时间戳为关键字段（例如，压缩机工作状态数据框以压缩机序号、时间戳为关键字），这时可以抽象出一种新的时序数据框的数据结构，底部对接 IoTDB、InfluxDB、PostgreSQL 等不同的存储引擎。

物理对象建模的另外一个作用是对分析模型的数据上下文进行标准化，这样模型部署到一个具体的生产设备或系统时，只需数据映射或简单处理，解决了模型大规模部署中的数据基础问题。

5.10.3　模型部署

工业物理对象解决了数据基础的问题，模型部署还需要解决运行模式和运行环境异构的问题。工业数据分析模型包含现地模式、远程模式和联合模式，如图 5-28 所示。在现地模式下，分析模型运行在生产现场；远程模式是将生产数据传输到远端数智化平台，模型在数智化平台运行；在联合模式下，高频或实时处理模型运行在生产现场，仅将必要数据传到远端进行综合分析，或仅在必要时（例如，出现重大故障）才与远端实现数据交换。现地模式主要考虑数据传输代价与分析模型运行的实时性及数据安全要求。有了现地模式，很多高频的特征提取可以在现场计算，大大降低了数据传输量，另外，也可以通过延迟传输（例如，现场数据延迟一个小时发送），进一步提高了数据安全。远程模式的优势在于多个生产现场大数据增加了数据的丰富性，支持横向对比和深度挖掘，另外也支持专家知识（例如，设备制造商拥有的知识）与现场生产数据的协同优化。现地模式需要解决的问题是运行环境异构性问题（不同分析模型基于的算法包的版本可能不同），以及模型的部署或更新方式（在线或离线），这些技术将在第 7 章重点讨论。有了这样的平台支撑，模型运维人员的工作将大大简化，模型运维指模型的在线更新、离线部署和权限配置等工作。

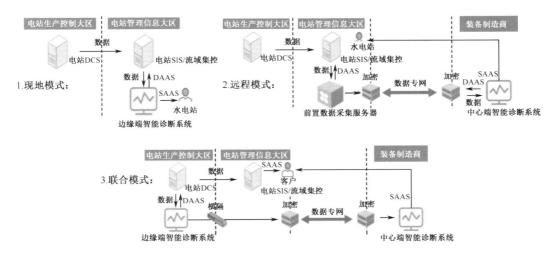

图 5-28　工业数据分析模型的 3 种运行模式（以水力发电机组智能运维为例）

5.10.4　运行监控

运行监控包括分析模型的执行计划及执行状态管理、计算资源监管、系统运行性能监控，以及作业日志管理，系统运行性能监控如图 5-29 所示。

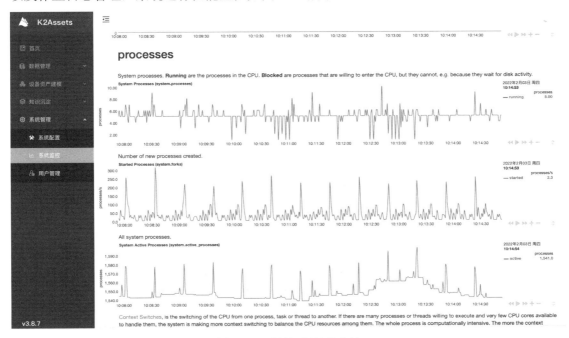

图 5-29　系统运行性能监控

5.11 敏捷工业数据分析方法的技术需求

敏捷是一种执行方式和做法，抓住主要矛盾，通过快速迭代应对需求的变化和认知的不确定性。数据分析课题大多属于不确定性强的情形，需求和预期结果不如经典信息化项目明确，很适合敏捷开发的方式。在前面分析过程方法基础上，本节讨论敏捷工业数据分析方法对技术的需求。

5.11.1 敏捷的概念辨析

根据 5.2 节所述，一个完整的数据分析课题包括 11 个阶段，看起来冗长，不够"敏捷"，但分析过程步骤的多寡不是敏捷性的关键，敏捷的本质在于每次迭代的速度，包括每个工作项的速度和工作项间的衔接顺畅度。

过程上的敏捷不等于"跳步或少做工作"，而是用最少的时间和人力代价完成必要的工作。业务专家做自己熟悉领域的分析课题，"业务理解"阶段可以做得很快，但这不代表"业务理解"的工作项对业务专家没有帮助，通过一些形式化的描述，可以将很多隐含假设和经验明确化，以消除经验陷阱。另外，在实践中常常出现另外一种情形，课题定义非常模糊，课题理解也不到位，总期望技术团队用"敏捷"的方式交付，这种做法很不可取，敏捷做法并不能替代思维和行动上的懒惰。

过程上的敏捷更需要在工作内容上进行规范。通过约定不同工作项的交互界面，提供算子库、案例库等行业内容，可以提高每个工作项速度；通过软件平台的支撑，实现研运一体化、小数据和大数据分析模型开发一体化、流批一体化等技术，可以加速工作项之间的衔接顺畅度。

5.11.2 个体敏捷性的技术需求

在模型研发中，采用基于工业内容资产的开发模式，有大量工业案例库、典型分析课题模板库、常用工业算子库、通用物理对象模型的支撑，而不是每次从零开始。除了分析平台内置的内容资产，企业应该梳理总结可复用的知识资产。另外，平台本身最好能够与既有分析软件社区有接口，这样社区里的大量算法包、案例、技能可以被重用，提高研发速度，平台开发出的模型与社区有良好的交互，可保持长久的活力。这个需求的技术实现方法将在第

6 章中进行分析。

另外是模型的测试效率。在大数据场景下，例外业务场景和边界条件很难靠业务访谈整理完备，业务理解或数据理解给出仅仅是常见的情形，需要用大数据验证。这时需要大数据平台软件能够提供小数据与大数据模型开发一体化的技术，让代码不经修改或很小修改就可以在大数据平台上运行，在大数据运行中出现异常的数据片段最好能以文件形式提供出来，方便本地调试。在运行模式（流计算、批计算）上，数智化平台应该提供一致的用法。这项需求将在第 6 章中讨论。

对数据分析师而言，研发效率的一个效率瓶颈是数据访问和多数据源融合。数据分析的特点就是跨维度，而传统业务系统是以流程为中心的分而治之的存储模式，数据平台应以工业物理对象或分析主题为中心，以提供关联好有质量保障的数据，而不是需要数据分析师从多个业务系统或多个数据存储引擎中分别抽取数据，在关联时才发现数据质量问题。这个技术在第 4 章中已经讨论。

在运维的效率上，数据流的可溯性很重要。当出现数据异常后，可以快速溯源。当数据分布发生变化后，也可以及时对模型进行重新训练。这项需求将在第 7 章中讨论。

5.11.3　团队协同敏捷性的技术需求

数据分析课题通常跨多个专业领域，敏捷协同需要跨领域交互的形式化语言和模型。在数据建模上，采用领域建模方式建立物理信息模型，建立领域专家、数据分析人员、数据工程人员的交互界面，详细讨论见第 4 章。在业务理解中，采用如图 5-6 所示的系统动力学模型，提高领域专家与数据分析师的沟通效率，基于该模型，软件工具有可能辅助做一些简化、可预测性、自动特征提取等形式化分析，这将在第 6 章中讨论。在专家规则型课题上，提供一些侧重于工业数据的 BI 图形化探索工具或类似 Jupyter Notebook 的脚本式沟通工具，领域专家可以进行多维度数据探索、数据可视化和思路表达，实现少量实例分析过程的直观展示，数据分析人员基于此细化逻辑、优化算法，将其变为逻辑完备、可以大规模重用的模型，这部分内容将在第 6 章中介绍。

另外，在组织方法上，通过共同的数据分析流程模型，提高团队的透明性，通过敏捷开发的各种协作手段，提高数据分析的迭代验证速度。通过 Git 机制管理模型、算子、案例，提高协同效率，这些内容将在第 6 章中介绍。

第 6 章　工业数据分析建模环境与技术

6.1　工业数据分析建模的特点

为消除工业上下文信息传递损失,让工业分析有规模化地应用(而不是少量数据分析师掌握的技能),工业数据分析建模环境的主力用户应该是工业领域专家,这些领域专家通常来自数字化部门、研发部、工艺部或生产管理部等,最终目的是实现领域专家的自主建模。

领域专家的优势为领域知识和经验,也有不少领域专家具备工程领域软件或编程语言开发能力,积累了不少单机版的分析模型。但在面对工业大数据分析问题时,领域专家和数据分析师在不同阶段面临着很多技术挑战,这也对工业数据分析建模环境提出了新的技术需求,如表 6-1 所示。

表 6-1　领域专家在不同阶段面临的技术挑战与技术需求

环　节	技术挑战（传统做法）	技　术　需　求
数据准备：数据关联与提取	需要多个系统、不同类型、大量数据的提取与整合能力	领域建模,降低分析师在数据访问方面的技能要求
模型建立：建模	将领域理解转化为分析模型； 将原有模型重写	拖曳式图形化建模环境； 工业算子库和案例库：提高建模效率； 非侵入式建模：既有 Python、R、MATLAB 模型经过简单适配就可以运行
模型建立：调试	将小数据程序改写为大数据平台程序； 获取日志文件并分析的能力(例如,shell 命令、正则表达式)	大数据与小数据迭代开发引擎：降低对大数据编程模式的使用门槛
模型部署	运行环境的部署； 分析模型的定期执行； 分析结果的展示	一键部署 端侧运行环境 数据型 App 的低代码开发工具

（1）在数据准备阶段，面临着跨系统、异构、海量数据的关联与提取的挑战，需要一种领域建模工具，实现模型驱动的数据关联与提取，降低分析师在数据工程方面的技能要求。

（2）在模型建立阶段，大数据并行化计算框架对很多工业分析师来说门槛高，不容易对接既有的工程分析软件（如动力学分析、信号处理等）。对很多没有编程经验的领域专家来说，基于算子拖曳的图形化建模是相对容易接受的选择，这时需要丰富多样的工业领域算子做支撑；而对于有编程经验的领域专家很可能更喜欢直接编写脚本，因为这种方式下算法调试更灵活。无论哪种方式，大数据上的编程习惯最好与小数据保持一致性，以便单机版程序经过少量适配就可以运行在大数据上。

（3）在模型建立阶段，另一个挑战是在大数据下模型调试效率与迭代速度慢，很多模型在正式部署前，需要在大数据上试运行，因为大数据对业务场景的覆盖度高，这些问题很难在建模时或小数据测试时考虑全面。但在试运行中遇到的异常，应该以方便调试的方式呈现（出现异常的数据片段文件、图片等），而不仅仅是日志记录。

（4）在模型部署阶段，传统方式下需要较高的计算机基础设施的操作技能，以解决运行环境差异、分析任务执行配置和分析结果展示的问题，如果分析建模环境能够实现一键部署，将大大缩短数据分析模型投入生产的周期。

6.2　工业数据分析建模环境

工业数据分析建模的敏捷性体现在开发效率、迭代速度和部署速度 3 方面。图形化建模可以降低没有编程经验领域专家的技能门槛，但同时不妨碍高级用户的灵活性（可以直接用编程模式进行建模）。提供封装好的领域算子，但同时保持了开放性，并与分析算法的技术社区保持连接。

如图 6-1 所示为拖曳式分析建模环境（示例），通过内置的算子，降低建模的技能门槛，同时允许用户使用 Python 或 R 语言编写的自定义算子（遵循必要的开发规范）。另外，通过算子和逻辑连线构成分析流程图，将复杂的分析处理逻辑模块化和显性化，提高模型的可继承性。

图形化模型背后转化为分析语言代码结构（示例），如图 6-2 所示，这样可以方便高级用户调试，因为很多隐性异常在源代码开发环境中更容易调试，例如，我们曾遇到个别时间列为 NA 的情形，该时间列用整型变量存储日期型数据（自 1970 年 1 月 1 日以来的毫秒数），虽然意识到可能存在溢出，但之前用整型存储到秒也没有发生过错误。只有到 R 开发环境中才能精准确定是数据溢出问题，在 R 语言中标准的 integer 是 32 位，最大可表达的正整数约等于 $2×10^{10}$，2034 年 1 月 1 日前存储到秒都在整数的表达范围内，如果乘以 1000，到毫秒是 13 位，远超过 integer 的范围，应该用 numeric 类型，转化语句也应该从 as.integer(as.numeric (as.POSIXct(output[[key]][[ts_col]], origin = "1970-01-01"))* 1000) 改为 round(as.numeric (as.POSIXct(output [[key]][[ts_col]], origin = "1970-01-01"))* 1000, digits=0)。

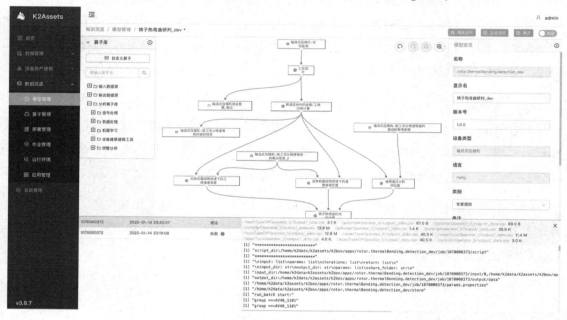

图 6-1　拖曳式分析建模环境（示例）

图 6-2　图形化模型背后转化为分析语言代码结构（示例）

分析模型管理本身是分析建模环境功能的一部分，包括模型权限设置管理（查看、下载、编辑、运行等不同权限）、上传的模型算子加密（有开发权限的用户才可以看到明文）、模型任务权限（查看、创建、运行）等，在提高组织协同的同时，合理保护知识产权。

分析模型需要进行状态管理，在不同状态下，允许不同的操作（删除只是其中之一），如图 6-3 所示。在实际中，这些状态还可以进一步细化。例如，在模型发布前，可以引入审批工作流和版本回滚的动作。

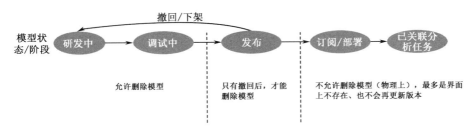

图 6-3　分析模型的状态管理

分析模型除了静态的模型逻辑，还包括运行方式（流计算、批计算）和运行环境。业务逻辑转化为计算模型时，需要决定哪些计算可以合并到一个模型。有两条启发式指导原则：① 运行频度一样，依赖的数据基本相同，这样放在一起可以避免反复访问数据；② 普适程度类似（适用于同类设备），重用度类似。为避免切分太细，只有多次重用的逻辑，才有从大逻辑模型中独立出来的必要。模型部署管理，支持在线、离线安装与更新，并且可以根据数据模型检查设备的适用性，保证模型运行环境（如 Python 版本）之间的隔离。

因为执行周期不同（例如，振动异常与温度异常的发展周期不同，不同类型振动异常需要考虑的时长也不同），一个完整的业务逻辑可能需要用多个模型来表达，分析模型之间的数据依赖关系需要一个全局可视化图，方便模型运维期的异常排查与追溯。从数据血缘分析的角度，这样的视图可以方便用户了解每份数据资源的来源。

6.3　分析模型资产库

除了建模环境，分析模型资产是另一种常用的提高研发效率的手段。对工业企业来说，分析模型资产也是重要的知识资产之一，包括分析案例、分析模型和分析算子。前面已经介绍过分析模型，而分析算子库的作用是将常用的数据处理功能沉淀下来，以便未来在不同建模中重用。分析案例包括分析模型、数据和文档，是一个分析模型研发过程相对完整的记录。

6.3.1 分析案例库

分析案例的文档包含很多业务语义的解释，可以按照第 5 章的过程模型组织，将每个步骤的主要工作记录下来，以便更有效率地理解数据和模型。示例如图 6-4 所示，一级目录对应表 5-2 的前 6 个阶段（分析模型的研发过程），二级目录对应表 5-2 中的步骤，三级标题留给每个分析课题灵活决定。在每个阶段，都有建模环境对应的连接与互动，这样相对全面地记录了分析模型的研发过程。

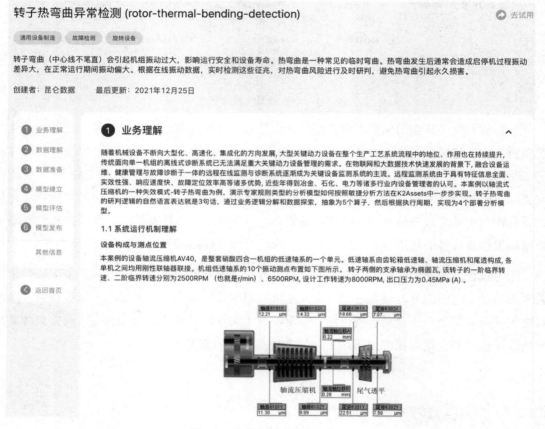

图 6-4 分析案例文档（示例）

为了方便案例的浏览和查询，每个案例的背后都有行业维度、业务场景、工业对象、分析技术类型、应用领域等固定标签，以及基于 JSON 格式的扩展标签。行业维度可以参考国民经济行业分类标准（如 GB/T 4754—2017）；业务场景如图 6-5 所示，参阅了《工业大数据分析实践》[①]中的提法；工业对象分为基础单元（泵、阀、轴承）、设备部套（电机、压缩

[①] 田春华，李闯，刘家扬，等. 工业大数据分析实践[M]. 北京：电子工业出版社，2021.

机、透平机械、水轮机）、机组（水力发电机组、风力发电机组等）、子系统（如燃烧子系统）和系统（核电站、火电站、化工厂）等；技术类型分为数据处理、BI 统计、专家规则、非监督学习、监督学习等；技术领域分为机械振动、热力学、流体力学、电磁场等。

图 6-5　分析案例库的业务场景划分（示例）

每个案例除了文档内容（可以采用 Markdown 格式或 Jupyter Notebook 形式），还包括题目、短描述、数据结构等形式化描述信息，以及尚未解决的技术问题等备忘信息，技术备忘信息如表 6-2 所示。可以进一步统计每个案例的浏览次数、试运行次数、订购次数、重用次数、运行频度等使用信息，以便依据这些信息对案例库做持续改进。

表 6-2　分析案例的技术备忘信息（示例）

课 题 名 称	ELA Mura 不良改善	类型标签	试　点　　PQM　　电 子 制 造
算　　法	决策树、随机森林、XGBoost	业务用户	×××
参与人员	×××	起止时间	××年 5—6 月
项目背景	进一步提升产品良率，ELA 环节到 CT 检测（是否存在 Mura）有两周时间		
主要挑战	● 影响因素多（933 个原始变量），但可控因素少（仅激光能量强度、光束形状两个变量可控），且机台差异性大，造成工艺参数优化不可行 ● 样本不均衡：ELA Mura 高发不良很少，且常常出现突发（怀疑是非工艺参数原因）		
关键技术	质量预警：根据机台状态进行 ELA Mura 不良预警，提升干预措施的及时性；采用随机森林等算法提升精度，但仍不稳定		
主要结果	● 关键因子识别：从 933 个原始参数中识别出 48 个关键因子 ● 高发不良预警：找到 5 个突发不良的表征因子 ● Mura 不良预警模型：1300 站点，两个机台（1ALA 01、1ALA03）分别建立管控模型，并建立了 Mura 不良预警模型，有预警效果，但虚假预警率略高		

6.3.2　分析模板库

分析模板库的目的是沉淀出典型分析课题建模要素与模板，以提高分析建模的质量与效率。狭义上，分析模板通常指的是对具有复用价值的分析模型进行参数化，形成可配置的分析模板。例如，针对典型的振动分析失效模式（转子不对中、油膜蜗动、轴承内圈故障等），针对不同的设备/部件类型，形成故障类型研判模板。广义上，很多可以加速分析过程或降低建模风险的模型也可以作为分析模板库的内容，主要包括：① 业务问题的要素模型（如图 1-7 所示）；② 典型问题的特征变量库，如在设备诊断与健康管理领域，典型课题的建模要素如图 6-6 所示；③ 特定领域的典型数据质量库，包括质量问题的具象描述、原因分析和处理方法；④ 特定领域的猜想、专家经验库，记录了领域专家的思考过程及过去在数据上的验证结果。

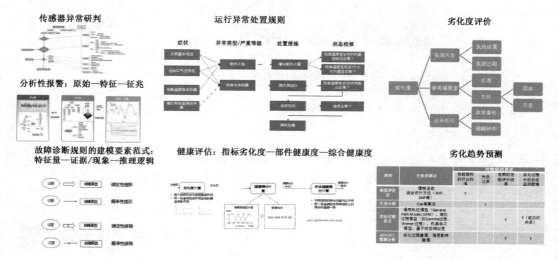

图 6-6　设备诊断与健康管理的典型分析课题建模要素（示例）

6.3.3　分析算子库

分析算子库对提高工业领域专家建模效率和降低建模门槛有很多帮助，特别是如图 6-7 所示的与工业分析相关的算子。在知识形式化表达时，不同领域存在很多共性的算子，如缓慢上升、持续振动、存在毛刺、残差存在正向漂移等，可以通过算子库的形式预先提供，避免不必要的重复工作。

算子可分为通用算子、领域算子和行业算子。通用算子主要包括数据源、数据预处理（如数据框合并、数据框聚合等）、机器学习、数据输出、时序征兆特征等；领域算子主要针对特定的工业分析领域，如振动分析、热效率分析；行业算子是特定行业的算子。

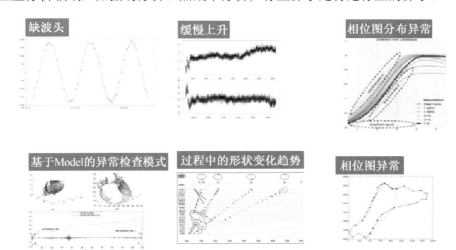

图 6-7　工业分析算子（示例）

工业企业也可以积累自己的算子库，在设计时应注意算子的内聚性。内聚性就是算子颗粒度要合适，不宜过粗，有太多配置参数，也应避免过细（如字段间的常用函数或四则运算没有必要每个运算符都作为一个算子）。为了算子的更新和版本管理，算子库中的算子采用文件方式而不是数据库进行管理，每个算子是一个文件夹目录，这样可以方便使用 git 等版本管理工具对算子代码进行管理。

以设备异常预警为例，"特征—征兆—研判"在计算逻辑中具有一些自然的分工，特征量计算通常是为了降低数据频度，在边缘端完成；征兆量计算（如缓慢上升）通常需要一定时长的数据，且在中心端运行。从统计或算法原理的角度，每个算子都可给出数据量的最低要求，在使用时，结合特征量的计算周期，可以对征兆量的计算周期有合理估算。需要注意，研判计算周期只要不低于所有征兆的最小周期即可，不一定要大于等于所有征兆的最大周期。从重用度的角度，特征算子的重用范围通常与数据类型（如时序数据、关系型数据）、物理领域（如振动时序数据、热力学时序数据）和设备类型有关，征兆算子的重用通常与征兆模态（上升、毛刺、香蕉形）有关，而研判一定与具体问题类型相关。

6.3.4　常用的时序分析算法包

工业大数据分析中涉及大量的时序数据。R 语言、Python 中提供了很多时序模式挖掘算法包，如表 6-3 所示。

表 6-3　时序模式挖掘算法包

类　　别	R 语　言	Python
时序分割（Segmentation）	Changepoint 包、strucchange、earlywarnings	Ruptures、changepy
时序分解（Decomposition）	stats 里 stl 函数、Rssa、EMD、WaveletComp、waveslim、wavethresh、wavelts	statsmodels.tsa、scipy.signal、PyWavelets、waipy、wavelets、PyEMD、pyts
时序表征（Representation）	Tsrepr、jmotif、tsmp	sktime、tslearn
时序模式（Frequent Pattern）	jmotif、TraMineR	sktime、tslearn
时序异常（Anomaly Detection）	tsoutliers	alibi_detect、PyOD、River、Anomaly Detection Toolkit (ADTK)
时序聚类（Clustering）	Tsclust、dtw	Sktime、Pyts、tslearn
时序分类（Classification）	tsmp	sktime
时序预测（Forecasting）	Forecast、prophet	Fbprophet、statsmodels.tsa、Darts、tsai、flow-forecast

在时序特征提取方面，常见算法包括 FATS、CESIUM、TSFRESH、HCTSA、TSFEL 等[①]。TSFRESH 包基于 Python 语言，提供了 64 个时序特征函数，HCTSA（Highly Comparative Time-Series Analysis）工具箱[②]基于 MATLAB，提供了超过 7500 个特征，是目前提供特征量最多的函数库。在一个实际项目中，需要的特征量通常是有限的。TSFEL[③]基于前面的函数包，将特征量缩减至 60 个（时域、统计、频域）指标。论文[④]在 HCTSA 的基础上，通过多个典型数据集的实验，将代表性特征减少至 22 个。另外，sktime 包的 ROCKET 算法[⑤]采用多个随机卷积核（默认是 1 万个），生成丰富的时序特征，支撑后续的回归或分析算法。

时序数据的一个特点是多尺度性，在不同问题中需要用到不同尺度的合适特征，在经典机器学习方法中，需要大量人工干预。随着深度学习的发展，端到端的自动化方法变得可能（用计算力换取数据分析师的时间）。

---

① BARANDAS M, FOLGADO D, FERNANDES L, et al. Tsfel: Time series feature extraction library[J]. SoftwareX, 2020, 11: 100456.

② DONG Guozhu, LIV Huan. Feature engineering for machine learning and data analytics[M]. Boca Raton: CRC Press, 2018: 87-116.

③ BARANDAS M, FOLGADO D, FERNANDES L, et al. Tsfel: Time series feature extraction library[J]. SoftwareX, 2020, 11: 100456.

④ LUBBA C H, SETHI S S, KNAUTE P, et al. Catch22: Canonical time-series characteristics[J]. Data Mining and Knowledge Discovery, 2019, 33(6): 1821-1852.

⑤ AUFFARTH B. Machine Learning for Time-Series with Python[M]. Birmingham: Packt Publishing Ltd. 2021.

在时序分类（Time Series Classification，TSC）问题方面，Fawaz 等将常见深度学习算法[①]按照判别式模型（Discriminative）、生成式（Generative）模型进行了总结，如图 6-8 所示。

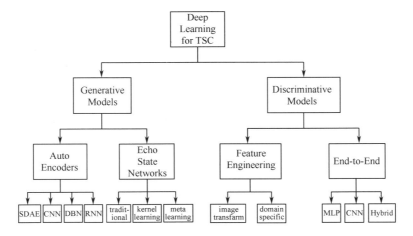

图 6-8　时序分类的深度学习算法

生成式模型目的是通过非监督学习获得一个好的表征。自动编码（Auto-Encoder）模型包括堆叠降噪自动编码器（Stacked Denoising Auto-Encoders，SDAE）、深度信念网络（Deep Belief Network，DBN）、循环神经网络（Recurrent Neural Network，RNN）等模型。RNN可以用于自编码结构，但很少直接做时序分类，更常用的是回声状态网络（Echo State Network，ESN），因为 RNN 需要每个时间点上都有一个输出（标签），但在时序分类问题中只有一个整体标签。Fawaz 等对常见的 9 类判别式深度学习模型在 UCR/UAE 数据库（85 个单变量时序数据集）和 Baydogan 数据库（13 个多变量时序数据集）上进行了测试，全卷积网络（Fully Convolutional Neural Network，FCN）和残差网络（Residual Network，ResNet）效果更好些。

在时序预测问题方面，Darts、tsai、flow-forecast 包提供了基于 Autoencoders、InceptionTime、DeepAR、N-BEATS、ConvNets、Transformer、Informer 深度神经网络结构。

6.4　算子开发

算子会被建模过程反复使用，算子本身应该具有强壮性、内聚性（接口简洁性）、功能明确性等特点。强壮性指算子要对输入条件有一定的鲁棒性，对可能出现的异常能够给出合

---

① FAWAZ H I, FORESTIER G, WEBER J, et al. Deep learning for time series classification: a review[J]. Data Mining and Knowledge Discovery, 2019, 33(4): 917–963.

理的处理和提示，对于输出有合理的检查与处理。算子的功能应该简洁明确，同时有详尽的帮助文档。一个算子的文件构成如表 6-4 所示，包括算子源代码文件、算子参数配置说明文件、算子帮助文档、资源文件夹、单元测试文件夹。

表 6-4 算子的文件构成

文　件	描　述	要　求
算子源代码文件	算子的功能函数	参数注释 未处理边界条件
算子参数配置说明文件	参数的说明	JSON 格式，包括参数功能描述
算子帮助文档	算子计算过程的说明	Markdown 或 HTML 格式文件
资源文件夹	存放算子图标、帮助文件中图片等	图片统一规格和风格
单元测试文件夹	存放单元测试用例	每个算子可以有多个测试用例

6.4.1　算子编码规范

1. 函数结构

必须有一个约定的入口函数，如 def run(input_dict, params, iterations)。另外，推荐 test()、main()等函数，用来支持算子开发阶段的测试工作，以提高算子开发效率与质量。

内部函数的名字以"_"开始，可以将一些核心代码隐藏；对于复杂的算子，可以拆解成多个 py 文件；在需要保护核心逻辑时，可以用算法包或动态链接库的机制。

2. 以数据框为核心数据结构的编程风格

数据分析语言和软件（如 R、Python、SPSS Modeler）通常以数据框（Data Frame）为核心数据结构，在算子编程时，数据分析师应该养成使用数据框编程的习惯。任何工具软件都需要"巧妙"利用，例如，有些用户抱怨 SPSS Modeler 不够灵活，实际上，作为一个拖曳式建模软件，SPSS Modeler 软件从操作界面中限制了循环等标量计算的习惯（这样的限定比 R、Python 语言等脚本式语言强很多），但如果认真思考，就会发现这些被抱怨的场景用数据框操作都是可以实现的，这些抱怨反而反映了开发人员思维的"惯性"和"惰性"。很多用户以 Java/C++语言的思考方式使用 R、MATLAB 等科学计算/数据分析工具软件，没有充分利用好工具软件设计背后的初衷和数据结构。有人辩解循环等标量操作比数据框操作效率高，这种说法在特定情形下有一定道理，关键要搞清楚"效率高"指的是"计算机的计算效率"还是"人的开发效率"，因为很多高级语言本身就是牺牲计算效率换取开发效率。

为了让业务语义更简洁，算子的每个输入都是一个 Dictionary 类型，在这个 Dictionary 中包含一个或多个数据框变量。

3. 边界条件检查

一个完善的算子需要考虑算子会被不同技能的人使用，输入和输出可能存在异常；我们对一些业务逻辑可能处理不完备，算子本身也可能存在不易察觉的缺陷，因此算子开发的一个重点是边界检查。对于异常输入，最好能够以带有业务语义的信息形式输出，保证用户能够获得对解决问题有用的指示性信息。对算子的边界条件检查如表 6-5 所示。

表 6-5　算子的边界条件检查

	检 查 内 容	示　例
输入	共性的检查： dataframe 为空； dataframe 是 0 行或行数不符合最低要求； dataframe 的列的数量和类型（算法有关）。 算法特定检查： 例如，ARIMA 算法要求时序数据等间隔	在"归一化"算子中，应检查归一化列的类型是否为 numeric（包括 integer，double，float，日期类型不需要支持，看具体分析引擎的默认行为）
参数	必须的参数是否存在； 参数值是否匹配参数的数据类型； 参数值是否在参数的值域范围内； 参数（或算法组合）合法性	参数组合：以 SVR 为例，根据是 SVR 类型（epsilon-SVR，nu-SVR），需要不同的参数； 参数的值域：STL 算法中 s.window 参数应是不小于 7 的奇数

4. 关键过程的异常控制

关键的算法过程要进行适当控制，例如，SVM 在遇到大数据量下，可能出现内存异常，也可能出现很久计算不出结果的情形，建议做法如下。

（1）对关键过程进行异常捕获。Python 的异常捕获常用 try…except…结构，把可能发生错误的语句放在 try 模块里，用 except 来处理异常。打印异常信息时，最好有上下文语义。

（2）运行信息输出。对运行时间可能比较长的算法（如深度学习），最好能够阶段性地输出进度信息，表明当前进程还在工作。

5. 输出的检查

输出前应检查结果是否正常并输出一些提示信息。例如，在选择工况时，给定的输入 dataframe 不存在要查找的工况，即输出的 dataframe 是 0 行，此时可以输出一些有业务语义的提示信息。

源代码中的注释可用于生成帮助文档或参数说明文档（生成一个初步框架），可参考 pyDoc、Sphinx、MkDocs 等工具的格式要求，这样代码开发后，可以一键生成初始的帮助文档。

6.4.2　算子配置文件

为方便算子的扩展与管理，算子通过配置文件的形式告诉建模环境其配置参数，这样建模环境可以据此生成算子的参数配置界面，如图 6-9 所示。另外，算子配置文件也可以作为算子设计工作的一个交付件，与算子开发人员明确约定算子的输入、输出和配置参数。

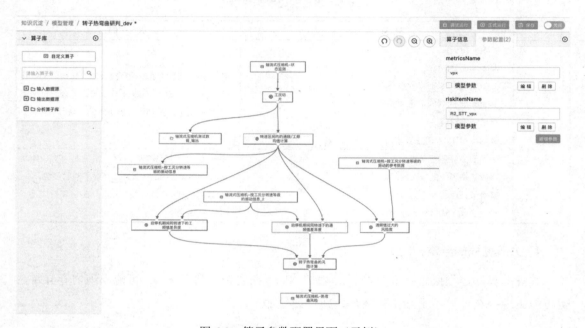

图 6-9　算子参数配置界面（示例）

算子配置信息包括算子说明、控制/迭代参数和输入/输出约束。算子说明给出了算子的外观（有多少个输入和输出节点），影响建模环境上的显示；控制/迭代参数定义给出了算子配置界面；输入/输出约束主要是为了进行数据合法性检查。

1. 算子说明信息

算子说明信息给出了算子的描述信息和外观（输入和输出的个数、图标等），具体内容如表 6-6 所示。

表 6-6　算子的说明信息

字 段 名	类 型	含 义	是 否 必 须
operatorName	String	算子的英文名称	是
operatorName_CN	String	算子的中文名称	否
description	String	算子的短描述	否

字　段　名	类　型	含　义	是否必须
operatorType	枚举类型，包括 source（没有输入节点只有输出节点），sink（只有输出没有输入节点），regularThroughput（普通的输出处理），modelTraining, modelScoring	算子的类型	是
num_inputs	Integer	输入的个数（即 inputs dict 中有多少 key）如果为空，意味着用户可以自性添加输入，如果有数字，意味着系统限定	否
num_outputs	Integer	输出的个数（即 inputs dict 中有多少 key）	否
languageType	枚举类型，包括 R、Python、MATLAB、Java	算子的开发语言	是
dependents	String	依赖的算法包及其版本	是
version	String	版本号	否
creator	String	创建人（第一个版本）	否
createDate	dateTime	创建日期	否
updateAuthor	String	更新人	否
updataDate	dateTime	更新日期	否
entryScript	String	算子的入口函数文件名（相对文件路径）	是
icon	String	算子图标	否

2. 控制/迭代参数配置

算子参数配置文件让平台可以了解算子的配置参数，从而生成对应的参数配置界面。

算子参数配置文件的部分信息可以从源代码注释（面向开发者或后续算子维护者）中自动抽取形成，但相对于注释，算子参数配置文件的形式化程度更高。算子参数的描述信息如表 6-7 所示。

表 6-7　算子参数的描述信息

字　段　名	类　型	含　义	是否必须
parameterName	String	参数的英文名称	是
parameterName_CN	String	参数的中文名称	是
description	String	参数的短描述	否
valueType	String (String, String-weights,String-DF)，Boolean, Integer, Double, DateTime, dataFrame	参数类型	是
defaultValue		默认值	是

字 段 名	类 型	含 义	是 否 必 须
validDomain	String（JSON 格式） 对于枚举类型，为所有可能值的罗列（用逗号隔开）； 对于 Boolean 类型的参数，此字段不需要； 对于 integer 和 double，可以为逻辑表达式（变量名默认在左边，可以不写），例如，>=7,! =0	参数有效值范围	否
isSingle	Boolean，默认为 TRUE，主要针对枚举类型，是单选还是多选（也决定了 GUI 显示形式）	是否允许多选	否

3. 输入/输出说明

算子的每个输入或输出中包含一个或多个主键，每个主键对应一个数据框，数据框变量的描述信息如表 6-8 所示。

表 6-8　数据框变量的描述信息

Field	类 型	含 义	是 否 必 须
portName	String	dict 中输入或输出 key 的英文名称	是
portName_CN	String	节点的中文名称	否
description	String	短描述	否
minNumRows	Integer (default=1)	最小行数要求	否
minNumIndependentCols	Integer (default=1)	最低列数要求（对于监督学习算子，此列是自变量列的个数）	否
typeIndependentCols	枚举类型，包括 String，Boolean，Integer，Double，DateTime，Any (default)	选择列的类型要求 9（对于监督学习算子，此列是自变量列类型要求）	否
minNumIndependentCols	Integer (default=1)	目标列数要求（仅对监督学习算子）	否
typeTargetCol	枚举类型，包括 String，Boolean，Integer，Double，Any (default)	目标列的类型要求（仅对监督学习算子）	否

6.4.3　帮助文档规范

帮助文档面向数据分析建模人员，很大一部分从配置信息或源代码注释（面向开发者或后续算子维护者）中自动抽取形成，配上图文资源使文档更容易被理解。

帮助文档本身用 Markdown 格式书写，能够根据需求生成 HTML、Word 或 PDF 等其他格式文档，整体构成算子的用户说明手册。帮助文件结构如表 6-9 所示。

表 6-9　帮助文件结构

部　分	规 范 要 求	是否必须	说　明
功能描述	200 字以内的一段话	Y	例如，merge 算子的说明：对两个或两个以上 DataFrame 数据源做列合并，有两种模式：不带 key，参数 key=False，则直接按照列合并，如果行数不等，那么按照第一行取齐。带 key，参数 key=True，则给直接 key 字段做 join，inner 是交集，outer 是并集，默认为 outer
控制/迭代参数	参数名（英文、中文） 参数含义（100 字内） 参数类型（String，Boolean，Integer，Double，String，DateTime） 默认值 有效值范围：枚举类型（给出所有可能的值，并说明其含义）；其他的说明范围要求（例如，最小为 7 的奇数）或者要求说明（例如，merge 算子主键必须为各输入 dataframe 共同列的列名）	Y（如果有）	
输入变量	dict 中有多少个 key，每个 key 对应 dataframe/repo 的含义； 关键 dataframe 的要求（多少行，多少列）； 关键 dataframe 列的业务含义、类型要求说明	Y（可以简单）	例如，对于多源合并，可以有两个以上的 dataframe 输入，以 key 为"data1"作为主 data frame
输出变量	dict 中有多少个 key，每个 key 对应 dataframe/repo 的含义 关键 dataframe 的输出行数的逻辑（让用户有正确的期望） 关键 dataframe 列的业务含义、类型要求说明	Y	
算法详情	算法处理原理，特殊情形处理逻辑，及参考文献（符合 GB7714—2015 标准）	N	

帮助文件采用 Markdown 文件。图片引用采用相对路径"./resource/"，所有的图片都放在子目录./resource 中，公式渲染采用 mathJAX 规范，考虑算子库可能部署在没有外网的环境，尽量不要采用 Latex 公式 render 的 webservice。

6.4.4　算子开发示例：毛刺检测

本节通过毛刺检测算子作为示例，展示如何开发算子及算子开发中对边界条件和不同数据分布情形的严苛要求。为此，这里集中在核心算法逻辑方面，而刻意忽略 6.4.1 节给出的算子形式化接口部分的代码。

传感器在工作中常常会受外部环境的干扰，从而在时序数据方面呈现毛刺图形。例如，因为机械安装或磨损等表面机械缺陷，电涡流传感器信号中存在毛刺，如图 6-10 所示。不同于单点噪声，具有一定宽度（含有几个异常点）的数据才被认为是毛刺。本算子根据时序分解及异常值检测，寻找时序数据中的毛刺区间段。毛刺检测是一个开放性问题，在工业领域实际项目中经常遇到，业务上的需求很明确，通常也会给出一些示例，但不存在严格样本标记或标签。

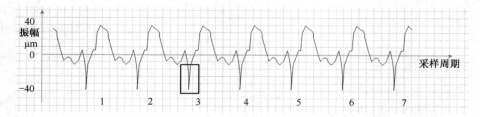

图 6-10　电涡流振动传感器信号中的毛刺

根据上述描述，毛刺是由若干连续异常点构成的子序列，从而很容易想到启发式规则，① 毛刺子序列较短（否则就是一个平台或阶跃），但不能太短（否则就是一个异常点），因此需要一定"宽度"度量；② 毛刺子序列要有一定高度，因此需要细化"高度"度量方法（绝对高度，还是相对高度）和基准（是全局还是局部领域）。用统计语言来说，毛刺子序列中有相当比例的点是离群值。③ 毛刺一定存在一上一下或一下一上的过程，否则就是一个阶跃点。

1. 平稳信号毛刺检测：基于 IQR 准则的方法

如果全局是平稳的，那么"高度"度量可以采用全局的统计分布。对于单变量，离群点常用的统计手法是四分位距（Interquartile Ranges，IQR）准则，即计算一组数据的中位数 M、25 分位 Q1、75 分位 Q3，IQR $=$ Q3 $-$ Q1，这样以 $M \pm 1.5 IQR$ 为上下限，上下限之外的可以认为是离群点，如图 6-11 所示。

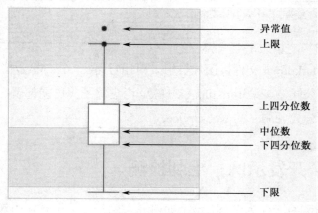

图 6-11　IQR 准则

相对于平均值和方差，IQR 一般对噪声的强壮性较好，不受大的异常值影响。使用 Python 语言实现的算子代码如下所示。

```
1    import numpy as np
2    import pandas as pd
3    import matplotlib.pyplot as plt
4    import warnings
5    warnings.filterwarnings("ignore")
6
7    # 计算基于 IQR 的 Extreme value 的上下限
8    def outlier_margin(x):
9        #for IQR, scipy.stats.iqr can be used. but it is unnecessary to import another package
10       Q1 = np.percentile(x, 25)
11       Q3 = np.percentile(x,75)
12       IQR=(Q3-Q1)
13       ex_low = Q1 - 1.5 * IQR   # 计算下边缘
14       ex_upp = Q3 + 1.5 * IQR   # 计算上边缘
15       return ex_low, ex_upp
16
17   def spike_detection(x,min_segmentLength,max_segmentLength):
18       ex_low,ex_upp=outlier_margin(x)
19       # flg 表示是否为离群值，segement 表示第几个连续片段，sequence 表示在片段中序号
20       df=pd.DataFrame({"value": x,"flg": 0,"segment": 0,"sequence": 0})
21       df.flg =((df.value>ex_upp) | (df.value<ex_low)).astype(int)
22
23       # 请认真阅读 3 行代码，看如何通过 array 或 dataframe 原生函数，避免循环
24       # 也可以用 selection 缩小 dataframe，提高效率，这里没有采用（主要为了后面扩展）
25       tmp1=np.cumsum(df.flg)
26       tmp2=(tmp1*(1-df.flg)).cummax()
27       df.sequence=tmp1-tmp2
28
29       df.segment=(df.sequence==1).astype(int)
30       df.segment=np.cumsum(df.segment)*df.flg
31
32       df2=df[df.flg>0]
33       df2.index.names=["Index"]
```

```
34      df3=df2.reset_index().groupby('segment').agg({'sequence':   max, 'Index':   min})

35

36      df3.rename({'sequence':    'Length', 'Index':    'Start_Index'}, axis=1, inplace=True)

37      df3=df3[(df3.Length<=max_segmentLength)& (df3.Length>=min_segmentLength)]

38      return(df3)
```

使用风力发电机组的变桨速率曲线（见图 6-12）检验上述方法，它是一个长度为 4500 点的时序数据。

```
data = pd.read_csv('./Dataset/wind_bFile.csv', usecols=['timestamp', 'in_vensys_ speed_momentary_blade_1'])
x=data.in_vensys_speed_momentary_blade_1 #变桨速率
x.reset_index()
plt.plot(x)
plt.title("Pitch Rate Curve")
plt.xlabel("Sequence")
plt.ylabel('Blade Spd (Deg/s)')
text(0, 0.5, 'Blade Spd (Deg/s)')
```

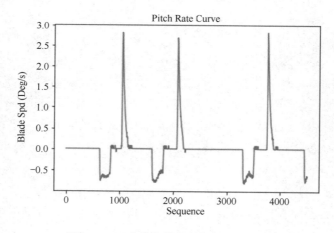

图 6-12　风力发电机组的变桨速率曲线

为更好地理解 cumsum（累计和）、cummax（累计最大值）等函数的作用，上面第 25～27 行的代码在风电数据上的运行结果如图 6-13（a）所示，第 22～30 行代码结果如图 6-13（b）所示。

2. 结果审查

从上面原始变桨速率曲线看，直觉的"毛刺"应该是第 1000、2000、4000 附近的 3 个尖峰。使用[10,50]、[100,200]、[200,300]这 3 组窗口长度进行测试，如图 6-14 所示。

Index	flg	tmp1	tmp2	sequence
859	1	235	0	235
860	1	236	0	236
861	1	237	0	237
862	1	238	0	238
863	1	239	0	239
864	1	240	0	240
865	1	241	0	241
866	0	241	241	0
867	0	241	241	0
868	0	241	241	0
869	1	242	241	1
870	1	243	241	2

（a）

Index	value	flg	segment	sequence
859	0.003	1	1	235
860	0.003	1	1	236
861	0.002	1	1	237
862	0.001	1	1	238
863	0.001	1	1	239
864	0.001	1	1	240
865	0.001	1	1	241
866	0	0	0	0
867	0	0	0	0
868	0	0	0	0
869	0.025	1	2	1
870	0.044	1	2	2

（b）

图 6-13　cumsum、cummax 函数的作用

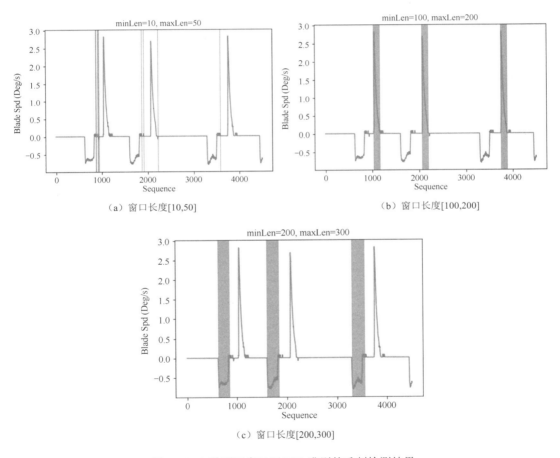

（a）窗口长度[10,50]　　　（b）窗口长度[100,200]

（c）窗口长度[200,300]

图 6-14　3 种不同窗口下 IQR 准则的毛刺检测结果

从上面的结果可以看出，除非将窗口大小限制清楚，否则很难输出期望的结果。原因是什么呢？很不幸，本数据集中 IQR=0，在长度为 4500 的时序中，等于 0 的元素有 2987 个，小于 0 的有 742 个（占整体的 16%），大于 0 的有 771 个（占整体的 17%）。也就是说，IQR 准则在本数据集上是完全失效的。这并不是说 IQR 准则不好，它仍是统计中异常值研判

的常用方法之一，但我们不应该迷信任何准则。

3. 改进：引入方差准则

一种直接的补救方法是引入其他判断准则，例如，绝对偏差中位数（Median Absolute Deviation，MAD）、方差等。可惜，在当前数据集上 MAD=0，从而 MAD 准则不起作用。这里采用 3 倍方差的方法，在原来 IQR 基础上做一定扩展。

```
ex_low,ex_upp=outlier_margin(x)

#--------------- Update 1:      sd criteria when IQR=0--------------
if(ex_low==ex_upp):
    ex_low=np.mean(x)-3*np.std(x)
    ex_upp=np.mean(x)+3*np.std(x)
```

结果如图 6-15 所示，引入方差后该算法可以很好地识别出预期的毛刺，但子图（b）、（c）因为窗口参数太大，没有发现毛刺。因而进一步的问题是，能否做一个自适应窗口算法发现不同尺度的毛刺。这个问题留给读者进一步探索。

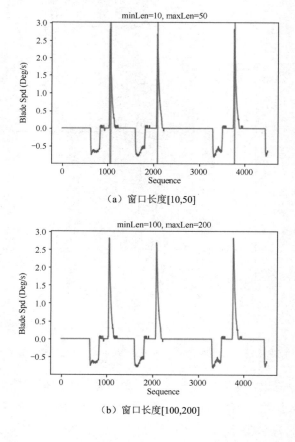

（a）窗口长度[10,50]

（b）窗口长度[100,200]

图 6-15　3 种不同窗口下引入方差准则的毛刺检测结果

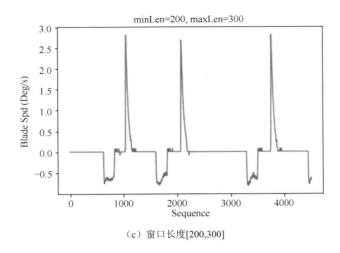

（c）窗口长度[200,300]

图 6-15　3 种不同窗口下引入方差准则的毛刺检测结果（续）

4. 继续深究

作为思维逻辑练习，大家可以继续思考可能存在的反例。

1）时序中存在非常大的异常值。

如果时序中存在一个很大的异常值，那么用方差方法会有很大的问题。大家不妨思考一下解决方法。可能的方法包括：① 增加前处理步骤，例如，采用中值滤波。② 增强方差或 IQR 的逻辑，例如，如果标准的 IQR 为 0，可以用 10 分位与 90 分位的距离，用 10 分位与 90 分位内的样本计算均值和方差。③ 直接采用分位数的概念，例如，认为 2.5 分位或 97.5 分位外都是异常值。④ 采用 Grubbs、Dixon、Rosner 等检验发现异常值。

2）存在局部波动的毛刺检测。

一个毛刺中可能存在局部波动，利用上述算法可能会将一个毛刺识别为两个毛刺。例如，一个大的正向毛刺，在顶部突然下降，下降到正常值，维持了很少几个点，又回到正向毛刺顶部，然后再下降。

如果处理上升情形，需要定义中间局部波动的宽度，以及该宽度或幅度与整个毛刺宽度与幅度的比例。另外，还需要考虑处理多个这样局部波动的场景。

需要深入思考的是算法中场景覆盖度，算法设计开发通常在复杂度与普适性间平衡。① 一个具体分析课题仅需处理该业务场景下可能存在的各种数据情况，甚至可以用一些该场景特定的启发式规则处理，只需要考虑后期的可维护性，不需要过多思考普适性。② 作为毛刺检测算子，本节的情形不应该由通用算子处理，主要理由是通用算法不但覆盖不了所有情形，反而增加了后续分析人员使用该算法的难度，但是通用算子应该留出前处理、后处理接口，让后续分析人员根据具体情形进行干预处理。

5. 非平稳信号的毛刺检测

工业现场很多设备随着工况而动态变化，对应的指标存在很多具有局部趋势性或周期性的时序信号。例如，磨煤机随着火电厂的发电功率而动态变化，磨煤机的进煤量、电流、出口温度等指标不是平稳信号。注意，这里说的平稳和非平稳，不是统计学或信号处理中的严格定义，只是从信号整体趋势看是否在一个数值附近。

针对非平稳时序的毛刺检测，有两种常见的策略：① 滑动窗口，在局部序列上进行毛刺检测；② 通过全局的前处理，将趋势项或大的周期项滤除，后面仍采用平稳时序的处理方法。毛刺检测一般来说是偏事后或批量处理的，需要在一定长度的时序上全面考虑，所以这里推荐第 2 种方法。以图 6-16（a）所示的非平稳时序的原始时序为例，该曲线开始存在缓慢的下降，在后面部分存在显著的下降和上升。采用 STL（Seasonal-Trend decomposition using LOESS）算法，消除趋势项后的时序如图 6-16（b）所示，时序变得相对稳定。对相对稳定的时序，可以采用小波分析或信号处理方法。对存在模式性变化的时序，可以采用 STL、SSA（Singular Spectrum Analysis）等分析方法。

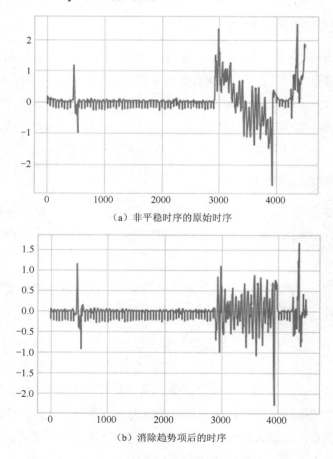

（a）非平稳时序的原始时序

（b）消除趋势项后的时序

图 6-16　非平稳时序的处理方法

在工业中存在很多启发式研判规则的分析场景，通常看起来通常比较容易，但经常存在很多特殊情形无法处理，做一个具有普适性且鲁棒性的算法其实很难。通常有两种方式：① 借助大数据的验证能力，在大量数据上发现可能的反例；② 算子开发人员严谨逻辑能力和算法精准理解，可以主动枚举可能遇到的挑战。

6.5　共性技术

工业数据分析建模的共性技术可以分为平台架构（包括云边协同、分布式计算引擎、计算任务管理等）、模型驱动的分析过程（包括领域建模、系统动力学图的形式化分析、自动特征工程或自动学习、专家规则优化等）、分析资产库（包括分析案例库、分析模板库、分析算子库、工业知识图谱等）等不同方面。本节仅讨论系统动力学图、分析服务引擎、少样本学习和专家规则精化等建模分析算法相关的技术。

6.5.1　系统动力学图的形式化分析

5.4 节介绍了利用系统动力学图描述系统运行机制，作为定性结构化模型，系统动力学图可以消除跨领域的沟通交流成本。但工业问题的系统动力学图一般比较复杂，最好能够进行一定程度的简化，把不可观测的量合并一下。此外，还可以根据结构做故障的可研判性或变量的可预测性分析，此外，基于系统动力学[①]的图结构有可能支撑自动特征提取方法，这些是本节系统动力学图形式化分析的探讨内容。

工业中存在很多描述系统因果关系的图模型，Ould Bouamama 等[②]将其分为 3 类：① 基于分析冗余关系（Analytical Redundancy Relation）的结构图，包括键合图（Bond Graph）、二分图（Bipartite Graph）、线形图（Linear Graph）等，用于表达变量与系统行为方程间的关系；② 定性图模型，包括因果图（Causal Graph）、功能图（Functional Graph）、符号有向图（Signed Directed Graph）等，描述了变量间的驱动关系；③ 概率性因果模型，包括贝叶斯网络和动态贝叶斯网络，描述不同量间的概率统计关系。第①类模型需要代数微分方程，不适合大部分工业领域专家；第③类模型是统计学习算法模型，也不适合领域专家，因此遵循第②类模型思路，只需要系统要素、要素间关系和要素特性（可观测性、可控性、可诊断

---

① 王海涛. 磨煤机控制系统耦合问题分析及其解耦控制[J]. 热力发电，2013，42(2):58-61+29.

② OULD BOUAMAMA B, BISWAS G, LOUREIROR, et al. Graphical methods for diagnosis of dynamic systems: Review[J]. Annual Reviews in Control, 2014, 38(2): 199–219.

性、可替换性）等定性知识，领域专家可以较为容易地构建出定性的图模型，这里推荐采用系统动力学图模型。

系统动力学模型主要包括因果回路图和存量流量图，因果回路图（Causal Loop Diagram）用于表示系统内部变量因果关系和反馈结构，存量流量图（Stock and Flow Diagram）表示累积量（如磨煤机内的现存煤量）、速率量（如给煤量）与微分方程结构对应。系统动力学图根据研究问题决定模型复杂度，目的是提高跨领域交流效率与信息正确性，模型太复杂不能清晰地表示主要变量间的关系，细节太少不能完整表现系统的运行逻辑。数据分析更关心变量间的驱动关系，因此本节仅采用因果回路图，但为了表达方便，将其笼统称为系统动力学图。

以磨煤机为例，其工作原理如图 6-17 所示[1]，磨煤机控制系统包括煤机转速控制、磨煤机一次风量控制和磨煤机出口温度控制，通常，多台磨煤机共用一个一次热/冷风管道。

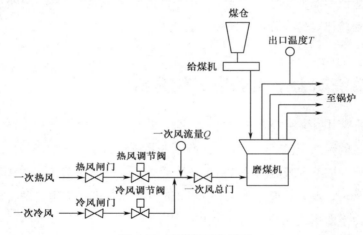

图 6-17　磨煤机工作原理

图 5-6 所示的磨煤机的系统动力学模型图中，只有矩形框内的变量是可测的，其余变量均不可测，例如，磨煤机内存煤量、磨煤机内煤粉量、磨煤机内热量、风环气流速度是刻画磨煤机行为的重要状态变量，也是进出口风压差、出口粉温等可测变量的重要驱动因素。

最后需要指出，系统动力学建模并非完美。首先，多个驱动变量和目标变量的关系不是一个简单的加性模型（类似 GAM，每个驱动变量项可以是非线性的，但多个驱动项间是线性关系）。例如，图 5-7 中的"风粉混合物煤粉含量"是"煤粉细度"和"磨煤机内煤粉量"两因素复杂非线性关系，目前，系统动力学模型箭头上的正负号仅代表正常情形下的偏微分的方向。另外，能量守恒、物质守恒等宏观层面第一性原理是指导系统动力学图绘制的重要参考，但现实系统存在于动态变化中，有一定的惯性和阻尼等动态行为，所以仅靠守恒定律往往不能

---

① 王海涛. 磨煤机控制系统耦合问题分析及其解耦控制[J]. 热力发电，2013，42(2):58-61+29.

用于故障诊断、参数优化等实际应用。系统动力学建模的目的是简洁明了地刻画主要因素间的关系，提高跨领域交流效率，抓住重要矛盾，细节的定量关系是下一步技术层面的事。

1. 建模元素约定

为了提高理解的统一性，简化形式化算法的描述，本节约定了一些建模要素。但需要强调，领域专家在描述业务机理时不必拘泥于此，能够清晰地表达业务逻辑是第一位的。在形式化分析前做一定的建模元素转化即可。

在实际系统中，系统动力学模型中的变量有没有数据支撑是工业大数据分析的基础。这里将有数据支撑的变量称为可测量，缺乏数据支撑的称为不可测量，用建模要素形状的边界线表示，实线为可测量，虚线为不可测量。

在工业大数据分析中，通常需要区分不同变量的作用，将控制量及控制目标量与一般状态量区别开来，另外，将一些外生且不可控的量（如外部干扰、故障事件）表示为外部事件。除了状态量、控制量、目标量、外部事件这些基础节点，为了建模方便还有群组、分支/汇集点两个虚拟节点类型，群组用于表示同一个位置的多个不同的物理量或用于支撑层次化建模，分支/汇集表示各种流的分支或汇集（如管道分支）。不同节点使用不同的几何形状表示，系统动力学图的建模要素如图 6-18 所示。节点间的连线分为机理关系、逻辑关系（如控制逻辑、计算逻辑）两类。

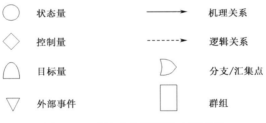

图 6-18　系统动力学图的建模要素

为后续讨论方便，约定以下数学符号标记。

系统动力学图是节点集和有向连线集构成的集合，标记为

$$G = \{V, L\}$$

节点集 $V = \{V_i : i = 1, \cdots, N\}$ 有 N 个节点，节点 V_i 的类型 $type(V_i)$ 是图 6-19 所示的 6 种类型之一。虚拟节点集 $V^V = \{V_i : V_i \in V, type(V_i) = \text{"分支/汇集点" or "群组"}\}$，其他节点都属于基础节点集 V^B。

连线集 $L = \{L_j : j = 1, \cdots, M\}$ 有 M 条连线。连线 $L_j = \langle V_i, V_k \rangle$ 表示从头部节点 V_i 到尾部节点 V_k 的有向连接。L_j 的类型表示为 $type(L_j)$。物理连接集 $L^P = \{L_j : L_j \in L, type(L_j) = \text{"机理关系"}\}$，

其余的连线为逻辑连接集 L^L。

节点 V_i 的入和出的连线集合分别记为 $inbound(V_i)$、$outbound(V_i)$。$inbound(V_i)$ 的头部节点称为 V_i 的前向节点，记为 $prev(V_i)$，$outbound(V_i)$ 的尾部节点称为 V_i 的后续节点，记为 $next(V_i)$。

锚定量指的是驱动整个系统行为的变量，不受其他变量的影响。例如，在电厂日常运行中，预期发电功率是锚定量，决定了整个电厂设备的工作状态。当然，锚定量是相对于当前问题而言的，在电网调度中，每个电厂的预期发电功率又是个控制变量，电力需求量是锚定量。在系统过程图中，入度为 0 而出度非 0 的独立基础节点对应的变量是锚定量。另外，在 Group 节点中的基础节点，如果该基础节点入度是 0 且 Group 节点的入度也是 0，那么该基础节点也是锚定量。

为充分反映模型结构多样性，本节再引入一个示例，即电厂蒸汽发生器主补水系统[①]，它的 P&ID（工艺管道和仪表流程图）如图 6-19 所示。该系统接受另一个子系统提供的回冷凝水，泵送到给水母管，供给 3 个蒸汽发生器补水管路分支，每个分支流量通过阀门开度调节，蒸汽发生器产生的蒸汽合并到一个主蒸汽管道驱动汽轮机发电。

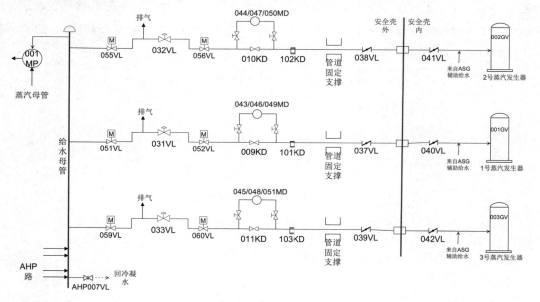

图 6-19　主补水系统的 P&ID

---

① 广东核电培训中心. 900MW 压水堆核电站系统与设备（上册）[M]. 北京：原子能出版社，2005.

主补水系统背后的控制关系如图 6-20 所示。根据电厂的目标功率 Power，系统给定期望的汽水压差 PressureDiff_Water_Gas 和 3 个蒸汽发生器水位 WaterLevel_1、WaterLevel_2、WaterLevel_3，通过控制泵送转速 Spd 实现汽水压差，蒸汽发生器水位通过各分支的阀门开度控制。详细控制规律可以参阅①。

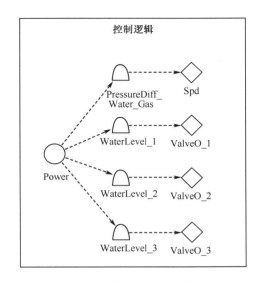

图 6-20　主补水系统的控制关系

为了后续分析，需要将控制规律图与连接关系图合并，合并过程分为以下 3 步。

Step 1 节点添加：按照名称唯一的策略，将控制策略的节点合并到系统过程图的节点集合。如果 Objective 节点在系统过程图中存在同名节点，将系统过程图中的节点类型更新为 Objective。

Step 2 连接的合并：将控制策略的逻辑连线并入系统过程图。注意，Group 类型节点的连线独立于其他类型节点。

Step 3 目标节点计算逻辑连线的人工添加：如果一个目标量是从其他变量计算得来的，添加从这些变量到 Objective 节点的逻辑连线。

其中，前两步可以通过算法自动化，Step3 是人工过程。按照上述步骤，主补水系统 P&ID 和控制关系的合并过程如图 6-21 所示。为了图整洁，图中仅对第 1 个分支展开。

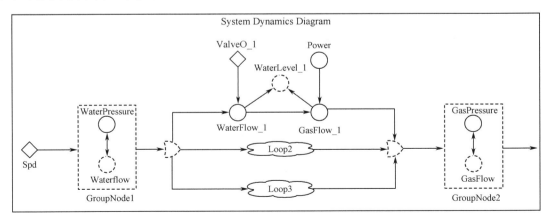

（a）原始图形

图 6-21　主补水系统 P&ID 与控制关系的合并过程

---

① 濮继龙. 大亚湾核电站运行教程（上册）[M]. 北京：原子能出版社，1999.

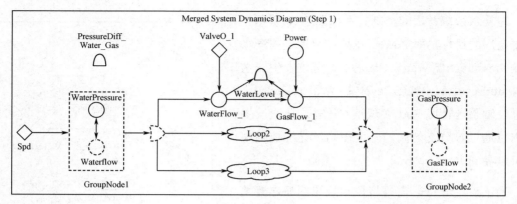

（b）Step 1 节点添加

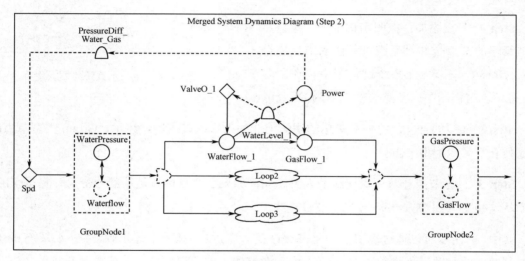

（c）Step 2 连接合并

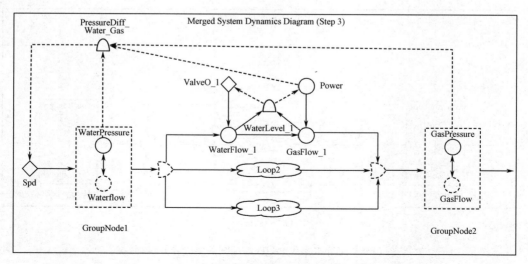

（d）Step 3 目标节点计算逻辑连线的人工添加

图 6-21　主补水系统 P&ID 与控制关系的合并过程（续）

2. 模型简化

系统动力学图表达了领域运行机理的关键要素和驱动关系。中间有很多变量是不可测量的，对机器学习课题来说，不可测量的变量的作用有限，限定了变量间关系结构（与概率图模型类似，降低了变量组合空间），另外，对于 HMM 等隐状态模型，不可测变量对隐含状态配置有一定的指示性作用。为复杂系统动力学图的分析效率，需要进行简化，在不改变变量关系结构的前提下，把不可测变量进行合并。

以图 5-7 磨煤机系统动力学图为例，其简化后的磨煤机系统动力学如图 6-22 所示。其中，U1、U2、U3 节点是很多不可测量的合并量。简化模型让分析建模背后的假设更明确。例如，如果建立磨煤机电流的回归模型，磨煤机转速、加载压力、给煤量作为自变量，原煤灰分是个未知的外生变量，它的影响可以通过限定模型有效期（假设一段时间内，原煤灰分是稳定的）或引入近期磨煤机电流特征变量来解决。进出口压差的驱动量是两个未知量和 1 个已知量（一次风压），两个未知量的作用可以通过磨煤机电流作为自变量替代。

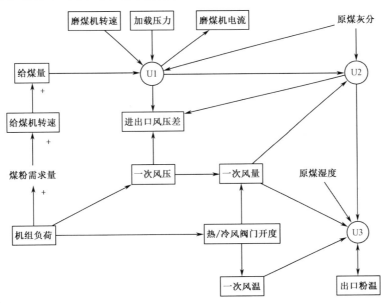

图 6-22　简化后的磨煤机系统动力学

系统动力学图简化基于几个原则，① 在一个通路上的，不可测的中间点出/入度均为①或终点（入度为 1，出度为 0）可以删除；② 出度为 1 的不可测点可以合并到下一个节点；③ 相互影响的两个不可测节点可以合并为一个节点。经过多次迭代，最终形成一个稳定的简化图。

为了更好地理解简化，首先给出图 5-7 磨煤机系统动力学图的简化过程，如图 6-23 所示。为表征清晰起见，这里仅考虑不同量间的拓扑关系，忽略变量名称，用编号表示不同的节点，可观测节点用实线圆表示，不可观测节点用虚线圆表示，忽略变量间影响的正/负。图 6-23（a）与图 5-7 一一对应。图 6-23（f）与图 6-22 等价，只需要把对应的可观测变量名称加回图 6-23（f），不可测变量统一用 U 表示，并做一定的排布优化。

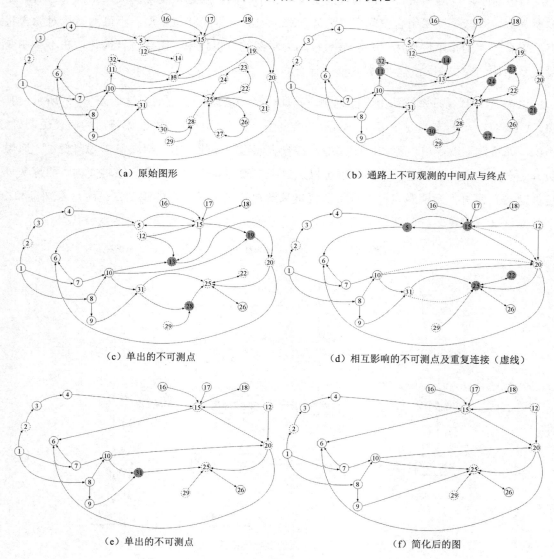

（a）原始图形　　　　　　　　　　　　　　　　　（b）通路上不可观测的中间点与终点

（c）单出的不可测点　　　　　　　　　　　　　　（d）相互影响的不可测点及重复连接（虚线）

（e）单出的不可测点　　　　　　　　　　　　　　（f）简化后的图

图 6-23　磨煤机系统动力学图的简化过程

算法形式化如下所示。

Step 1　锚定量与终点量识别：计算节点的出度和入度。出度为 0 的变量称为终点量，例如，图 6-23（b）中节点 32；入度为 0 的变量称为锚定量，例如，图 6-23（a）中节点 1、12、29。不可测的终点量可以去除，不可测的锚定量要保留。

Step 2 循环执行 Step 2.1~2.3，直至没有任何更新。

Step 2.1 中间过渡节点简化：中间过渡节点指的是入度和出度均为 1 的不可观测节点，且其前序或后序至少一个为不可观测节点。① 如果多个过渡节点构成一个过渡段，仅保留第一个节点，并添加从第一个节点将过渡段的最后节点的后续节点的单向连线。例如，图 6-23（b）中，节点 22、23、24 构成一个不可观测通路段，保留节点 22 并添加节点 22 与节点 25 的单向连线，这样节点 22 与 25 构成双向连接。② 如果过渡节点是孤立的，将该节点删除，并将该节点的前序节点与后续节点连接起来。例如，图 6-23（b）中的节点 11、14、21、27、30 属于这种情形。

Step 2.2 合并过渡节点的简化：合并过渡节点指的是出度为 1 但入度大于 1 的不可观测点，且其后续节点是不可测节点。例如，图 6-23（c）中的节点 13、19、28 都属于这种情况。这样的节点可以删除，其入度的连线都连接到该节点的后续节点。如果出现重复连接，新的连接可以忽略，例如，图 6-23（d）中的虚线连接。

Step 2.3 相互影响量合并：如果两个不可测节点相互影响，则将其合并为一个未知点，保留原来两节点的所有输入和输出连线（原来两节点间的连线忽略）。例如，图 6-23（d）中的节点 5、节点 22 与 25，为了展示清晰性，保留出入度较大的节点。

3. 可预测性分析

基于简化后的动力学模型，一个自然的问题是变量的可预测性，即一个给定目标变量（是可测的），其预测模型需要哪些数据（可测变量）作为预测变量。例如，基于图 6-23（f）的简化结果（或参考图 6-22），预测正常情形（不存在故障）下的"进出口风压差"，需要收集哪些数据（可测量），这是个开放性问题（可能不存在唯一解），也可以表达为如下等价的封闭问题：给定一个目标变量和若干预测量，用于构建预测模型是否充分。例如，在图 6-22 中，用"机组负荷""磨煤机电流""进出口风压差"预测"出口粉温"是否足够？

这里涉及不可测变量的等价表征问题，如图 6-22 中的 U1 的作用：① 由"给煤量""磨煤机转速""加载压力""原煤灰分"4 个驱动量拟合（因果关系）；② 可以尝试用"磨煤机电流"结果量（相关性关系）估算 U1 的作用。在驱动量因果关系方式下，"原煤灰分"不可测量，机器学习模型中只能用其他 3 个量做预测量，并且假定"一段时间内原煤灰分稳定"。结果量相关性方式背后的假设是 U1 与"磨煤机电流"存在可逆函数关系（或严格单调函数关系）。这些假设无法直接验证，只能交给大数据证伪。

在讨论具体算法前，以图 6-23（f）的变量 6、26 为例，讨论可预测性研判背后的基本思想。采用广度优先的方式，从目标量开始，分别展开当前变量的驱动量、结果量。如果某变量在预测变量集或该节点是锚定量，该变量节点无须继续分解。继续此过程，直到不存在待分解的节点。图 6-24（a）给出了变量 6 为目标变量时的分解图，有多种可能组合。数量最小的预测量组合是节点 1 和节点 18，需要做的假设是锚定量 12 不变或在机器学习建模时做特定处理，节点 1 是节点 7、10 和 4 的驱动量，节点 18 是不可测节点 15 的结果量，节点 10 和锚定量 12 是节点 20 的驱动量。图 6-24（b）给出了变量 26 的分解图，与（a）不同的是，节点 26 与 25 相互影响关系（二者构成了隐函数关系），节点 26 的可预测性依赖于节点 25 的可预测性，节点 25 依赖于两个不可测锚定量 29 与 12，其他数量最小的可测变量组合是节点 1 与节点 18。

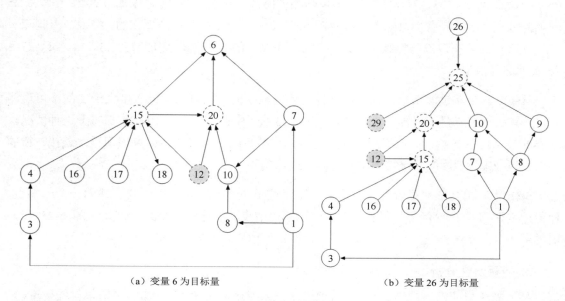

（a）变量 6 为目标量　　　　　　　　（b）变量 26 为目标量

图 6-24　变量的可预测性推演树

结构定性分析分三种情况，① 驱动关系结构完整；② 需要一定的假设，存在一些不可测锚定量（假设不可测锚定量可在机器学习建模时充分考虑），或部分利用结果量（依赖于严格单调的假设）；③ 不充分，当前预测量不够建模。定性结构性分析可以在早期发现不可行的情形和隐性假设，避免后期无谓的建模探索，但需要注意，定性结构分析不能完全保证定量建模的可行性，即使是第①种情形，还需要进行定量统计检验，因为测量存在误差和噪声、数据存在缺失、系统动力学图存在未建模要素。变量的可预测性算法过程如图 6-25 所示。

形式化代码描述如下。

Step 1 初始化。
假设给定预测变量集为 V^I，将目标节点 v^{target} 作为当前节点集 $V^C = \{v^{target}\}$，分解构成的图 $G^{tree} = \{V^{tree}, L^{tree}\} = \{V^C, \phi\}$ 是节点的有序列表，V^{tree} 可否被 V^I 支撑的标记位序列记为 Flg^{tree}，第一个元素初始化为 Flase（即 v^{target} 尚未确定可被 V^I 支撑）。目前的层次 numLayer =0，初始化实际使用的预测变量集 $V^R = \phi$。继续循环标志 loopFlg=True。

Step 2　构建目标变量推演图 G^{tree}。
```
while loopFlg {
numLayer= numLayer +1
```

新一层的节点集 $V^{CN} = \phi$

for each $v^C \in V^C$ {

　　如果 $v^C \in V^I$，或 v^C 为不可测锚定量，将 v^C 加入变量集 V^R，即 $V^R = V^R \cup \{v^C\}$，并更新 v^C 在 ${\bm{Flg}}^{tree}$ 的对应元素为 True。

　　否则，如果 v^C 是可测锚定量，loopFlg=False

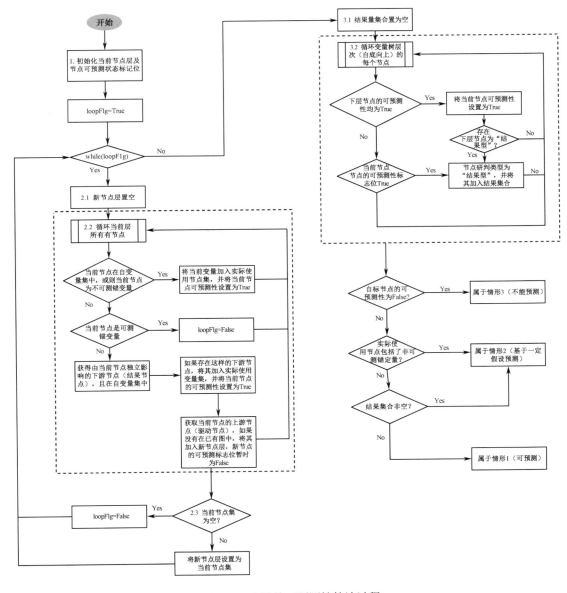

图 6-25　变量的可预测性算法过程

否则，{

计算 $res(v^C) = \{v \mid v \in next(v^C) \cap V^I$，且 $inbound(v) = 1$，且 v 可测$\}$

如果 $res(v^C) \neq \phi$，将 $res(v^C)$ 加入变量集 V^R，将 $res(v^C) \setminus V^{tree}$ 加入 V^C 和 V^{tree}，将 $res(v^C)$ 与 v^C 连线加入 L^{tree}。更新 v^C、$res(v^C)$ 在 Flg^{tree} 的对应元素为 True。

将 $prev(v^C) \setminus V^{tree}$ 加入 V^{CN}，将 $prev(v^C)$ 加入 V^{tree}，将 $prev(v^C)$ 与 v^C 连线加入 L^{tree}。$prev(v^C) \setminus V^{tree}$ 在 Flg^{tree} 的对应元素为 False。

}

}

$V^C = V^{CN}$

if $(V^C = \phi)$ loopFlg =False   #如果当前节点集为空，停止循环

}

Step 3 回溯更新节点状态。

利用结果量进行研判的节点集 $V^{result} = \phi$。

根据 V^C 的节点在循环中的 numLayer 从大到小循环{

如果下层所有驱动节点对应的 Flg^{tree} 都是 True，那么该节点在 Flg^{tree} 中对应的状态也是 True。

如果下层所有驱动节点对应的 Flg^{tree} 不全是 True，但该节点在 Flg^{tree} 中对应的状态是 True，那么该节点研判类型为"结果型"，并将其加入 V^{result}，如果下层所有驱动节点对应的 Flg^{tree} 都是 True，但下层驱动节点中存在"结果型"，那么本节点研判类型也是"结果型"，将其加入 V^{result}。

}

Step 4 问题类型研判。

如果 v^{target} 在 Flg^{tree} 中对应的状态是 False，则属于情况3），当前 V^I 不能预测 v^{target}。

否则，如果 V^R 中包括 V^I 外的非可测锚定量，那么需要依赖非可测锚定量可以在机器学习建模时充分处理的；如果 $V^{result} \neq \phi$，那么存在利用结果变量相关性去建模的情形。

否则，属于驱动关系结构完整的情形1。

对于利用结果变量估计当前量，上面的算法中没有考虑多跳的可能（即利用结果变量的结果变量估算当前节点），因为利用结果变量估算当前量本身依赖很强的单调性假设。

4. 基于模型结构的特征提取

在自动机器学习（AutoML）中，不同的数据表连接关系（如一对多、多对多等）[①]，对应特征变量提取策略不同。机理结构关系也存在类似情形，不同模型结构对应的特征提取策略不同，如表 6-10 所示。在工具软件实现方面，需要数据分析师配置。

---

① 达斯，卡卡马克. 自动机器学习入门与实践：使用 Python[M]. 谢琼娟，译. 武汉：华中科技大学出版社，2019.

表 6-10　不同模型结构对应的特征提取策略

结　构	规　则	典　型　特　征
同量纲	主成分提取	PCA/PLS/ICA 的主成分
通路	不同位置的同量纲测点	差值（如压差、温差） 均值 单点与均值的绝对/相对偏差
	典型函数关系	例如，阀门开度—流量—压力曲线
分支	分配比例	分配比
	不同分支同量纲变量对比	均值 单点与均值的绝对/相对偏差
分支	分支与汇总的关系	流量平衡关系 压降
控制回路	目标量时序	时序模式
	目标—控制量关系	控制曲线
锚定量	场景聚类	聚类、时序模式切片

在不考虑模型结构的情形下，可以根据变量的量纲进行特征提取。同一量纲的变量通常有类似的物理意义，可以进行 PCA、PLS、ICA 等线性或非线性变换提取。基于模型结构，也可以采用语法树的方式①更灵活定义变量间的高级组合，依靠遗传算法进行特征变量的提取与选择。在同一通路上，不同位置的同量纲变量（如管道上下游的压力）的差异有明确的物理意义（如代表压降），这种差异在统计上由相对差异、绝对差异等不同的统计特征来表示。对存在领域函数关系的变量（如阀门开发—压力与流量），也可以根据领域函数加工特征。对于并行分支，可以进行不同分支的同量纲变量的差异对比，也可以考虑各种流量守恒定律等关系进行特征加工。对于闭环控制回路，目标量或控制量时序特征往往可以刻画其暂态过程的特点，另外，目标量与控制量的控制曲线形态特征（如阀门开度—流量的关系曲线）也通常是重要特征。锚定量在工业场景中对应工况，工况的提取可以通过对锚定量聚类或时序分割实现。

下面讨论通路、分支、闭环控制回路等结构的识别算法，不同结构可以提取的特征变量不同。在实际应用中，可以根据机器学习的因变量有针对性识别与之有关的模型结构。

（1）通路、分支识别。

一条通路（path）指的是从某个基础节点开始，结束于虚拟节点，或没有物理输出连接的基础节点的节点和连接序列。例如，在图 6-21（d）中，<Valve_O1, PL4, ValveFlow_1, PL6,

① DESILVA A, LEDNG H.W., LEONG P H.W. Grammar-Based Feature Generation for Time-Series Prediction[M]. Singapore: Springer, 2015.

GasFlow_1> 是一条通路。最长通路的识别算法如下。

Step 1 起点选择：选择物理入度为 0 的基础节点，或前向节点全部为虚拟节点的基础节点，符合这些条件的节点构成起点集 startNodes。

$$startNodes = \{V_i \in V^B : \text{inbound}(V_i) \subseteq L^L \,|\, \text{prev}(V_i) \subseteq V^V\}$$

$$pathList = \varnothing$$

Step 2 构建通路：循环选择一个开始节点作为当前节点，基于当前节点选择一个物理连接，如果尾部节点的类型是基础类型，那么将其加入当前通路，作为当前节点。如果当前节点没有物理连线，那么终止循环。

定义一个递归函数 constructPath。

```
function constructPath(currentNode, prevPath, pathList){
for(l in  outbound(currentNode)∩L^P){
    if（tail(l)∈V^P）{
        prevPath=<prevPath, l, tail(l)>
        return(constructPath(tail(l), prevPath,pathList))
    }else{
        pathList=pathList.append(prevPath)
    }
}
return(pathList)
}
```

循环选择所有的起点，获得全部可能的通路列表 pathList。

```
pathList=NULL
for (v in startNodes){
    pathList=constructPath(v,NULL, pathList)}
```

图 6-21（d）中存在的部分通路示意如图 6-26 所示。

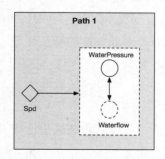
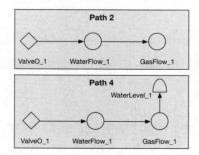
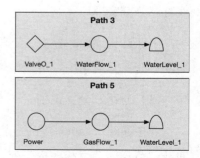

图 6-26 部分通路示意

如果两个通路满足 a）第一节点的相同，或第一个节点的前序节点相同，并且 b）最后一个节点相同，或最后一个节点的后续节点相同，它们被称为并行分支。例如，图 6-21（d）中有 3 个并行管路分支。

（2）闭环控制回路识别。

给定一个目标量，闭环控制回路识别算法的伪代码如下。

Step 0 初始化： 控制变量列表 controlList=$\varnothing$,锚定量列表 externalList=$\varnothing$,其他基础节点列表 processList=$\varnothing$ 和连接列表 linkageList=$\varnothing$ 。

Step 1 目标节点直接连接节点： 对于一个目标节点 v^o ，寻找其直接连接的节点，将其中的控制量节点加入 ControlList，锚定量节点加入 externalList，其他的基础节点加入 processList。

$$linkageList = \text{inbound}\left(v^o\right) \cup \text{outbound}\left(v^o\right)$$

$$controlList = \text{next}\left(v^o\right) \cap V^C$$

$$externalList = \text{prev}\left(v^o\right) \cap V^A$$

$$processList = \left[\text{prev}\left(v^o\right) \cup \text{next}\left(v^o\right)\right] \cap V^B$$

Step 2 添加控制节点通路 对于一个控制节点，构建其通路，将其中的基础节点加入 processList。

```
for( v^c  in controlList){
        pathList=constructPath( v^c ,NULL, NULL)
    for(path in pathList){
        for (k in 3:length(path):2){
            if ( path[k] ∈ processList ){
```
$$processList = processList \cup path[3:k:2]$$
$$linkageList = linkageList \cup path[2:(k-1):2]$$
```
            }
        }
    }
}
```

这里，列表 $path[3:k:2]$ 的下标 $3:k:2$ 表示从第 3 个元素开始，步长为 2（这样只取节点，跳过连线），循环到 k 为止。

Step 3 添加锚定量路径： 将其与 Process_List 中节点的 linkage 加入 LinkageList。

```
for( v^A  in anchorList) {
    for(l  in outbound( v^A )){
        if ( tail(l) ∈ processList )
```
$$linkageList = linkageList \cup \{l\}$$
```
    }
```

Step 4 补充输入/输出连接：这样将 Process_List，Objective_List，Control_List，Exernal_List 和 Linkage_Candiate 构成的结构称为一个控制回路。

与 Process_List/Control_List 中节点的直接相连，但不在当前 Linkage_Candiate 中的 linkage_Physical 称为当前控制回路的输入/输出连接。

$$inputList = \mathrm{inbound}\left(V^{B} \cap processList\right) \backslash linkageList$$

$$outputList = \mathrm{outbound}\left(V^{B} \cap processList\right) \backslash linkageList$$

针对 WaterLevel_1 目标量，控制回路的识别过程如图 6-27 所示。

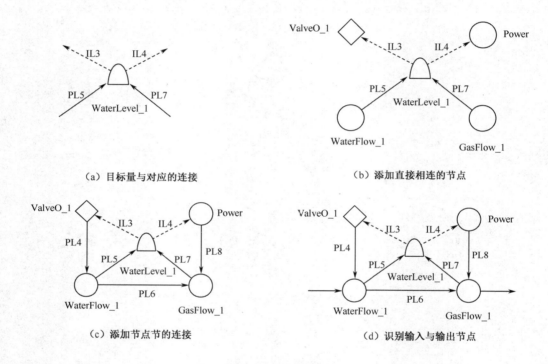

图 6-27 控制回路识别过程（示例）

6.5.2 非侵入式分析服务引擎

在很多应用或平台开发中，为保证扩展性，通常需要一个分析引擎作为后台组件。当有新的数据分析需求时，只需要开发新的数据分析模型或脚本，而不需要更改应用代码，这种应用逻辑与分析模型独立的方式具有很好的扩展性。而如何保持大数据技术对工业数据分析师的透明，则是工业数据分析执行引擎需要解决的问题。

非侵入式的封装技术解决了对分析师屏蔽底层大数据技术的挑战。使用 MapReduce、Flink 并行框架和分组识别匹配，解决海量数据及跨数据类型的数据关联分析问题。鉴于 R、

Python、MATLAB 的执行环境都对外提供了开放接口，例如，基于 gRPC 等 RPC 机制可以将 Python 程序封装为服务端。除了 Production Server、Web App Server 等产品，MATLAB 的 MCC（MATLAB Compiler）可以将 m 文件编译为可执行文件（包括 JAR）、动态链接库，只要安装 MCR（MATLAB Compiler Runtime）环境就可以运行这些文件（不需要 MATLAB 本身）。执行引擎拟将 Java 程序作为 R、Python、MATLAB 程序的触发程序，先在本地准备好 R、Python、MATLAB 程序需要处理的分组数据，然后通过 Socket 程序调用分析程序的标准接口，得到结束通知后，再收集分析程序输出和日志。非侵入式封装逻辑如图 6-28 所示。

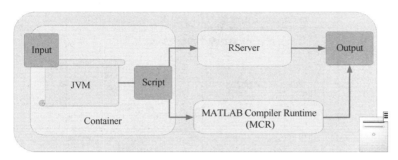

图 6-28　非侵入式封装逻辑

以 R 语言为例，其对外有多种对外接口或扩展机制，① 针对算法扩展，提供了 R package 开发（采用 R / C / C++语言），也提供了动态链接库的载入（dyn.load、library.dynam 函数）；② 针对批次执行或单次大计算量情形提供了 Batch 命令行模式，③ 对于应用整合，提供了 C/Fortran API（参阅 Rcpp、RInside 等包），方便第三方应用嵌入利用 R 的分析功能。第 3 种模式不仅限定了编程语言，还要求应用开发人员处理 R 动态库初始化、内存处理、错误机制等技术细节（很容易出 bug），针对这样的限制，一种 Client—Server 的框架是很有必要的，消除了开发阶段的技术限制和门槛，在运行状态，规避了 R 动态库初始化、结束等时间开销。RServe 就是基于 TCP/IP 的 R 语言 Client—Server 框架的一种实现（2002 年第一个版本发布）。

在 RServe 中，每个连接（Connection）有一个独立的工作空间（workspace）和工作目录，支持远程链接、安全认证、文件传输等功能。Rserve 工具包也实现了 Java、C++、PHP 等客户端，方便其他编程语言与 R 数据结构的友好转换，通过 SDK 接口函数（或通信协议）将需要的数据加载到 R，按照客户端指令进行相应的计算，并将结果返回客户端，所有的数据和对象在连接期间一直是保持（persistent）的，即在连接期间是有状态的。下面的 Java 代码演示了调用本地 Rserve 服务，生成一个长度为 10 的正态分布数组。

```
RConnection    c=new RConnection();
double    d[]=c.eval("rnormal(10)").asDoubles();
```

Rserve 会话（Session）过程如图 6-29 所示，在启动期间进行环境初始化，客户端请求建立一个会话，同一个会话共用一个变量空间，很适合有状态的交互式分析调用，降低了环境初始化的时间开销，以及变量传递的开销。很多第三方软件（例如，Tableau，SPSS Modeler，SAP HANA）均采用 Rserve 方式实现 R 语言的支持。

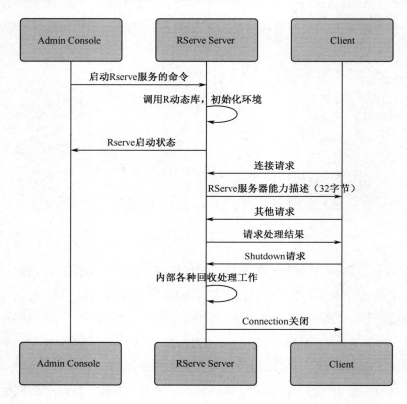

图 6-29　Rserve 会话过程

6.5.3　工业应用的典型统计学习模式

1. 问题类型

因为其可验证性，监督学习通常是数据分析师首选的方式，但很多工业应用不存在大量标记样本。这时通过一定的转化可以用监督学习算法。

（1）基于历史报警事件记录实现长期趋势预警。设备控制系统或工业监控系统中可以对超限、故障或异常状态进行报警，但工业应用通常期望进一步实现预警，以便更早地进行干预。分析课题的数据集仅有报警事件记录和状态监控时序数据。当报警事件数量相对充足时，可以根据事件演化或设备劣化的机理：① 用 Sigmoid 等函数对之前的时间点进行启发式的风险赋值，这样就转化为一个回归问题；② 将报警前一段时间设置为高风险区域，将问题转化为一个分类问题。

这种做法看起来不严谨，因为在逻辑上我们并不能完全知道报警前的风险度，但很多工业过程风险在一段时间内可以认为是连续单调的，例如，磨煤机堵磨、风机结冰、脱硫脱硝浓缩段温度过高、密封泄漏，并且从开始发生到超限报警需要一定的持续演化过程。另外，因为机器学习模型是基于大量历史数据学习而来的，少量时间点上的误标不会影响模型的基本面。

另一个常见问题是，既有系统把报警阈值放松一下不是也可以实现提前报警吗？不幸的是，放松阈值会带来很多虚假报警。因为当前工业监控系统是基于短时间窗统计量进行的，一些持续的缓慢趋势在短时间内很容易被噪声和正常动力学行为淹没，另外，工况的持续变化也让缓慢异常趋势很难被发现。只有引入较长时间窗口的趋势征兆量，以及多维变量间的动力学关系才能在及时性和准确性中取得均衡。

（2）将单分类问题转化为正常模式的回归问题。在很多故障诊断问题中只有正常的样本（在不同工况和外部条件下），没有故障样本。这是典型的单分类问题（对应 One-class SVM 等分类算法）。很多时候也可以转化为动力学建模的问题，建立正常情形下变量间的关系模型：① 可以是统计学习模型（包括深度学习模型），根据模型预测值与实测值间的关系进行异常研判；② 可以基于机理模型建立 Kalman 滤波模型，根据状态变量的跃变进行异常研判；③ 对于受工况影响的平稳过程，在 6.5.4 节中将重点讨论。

（3）将专家规则转化为模式匹配问题。根据初始专家规则，在历史数据上寻找类似案例，通过专家标记，转化为模式分类问题。

（4）将基于分类/回归模型的优化问题转化为关联规则分析。对于连续流程生产的操作参数优化，典型的做法是训练不同工况、操作参数下的动力学过程模型（分类模型或回归模型），在应用时，针对给定工况，用优化算法求解最佳操作参数（动力学过程模型的逆问题），但这种做法对动力学模型的精度要求高，另外也要面对非唯一解情形下的数值计算问题。

在将工况、操作参数、过程效果离散化（可采用聚类等算法）后，用关联规则挖掘，可以将操作参数优化问题转化为关联规则的左条件和右条件，实现了查表式操作参数选择。在有了这样的离散化模型后，可以用监督学习模型（回归或分类模型）进一步提高精度，而关联规则给出的频繁组合模式可以成为监督学习模型的特征变量。

2. 思路模式

对于工业领域专家的经验，机器学习模型可以在几个方面对算子效果进行提升。① 定量化，可以更精细地描述多个因素间的关系，关系也可以是非线性关系，参数也是自适应调整的；② 细化，可以通过时序分解、分段、分工况等方法将研判与预测做得更准确；③ 建立更高的基准，通过类似模式样本统计（数据的样本冗余）、变量间的关系模型构建（变量的关系冗余）或机理参数拟合（过程的机理冗余），实现对工业系统行为的预测；④ 从大的时空颗粒上看问题，有助于提高研判的精准性。

相对于机理模型，机器学习模型在这两方面进行了实用性改进。① 放松了对整体因果机制的追求，聚焦在局部空间结构，在工业数据基础较好的情形下，不失为一种可行的技术方法；② 通过实际数据的分析，避免了机理模型参数辨识和理想假设的烦恼，基于样本的相似度，实现合理的推理。

3. 机器学习模式

Google 云[①]将机器学习在数据表征、问题定义、模型训练、模型弹性服务、模型重现、模型可控、连接模式等环节中的典型做法总结为如表 6-11 所示的 30 种设计模式。关于深度学习模式的讨论，可以阅读文献[②]。

表 6-11　机器学习的 30 种设计模式

环　　节	设　计　模　式	描　　　　　述
数据表征	模式 1：哈希特征	解决类别变量的数值不能提前全面获知（或者基数太高）的情形。比独热（One-hot）编码有更好的扩展性，因为独热编码需要提前知道所有可能的数值
	模式 2：嵌入	将高基数的类别数据转化为低维空间的连续变量
	模式 3：　特征交叉	两个类别变量特征形成交叉组合特征
	模式 4：多模态数据	将不同模态（例如，图像、文本、数值向量）的特征组合
问题定义	模式 5：重新定义输出类型	将分类问题变成一个回归问题，或反之
	模式 6：多标签	一个样本给出多个变迁
	模式 7：模型集成	通过集成，提高稳定性或精度
	模式 8：级联结构	将一个机器学习问题分解为一系列机器学习问题
	模式 9：中立类	将二分类变成三分类问题
	模式 10：样本再平衡	解决分类问题中类别样本数量不均衡和回归问题中离群点的问题

---

① LAKSHMANAN V, ROBINSON S, MUNN M. Machine Learning Design Patterns[M]. Sebastopol: O'Reilly Media, 2020.

② FERLITSCH A. Deep Learning Patterns and Practices[M]. Shelter Island: Manning Publications Co., 2021.

续表

环　节	设　计　模　式	描　　　述
模型训练	模式 11：有用的过拟合	在很多物理仿真模型的加速计算中，机器学习起到的作用是插值拟合，此时不需要强调泛化能力
	模式 12：检查点	定期存储模型的完整状态，以便有中间模型可用。这些中间训练模型可以作为最终模型（在早停止的情况下）或作为继续训练的起点（在机器故障和微调的情况下）
	模式 13：迁移学习	借用类似领域模型的部分结构，以降低对样本量的要求
	模式 14：分布式训练	分布在多个计算资源上，实现训练过程的加速
	模式 15：超参数微调	通过循环，获得优化的超参数
模型弹性服务	模式 16：无状态服务	输出完全由输入确定
	模式 17：批处理服务	一次处理大量样本
模型弹性服务	模式 18：持续模型评估	持续监测已经训练的模型是否合适
	模式 19：两阶段预测	为应对没有网络连接的情形，云和边模型分别训练，边侧模型是轻量级模型
	模式 20：带主键的预测	一次处理多个样本的预测，用主键做区分
模型重现性	模式 21：显式变换	在模型调用时，用查询语句明确表达从原始量到特征变量的变换
	模式 22：可重复的数据切分	用确定性的哈希函数来区分数据集
	模式 23：数据模式桥接	通过数据模式（data schema）转换，使旧数据也可以用来训练模型
	模式 24：带时间窗推演	采用有状态流处理，显性规定时间窗口和模型预测执行周期
	模式 25：数据分析流水线	数据收集、预处理、模型建立与评估
	模式 26：特征库	将特征变量从机器学习模型中独立出来，实现重用
	模式 27：模型版本化	模型服务版本化
可控性（Responsible）	模式 28：与启发式规则对比	启发式规则容易解释，可以作为机器学习模型的对比基准
	模式 29：可解释性机器学习	提高预测结果、模型特征的可解释性
	模式 30：公平性滤镜	通过前处理、后处理等技术，确保结果对用户的公平性

6.5.4　少样本学习模式

在工业场景中，很多历史数据都没有被标记。大规模的标记工作通常不现实，因为工业问题的标记依赖于领域专家（无法通过大规模众包）。很多工业过程非常平稳，在一个给定工况下，多变量时序有稳定的结构，基于少量正常样本的学习，可以获得一个可靠的预测模型。另外，很多高可靠工业采用过度防护的模式，与历史上发生过的异常事件过程相似的时序可以被认为是高风险样本。这是本节要介绍的两类少量样本驱动方法，基于正常样本的核函数拟合方法与基于异常样本的相似度匹配方法。

1. 基于正常样本的核函数拟合方法

在同一工况下，很多工业系统（例如，化工系统、能源系统、压缩机装备等）通常有若干种典型运行模式。业务专家选择若干正常样本（多变量）作为参考向量矩阵，对于实际的时序，系统基于核函数非参数拟合，估计每个变量的正常预计值。根据预测值与实测值的残差序列进行异常研判。核函数拟合方法过程如图 6-30 所示。

基于相似度的预测是一种基于核函数的非参数模式重构技术，其输入与输出如图 6-31 所示，用户给定的 N 组典型状态向量 $\boldsymbol{x}_k^{\text{Ref}} \in R^M \, (k=1,\cdots,N)$ 构成了参考状态的原型（prototype）矩阵 $\boldsymbol{D} = \left[\boldsymbol{x}_1^{\text{Ref}}, \boldsymbol{x}_2^{\text{Ref}}, \cdots, \boldsymbol{x}_N^{\text{Ref}} \right]$，待评估状态向量 $\boldsymbol{x}$ 与 $\boldsymbol{D}$ 的各参考向量采用核函数拟合，计算其期望值 $\hat{\boldsymbol{x}}$。

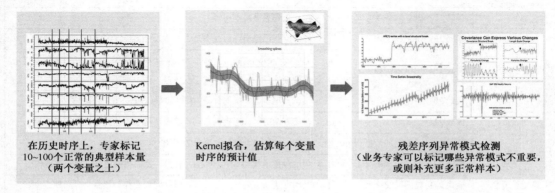

图 6-30 核函数拟合方法过程

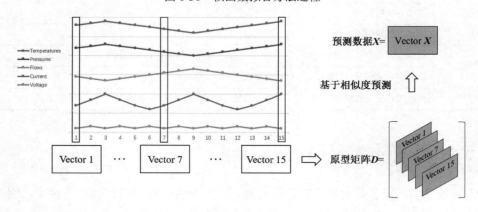

图 6-31 核函数拟合的输入与输出

对一个实际向量 $\boldsymbol{x} \in R^M$，在期望值（向量）$\hat{\boldsymbol{x}}$ 计算中，每个分量 $\boldsymbol{x}_i$，用其他分量（即 $x_1, x_2, \cdots, x_{i-1}, x_{i+1}, \cdots, x_M$）的相似度计算其期望值 $\widehat{x_i}$，经过如下 3 个步骤，循环对每个分量进行计算。

步骤 1：距离计算。

对一个向量 $x \in R^M$，令 $x^{-i} = [x_1, x_2, \cdots, x_{i-1}, x_{i+1}, \cdots, x_M]$ 表示去掉第 i 个分量的向量（$M-1$ 维）。对一个实际向量 x 和 D 的第 j 列的向量，定义去掉第 i 个分量的距离函数为

$$d_j^{-i}(x) = \sqrt{\sum_{k=1, k \neq i}^{M} (x_k - D_{kj})^2}$$

步骤 2：距离转换为相似性分数。

采用类似 Loess 回归算法中的 3 次方核函数

$$w(u) = \begin{cases} (1-u^3)^3 & u \in [0,1] \\ 0 \end{cases}$$

根据用户给定的 span 参数值，令 $p = \text{floor}(N * \text{span})$，$p$ 是小于等于 $N * \text{span}$ 的最大整数。

将 N 个距离 $d_j^{-i}(x): j = 1, \cdots, N$ 按从小到大排序，取第 p 个数值作为参考数据，记为 δ_p^{-i}

向量 x 和 D 的第 j 列的向量相似度定义为

$$s_j^{-i}(x) = w\left(\frac{d_j^{-i}(x)}{\delta_p^{-i}}\right)$$

原型矩阵 D 中距离最小的相似度最高，第 p 个后相似度为 0。

步骤 3：计算预测值

第 i 个变量的估计值 X_i^{est} 是 D_{ij} 根据 $s_j^{-i}(x)$ 加权平均得到的。

$$X_i^{\text{est}} = \frac{\sum_{j=1}^{N} D_{ij} \cdot s_j^{-i}}{\sum_{j=1}^{N} s_j^{-i}}$$

2. 基于异常样本的相似度匹配方法

业务专家提供若干异常样本，系统根据利用时序相似度，在历史数据集上进行自动匹配，业务专家进行确认，机器学习自适应学习，通过多轮迭代，形成稳定的异常模式库和研判准则，其步骤如图 6-32 所示。

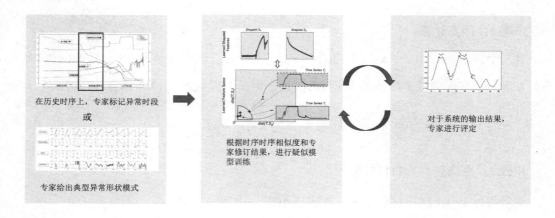

图 6-32　异常样本的相似度匹配方法的步骤

通过少量案例，在历史数据中自动查找"似是而非"的案例，让专家更有针对性地区分哪些是有效征兆，哪些是虚假征兆，相似度匹配算法示意如图 6-33 所示。

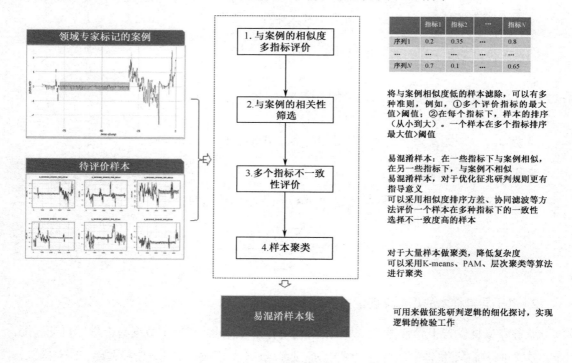

图 6-33　相似度匹配算法示意

在不同评价指标下，序列相似度不同，因为不同评价指标侧重的性质不同，以图 6-34 所示的 9 条序列为例，P1、P2、P3 各有 3 条序列，P1 与 P2 的共同点是幅度都很小，P1 与 P3 的变化趋势更同步。在欧式距离下，P1 的 3 个序列与 P2 的 3 个序列更相似，与 P3 差异大，但在 CORT 距离下，P1 的 3 个序列与 P3 的 3 个序列更相似（变化趋势相同）。

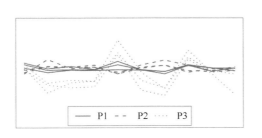

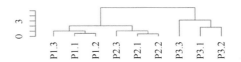

在欧式距离下，P1的3个序列与P2的3个序列更相似，与P3差异大

（b）

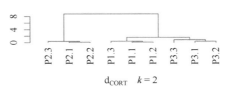

在CORT距离下，P1的3个序列与P3的3个序列更相似（变化趋势相同）

P1、P2、P3各有3条序列
P1与P2的共同点是幅度很小
P1与P3的变化趋势更同步

（a）　　　　　　　　　　　　　　　　（c）

图 6-34　时序在不同距离指标下的聚类结果

R 语言的 TsClust 包[①]中提供了 30 多个时序距离函数，不同类型的时序推荐采用的距离指标如表 6-12 所示。

表 6-12　不同类型征兆采用的距离指标

征 兆 类 别	主 要 因 素	建议的距离指标
趋势	斜率、升降	"COR"，"CORT"
振荡	周期、相关性、幅度	"ACF"，"AR.LPC.CEPS"，"AR.MAH"，"AR.PIC"，"PACF"，"SPEC.LLR"，"SPEC.GLK"，"PER"
形状	均值、幅度、相位、形态相似度	"DTWARP"，"EUCL"，"MINDIST.SAX"

易混淆样本指的是在一些距离度量指标下与案例相似，另一些指标下，与案例不相似的样本，易混淆样本对优化研判规则更有指导意义。可以采用相似度排序方差、协同滤波等方法评价一个样本在多种指标下的一致性，选择不一致度高的样本。通过业务用户的标记，采用机器学习算法，可以获得一个新样本与参考样本相似度的综合评价。

6.5.5　基于自主学习的专家规则参数精化

很多工业分类问题拥有大量数据样本，但标记样本数量有限，不足以支撑纯数据驱动的技术路线。解决该问题有多种方式，一种方式是机器学习中常用的单分类问题或回归建模问题，根据预测与实测的残差序列进行异常研判；第二种方式是上一节介绍基于相似度匹配的

---

① MONTERO P, VILAR J A. TSclust: An R package for time series clustering[J]. Journal of Statistical Software, 2014, 62(1): 1–43.

非监督学习方式；另一种是自主学习（Active Learning）[①]，算法有针对性地挑选少量对于提高模型精度最有帮助的待标记样本让领域专家标记，通过多次迭代不断提高机器学习模型的性能。在工业中，除了样本标签，另一种高价值的信息是专家规则。在机器学习应用前，很多工业问题都由领域专家根据经验处理。当然，领域专家给出的规则通常不精准，但仍有重要的参考价值。本节给出了基于自主学习的专家规则参数精化算法，这种方式远比经典自主学习（没有专家规则信息）更有效。

1. 假设与定义

专家规则是由多条规则构成的规则集（rule set），每条规则的条件部分是多个逻辑表达项的逻辑关系表达式，每个逻辑表达式是算子（operator）结果与阈值（threshold）参数对比的结果，算子也有自己的参数（例如，带通能量占比中的频带参数），称为算子参数。为讨论方便但不失一般性，做如下假设：① 专家规则处理的是二分类问题，因为多分类问题可转化为多个二分类问题，且规则集的输出是正样本标签；② 每条规则的条件部分是若干个逻辑项的并（AND）逻辑关系结构。如果存在或（OR）操作，可以将其分为多条规则；③ 算子的输出是数值型，其他类型输出可以转化为数值型；④ 算子参数和阈值参数都是数值型。

基于这样的假设，规则集是 I 条规则的或操作，即 $\text{RuleSet} = R_1 \,|\, R_2 \,|\, \cdots \,|\, R_I$；规则 $R_i(i=1,\cdots,I)$ 是 J_i 个逻辑项的并逻辑表达式，即 $R_i = E_{i,1} \,\&\, E_{i,2} \,\&\, \cdots \,\&\, E_{i,J_i}$；逻辑项 E_{ij} 是算子 $g_{ij}(\boldsymbol{x};\boldsymbol{\theta}_{ij})$ 在阈值 τ_{ij}^L、τ_{ij}^H 间的研判，即 $E_{ij} = \left(\tau_{ij}^L \leqslant g_{ij}(\boldsymbol{x};\boldsymbol{\theta}_{ij}) \leqslant \tau_{ij}^H\right)$，其中，$\boldsymbol{\theta}_{ij} \in R^{Q_{ij}}$ 是算子参数，$\boldsymbol{x}$ 是数据样本。

样本集 $\boldsymbol{X} = \{\boldsymbol{x}_m : m=1,2,\cdots,M\}$ 中，样本 $\boldsymbol{x}_m$ 是 N 维向量，其真实类别标是 y_m^G，令 $F_{ij}^L = \min\{g_{ij}(\boldsymbol{x}_m;\boldsymbol{\theta}_{ij}) : m=1,2,\cdots,M\}$，$F_{ij}^H = \max\{g_{ij}(\boldsymbol{x}_m;\boldsymbol{\theta}_{ij}) : m=1,2,\cdots,M\}$。这里有两个学习任务，① 阈值参数 $\{\tau_{ij}^L, \tau_{ij}^H\}$ 优化；② 算子参数 $\{\boldsymbol{\theta}_{ij}\}$ 优化。后面将分别讨论，在此之前，需要定义样本的边界距离。

对一组给定的参数 $\{\tau_{ij}^L, \tau_{ij}^H, \boldsymbol{\theta}_{ij} : i=1,\cdots,I; j=1,\cdots,J_i\}$，样本 $\boldsymbol{x} \in \boldsymbol{X}$ 到逻辑表达式 E_{ij}、规则 R_i 和当前规则集决策边界的距离分别记为 $d_{ij}^{\text{Margin}}(\boldsymbol{x})$、$d_i(\boldsymbol{x})$ 和 $d(\boldsymbol{x})$，

$$d_{ij}^{\text{Margin}}(\boldsymbol{x}) = \frac{\min\left\{\left|g_{ij}(\boldsymbol{x};\boldsymbol{\theta}_{ij}) - \tau_{ij}^H\right|, \left|g_{ij}(\boldsymbol{x};\boldsymbol{\theta}_{ij}) - \tau_{ij}^L\right|\right\}}{\beta_{ij}}$$

$$I_{ij}^{\text{Outer}}(\boldsymbol{x}) = \begin{cases} 0 & \boldsymbol{x} \text{ satisfy } E_{ij} \\ 1 & \text{Otherwise} \end{cases}$$

---

① SETTLES B. Active Learning[M]. Williston, VT: Morgan & Claypool Publishers, 2013.

$$d_i(\boldsymbol{x}) = \begin{cases} \min_j d_{ij}^{\text{Margin}}(\boldsymbol{x}) & \boldsymbol{x} \text{ satisfy } R_i \\ \sqrt{\sum_{j=1}^{J_i}\left(I_{ij}^{\text{Outer}}(\boldsymbol{x}) \cdot d_{ij}^{\text{Margin}}(\boldsymbol{x})\right)^2} & \text{Otherwise} \end{cases}$$

$$d(\boldsymbol{x}) = \min_i d_i(\boldsymbol{x})$$

其中，β_{ij} 是规则表达式 $E_{i,j}$ 的权重，目的是平衡不同 $g_{ij}(\boldsymbol{x};\theta_{ij})$ 的数值范围。针对一条规则 R_i，距离 $d_i(\boldsymbol{x})$ 背后的含义是打破当前结果需要付出的代价，如图 6-35 所示，一个内点（即该样本满足规则 R_i）到边界的距离是其打破 $\{E_{i,j}\}$ 中任何一个条件项所需最小距离，而一个外点（该样本不满足规则 R_i）是满足所有 $\{E_{i,j}\}$ 的欧式距离。

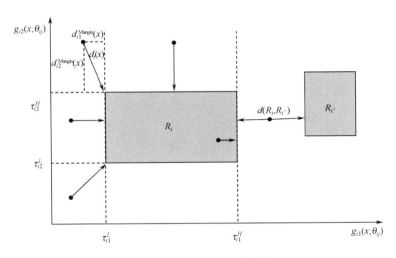

图 6-35　距离 $d_i(\boldsymbol{x})$ 定义示意

2. 阈值参数精化算法

为后续讨论方便，约定如表 6-13 所示的变量符号。

表 6-13　变量符号约定

符　　号	描　　述
X^U	没有标签的样本集
X^L	有标签的样本集
X^I	模型预测结果与标签不一致的样本集，$X^I \subset X^L$
X^{IU}	不一致样本的邻域样本集
$w_l(x)$	在第 l 轮迭代时样本 x 的权重
$p(x)$	样本 x 的采样概率
RuleSet_l	第 l 轮迭代训练出的决策树模型
$y^p(x;\text{RuleSet}_l)$	RuleSet_l 对样本 $\boldsymbol{x}$ 的预测结果

　　阈值参数精化问题可以表述为：对样本集 X，有一个初始专家规则模型 $RuleSet_0$，算子参数 $\{\theta_{ij}\}$ 是给定的，需要训练一个以 $\{g_{ij}(x;\theta_{ij})\}$ 为特征量的决策树模型，进一步提高模型的分类性能，允许算法选择一定量的未标记样本让领域专家标注，但规则模型没有必要严格遵循 $RuleSet_0$ 的表达式形式。

　　在模型训练中，可信赖的样本应该有更高的权重。一个未标记样本 x 的权重 $w^B(x)$ 定义如下，由其边界距离和所有样本边界距离的方差确定，距离当前边界越远，当前规则模型的预测结果更可信。

$$w^B(x) = \exp\left\{\frac{\left[d(x)\right]^2}{2 \cdot \mathrm{var}\left(\{d(x):x \in X^U\}\right)}\right\}$$

　　待标记样本（Hard examples）选择概率应综合三方面：① 边界距离，分类边界附近的易混淆样本对提升模型有更大帮助；② 与标记样本集的距离，为了标记样本的多样性，应优先选择距离标记样本集远的未标记样本，设 $d^L(x)$ 是 $x \in X^U$ 到 X^U 中样本的平均距离，类似 $w^B(x)$，令 $w^L(x) = \exp\left\{\dfrac{\left[d^L(x)\right]^2}{2 \cdot \mathrm{var}\left(\{d^L(x):x \in X^U\}\right)}\right\}$；③ 是否属于不一致性样本的邻域。因此，未标记样本的采样概率定义为

$$p(x) = \frac{\left(w^L(x)\right)^{\gamma}}{w^B(x)} \cdot \lambda\left(x \in X^{IU}\right)$$

其中，γ 是权重参数，$\lambda > 1$ 是不一致性邻域样本的加权。

　　阈值优化算法过程可描述为

初始化
　　令 $X^I = \varnothing$，$w_0(x) = 1$，将当前专家规则作为初始研判模型 $RuleSet_0$。

Iteration l from 1 to L

1. 样本权重与采样概率更新

1.1　边界距离

对于每个 $x \in X^U$，根据 $RuleSet_{l-1}$，计算边界距离 $d(x)$，从而计算 $w^B(x)$，样本的权重为

$$w_l(x) = \left[w_{l-1}(x)\right]^{\alpha} \cdot \left[w^B(x)\right]^{(1-\alpha)}$$

其中，$\alpha \in [0,1]$ 是权重参数。

　　$x \in X^U$ 的采样概率为

$$p(x) = 1/w_l(x)$$

1.2　到标记样本的距离

如果 $X^L \neq \varnothing$，计算 $x \in X^U$ 对应的 $d^L(x)$，即

$$\gamma = \beta^{l-1}$$

$$p(\boldsymbol{x}) = p(\boldsymbol{x}) \cdot \left[w^L(\boldsymbol{x}) \right]^{\gamma}$$

其中 $\beta \in (0,1]$ 是权重衰减系数。

1.3　到不一致集的距离

如果 $X^I \neq \varnothing$，计算其邻域集，即

$$X^{IU} = \{ \overline{\boldsymbol{x}} \in X^U : \exists \hat{\boldsymbol{x}} \in X^I, \text{satisfy } d(\overline{\boldsymbol{x}}, \hat{\boldsymbol{x}}) < E \}$$

对于 $\overline{\boldsymbol{x}} \in X^{IU}$，更新其采样概率为

$$p(\overline{\boldsymbol{x}}) = \min\left(\lambda \cdot p(\overline{\boldsymbol{x}}), \max\{ p(\boldsymbol{x}) : \boldsymbol{x} \in X^U \} \right)$$

2. 待标记样本选择与权重更新

2.1　待标记样本选择

根据采样概率 $\{p(\boldsymbol{x})\}$，从当前 X^U 中选 M^L 个样本让领域专家标记，同时更新 X^U 与 X^L。

2.2　权重更新

对于新标记样本 $\overline{\boldsymbol{x}}$，有

$$w_l(\overline{\boldsymbol{x}}) = \max\left(\lambda \cdot w_l(\overline{\boldsymbol{x}}), \max\{ w_l(\boldsymbol{x}) : \boldsymbol{x} \in X^U \} \right)$$

其中，$\lambda > 1$ 是权重参数。对于 $\hat{\boldsymbol{x}} \in X^I$，有

$$w_l(\hat{\boldsymbol{x}}) = \max\{ w_l(\boldsymbol{x}) : \boldsymbol{x} \in X \}$$

3. 模型训练

3.1　样本的标签

对于 $\boldsymbol{x} \in X$，它的标签要么是领域专家标记，要么是当前规则模型预测结果，即

$$\overline{y}_l(\boldsymbol{x}) = \begin{cases} y^G(\boldsymbol{x}) & \boldsymbol{x} \in X^L \\ y^P(\boldsymbol{x}; \text{RuleSet}_{l-1}) & \boldsymbol{x} \in X^U \end{cases}$$

3.2　模型训练

根据样本的权重 $\{w_l(\boldsymbol{x})\}$，在数据集 $\{(\boldsymbol{x}, \overline{y}_l(\boldsymbol{x}))\}$ 训练一个新的决策树模型 RuleSet_l。

3.3　不一致集更新

使用 RuleSet_l 计算 X^L 的预测标签并更新 $X^I = \{ \boldsymbol{x} \in X^L : y^P(\boldsymbol{x}; \text{RuleSet}_l) \neq y^G(\boldsymbol{x}) \}$。

本算法有 L、M^L、α、β、$\mathcal{E}$、λ 共 6 个超参数。规则模型算法可以采用任何一个决策树算法。本算法有若干个可扩展点，① $w_0(\boldsymbol{x})$ 可用于控制样本的重要度。② $d^L(\boldsymbol{x})$ 可以用 $\boldsymbol{x}$ 的 k 个最近距离的平均值，而不是到所有标记样本距离的平均值。

3. 单个逻辑表达式的算子参数优化

本节先讨论单个逻辑表达式 $E_{ij} = \left(\tau_{ij}^L \leqslant g_{ij}(\boldsymbol{x}; \boldsymbol{\theta}_{ij}) \leqslant \tau_{ij}^H \right)$ 的算子参数优化，一般情形将在下节讨论。为了简化公式表达，本节暂时忽略表达式的下标，即 $E = \left(\tau^L \leqslant g(\boldsymbol{x}; \boldsymbol{\theta}) \leqslant \tau^H \right)$，算子参数 $\boldsymbol{\theta}$ 是长度为 Q 的向量。

算子参数优化背后的假设是，在研判样本标签时，样本 $g(\boldsymbol{x}; \boldsymbol{\theta})$ 值的排序更重要，对一个好的操作参数做扰动，样本排序变化应该很小。或者说，很多工业问题的标签，有一个相对

稳定的排序范围。例如，在泄漏检测中，流量增长率（算子参数是时间窗口大小）最高的 5% 样本通常被认为是泄漏样本。因此，样本排序的敏感度可用于评价算子参数的鲁棒性。引入如表 6-14 所示的变量符号标记。

表 6-14 变量符号约定（算子参数优化）

符　号	描　述
$\boldsymbol{\Theta}^H$	算子参数探索记录矩阵，每行一组算子参数
$\boldsymbol{\Theta}^C$	当前迭代轮的算子参数中心点
$\boldsymbol{\Theta}^E$	当前迭代轮中新尝试的算子参数矩阵
$\boldsymbol{\theta}_k$	Θ^H 的第 k 行
$\boldsymbol{\varepsilon}_k$	θ_k 的探索网格大小
$\mathrm{RuleSet}_l\left(\boldsymbol{\theta}_k\right)$	第 l 轮算子参数 $\boldsymbol{\theta}_k$ 下训练出的模型

算法如下所示，共有 L、M^L、α 和 $\mathcal{E}^{\mathrm{Threshold}}$ 四个超级参数。

初始化

将专家规则中的初始参数 $\boldsymbol{\theta}_1=[\theta_{11},\theta_{12},\cdots,\theta_{1K}]$ 作为 $\boldsymbol{\Theta}^H$ 的第一行，它也是当前中心点，中心点行数集 $I^C=\{1\}$，初始的探索网格大小是外生给定值 $\varepsilon_1\in R^K$。

针对每个 $\boldsymbol{x}_m\in X$，计算 $v_{m1}=g\left(\boldsymbol{x}_m;\theta_1\right)$，并将 $\{v_{m1}:m=1,2,\cdots,M\}$ 从小到大排序，$\boldsymbol{x}_m$ 的序号记为 r_{m1}。获得满足当前规则 $\{v_{m1}:\tau^L\leqslant v_{m1}\leqslant\tau^H\}$ 的最小序号 $r^{\min}$ 和最大序号 $r^{\max}$。$(r^{\max}-r^{\min})$ 可近似认为是领域专家预期的正样本数量。样本距离边界越远，当前规则预测结果的可信度越高，$\boldsymbol{x}_m$ 的权重定义为

$$w_0\left(\boldsymbol{x}_m\right)=\exp\left(\frac{\min\left\{\left|r^{\max}-r_{m1}\right|,\left|r^{\min}-r_{m1}\right|\right\}}{r^{\max}-r^{\min}}\right)$$

$$w^L=\max\left\{w_0\left(\boldsymbol{x}_m\right)\right\}$$

Iterate l from 1 to L

1. 探索网格生成

循环 I^C 中的所有中心点 {

假设当前中心点所在行号为 $c\in I^C$，$\boldsymbol{\theta}_c=[\theta_{c1},\cdots,\theta_{cq},\cdots,\theta_{cQ}]$。如果 $\varepsilon_c=0$，忽略当前中心点，继续下一轮循环。否则，围绕当前中心点，生成 (3^Q-1) 个新向量 $\hat{\boldsymbol{\theta}}_c$，

$$\hat{\theta}_{ck}=\theta_{ck}+d\cdot\varepsilon_{ck},\quad d\in\{-1,0,1\}$$

如果算子参数有边界约束，将不满足条件的点丢弃。符合条件的点构成一个集合 $\boldsymbol{\theta}_c^E$

如果 $\boldsymbol{\theta}_c^E=\varnothing$，令 $\varepsilon_c=0$，否则，令 $\varepsilon_c=\varepsilon_c/2$，如果其中的一个分量 $\varepsilon_{cq}\leqslant\varepsilon_q^{\mathrm{Threshold}}$，令 $\varepsilon_{cq}=0$。

}

2. 待标记样本选择

设 $\boldsymbol{\Theta}^E=\bigcup\limits_{c\in I^C}\boldsymbol{\theta}_c^E$。如果 $\boldsymbol{\Theta}^E=\varnothing$，全部循环结束，否则，令

$$\boldsymbol{\Theta}^C=\bigcup_{c\in I^C}\boldsymbol{\theta}_c$$

$$\boldsymbol{\Theta}^H=\boldsymbol{\Theta}^H\cup\boldsymbol{\Theta}^E$$

$$\boldsymbol{\Theta}^{CE} = \boldsymbol{\Theta}^E \cup \boldsymbol{\Theta}^C$$

2.1　未标记样本排序

对于每个 $\boldsymbol{\theta}_k \in \boldsymbol{\Theta}^{CE}$，计算每个样本 $\boldsymbol{x}_m$ 的算子值 $v_{mk} = g(\boldsymbol{x}_m; \boldsymbol{\theta}_k)$。$v_{mk}$ 在 $\{v_{mk} : m = 1, \cdots, M\}$ 中的序号为 r_{mk}。令 $\boldsymbol{r}_m = \{r_{mk} : k = 1, \cdots, \#\boldsymbol{\Theta}^{CE}\}$，$r_m^{\max} = \max(\boldsymbol{r}_m)$，$r_m^{\min} = \min(\boldsymbol{r}_m)$。

对于每个样本 m，计算 $\{r_{mk} : k = 1, \cdots, \#\boldsymbol{\Theta}^{CE}\}$ 的标准差，记为 s_m。

2.2　选择优先级

样本 $\boldsymbol{x}_m$ 的优先级 $\text{priority}(\boldsymbol{x}_m)$ 依赖于 $[r_m^{\min}, r_m^{\max}]$ 与 $[r^{\min}, r^{\max}]$ 的相对位置。

$$d_m = \min \left\{ \begin{matrix} \left|r_m^{\min} - r^{\min}\right|, \left|r_m^{\min} - r^{\max}\right|, \\ \left|r_m^{\max} - r^{\max}\right|, \left|r_m^{\max} - r^{\min}\right| \end{matrix} \right\}$$

$$\text{priority}(\boldsymbol{x}_m) = \begin{cases} 2 & r_m^{\min} \leqslant r^{\min} < r^{\max} \leqslant r_m^{\max} \\ 1 & r_m^{\min} < r^{\min} < r_m^{\max} < r^{\max} \\ 1 & r^{\min} < r_m^{\min} < r^{\max} < r_m^{\max} \\ \exp\left(\dfrac{-d_m}{r^{\max} - r^{\min}}\right) & \text{Otherwise} \end{cases}$$

选择优先级最高的 M^L 个未标记样本由领域专家做标记。

3.　模型训练

$\boldsymbol{x}_m \in X^U$ 的权重 $w_l(\boldsymbol{x}_m) = w_{l-1}(\boldsymbol{x}_m) \cdot \alpha$，已标记样本 X^L 的权重为 w^L。

对于一个 $\boldsymbol{\theta}_k \in \boldsymbol{\Theta}^H$，用 $F^k = \{v_{mk} : m = 1, \cdots, M\}$ 作为特征量，考虑样本权重 $\{w_l(\boldsymbol{x}_m)\}$，训练一个决策树模型 $\text{RuleSet}_l(\boldsymbol{\theta}_k)$。

4.　新中心点选择

在 $\mathbf{X}^L$ 上评价模型 $\text{RuleSet}_l(\boldsymbol{\theta}_k)$ 的性能，选择 $\{\text{RuleSet}_l(\boldsymbol{\theta}_k) : \boldsymbol{\theta}_k \in \boldsymbol{\Theta}^H\}$ 性能最高的 3 个参数作为新的中心点，它们的下标为 I^C。如果对所有的 $c \in I^C$，$\varepsilon_c \leqslant \varepsilon^{\text{Threshold}}$，则整个迭代结束。

最后的中心点将是优化后的算子参数。

步骤 2.1、步骤 2.2 背后的计算逻辑示意如图 6-36 所示。

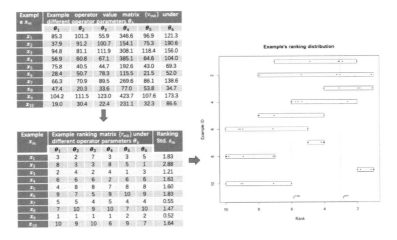

图 6-36　步骤 2.1、步骤 2.2 背后的计算逻辑示意

4. 规则集的算子参数优化调整

在上节的基础上，逐步扩展到一般情形。

情形 1：一条规则中的多个逻辑表达式共用一套算子参数。

不失一般性（对于多个逻辑表达式与此类似），假设 $E_{i,j}$ 与 $E_{i,j'}$ 有共同的算子参数 $\boldsymbol{\theta}$，即

$$E_{i,j} = \left(\tau_{ij}^L \leqslant g_{ij}(\boldsymbol{x};\boldsymbol{\theta}) \leqslant \tau_{ij}^H \right)$$

$$E_{i,j'} = \left(\tau_{ij'}^L \leqslant g_{ij'}(\boldsymbol{x};\boldsymbol{\theta}) \leqslant \tau_{ij'}^H \right)$$

$E_{i,j}$ 与 $E_{i,j'}$ 是并的逻辑关系，这意味着正样本必须同时满足这两个条件，因而上节算法中的步骤 2.1、步骤 2.2 需要分别应用到 $E_{i,j}$、$E_{i,j'}$ 上，获得样本 $\boldsymbol{x}_m$ 的优先级 $\text{priority}(\boldsymbol{x}_m \mid E_{i,j})$、$\text{priority}(\boldsymbol{x}_m \mid E_{i,j'})$，样本综合优先级为

$$\text{priority}(\boldsymbol{x}_m) = \min\left\{ \text{priority}(\boldsymbol{x}_m \mid E_{i,j}), \text{priority}(\boldsymbol{x}_m \mid E_{i,j'}) \right\}$$

情形 2：多条规则共用一套算子参数。

假设 $E_{i,j}$ 与 $E_{i',j'}$ 共用一套算子参数 $\boldsymbol{\theta}$。处理方法与情形 1 类似，分别获得 $\text{priority}(\boldsymbol{x}_m \mid E_{i,j})$、$\text{priority}(\boldsymbol{x}_m \mid E_{i',j'})$，但因为二者是或的逻辑关系，综合优先级为

$$\text{priority}(\boldsymbol{x}_m) = \max\left\{ \text{priority}(\boldsymbol{x}_m \mid E_{i,j}), \text{priority}(\boldsymbol{x}_m \mid E_{i',j'}) \right\}$$

情形 3：多条规则多个表达式共用一套算子参数 $\boldsymbol{\theta}$

假设 $E_{i,j}$、$E_{i,j'}$ 与 $E_{i',j'}$ 共用一套算子参数 $\boldsymbol{\theta}$，处理逻辑为

$$\text{priority}(\boldsymbol{x}_m \mid R_i) = \min\left\{ \text{priority}(\boldsymbol{x}_m \mid E_{i,j}), \text{priority}(\boldsymbol{x}_m \mid E_{i,j'}) \right\}$$

$$\text{priority}(\boldsymbol{x}_m \mid R_{i'}) = \text{priority}(\boldsymbol{x}_m \mid E_{i',j'})$$

$$\text{priority}(\boldsymbol{x}_m) = \max\left\{ \text{priority}(\boldsymbol{x}_m \mid R_i), \text{priority}(\boldsymbol{x}_m \mid R_{i'}) \right\}$$

情形 4：多个算子参数。

除处理上述共享算子参数策略外，多个算子参数贯序优化处理。

情形 5：多个算子参数与阈值参数。

如果多个算子参数和阈值参数需要同时优化，则有两个启发式规则：① 根据初始专家规则，优先优化正样本量大的规则；② 算子参数先优化，阈值参数后优化，因为算子参数影响特征变量空间形式。

5. 示例：二维分类问题

二维均匀分布随机变量 (x_1, x_2)，数值为[0,1]，样本集是随机生成的 4096 个样本。真实的正样本研判条件为

R₁:　$0.8 \leqslant x_1 \leqslant 1$，or,

R₂:　$0 \leqslant x_1 \leqslant 0.2$ & $0.5 \leqslant x_2 \leqslant 1$，or

R₃:　$r = x_1^2 + x_2^2 \leqslant 0.09$

假设初始的专家规则为

$$0.75 \leqslant x_1 \leqslant 1，\text{or}$$

$$0 \leqslant x_1 \leqslant 0.2$$

在下面的实验中，参数选用 $\alpha = 0.4$，$\beta = 0.9$，E $= 0.15$，$\lambda = 10$。

1）与经典自主学习的对比

这里假设进行一次迭代，即 L=1，尝试 7 个不同比例标记样本（分别为 0.5%、1%、2%、5%、10%、20% 和 50%），对比 4 类算法，① 经典自主学习（即不考虑初始专家规则），x_1、x_2 为特征量；② 经典自主学习，有 x_1、x_2 和 r 三个特征量；③ 本节基于专家规则的自主学习算法，x_1、x_2 为特征量；④ 本节基于专家规则的自主学习算法，有 x_1、x_2 和 r 三个特征量。随机生成 100 个数据集，每个数据集上进行 10 次随机试验，四类算法在未标记集上的预测 F1 分数如图 6-37 所示。

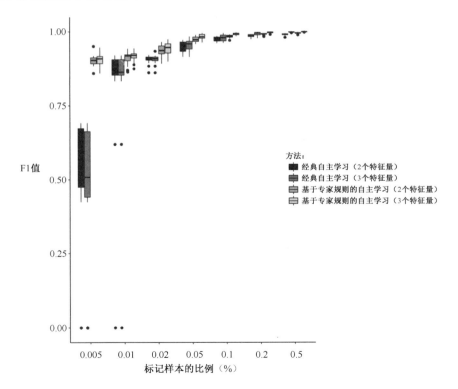

图 6-37　四类算法的预测 F1 分数

ANOVA 分析也证实了四类算法的差异显著性（p-value<2×10^{-16}）。当标记样本数量为 800（20%）之上，四类算法都能取得比较好的 F1 值，但标记样本数量只有 20 时，基于规则自主学习的 F1 值也能达到 0.9，而经典自主学习仅为 0.5 左右。

2）迭代过程

基于专家规则的自主学习算法有 x_1、x_2 和 r 三个特征量，进行 2000 次随机试验，每次迭代选择 10 个待标记样本。某次实验中迭代过程如图 6-38（a）所示。根据统计，平均为 10 轮，$r \leq 0.09$ 出现在学习规则中。采样密度分布如图 6-38（b）所示，在开始几轮，待标记样本分布在边界附近，在随后的迭代轮次，更多的待标记样本分布在远离当前标记样本的区域，目的是提高多样性。

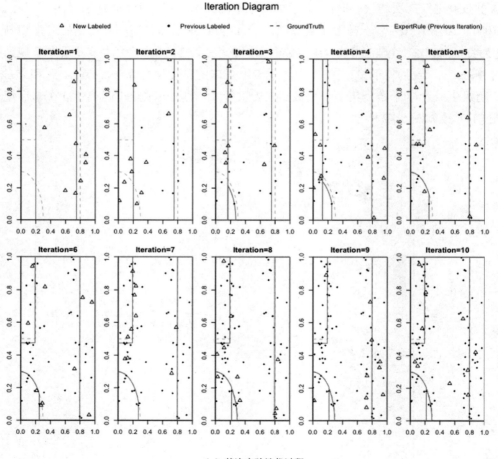

（a）某次实验迭代过程

图 6-38　算法的迭代过程

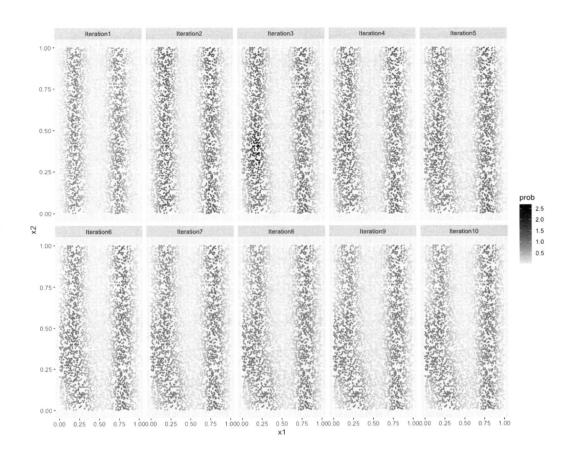

（b）采集密度分布

图 6-38　算法的迭代过程（续）

3）误导性初始规则的影响

假设初始规则是误导性初始规则，与真实规则相差甚远，在这种情况下，算法是否收敛是一个有趣的问题。假设一个误导性初始规则为

$$0.1 \leqslant x_1 \leqslant 0.6 \ \& \ 0.5 < x_2 < 0.7 \text{，or}$$

$$0 \leqslant x_2 \leqslant 0.4$$

误导性初始规则与较好初始规则做随机实验对比，t 检验的 p-value 如图 6-39 所示，在 20 次迭代（200 个标记样本）后，基于误导性规则的模型训练结果与前面初始规则的差异不太显著。可以看出，本节算法有一定的健壮性，随着标记样本的增多，算法对初始规则的依赖越来越小。

通过本示例可以看出基于自主学习算法，专家规则的研判阈值参数和算子参数可以得到有效的精化，同时，算法有针对性地标记样本，而不是随机挑选待标记样本，专家的标记工作量基本可控。

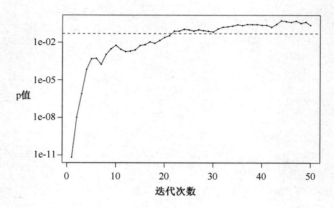

图 6-39　误导性初始规则与较好初始规则差异性的 t 检验

第 7 章　数据应用的敏捷开发方法

工业数据应用是数据驱动的分析型应用，工业领域的数据复杂多变，需要数据应用能够快速迭代，从而适配各种各样的工业应用场景。敏捷开发能够快速响应市场的变化，本章将探讨如何基于敏捷开发方法和数智化系统提供的能力，高效开发面向工业领域的数据应用。数据应用包含数据、对数据进行多次资源化的分析模型、业务服务及数据视图页面，本章重点介绍数据视图页面的开发，以及数据应用的运行。

7.1　数据应用的特点

数据应用是以用户为中心，满足特定业务场景下用户整体需求的应用，这与传统的信息化应用有很大不同，后者以业务流程为中心进行局部优化和提升。在进行数智化应用开发时，企业需要从流程驱动到场景驱动思路的转变，并通过技术手段打通业务流程间的数据壁垒，把数据连接起来，对这些数据进行综合的、多维度的分析，让数据产生价值，从而形成满足用户整体需求的应用。

7.1.1　数据应用的特性

从需求、数据和运行模式三个方面进行阐述。

1. 需求不确定

数据应用是企业依托大数据和数据挖掘相关技术，针对企业的业务、管理问题实现的创新型应用，其需求边界很难在设计时完全定义清楚，即使能够在当下定义清楚，也可能很快会有新的认知，需求也会有新的变化，因此数据应用需要在开发阶段小步快跑，持续迭代探索。

数据应用在设计时在一定程度上能够定义清楚其需求边界及未来用户如何使用，但是在面向不同的用户时，总会有个性化的调整需求，因此数据应用需要能够依据不同客户的需求进行快速调整。

数据应用从软件结构的视角来看，包括数据、分析模型、业务服务及视图（在 7.1.3 节中详细说明），其中视图是直接面向用户的，不同的用户对视图的呈现要求不同，需要数据应用的其他部分保持稳定性和一致性，而视图呈现多样化。

针对数据应用需求不确定的特点，要求它具备敏捷的反应能力，包含相关的业务模式、开发方法、软件架构、行业内容及运行环境，从而实现数据应用的快速上线和迭代优化，获取用户的真实反馈，降低试错成本。

数据应用的敏捷特性需要业务模式的支撑。例如，对于设备制造商，向不同的业主提供设备运维服务，可以按照服务类别（诊断服务或检修服务）、服务次数、服务部件等多个维度进行划分，满足业主深层次、个性化的需求，并且能够短时间内快速响应要求的变化。同时，企业内部需要建立对应的组织来支撑该业务模式的运转。例如，某大型设备制造商成立智慧产品开发部，负责为业主提供设备远程故障诊断服务和设备远程运维服务，团队的主体由具备该领域知识的工业专家组成，同时包括数据分析人员和应用开发人员，形成一个跨职能团队，能够独立完成针对用户数据应用需求变化的快速响应。

数据应用采用敏捷的开发方法，可以在较短时间内为用户交付具备高业务价值的数据应用，然后通过快速迭代部署，基于用户反馈实现稳定持续的功能优化和增强。相较于传统的瀑布开发方法，敏捷的开发方法采用小版本快速迭代方式，其响应变化的能力大大增强，降低了数据应用的试错成本。

满足快速配置开发和部署的平台及工具是基础，其典型能力包括统一的数据建模和存储引擎、数据分析建模、数据业务服务、低代码应用开发等。在应用架构上，基于微服务思想和工业企业的业务模式，设计可以快速迭代的数据应用软件结构。当有新需求时，团队只需要关注具体的业务服务，通过平台和工具提供的能力支持，完成数据应用的快速开发部署。

标准化的应用模板和行业内容是数据应用高效开发的助推器。数据建模工具内置标准的行业模型，如 ISA-95 生产信息整合模型：包括设备资源模型、物料资源模型、过程段模型、生产段模型、产品定义模型等，数据应用建模可直接基于此模型进行扩展使用。分析建模工具针对特定的工业物理对象，提供常用的分析模型模板，如电动机的健康度评估分析模型、轴承的振动异常报警分析模型、工况识别分析模型等，分析建模可通过模板快速完成；同样，低代码配置工具内置专业模板，如电机监控预警分析应用、振动和摆度分析应用、全量质检数据分析应用等。数据应用基于模板和行业内容进行开发，可以达到事半功倍的效果，开发完成的应用也可以沉淀到平台和工具中。

数据应用可基于 SaaS 服务模式为用户提供远程服务，也可以部署在现场为用户提供现地服务。数据应用需要适配不同的运行环境，包括集群模型、单机模式；在线模式、离线模式；服务器环境、工控机环境等，以满足为工业现场提供服务的能力。

2. 数据多源异构

数据应用以数据为中心，对工业过程中产生的数据进行分析建模，并在分析模型运行后产生结果的基础上对数据进行业务可视化展示的分析型工业应用。工业过程数据的质量对分析模型运行的结果有很大的影响，也对数据应用在工业现场的应用效果有较大影响。

（1）时序数据。在工业领域，数据的主要来源是工业设备上安装的各类传感器采集的时序数据，这些数据持续不断地产生，因此需要持续被处理。一个理想的数据应用应该能够支持多种数据处理的驱动方式，包括流式触发、批量处理、定时触发等，以便达到在不同场合下复用的效果。当然，除了时序数据，数据应用还应该能够处理其他类型的数据，有时需要同时将多种数据作为输入进行处理。

（2）关系数据。工业中的关系数据主要是描述生产流程的数据，例如，一批产品从原料到成品经过哪些加工机台，以及这些加工步骤使用的工艺参数等。这些数据对分析生产线参数对产品质量的影响具有一定的意义。

（3）对象数据。有些工业数据是二进制的格式，适合保存为对象格式，例如，来自 AOI（自动光学检测）系统的检测结果照片。有些数据虽然不是二进制格式，但数据量很大，可以考虑将其压缩打包后保存为对象格式。

还有些数据如果存储为时序数据或关系数据不方便使用，也可以将它们存储为对象数据。例如，来自发电机转子的振动数据，采样频率可以达到 10 kHz，但采样通常是不连续的，对这类数据进行分析时，需要至少一个完整的转动周期。将这类数据按每次采样保存为对象数据比保存为时序数据更合理。

数据应用中的分析模型应具备统一的输入/输出格式，原因如下。

● 方便离线调试和测试。

● 方便提供统一的分析结果数据访问接口。

● 方便多个分析模型串联执行，提高复用效率。

● 方便同一个数据应用在异构的环境中运行。

在现场环境中，工业数据往往分布在多个系统背后的多个不同的数据库中，每个系统提供的数据访问接口也各不相同，这种多源异构的数据存储与统一的输入/输出格式要求产生了矛盾。常见的解决方法是利用抽象的数据访问层，屏蔽数据源之间的差异，并提供统一的、基于工业物理对象的数据访问接口。

3. 运行模式多样

在不同的数据应用场景中，业务方面对数据的延迟要求有所差异。实时监测类的应用，要求数据延迟越低越好，如秒级延迟；统计分析预测类的应用，对数据时间的延迟不太敏感，如分钟级、小时级。上述不同的场景对应到数据应用的运行模式也不同，包括批处理运行和流处理运行（这里特指数据应用中的分析模型运行模式），流处理运行支持低延迟的场景，批处理运行支持高吞吐，但延迟相对较高的场景。

基于"一次开发，到处运行"的思想，数据应用应同时支持批处理运行和流处理运行，运行方式在部署配置时确定。换句话说，在应用开发阶段，开发者不能完全预设未来应用的执行方式，因为在不同的环境中可能以不同的方式执行。这种流批一体的做法需要平台的支撑，降低了对开发者的技术要求，开发者不需要了解流计算里的各种概念就可以开发出支持流计算的数据应用。

为实现流批一体化，数据应用的数据源需要能够自动根据执行模式，提供批量获取数据的接口或主动推送数据的接口，这通常要求数据同时以两种形式存储。Lambda 架构是一种广泛使用的解决方案，它将批处理和流处理分为两个层次，其中，批处理用于精确的计算，但数据延迟较高，流处理提供低延迟结果，但由于数据流的不稳定性，计算结果可能不够准确。Kappa 架构则通过改进流处理来解决批处理的问题，使流处理和批处理过程使用同一套代码，只有在有必要时才会对历史数据进行重复计算，但其处理历史数据的能力有限。

7.1.2　开发阶段的特点

数据应用的开发是在其分析模型定义清楚的基础上展开的，在开发前已经明确定义了其业务目标和范围（详见 5.4 节业务理解部分），与传统的信息化应用类似，数据应用的开发阶段也可以划分为分析设计、配置开发、系统测试、部署发布等步骤，每个步骤都有自己的特点。

1. 分析设计

软件的设计是以需求作为输入、以软件概要设计和详细设计作为输出的活动。

传统的工业软件定制化程度较高，功能也相对单一，通常是根据需求进行针对性的设计。而数据应用的设计除了功能方面，同时也十分关注应用的标准化和可复用性，因此，在设计阶段需要将它们纳入考虑范围。

例如，转子热弯曲应用，当应用于发电机转子和压缩机转子时，处理逻辑的主体基本相同，只是数据输入的格式、工况分组等周边逻辑有所区别，这时应考虑尽量复用此应用，通过暴露参数的方式实现应用的可配置化。

2. 配置开发

在多数场景中，数据应用的开发者是工业领域的研发工程师，他们对自己研究的工业设备机理十分熟悉，而数据应用的使用者可以是开发者自己，也可以是其他不了解工业设备机理的用户。

数据应用的开发者通常并不熟悉工程化的软件开发流程，为了让开发变得更容易，应用中的分析模型应支持常用的分析语言，或提供图形化的编程方式，让开发者能够将多个算子拼装成完整的分析模型。

3. 系统测试

为了保证数据应用的可靠性，开发环境应支持开发者对应用进行必要的测试，并且实现自动化测试。测试可以分为功能测试和非功能测试两方面。

功能测试主要验证数据应用的正确性，应用开发者常常只对部分输入数据进行测试，对数据缺失或空值等情况缺少必要的验证，这些情况需要开发环境提供方便的测试条件。

非功能测试主要验证数据应用对计算资源的消耗情况，开发者在离线条件下单次运行程序时可以不考虑内存和 CPU 的限制，但在多个数据应用并发运行和大数据量的环境里，分配给单个应用使用的资源是有限的，因此，数据应用必须能够更加有效地利用资源。

4. 部署发布

前面提到过，数据应用本身不是一个可以直接执行的程序，需要在特定环境中部署后才能执行。根据部署的目的可以进一步细分为以下 4 种情况。

（1）手工执行。用户根据需要自行启动数据应用；这种情况一般是辅助诊断类的应用，当设备出现异常现象时，用户使用近期数据作为输入，执行数据应用得到诊断结果，辅助用户进行最终诊断。

（2）定时执行。部署数据应用时指定在特定的时刻启动，可以是一次性的或周期性的；定时执行的场景十分常见，因为很多应用需要积攒足够多的数据才能进行一次有效的分析。

（3）持续执行。数据应用部署后立刻开始执行，直到手工停止为止。最常见的情况是以流计算的方式执行应用，因为流计算是数据驱动的，通常是短时间窗口的数据作为输入进行实时计算，适合对结果时效性有较高要求的场合。

（4）事件驱动。根据其他外部条件启动数据应用，外部条件可以是第三方应用产生的事件，也可以是数据应用运行状态改变产生的事件。

7.1.3　软件结构的特点

数据应用是运行在数智化系统中依托数据的分析型工业应用，是各类数据的直观呈现，包括设备运行的关键测点数据展示，如汽轮机运行的温度、压力、流量及运行工况等；包括利用设备运行的测点数据进行分析建模计算的结果数据展示，如空分增压机运行的健康度、压缩机的转子热弯曲预警等；也包括分析结果数据的进一步业务富化展示，如设备基本信息（型号、功率、投运日期等）、预警信息产生的推荐原因和推荐处理措施等；不包括生产运营的业务处理流程，如设备运检人员收到预警消息后的后续处理流程（未处理、已派工、关闭等），但是需要提供接口服务，为后续的业务应用提供闭环支持，如分析模型产生的预警信息经过业务流程处理后，可以形成案例库，为后续分析模型的迭代升级提供数据支撑。

从 IT 架构角度来看，数据应用是数智化系统中的"业务内容"。数智化系统提供了数据应用运行需要的核心服务，包括数据存储引擎及统一的数据访问服务、分析模型运行引擎、数据建模服务、前端页面的配置服务，还有系统运行需要的基础服务，包括用户认证、安全审计服务、运维监视等。数据应用是在各类核心服务中填充"业务内容"的组合，包括数据、分析模型、业务服务和视图，如图 7-1 所示为数据应用结构。

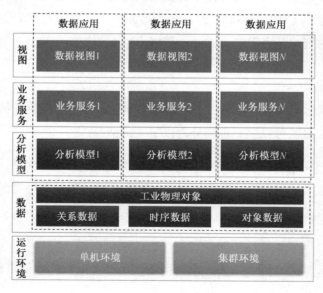

图 7-1　数据应用结构

（1）数据。企业生产运营中产生的设备运行类、生产工艺类、产品质量类等原始数据，和对其进行多次数据资源化产生的过程和结果数据，其中包括设备、产线、产品等对象进行分析建模产生的数据。按照数据的类别可以划分为时序类数据、关系类数据和对象类数据，分别存储于系统提供的存储引擎中，以工业物理对象为主线，对异构数据进行逻辑结构的一致性管理，对外提供统一的数据访问服务。

（2）分析模型。在第 5 章中提到，基于敏捷工业大数据分析方法开发的分析模型有明确的业务目标，其按照运行方式可以分为批模型、流模型，分析模型计算产生的结果为前端页面的显示提供基础数据。

（3）业务服务。为前端界面中组件的展示提供数据服务，关联各类不同的数据，以工业物理对象视角统一对外提供业务服务。例如，以产品的维度查看某批次钢轨的质量、各轧制工艺的工况参数及轧机的运行状态，以设备的维度查看特定时间内设备运行的劣化情况。诸如此类数据，有的是设备、产线运行产生的原始数据，有的是分析模型计算产生的结果数据，可以通过领域驱动的数据建模方法进行统一管理，对外提供灵活的业务数据访问服务。

（4）视图。数据应用面向用户的展现数据视图 Web 界面，是用户使用该应用的入口，除了要满足好用、好看的基本需求，还要能够根据实际业务需求进行快速调整。例如，在水轮发电机外循环冷却系统监测页面中，实时显示不同位置冷却系统的流量和温度监测值，用户在使用一段时间后提出，需要看到流量和温度在 1 小时内的变化趋势，希望能够尽快响应该需求，甚至用户要求自己可以通过简单的拖曳操作完成界面的配置。

（5）运行环境。数据应用运行的载体，可依托数智化系统提供的运行环境，如集群环境或单机环境；也可以独立以容器的方式部署，如基于 K8s 的云平台，或者基于 Docker 的轻量级端侧单机环境。

数据应用的组成可以非常简单，也可以很复杂，简单的数据应用可以只有视图和数据，复杂的数据应用还可以包含多个分析模型和多个业务服务，但其中视图和数据是不可缺少的。

7.2　数据应用的敏捷开发

面对快速变化、不完全确定的需求，敏捷开发是一种常用的模式，其通过用小迭代快速试错，让最终软件产品更契合真实需求。工业数据应用具有创新性、专业性及边界的不确定性等特点，更适合采用敏捷开发方法。数据应用的敏捷开发不同于传统的业务应用开发，开发工程师基于成熟的软件工程方法实施。而数据应用的开发者是工业领域专家，对敏捷开发的认知不尽相同，所以需要在敏捷开发实施前做好充足的准备，在后续运维过程中，数据应用的升级机制和版本管理也不可忽视。

7.2.1　准备过程

1. 团队准备

对工业领域专家来说，之前的主要工作都在各自的专业领域，如工业产品的设计研发、生产制造、设备的运行维护等，对数据应用开发，尤其是敏捷开发相关的方法和工具的熟悉程度并不一致，所以需要在以下 4 方面做好充分准备。

（1）组建团队。有目标地选择具备不同背景的专业人员（相同的是都具备工业知识），组建敏捷团队。例如，产品负责人，某企业智慧产品开发部门主任设计，具备较强的业务能力，对产品的现状和未来的规划具有清晰的认识，能够准确定位高价值业务场景；敏捷教练，某企业信息化部门项目经理，具备较强的沟通协调能力，熟悉敏捷开发方法；开发团队，某企业智慧产品开发部门研发团队，具备基础的数据分析能力和代码编写能力。人是敏捷开发团队的核心，一个积极的、自我管理的、具备自由交流风格的开发团队是每个敏捷项目必不可少的条件。

（2）明确范围。数据应用的开发，主要针对分析模型运行结果的直观可视化展示及关联业务语义的富化呈现。具体来说，包括应用数据建模、业务服务开发和前端可视化页面的配置。

（3）选择工具。适合团队敏捷开发阶段管理工具的选用，包括冲刺的任务看板工具，如离线的白板或电子看板（Leangoo、JIRA、Miro 等）。适合团队数据应用开发的系统或工具选用，包括数据建模的能力、业务服务的配置能力、低代码的配置能力，以及一体化发布部署的能力等。选择工具时需综合考虑其可扩展性，如数据建模工具是否能够对第三方数据存储引擎进行扩展、低代码工具是否支持工业领域的可视化组件扩展等；可集成性，数据建模工具、业务服务配置工具、低代码配置工具等是否能够进行无缝集成；可沉淀性，如低代码配置工具是否可以支持沉淀行业模板、数据建模工具是否可以支持沉淀领域模型等；易用性，各类工具的入门门槛和使用成本。

（4）系统培训。通过培训，让团队对敏捷开发框架有统一的认知，产品负责人知道如何定义数据应用的目标和用户故事，敏捷教练熟知全部的开发流程和方法，开发团队了解每日站会说什么及每个冲刺需要完成的交付物等。通过对方法和工具的培训，让团队成员了解数据应用开发各步骤使用什么工具，并且能够达成一致。

准备过程的目的是让团队在用什么方法、用什么工具、做哪些事方面达成一致，降低数据应用开发的复杂度，为后续高效开发奠定基础。

2. 数据准备

数据应用的开发需要结合分析模型的开发统筹考虑，如对业务的理解和对数据的理解等（在第 5 章中详细说明）。同样，在开发数据应用前，必须做好数据准备工作。数据应用包含分析模型，其核心是算法，让算法顺利运行，离不开准确的数据作为输入。

（1）数据样本。尽管生产环境中我们可能采集大量的数据，但为了提高模型的开发调试效率，在开发阶段，通常并不需要准备同样多的数据作为样本。我们需要评估在生产环境中、数据应用中分析模型每次要处理的数据量，并按这个规模准备一份或多份数据样本。

数据样本应尽量从真实的历史数据中截取，而不是随机生成，以反映设备数据的真实情况，减少数据应用上线后可能遇到的不兼容现象。对小概率事件的检测模型，如设备健康检测模型，可能几个月才检测一次健康问题，这种情况应尽量搜集设备出现问题时段前后的数据作为样本，如果可能的话收集多个设备的样本。

（2）数据映射。我们开发的数据应用总是需要依赖特定的数据结构，如一个计算"出入口温度差"的数据应用需要依赖"出口温度"和"入口温度"这两个测点的数据，但在不同现场接入的数据里，测点名称是存在很大差异的，如"出口温度"的测点名实际可能是"出风口温度"或"出口空气温度"，这为我们开发数据应用的可复用性带来了较大挑战。

数据应用作为一个产品需要具有稳定性，稳定性的必要条件之一是依赖数据定义的稳定性，需要一种机制使数据应用能够兼容采集到的数据差异。我们可以定义一组标准测点名称，让数据应用使用这些标准名称。例如，在上面的例子中，"出口温度"和"入口温度"就是标准测点名称，然后通过配置规则，让非标准的测点名称能够映射为标准名称。同样，我们可以抽象出标准测点所属的工业对象类型，并把标准测点定义为该工业对象类型的量测，非标准的测点和量测进行映射，数据应用基于量测进行配置开发（工业对象类型的抽象详见 4.3.1节）。这样在不同的现场只需要进行一次名称配置就可以解决数据应用的兼容性问题。

与数据应用相匹配的，标准的测点名称也需要具有稳定性，并且每个测点的含义应该是确切的没有歧义的，如"出口温度"的单位是摄氏度还是华氏度，是瞬时温度还是一段时间内的平均值等，需要能够提供明确的说明。

7.2.2　实施过程

1. 传统开发阶段

数据应用与信息化应用的开发一样，需要符合软件开发的基本流程，不同的是开发角色能力，信息化应用的开发者是专业的软件开发人员，普遍具备编写代码和解决代码问题的能力，而数据应用的开发者是工业领域专家，代码基础较薄弱，甚至完全没有基础，因此需要借助数智化系统或工具完成各阶段的工作。

（1）分析设计。数据设计，前端页面呈现需要用到各类数据的梳理；数据模型设计，基于领域建模思路对应用数据模型进行设计；数据源到领域模型再到应用模型多次数据资源化过程中数据流转逻辑的设计（部分逻辑在分析模型设计时考虑）；面向用户可视化页面的设计，包括页面的整体布局、数据的呈现方式及页面间的跳转逻辑等。

（2）配置开发。基于数据建模工具实现应用数据模型的配置开发，形成对应的业务数据服务；通过低代码配置开发工具，完成数据应用数据视图的配置开发（包括页面各组件数据源和业务数据服务的绑定），形成可以运行的前端页面。

（3）系统测试。主要从用户使用的角度对数据呈现业务逻辑的正确性和合理性进行系统测试，功能和性能相关的测试属于系统提供工具的范畴，并非数据应用的测试重点。

（4）部署发布。借助数智化系统提供的基础能力，完成数据应用的自动化部署及发布。

数据应用开发的主要角色是工业领域专家，但并不代表开发过程中涉及 IT 技术的环节可以被忽略，而是把开发过程中偏 IT 技术层面的相关工作通过数智化系统或工具提供的基础能力完成，从而让工业领域专家更专注数据应用业务场景的开发工作。

2. 敏捷开发阶段

数据应用的敏捷开发框架和通用软件产品的敏捷开发框架并无差异，都包括 3 个角色、3 个交付物、5 个活动及 5 个价值观，如图 7-2 所示为数据应用敏捷开发框架，其详细的应用方法可以参考敏捷软件开发方面的专业书籍。不同的是数据应用的敏捷开发阶段，在团队角色的定义和每次开发冲刺中，具体的活动内容有所差异。

这里提到的敏捷开发框架是针对数据应用中数据、业务服务及视图的开发方法，和第 5 章提到的敏捷工业大数据分析方法不同，但紧密关联。在分析模型定义清楚后，数据应用的敏捷开发正式启动，其启动时的业务目标来源于对分析模型业务的理解（详见 5.4 节）。

1）角色定义

每个产品负责人都希望自己负责的产品能给用户带来实际的业务价值。不同的是，数据应用的产品负责人自身就是业务用户（或者业务用户是他的直接用户），对于数据应用如何能够给企业带来实际效益有比较深入的认知；而信息化应用的产品负责人并不是业务用户，需要通过对业务用户进行需求调研，以理解和设计应用的业务场景。

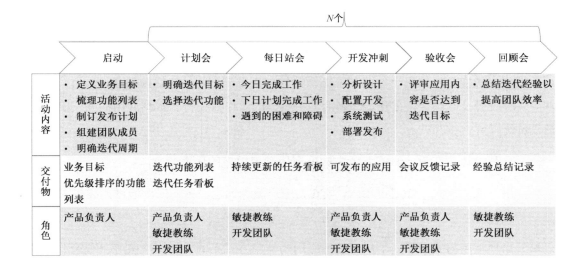

图 7-2　数据应用敏捷开发框架

如表 7-1 所示,信息化应用开发团队的主要角色是 IT 技术工程师,具备较强的 IT 技能,能够完成底层数据模型、业务逻辑服务、前端页面的设计和开发,但是缺乏工业知识,涉及相关领域的业务场景需要专家的支持。

数据应用开发团队的主要角色是工业领域专家,具备较丰富的工业知识,同时需要具备基本的数据分析和 IT 技术能力,能借助数智化系统的数据服务能力、分析建模能力及前端页面配置开发能力等,完成数据应用的开发工作。

表 7-1　敏捷开发角色对比表

	信息化应用敏捷开发	数据应用敏捷开发
产品负责人 (Product Owner)	理解用户需求,定义业务场景及用户故事,确保用户和开发团队能够理解一致	有较强的工业知识,能够理解分析模型的业务价值并定义用户故事,确保开发团队理解一致
敏捷教练 (Scrum Master)	是产品负责人、开发团队、客户之间的桥梁,维护敏捷开发的方法和秩序,引导开发团队高质量完成工业应用	是产品负责人、开发团队之间的桥梁,维护敏捷开发的方法和秩序,引导开发团队高质量完成工业应用
开发团队 (Dev Team)	具备完成工业应用所需要软件工程的全部技能,负责信息化应用的设计、开发、测试、发布及运维	团队以工业技能为主,兼备 IT、DT 技能,借助平台和工具完成数据应用的设计、配置开发、测试、发布及运维

总之,数据应用的敏捷团队是为自己开发的应用,团队对于应用如何能体现业务价值比较容易达成一致,信息传递效率较高;而信息化应用的敏捷团队大多是为用户开发的应用,需要对应用的业务场景进行调研和理解,信息需要在不同的角色之间传递,相对来说,信息

传递的效率较低。

2）活动内容

数据应用敏捷开发的每个冲刺都遵循敏捷软件开发的方法，包括计划会、每日站会、开发冲刺、验收会及回顾会，在开发冲刺活动中具体的工作需要符合数据应用的开发阶段，其他活动并无差异。

（1）分析设计。在设计时需要考虑数据应用未来用户的使用场景。

- 用户服务模式：如通过 SaaS 模式为用户提供远程服务，或者通过离线模式为用户提供现场服务，又或者二者兼有。

- 用户使用方式：不同用户对数据应用的使用方式不同，如按次服务，即基于离线数据（手动上传至应用）的一次性使用；按时间服务，即基于在线数据（自动接入应用）的连续性使用。

- 数据应用的"大小"：若干小的数据应用能够组合成大的数据应用，有的用户会订阅"大"数据应用，而有的用户会订阅"小"数据应用。不论哪种服务模式、哪种使用方式、多大的规模，数据应用的设计需要具备"独立性"：包括在 IT 结构层面的耦合性和在应用场景方面的完整性，这样才可以为不同的用户提供不同的服务模式。

例如，某设备制造商的智慧产品开发团队正在为某型号的设备设计开发名称为"运行状态评估"的数据应用，在未来既可以部署用户现场对设备提供运行状态评估服务，也可以部署在企业内部对设备提供远程服务。团队把此类应用定义为"功能模块"，其软件结构包含如下几项。

- 数据：设备的基本信息、设备运行产生的测点数据。

- 分析模型：运行状态评估相关分析模型（若干个）。

- 业务服务：设备运行的健康评分、报警信息及关键测点数据。

- 视图：运行状态评估展示页面。

设备运行状态评估应用软件结构如图 7-3 所示。

"功能模块"是以用户视角定义的数据应用，解决生产运营中具体的业务问题，并能形成完整的业务闭环。它包含若干处理具体问题的分析模型，如高频数据预处理分析模型、工况识别分析模型、运行健康评估模型等，各分析模型经过一系列的逻辑组合为解决具象问题的业务应用提供数据支撑。而分析模型以数据的视角解决一个具体的问题，计算所需数据来自设备运行的数据,可能来自一台设备的某个部件或者多个部件,也可能来自多台设备[1][2]。工业物理对象之间客观存在着连接关系,如设备的 BOM 结构、产线工艺的流程等;分析模型针对具体的设备、部件、子部件或它们的组合运行,与工业物理对象之间存在多对多连接关系;功能模块的运行依赖若干个分析模型计算产生的结果数据,与分析模型之间存在多对多的连接关系。如图 7-4 所示为功能模块、分析模型及设备物理结构关系示意。

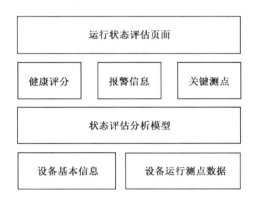

图 7-3 设备运行状态评估应用软件结构

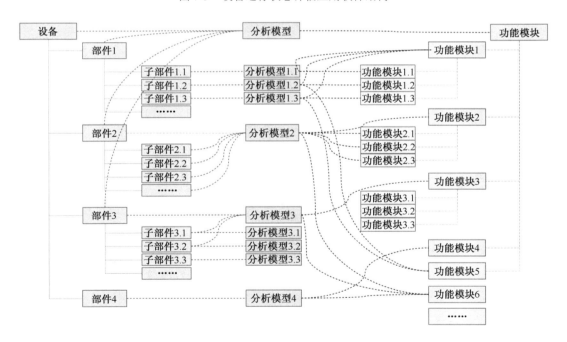

图 7-4 功能模块、分析模型及设备物理结构关系示意

设备运行状态的评估需要结合设备当前运行的工况信息和各子部件的运行状态进行综

[1] 肖汉. 水电机组智能故障诊断的多元征兆提取方法[D]. 武汉:华中科技大学,2014.

[2] 肖剑. 水电机组状态评估及智能诊断方法研究[D]. 武汉:华中科技大学,2014.

合计算才能得出结论。其中，工况信息和运行状态通过分析模型计算输出对应的结果（分析模型的设计开发在第 6 章中有详细描述）。在此基础上进行数据应用的数据模型设计和业务服务设计，如设备报警信息富化展示相关数据模型及对应业务服务/接口的设计，报警信息的详细描述、处理意见等，最后进行设备运行状态评估应用展示页面的设计。

上述设计活动，通过数智化系统提供的服务和工具完成，可以有效提高团队协作的效率。具体来说，用工业对象的视角进行数据资产建模，不必关心底层数据的存储逻辑。例如，对某型号的设备进行资产建模：① 创建设备；② 创建设备的数据。例如，按照类别进行分组，包括设备运行的测点数据和分析模型运行产生的结果数据（运行工况、健康度及告警信息），如图 7-5 所示为数据资产建模功能。

图 7-5　数据资产建模功能

基于领域模型对应用层数据模型进行建模。例如，设备运行状态评估应用涉及实体类型包括设备类型、设备实例、设备测点、设备运行状态、设备运行健康度、设备运行报警信息及报警处理建议，如表 7-2 所示为运行状态评估实体清单，如图 7-6 所示为设备运行状态评估应用实体关系。

表 7-2　运行状态评估实体清单

实　体	模 型 分 类	存 储 类 别	备　　注
设备类型（asset_types）	领域模型	关系数据	来源于数据资产建模，并且自动生成对应的数据存储逻辑
设备实例（asset_instances）	领域模型	关系数据	
设备测点（data）	领域模型	时序数据	

续表

实　　体	模型分类	存储类别	备　　注
设备运行状态（condition）	领域模型	时序数据	
设备运行健康度（healthy）	应用层数据模型	时序数据	分析模型运行结果
设备运行报警信息（alarm）	应用层数据模型	时序数据	对分析模型运行结果进行业务语义富化
报警处理建议（suggestion）	应用层数据模型	关系数据	

图 7-6　设备运行状态评估应用涉及的实体关系

　　基于数据建模工具对数据应用相关的模型进行统一管理，可以自动生成实体相关的业务应用服务。例如，查询设备某段时间段内的测点数据，可以通过 GraphQL（一种用于 API 的查询语言，使用方式见 4.5.2 节图状数据模型和查询语义部分）语句，选择测点数据实体 rawdata、时间过滤条件 beginTime 和 endTime，实现数据的查询，如图 7-7 所示为数据建模工具实现数据查询服务。

　　基于低代码配置工具（工业领域专家使用简单的"拖、拉、曳"方式创建应用的工具，通过它可以降低应用开发的门槛并加速应用的开发，详见 7.3 节）进行数据应用页面的原型设计，在配置开发时可直接在原型设计的基础上进行数据映射的配置开发和页面展示细节的完善。例如，设备运行状态评估首页的原型通过低代码工具进行快速设计，包括运行工况和健康度展示区、关键测点展示区、设备运行报警展示区等，如图 7-8 所示为设备运行状态评估首页原型设计图。数据应用页面原型设计也可以通过其他专业的工具进行，如离线工具 Axure、在线协作工具墨刀等，但是这类工具设计完成的页面原型无法转换成配置开发阶段的直接输入，需要开发工程师参照页面原型设计重新在配置开发工具上完成一次，而低代码配置工具则不存在。

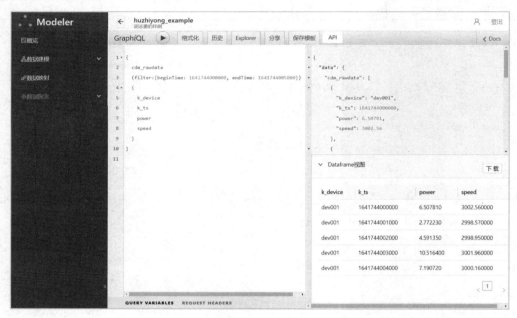

图 7-7　数据建模工具实现数据查询服务

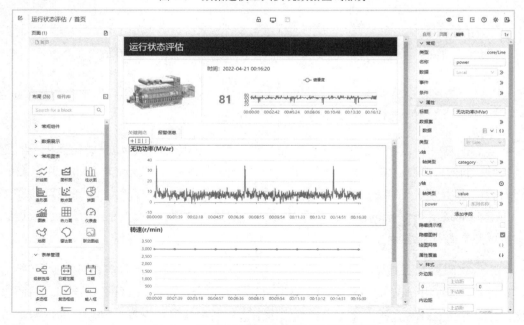

图 7-8　设备运行状态评估首页原型设计图

（2）配置开发。基于数据应用的设计和模拟数据进行业务服务和前端页面的配置开发，其中，数据包括设备运行测点数据和分析模型计算产生的结果数据。数据是后续工作开展的前提条件，在分析模型配置开发的同时，可基于设计好的数据模型导入模拟数据，同时开展业务服务和前端页面的配置开发。例如，在配置开发运行状态评估应用时，可以基于工具离线模拟一段时间内设备运行的测点数据、分析模型计算产生的工况数据和报警数据及诊断报警的处理建议数据。

数据建模工具提供基于数据模型自动生成数据服务的能力，工业领域专家可用此工具配置开发业务数据服务，为页面展示提供数据访问服务。例如，设备运行状态评估应用的首页，需要展示设备的运行状态数据和报警数据，通过数据建模工具提供的数据服务，使用 GraphQL 语句关联设备实例实体和运行状态实体，即可完成设备运行状态数据服务的配置开发，GraphQL 语句示例如下，其中，asset_instances 为设备实例实体，condition 为设备运行状态实体，如图 7-9 所示为设备运行状态数据 GraphQL 查询语句。

```
{
  asset_instances {
    name
    display_name
      condition(filter: {beginTime: 1641744000000, endTime: 1641744005000}) {
        k_ts
        power
        speed
        state
      }
  }
}
```

图 7-9　设备运行状态数据 GraphQL 查询语句

使用低代码配置开发工具，在页面原型设计和数据建模工具提供的业务数据服务基础上，完成页面的配置开发，主要工作包括业务数据服务和组件展示所需要数据源的映射配置、整体页面布局及组件展示细节优化等配置工作。例如，配置设备运行健康度趋势图的数据源、无功功率趋势图的数据源、转速变化趋势图的数据源及健康度趋势图和转速趋势图 Y 轴显示值的最大、最小值的配置，用以优化图形展示效果，如图 7-10 所示为转速变化趋势图 Y 轴数据显示范围配置。

（3）系统测试。数据应用不仅包括数据、分析模型、业务服务和视图，还包括串联各部分的数据流，数据流从数据的存储到分析模型的计算、业务服务的处理，最后到可视化页面呈现，其中每个环节都需要进行系统性的测试。分析模型、业务服务和可视化页面都基于数智化系统提供的工具或服务运行，所以这些环节的测试（包括功能性、稳定性、可靠性、安全性等）并不是数据应用测试的范围，而是对各个环节数据呈现的逻辑关系和性能进行系统性的测试。

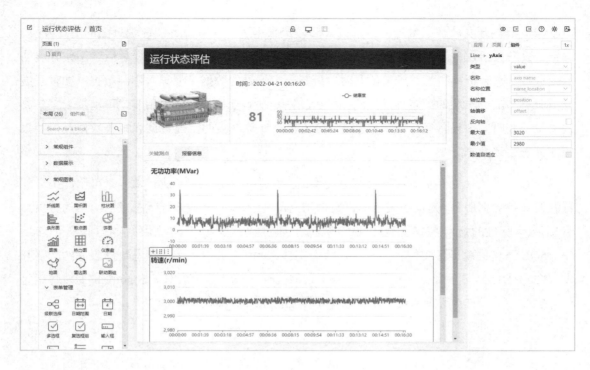

图 7-10　转速变化趋势图 Y 轴数据显示范围配置

数据逻辑关系测试：通过模拟实际生产过程中各种场景下产生的数据，分别检查数据在存储、计算、业务处理和可视化页面呈现的业务逻辑，包括正确性、完整性、一致性等。例如，当数据应用长时间连续不断地运行时，随着要处理数据的场景不断增加，有可能发生两类错误，一类是数据应用异常退出，在这种情况下，后续的数据将无法得到处理；另一类是数据应用看起来运行正常，但计算的结果是错误的，这种情况比前一种更隐蔽，有时会产生难以预料的严重后果，如本应该产生报警时没有报警（假阴性）。

数据呈现性能测试：这里的性能测试不是针对页面并发访问的场景，而是在大数据量趋势分析的场景下，可视化页面中图形组件的绘制性能，如 3 个月内数据频率为 1 Hz 的测点数据变化趋势图的绘制性能；或者在高频数据监控场景下，数据动态可视化呈现的性能。

工业领域专家通常不具备对软件进行完整测试的能力，因此，数智化系统平台应该提供对数据应用进行一般性功能测试和性能测试的能力。其中，功能测试场景通常包括：① 使用正常输入数据运行数据应用；② 使用空数据运行数据应用；③ 使用非预期类型数据（如非法数值格式）运行数据应用，等等。性能测试场景通常包括：① 使用长时间窗口数据运行数据应用；② 使用大量字段数据运行数据应用；③ 使用大量设备数据运行数据应用，等等。

（4）部署发布。从软件开发的视角来看，和传统信息化应用一样，数据应用的发布部署也是完成开发并测试通过的应用，部署到生产环境，包括数据、分析模型、业务服务和数据视图页面的部署。数据应用是一个具备完整业务场景的功能，通过数智化系统提供的工具和服务完成开发和测试的工作，同样，它的发布部署也需要有相应的工具做支撑，把数据应用作为一个整体来执行。发布即生成安装包的过程，其结果表现形式是一个压缩包，除包含数据、分析模型、业务服务和可视化页面外，还包含运行所依赖的配置信息。部署即把数据应用在生产环境进行安装的过程（依据配置信息将相关内容导入生产环境），当然，生产环境要具备数据应用运行所依赖的基础条件。

数据应用发布后，标志着数据应用已经开发测试完成，具备为用户提供服务的条件，其表现形式为一个压缩文件，需要对数据应用进行统一的管理，如基本信息管理（包括标识、分类、描述信息等）、版本管理及部署记录管理等，需要有工具和服务做支撑实现高效管理。

数据应用的部署分为两种场景：① 初次部署，即第一次部署，判断逻辑相对简单，只需要验证基础环境是否具备，部署后启动即可；② 升级部署，即迭代部署，需要关注的因素较多，如版本的兼容性（需要在应用设计时考虑）、数据应用的运行状态、对实际生产业务的影响等，需要依据具体场景制定合理的升级部署策略。

数据应用的发布部署，在后台对数据源、分析模型、业务服务和可视化页面进行一系列的复杂操作，包括打包、导出、导入、校验、安装、启动、升级等，需要有工具和服务对上述操作进行串联，才能够帮助团队实现数据应用的高效发布和部署。

在对数据应用进行设计、配置开发、测试及发布部署的步骤中，除了考虑数据应用的功能需求，还需要考虑非功能性的需求，如权限需求、更新需求及安全需求等。其中，权限包括操作权限和数据权限；安全包括功能的安全要求（如满足信息系统安全等级保护要求）；更新包括升级过程中模型升级和数据的迁移；诸如此类非功能性需求，需要数据应用运行的基础环境统一考虑，并提供各方面详细的规范，再结合数据应用的开发阶段形成数据应用的开发规范。

7.2.3　运维过程

数据应用上线后即转入运维，需要保证其运行的可靠性。数据应用通过数智化系统提供的服务和工具配置开发完成，其功能的可靠性有很大的保障（数智化系统的工具和服务由专业的 IT 团队进行开发和测试）。对数据应用开发的工业领域专家团队来讲，重点是数据应用后续的升级和版本管理。

（1）版本管理。数据应用由数据、分析模型、业务服务、视图四部分构成，其中，分析模型相对独立，可以有针对分析模型的版本管理，分析模型版本变更时，数据应用的版本是否需要变更，需要在实践中寻找适合的版本管理方法。数据应用的版本通过版本号进行唯一标识，如首次发布其版本号标识为 1.0.0，修复 bug 版本号标识为 1.0.1，小迭代的版本号标识为 1.1.0，大迭代的版本号标识为 2.0.0 等，具体规则可参考软件产品标识的命名规范，并形成数据应用的版本号标识管理规范。数据应用的版本除了通过版本号唯一标识，还需要包含当前版本更新内容描述、发布信息描述、升级说明及关联数据源、分析模型、业务服务和可视化界面的相关信息，以便后续的部署和升级。

（2）数据应用升级。软件产品的升级，需要考虑与当前版本的兼容性、数据的安全性及对正在运行业务的影响，数据应用也不例外。数据应用的升级如果涉及数据模型的变更，相对来说需要考虑的因素较多，在对应用进行设计时，需要额外考虑版本升级涉及非功能性需求，如数据模型的升级、数据的迁移等，因此，数据应用设计的可扩展性非常重要。

数据应用的版本管理和升级相关的基本功能可以借助数智化系统提供的服务和工具完成，如图 7-11 所示为数据应用集中管理功能，对应的管理规范和版本升级机制，需要团队结合具体的业务模式来约定。高效的工具和标准化的管理规范有效结合，可以保证数据应用在运维阶段的有序运行。

图 7-11　数据应用集中管理功能

7.3 支持敏捷开发的低代码工具

低代码工具①是为低成本快速配置开发交互页面的工具，对用户来说，其核心是交互页面的设计器，大致可以分为两类：一类是纯粹的前端页面编辑器，包括复杂的前端交互组件设计，但是其功能强大、灵活，学习成本高，如图 7-12 所示为纯粹的前端页面编辑器，其配置页面非常复杂；另一类是大大简化了的页面配置器，将不同类型的页面进行了模板化配置：即将前端交付组件组合，形成自定义组件/模板页面，从而提供自定义组件/模板的配置，降低了入门门槛，同时功能弱很多。

图 7-12 纯粹的前端页面编辑器

对它的用户可以分为两类：具备编码能力的用户和不具备编码能力的用户，对于前者，重点是工具的灵活性和扩展能力，对具备编码能力的用户来说，即便没有页面编辑器，也能够通过编写代码完成页面的开发。例如，针对数据分析师的工具包 Dash、Streamlit、Shiny 等，封装了很多常用的可视化页面组件，并且支持自定义组件扩展、组件样式及组件扩展脚本的

---

① 艾瑞咨询. 中国低代码行业生态发展洞察报告[C]. 艾瑞咨询系列研究报告（2022 年第 3 期）. 2022：308-357.

开发，对数据分析师来说，通过几行代码就可以完成一个简单图形的开发，如图 7-13 所示为 Streamlit 工具包开发图形示例。而对后者而言，工具的交互性、自定义组件/模板的丰富程度及使用门槛是关键。一款成熟的低代码工具能够在这两类用户之间找到合适的定位，本节将重点介绍面向不具备编码能力的用户使用的低代码配置工具具备的特性。

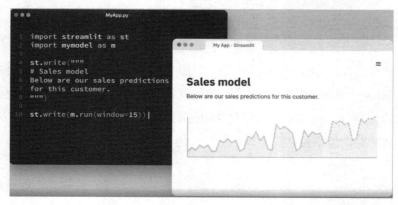

图 7-13　Streamlit 工具包开发图形示例

提供给工业领域专家使用的低代码工具，需要基于拖曳式的页面设计器，达到页面所见即所得的效果，此外，工具还具备组件和数据源的可插拔扩展能力、应用页面可沉淀为模板的能力、针对页面和组件的扩展编码能力等，作为工具整体被集成的能力，可以被集成到数智化系统，充分利用平台的各种基础功能（包括数据存储引擎、安全管理、运行监视等）来支撑页面的高效配置开发，如图 7-14 所示为低代码配置工具功能架构。

设计时						渲染引擎	运行时	管理能力
组件			事件/动作			状态管理	数据应用	应用管理
图表类	布局类	表单类	单击	双击	鼠标	渲染器	内容模板	模板管理
分析类	专业类	行业类	跳转	钻取	……	数据流	专业模板	部署管理
RESTful	数据 Web Service	业务接口	脚本			脚本解析	行业模板	数据管理
GraphQL	repo	……	Script	Python	……	缓存管理	其他模板	组件管理

数据存储引擎							运行时	
InfluxDB	Postgres	IotDB	Parquet	Kafka	TSF	Presto ……	运行监视	安全审计 ……

图 7-14　低代码配置工具功能架构

低代码工具提供了多种用户视图，针对具备编码能力的专业开发工程师，可基于低代码工具提供的在线扩展编码能力，自由实现相对复杂的可视化展示效果，也可以通过 IDE 工具离线开发可视化应用，离线开发的应用可以上传到低代码工具，和在线开发的应用统一管理。针对工业领域专家编码经验较少的情况，低代码工具内置了不同行业的应用模板及专业组件，如数据分析类、振动分析类通用组件及各行业的专业组件，如表 7-3 所示为低代码配置工具内置的专业组件清单。工业领域专家能够基于内置的专业组件和行业模板进行可视化应用的开发，以达到事半功倍的效果，相关内容也能够沉淀到工具中。

表 7-3 低代码配置工具内置的专业组件清单

分　类	名　　称
数据分析类	数据分布图
	相关性分析矩阵图
	相关性分析热力图
	工况切分图
	……
振动分析类	波形分析图
	频谱图分析
	轴心轨迹图
	轴线姿态图
	……
电机专业类	控制曲线
	效率曲线
	……

组件的扩展能力体现为以下两方面。

（1）基于组件扩展规范，能够完成常规可视化 Web 组件，如主流的图形化组件 ECharts 和 Ant Design、2D 组态图和 3D 模型的快速封装，以满足工业领域特定场景下的可视化页面展示需求，如设备运行工况切分图组件、汽轮机本体运行热平衡图展示组件及设备三维模型动态展示组件等，封装完成并在工具注册后，和其他组件的使用一样方便，如图 7-15 所示为组件扩展示例，其中展示了 Iframe 组件的扩展开发过程。

（2）同样基于数据源的扩展规范，除了支持标准的 RESTful 数据服务接口，还能够对个性化的数据服务接口进行扩展，如无缝对接数据建模工具提供的业务数据服务接口。

内容可沉淀的能力，能够将配置完成的应用（包括页面、组件布局、呈现效果及数据源等信息）保存为工具内置模板，在配置新的应用时可基于模型进行配置修改，提高页面的配置效率，如图 7-16 所示为基于模板快速创建应用。例如，设备运行状态评估应用，针对不同型号的设备，页面呈现大致相同，只是关键测点略有差异，可以将此类应用定义为设备运行状态评估应用模板，基于此模板可以快速配置开发不同型号设备的运行状态评估页面。

组件接口定义	Iframe扩展组件示例	注册扩展组件到工具

```
export type Register = {
  type: string;
  category?: string;
  deprecated?: boolean;
  icon?: string;
  // 是否为无状态组件
  stateless?: boolean;
  relyElement?: any;
  // 实际渲染的 React 组件
  // FIXME: component type
  component: any;
  // 定义可配置的属性
  attributes?: Attribute[];
  // 定义可配置的样式
  styles?: any[];
  // 定义组件可配置的事件
  events?: { type: string }[];
  // 默认样式
  css?: SerializedStyles;
  // 设置可配置属性及样式的默认值
  editorConfig?: EditorConfig;

  // props 处理规则
  mergeProps?: (props: any, processed: any) => void;

  // dataset 属性
  dataset?: any;

  // 子组件渲染相关的配置
  isExpectChildren?: boolean;
  allowChildren?: string[];
  denyChildren?: string[];
  ChildrenRenderer?:
    | ComponentType<ChildrenRendererProps>
    | FunctionAsChildren<ChildrenRendererProps>;
  childrenPropsHandler?(props: {
    children: Block[];
    block: Block;
  }): Record<string, any>;
};
```

```
import { Register } from 'day4-types/es/registrar';

import Iframe from './Iframe';

const registry: Register[] = [
  {
    type: 'integrate/Iframe',
    category: 'Integrate',
    component: Iframe,
    attributes: [
      {
        name: 'src',
        type: 'string',
        isTemplate: true,
      },
    ],
    styles: ['width', 'height'],
  },
];

export default registry;
```

```
import datasources from 'day4-modules/es/datasources';
import * as coreBlocks from 'day4-modules/es/blocks/core';
// 引入iframe扩展组件
import * as integrateBlocks from 'day4-modules/es/blocks/integrates';
import { mergeBlocks } from 'day4-utils/es/registrar';

import * as customComponents from './components';
import * as customEventHandlers from './events';
import * as customQueries from './queries';

const registry = Object.entries(customComponents).map(([name, Comp]: any) => ({
  type: `custom/${name}`,
  category: 'Custom',
  component: Comp,
  ...Comp.register,
}));

const eventHandlers = Object.entries(customEventHandlers).map(
  ([name, handler]) => ({
    name,
    handler,
  })
);

const queries = Object.entries(customQueries).map(([name, query]) => ({
  name,
  query,
}));

export default {
  datasources: [...datasources],
  // iframe 扩展组件: integrateBlocks
  blocks: mergeBlocks(coreBlocks, integrateBlocks, {
    registry,
  }),
  eventHandlers,
  queries,
};
```

图 7-15　组件扩展示例

图 7-16　基于模板快速创建应用

大数据应用场景的性能，一方面结合数智化系统提供的数据特征提取服务，使用简单（流）文本定向消息（Stomp）协议，实现大数据量的降频低延迟传输；另一方面结合图表的懒加载更新策略，降低图表的非必要刷新①。

为工业领域专家提供的低代码配置开发工具，需要增加工业业务属性（如行业模板、专业组件等），减少 IT 内容；需要具备低门槛、灵活扩展、便捷沉淀及深度集成的能力，才能

---

① 沈恩亚. 大数据可视化技术及应用[J]. 科技导报，2020，38(3)：68-83.

够帮助工业领域专家团队高效配置数据应用的可视化页面。

7.4　数据应用的运行环境

在 7.1.3 节中提到了数据应用在软件结构层面包含数据、分析模型、业务服务和可视化界面，其中，分析模型的运行环境和运行模式比较多样化，如批模式、流模式运行、集群环境、单机环境运行。数据应用中其他的内容（包括数据、业务服务及可视化页面）相对来说比较单一，其运行环境和模式依赖分析模型，因此，数据应用的运行环境等同于数据应用中分析模型的运行环境，本节中探讨的运行环境特指分析模型的运行环境。

数据应用的运行环境是一套系统，它为数据应用屏蔽了计算机硬件资源和操作系统等底层概念，形成了支撑多个数据应用并发运行的环境。根据硬件条件、数据量和可靠性等要求的不同，应用运行环境需要具备一定的伸缩能力，以便达到数据应用一次编写、到处运行的最佳效果。为了节约篇幅，本书重点讨论轻量级端侧的场景，使用单台服务器实现数据应用的运行环境。

数据应用运行环境功能架构如图 7-17 所示，它主要提供以下功能。

● 设备时序数据和静态数据的接入、存储和管理功能。

● 行业标准数据模型及数据到模型的映射功能。

● 在设备数据基础上开发、调试和部署分析应用的功能。

● 展示分析算法运行结果的功能。

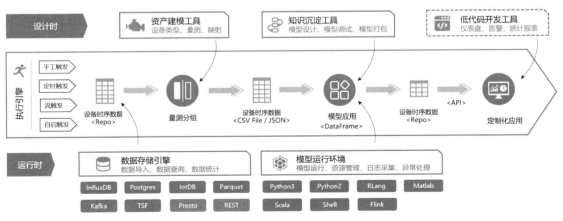

图 7-17　数据应用运行环境功能架构

7.4.1　数据存储

如果将分析模型看作对数据的加工线，那么数据是分析模型的原料，其运行环境需要在本地存储一定数量的数据，而不是每次运行时直接从外部系统拉取数据，因为这样可以最大限度地减少对外部系统的依赖。

为应对不同的使用场景，满足项目中对响应时间、存储量等指标的需要，运行环境应支持时序数据、关系数据和对象数据等多种存储实现。

用户常常希望能够直观地了解运行环境里已经接入的数据情况，因此运行环境需要提供必要的数据统计功能，展示数据总量，以及数据在时间维度的分布情况（如图 7-18 所示为数据完整度热力图，其中，绿色表示完整度优秀，黄色表示完整度良好，红色表示完整度较差），同时应提供操作数据的功能，如删除指定时间段的数据。

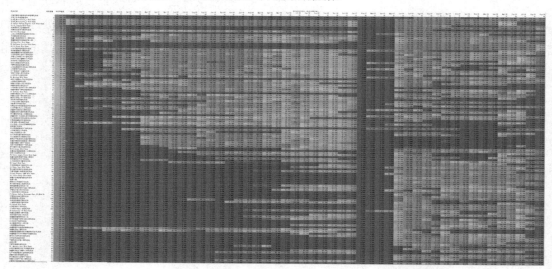

图 7-18　数据完整度热力图

7.4.2　数据预处理

大部分分析模型都需要对输入的数据进行预处理，具体的操作包括空值填充、数据去重、数据聚合，等等。运行环境应提供标准功能，有助于简化分析模型的开发。

下面以数据填充为例介绍数据预处理的过程。某生产企业为监控锅炉运行健康状态，从安装在锅炉的传感器获取进出口温度、给水流量和炉膛压力等时序数据，数据采集器为节约带宽上报数据时使用"遥测越限"方式，即当数据变化超过一定阈值后才上报，从某发电机组采集到的原始时序数据片段如图 7-19 所示。

k_device	k_ts	MF5_60HA	MF5_60HA	MF5_60HA	MF5_60HA	MF5_60HA	MF5_60HA	MF5_60HA	MF5_60HA	MF5_60HA	MF5_60HA	MF5_60HA	MF5_60HA	MF5_60HA	MF5_60HA	MF5_60HF	MF5_60HF	MF5_60HF	MF5_60HF
default	17:04:26											4.31				44.14			
default	17:04:27								299.28								46.05	44.97	
default	17:04:28						288.06						293.97						
default	17:04:29			2.24															
default	17:04:30	274.39								1.78									
default	17:04:31							302.81							297.58				45.27
default	17:04:32				3.06	2.79					2.53	4.33	294.04	302.3					
default	17:04:33																46		
default	17:04:34						288.14												
default	17:04:35			2.25														45.07	
default	17:04:36	274.46						302.88											
default	17:04:37																		
default	17:04:38		274.46			2.87			299.42		2.5								44.92
default	17:04:39																		
default	17:04:42																		
default	17:04:44																		
default	17:04:45																		
default	17:04:46																		
default	17:04:48																		
default	17:04:49																		
default	17:04:50																		
default	17:04:51																		
default	17:04:52																		
default	17:04:53																		
default	17:04:54										2.44								
default	17:04:55																		
default	17:04:56																		
default	17:04:57																		
default	17:04:58	274.69										4.24			297.88				
default	17:04:59			1.92	2.59									302.66		43.75			
default	17:05:00					3.05			299.72										
default	17:05:01				2.6			303.25											
default	17:05:02						288.51			1.61			294.41				45.51	44.44	44.63
default	17:05:03										2.42			302.74	297.95				
default	17:05:04																		
default	17:05:05	274.76	274.76	1.96								4.21				43.61			
default	17:05:06					3.02			299.79										
default	17:05:07							303.33		1.54							45.41		44.48
default	17:05:08						288.58				2.41								
default	17:05:09															43.51		44.39	
default	17:05:10									1.51					298.02				
default	17:05:11	274.83		1.99	2.65			303.4				4.19		302.81					
default	17:05:12						288.65						294.49						
default	17:05:13		274.83			2.98			299.87										
default	17:05:14																45.22		44.39
default	17:05:15												294.56		298.1				

图 7-19　从某发电机组采集到的原始时序数据片段

对数据分析来说，这样的原始数据不能直接被消费。首先，很多情况下数据分析的逻辑是基于“行”的，数据的缺失将导致这些带有缺失值的数据行无法使用，如果缺失值占比较多时，那么将导致整个数据分析无法正常进行；其次，时序数据是按时间窗口进行处理的，每个时间窗口里第一行数据如果有缺失值，理论上应该使用上一时间窗口最后一行的数值填充，数据分析程序本身没有这个数据，因此无法实现正确填充（填充处理后的时序数据中的灰色部分如图 7-20 所示）。

k_device	k_ts	MF5_60HA	MF5_60HA	MF5_60HA	MF5_60HA	MF5_60HA	MF5_60HA	MF5_60HA	MF5_60HA	MF5_60HA	MF5_60HA	MF5_60HA	MF5_60HA	MF5_60HA	MF5_60HA	MF5_60HF	MF5_60HF	MF5_60HF	MF5_60HF
default	17:04:26	274.35	274.23	2.23	3.08	2.66	288.06	302.66	298.94	1.85	2.59	4.31	293.88	302.22	297.51	44.14	46.08	44.97	45.42
default	17:04:27	274.35	274.23	2.23	3.08	2.66	288.06	302.66	299.28	1.85	2.59	4.31	293.88	302.22	297.51	44.14	46.05	44.97	45.42
default	17:04:28	274.35	274.23	2.23	3.08	2.66	288.06	302.66	299.28	1.85	2.59	4.31	293.97	302.22	297.51	44.14	46.05	44.97	45.42
default	17:04:29	274.35	274.23	2.24	3.08	2.66	288.06	302.66	299.28	1.85	2.59	4.31	293.97	302.22	297.51	44.14	46.05	44.97	45.42
default	17:04:30	274.39	274.23	2.24	3.08	2.66	288.06	302.66	299.28	1.78	2.59	4.31	293.97	302.22	297.51	44.14	46.05	44.97	45.42
default	17:04:31	274.39	274.23	2.24	3.08	2.66	288.06	302.81	299.28	1.78	2.59	4.31	293.97	302.22	297.58	44.14	46.05	44.97	45.27
default	17:04:32	274.39	274.23	2.24	3.06	2.79	288.06	302.81	299.28	1.78	2.53	4.33	294.04	302.3	297.58	44.14	46.05	44.97	45.27
default	17:04:33	274.39	274.23	2.24	3.06	2.79	288.06	302.81	299.28	1.78	2.53	4.33	294.04	302.3	297.58	44.14	46	44.97	45.27
default	17:04:34	274.39	274.23	2.24	3.06	2.79	288.14	302.81	299.28	1.78	2.53	4.33	294.04	302.3	297.58	44.14	46	44.97	45.27
default	17:04:35	274.39	274.23	2.25	3.06	2.79	288.14	302.81	299.28	1.78	2.53	4.33	294.04	302.3	297.58	44.14	46	45.07	45.27
default	17:04:36	274.46	274.23	2.25	3.06	2.79	288.14	302.88	299.28	1.78	2.53	4.33	294.04	302.3	297.58	44.14	46	45.07	45.27
default	17:04:37	274.46	274.23	2.25	3.06	2.79	288.14	302.88	299.28	1.78	2.53	4.33	294.04	302.3	297.58	44.14	46	45.07	45.27
default	17:04:38	274.46	274.46	2.25	3.06	2.87	288.14	302.88	299.42	1.78	2.5	4.33	294.04	302.3	297.58	44.14	46	45.07	44.92
default	17:04:39	274.46	274.46	2.25	3.06	2.87	288.14	302.88	299.42	1.78	2.5	4.33	294.04	302.3	297.58	44.14	46	45.07	44.92
default	17:04:42	274.46	274.46	2.25	3.06	2.87	288.14	302.88	299.42	1.78	2.5	4.33	294.04	302.3	297.58	44.14	46	45.07	44.92
default	17:04:44	274.46	274.46	2.25	3.06	2.87	288.14	302.88	299.42	1.78	2.5	4.33	294.04	302.3	297.58	44.14	46	45.07	44.92
default	17:04:45	274.46	274.46	2.25	3.06	2.87	288.14	302.88	299.42	1.78	2.5	4.33	294.04	302.3	297.58	44.14	46	45.07	44.92
default	17:04:46	274.46	274.46	2.25	3.06	2.87	288.14	302.88	299.42	1.78	2.5	4.33	294.04	302.3	297.58	44.14	46	45.07	44.92
default	17:04:48	274.46	274.46	2.25	3.06	2.87	288.14	302.88	299.42	1.78	2.5	4.33	294.04	302.3	297.58	44.14	46	45.07	44.92
default	17:04:49	274.46	274.46	2.25	3.06	2.87	288.14	302.88	299.42	1.78	2.5	4.33	294.04	302.3	297.58	44.14	46	45.07	44.92
default	17:04:50	274.46	274.46	2.25	3.06	2.87	288.14	302.88	299.42	1.78	2.5	4.33	294.04	302.3	297.58	44.14	46	45.07	44.92
default	17:04:51	274.46	274.46	2.25	3.06	2.87	288.14	302.88	299.42	1.78	2.5	4.33	294.04	302.3	297.58	44.14	46	45.07	44.92
default	17:04:52	274.46	274.46	2.25	3.06	2.87	288.14	302.88	299.42	1.78	2.5	4.33	294.04	302.3	297.58	44.14	46	45.07	44.92
default	17:04:53	274.46	274.46	2.25	3.06	2.87	288.14	302.88	299.42	1.78	2.5	4.33	294.04	302.3	297.58	44.14	46	45.07	44.92
default	17:04:54	274.46	274.46	2.25	3.06	2.87	288.14	302.88	299.42	1.78	2.44	4.33	294.04	302.3	297.58	44.14	46	45.07	44.92
default	17:04:55	274.46	274.46	2.25	3.06	2.87	288.14	302.88	299.42	1.78	2.44	4.33	294.04	302.3	297.58	44.14	46	45.07	44.92
default	17:04:56	274.46	274.46	2.25	3.06	2.87	288.14	302.88	299.42	1.78	2.44	4.33	294.04	302.3	297.58	44.14	46	45.07	44.92
default	17:04:57	274.46	274.46	2.25	3.06	2.87	288.14	302.88	299.42	1.78	2.44	4.33	294.04	302.3	297.58	44.14	46	45.07	44.92
default	17:04:58	274.69	274.46	2.25	3.06	2.87	288.14	302.88	299.42	1.78	2.44	4.24	294.04	302.3	297.88	44.14	46	45.07	44.92
default	17:04:59	274.69	274.46	1.92	2.59	2.87	288.14	302.88	299.42	1.78	2.44	4.24	294.04	302.66	297.88	43.75	46	45.07	44.92
default	17:05:00	274.69	274.46	1.92	2.59	3.05	288.14	302.88	299.72	1.78	2.44	4.24	294.04	302.66	297.88	43.75	46	45.07	44.92
default	17:05:01	274.69	274.46	1.92	2.6	3.05	288.14	303.25	299.72	1.78	2.44	4.24	294.04	302.66	297.88	43.75	46	45.07	44.92
default	17:05:02	274.69	274.46	1.92	2.6	3.05	288.51	303.25	299.72	1.61	2.44	4.24	294.41	302.66	297.88	43.75	45.51	44.44	44.63
default	17:05:03	274.69	274.46	1.92	2.6	3.05	288.51	303.25	299.72	1.61	2.42	4.24	294.41	302.74	297.95	43.75	45.51	44.44	44.63
default	17:05:04	274.69	274.46	1.92	2.6	3.05	288.51	303.25	299.72	1.61	2.42	4.24	294.41	302.74	297.95	43.75	45.51	44.44	44.63
default	17:05:05	274.76	274.76	1.96	2.6	3.05	288.51	303.25	299.72	1.61	2.42	4.21	294.41	302.74	297.95	43.61	45.51	44.44	44.63
default	17:05:06	274.76	274.76	1.96	2.6	3.02	288.51	303.25	299.79	1.61	2.42	4.21	294.41	302.74	297.95	43.61	45.51	44.44	44.63
default	17:05:07	274.76	274.76	1.96	2.6	3.02	288.51	303.33	299.79	1.54	2.42	4.21	294.41	302.74	297.95	43.61	45.41	44.44	44.48
default	17:05:08	274.76	274.76	1.96	2.6	3.02	288.58	303.33	299.79	1.54	2.41	4.21	294.41	302.74	297.95	43.61	45.41	44.44	44.48
default	17:05:09	274.76	274.76	1.96	2.6	3.02	288.58	303.33	299.79	1.54	2.41	4.21	294.41	302.74	297.95	43.51	45.41	44.39	44.48
default	17:05:10	274.76	274.76	1.96	2.6	3.02	288.58	303.33	299.79	1.51	2.41	4.21	294.41	302.74	298.02	43.51	45.41	44.39	44.48
default	17:05:11	274.83	274.76	1.99	2.65	3.02	288.58	303.4	299.79	1.51	2.41	4.19	294.41	302.81	298.02	43.51	45.41	44.39	44.48
default	17:05:12	274.83	274.76	1.99	2.65	3.02	288.65	303.4	299.79	1.51	2.41	4.19	294.49	302.81	298.02	43.51	45.41	44.39	44.48
default	17:05:13	274.83	274.83	1.99	2.65	2.98	288.65	303.4	299.87	1.51	2.41	4.19	294.49	302.81	298.02	43.51	45.41	44.39	44.48

图 7-20　填充处理后的时序数据中的灰色部分

7.4.3　数据映射

工业现场的数据格式千差万别，为了让分析模型能够适应各种数据，运行环境需要提供必要的数据转换（映射）功能，将原始数据转换为分析模型能够处理的格式。运行环境通过数据映射功能实现这个数据转换，具体来讲是将原始数据点的名称、单位等，根据预先指定的规则转换为分析模型能够正确处理的格式。

数据点映射：模型的输入数据点的名称与现场采集的测点名称可能不一致，如"风速"测点，模型里使用的名称为 windspeed，现场采集的测点名称为 WTUR_wspd，此时需要将后者映射为前者模型才能识别。

单位映射：统一数据的度量衡，如原始数据的单位是华氏度，而分析模型对输入数据的要求是摄氏度，应指定转换规则，将华氏度自动转换为摄氏度。

7.4.4　分析模型部署

分析模型部署是指将已有的数据应用按指定的规则执行，以便处理系统不断收集的增量数据。根据增量数据的采集方式不同，需要使用对应的方式执行分析模型。

1. 批式部署

如果数据计算模式天然是按批次进行的，那么可以采用定时执行的策略，定时间隔可以与采集频率相同，也可以低于采集频率。例如，数据每分钟采集一次，分析模型可以每分钟执行一次，也可以每小时执行一次，这取决于我们是否需要即时看到计算结果。同时需要考虑，数据采集可能是不稳定的，较新的数据经过一系列传输过程有可能较晚到达系统，造成数据乱序的现象，降低分析模型的执行频率给迟到数据预留了更多缓冲时间，使它们有机会参与计算。

2. 流式部署

如果数据计算模式对结果延时的要求较高，那么可以考虑使用流计算的方式来处理它们，即流式部署。在这种部署方式下，数据计算进程是持续运行的，每当流入的数据达到时间窗口条件，就会触发一次计算。与批式部署相比，这种数据驱动的触发方式提供了更高的实时性，但是对数据迟到的容忍度较低，适合数据源比较稳定的情况。

7.4.5　作业管理

每个分析模型都可能会执行多次，每次执行会产生一个作业，作业的运行环境是容器。

我们可以将运行环境和作业类比为操作系统和进程的关系，并从下面几方面讨论运行环境需要解决的问题。

1. 兼容性

运行模型即通过启动模型代码或经过编译的代码，将输入数据传递给模型并得到输出数据的过程，可运行性是对模型最基本的要求。在分析模型的情况下，可运行性的主要挑战是模型语言和版本的差异。首先，每个模型的开发语言可能不同，对运行环境的要求也有所不同，例如，Java 语言需要 Java 运行时环境（Java Runtime Environment，JRE）支持运行，并且二者的版本需要能够兼容；其次，从依赖条件来看，即使采用相同语言开发的模型，其依赖的类库和这些类库的版本也可能不同，而这些依赖项的数量是巨大的，考虑依赖项之间的版本依赖，我们无法简单地通过提供全部依赖的方式满足运行要求，必须提供可定制的能力。

2. 经济性

工业环境的计算资源通常不丰富，例如，在工业现场的服务器一般是单机，较少用到集群，因为不论是硬件成本还是维护成本都大大高于前者，因此，我们需要尽量降低每个作业占用的计算资源。目前市场上有一些平台产品将分析模型的业务代码与运行环境打包在一起，整体作为一个分析模型包，这样虽然能够部分解决可运行性的问题，但带来的明显问题是数据应用包体积过大。在一般分析模型中，实际的业务代码不超过 1 MB，甚至不少分析模型的代码不到 10 KB，但运行环境包的大小通常在 300 MB 到 3 GB，二者之间存在几个数量级的差异，当需要将它从开发环境更新到现场时，将需要更长的数据传输和启动时间，并且存在一定的存储空间浪费。

3. 隔离性

多个作业在执行时是互相隔离的，隔离有两方面含义。一是从系统资源的层面，每个作业独占一定的资源（主要指 CPU、内存和磁盘），这样可以保证在单个作业资源不足的情况下，不会影响其他作业的正常执行；二是从数据的层面，每个作业的输入数据是独立的，不会因为一个作业的计算不正确而导致另一个作业的计算不正确。

要实现作业之间的隔离，可以有不同层次的实现方案。最彻底的隔离方式是让每个作业都在不同的服务器执行，虽然对服务器数量的要求比较高，但有时我们可以改进这个方案，将作业分组后在不同服务器上执行，实现硬隔离的效果，适合安全要求比较高的场合；为了节约服务器硬件，可以使用虚拟化技术，将一台物理服务器虚拟为多台服务器，这种方案提高了服务器利用率，但虚拟化技术本身对资源的消耗是比较大的，当同时启动的作业数量超过 10 个时，单台服务器就难以支撑了；在现实中，更常见的方案是使用轻量化的容器技术，让每个作业在一个独立的容器中执行，每个容器可以利用操作系统提供的能力配置资源限额，并且每个容器的输入/输出数据都独立存放，同样可以达到隔离的效果。

需要注意的是，即使应用了容器化的方案，数据应用也不一定必须等同于容器。因为容器技术虽然已经十分成熟，但其中分析模型的输入输出需要有严格的定义才有利于分析模型的复用，因此，容器更适合作为数据应用的运行环境，而不是数据应用本身。

在任意时刻，容器内都可能同时执行多个作业，作业管理功能允许用户查看每个作业的当前状态，用户可以手动停止执行时间过长的作业及查看作业日志，以便找到导致异常的原因。随着时间的推移，容器内累积的作业数量不断增长，因此，需要提供有效的手段以满足用户管理数以万计的作业的需求。

4. 安全性

对大多数工业企业来讲，数据应用是生产制造或设备运维中总结的大量经验的具象化形式，是企业重要的知识资产，因此，运行环境需要确保部署在工业现场的数据应用是受到保护的，只有获得授权的用户可以运行，并且在任何情况下模型代码都不会被泄露。

5. 可度量性

当数据应用运行环境普及后，数据应用作为一种轻量化的工业软件，由于具有更短的开发周期和更灵活的使用方式，必将取代目前定制开发工业软件的一部分功能，同时也会产生相应的商业模式。因此，数据应用的服务质量（Quality of Service，QoS）需要能够被准确定义和衡量，数据应用的实际执行情况也需要能够被计量，以便适应"按次付费"等新的定价模式。

7.4.6　系统接口

为了与其他系统集成，使对方能够访问数据应用中的分析结果，运行容器需要提供对外接口。

（1）认证接口。作用是认证用户身份，避免未经授权的用户访问系统，形成安全漏洞。在访问其他接口前，必须先访问认证接口获取令牌，然后使用令牌访问其他接口。

（2）数据接入接口。允许外部系统将数据写入容器。根据要写入数据的格式不同，数据接入接口应允许以数据点的形式写入数据，也允许以数据文件的形式写入数据。

（3）数据访问接口。对外提供原始数据和分析结果，外部系统可以使用时间、设备等过滤条件获取所需的数据。除了标准的请求/响应模式，还应提供数据推送机制，以发布高时效性的数据。

（4）作业管理接口。对外提供启动作业、停止作业和查询作业状态的功能，使外部系统可以按需控制数据应用的执行。

7.4.7 系统监控

系统监控功能提供底层的资源监控，帮助运维人员掌握容器当前的健康状态。除了服务器总体的资源占用情况，还能够查看各个数据应用的资源占用情况，以及系统各功能组件的运行日志，方便在资源不足时判断产生问题的原因。

如图 7-21 所示为运行环境系统监控页面，可以看到当前系统主要资源的实时和历史状态。

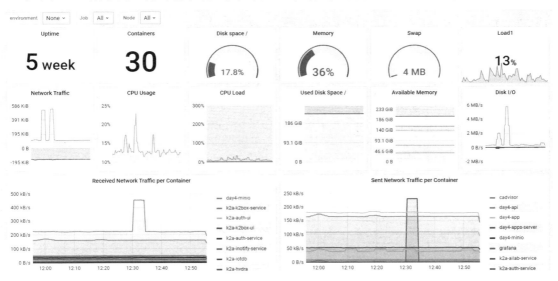

图 7-21　运行环境系统监控页面

（1）CPU 使用率。反映了系统运算资源的紧张程度，当同时进行的作业数量较多时，CPU 使用率相应提高。

（2）内存使用率。反映了系统可用内存的大小，系统在运行作业时会占用一定数量的内存，占用的多少取决于作业处理的数据量和运行时环境等因素，作业运行结束后这部分内存会被释放。因此，当同时进行的作业数量较多时，需要确保系统有足够的可用内存。

（3）磁盘使用率。反映了系统剩余可用存储空间的大小，随着从外部接入数据的不断积累，以及系统日志的持续增加，磁盘使用率会不断升高，如果没有干预措施，那么最终数据会占满磁盘空间，导致系统无法正常提供服务。

7.5 数据应用实施规划

根据数据应用的需求，数据平台往往需要接入多种数据，这些数据可能来自不同的系统，体现为不同的接口和不同的数据格式。在有限的硬件条件下，数据平台能够存储和处理的数据也是有限的，数据的上限决定了我们能够满足业务需求的上限。当硬件条件与业务需求产生冲突时，需要合理权衡利弊，对其中一方做出必要的妥协。

建议在项目前期对平台建成后需要接入的数据和需要运行的模型进行详细调研和规划，并将结果以表格的形式汇总，以便决定硬件规格和尽早发现可能的瓶颈和风险，如表 7-4 所示为数据平台规划表。

表 7-4　数据平台规划表

数据来源	数据类型	采样频率（Hz）	测点数量	采集方式	数据量（MB/h）	分析模型	所需数据（日）	空间占用（GB）
子系统 1	数据类型 1							
	数据类型 2							
	数据类型 3							
子系统 2	数据类型 1							
	数据类型 2							
	数据类型 3							
子系统 3	数据类型 1							
	数据类型 2							
	数据类型 3							

数据平台规划表主要从数据和模型两方面汇总所需要的信息，从现有数据出发，调研有哪些类型的数据可以采集，各类数据需要占用多少空间；有哪些模型需要运行，每个模型需要哪些数据作为输入。下面我们用一个案例详细演示规划的完整过程。

7.5.1 数据规划

以某水轮机组数据为例，平台总共需要采集 616 个测点，根据采样频率，我们可以将这些测点分为超高频数据、高频数据和中频数据三类，对应采样频率下限分别为 100 kHz、100 Hz 和 1 Hz，没有低频（频率小于 1 Hz）数据需要采集。其中，高频数据和中频数据为连续采集，超高频数据每小时采样 12 秒左右，如表 7-5 所示为某水轮机组测点信息，其中，采样频率和采集方式描述了不同类型数据的采集需求。

表 7-5　某水轮机组测点信息

数 据 分 类	数 据 类 型	采 样 频 率（Hz）	测 点 数 量	采 集 方 式
技术供水室数据	超声	2000000	4	12 秒/每小时
	噪声	100000	7	12 秒/每小时
	流量压力等	100	28	连续
风洞外采集柜	气隙、磁通、红外温度	10000	11	连续
	压力脉动	2000	4	连续
	发电机振动	1000	27	连续
	温度、流量、水压	100	62	连续
	定子温度	1	32	连续
	碳刷电流、温度	1	128	连续
电站数据中心	瓦温、温湿度等	1	60	连续
	定子温度	1	159	连续
	水导温度	1	22	连续
	空冷器	1	26	连续
	集电环温度	1	2	连续
红外、油质	红外温度	1	2	连续
	油质	1	16	连续
	金属颗粒	1	24	连续
	集电环热成像	1	2	连续

数据平台服务器的主要硬件配置，如图 7-22 所示。当进行数据量的规划时，主要关注磁盘空间指标，这台服务器的可用磁盘容量为 8 TB，其中需要预留 200 GB 左右给操作系统和数据平台，因此，实际数据存储空间为 7.8 TB。

```
CPU：2×12核 2.4 GHz/12MB(L3)处理器
内存：2×64GB DDR2
硬盘：4TB×4 RAID10
网口：1GbE BASE-T×4
```

图 7-22　数据平台服务器的主要硬件配置

为了对要接入的数据量有更直观的认识，首先计算出每类测点在单位时间内占用的磁盘空间，这里每个数据点按 4 字节计算，在实际项目中，可以根据存储引擎的压缩特性进行调整。根据前面对测点采集策略的分析，建议以 1 小时为周期计算每类数据的增量，计算结果如表 7-6 所示。

表 7-6   计算得到的数据增量

数 据 分 类	数 据 类 型	采样频率（Hz）	测点数量	采集方式	KB/s	MB/h
技术供水室数据	超声	2000000	4	12 秒/每小时	53.33333333	192
	噪声	100000	7	12 秒/每小时	9.333333333	33.6
	流量压力等	100	28	连续	11.2	40.32
风洞外采集柜	气隙、磁通、红外温度	10000	11	连续	440	1584
	压力脉动	2000	4	连续	32	115.2
	发电机振动	1000	27	连续	108	388.8
	温度、流量、水压	100	62	连续	24.8	89.28
	定子温度	1	32	连续	0.128	0.4608
	碳刷电流、温度	1	128	连续	0.512	1.8432
电站数据中心	瓦温、温湿度等	1	60	连续	0.24	0.864
	定子温度	1	159	连续	0.636	2.2896
	水导温度	1	22	连续	0.088	0.3168
	空冷器	1	26	连续	0.104	0.3744
	集电环温度	1	2	连续	0.008	0.0288
红外、油质	红外温度	1	2	连续	0.008	0.0288
	油质	1	16	连续	0.064	0.2304
	金属颗粒	1	24	连续	0.096	0.3456
	集电环热成像	1	2	连续	0.008	0.0288

　　将表格中各类测点数据量汇总相加可得总增量约为 2450 MB/小时。从表格中可以看到，数据增量的大小主要集中在 10 kHz 和 1 kHz 这两类高频测点数据，超高频测点数据由于不是连续采集且测点数量较少，占用的空间相对较小。将这些数据画成饼图可以更加直观地看到各成分的占比，各类测点数据单位之间接入量对比如图 7-23 所示。

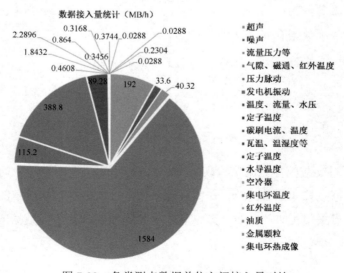

图 7-23   各类测点数据单位之间接入量对比

7.5.2 模型规划

我们根据服务器硬件配置信息可以进一步计算出这些数据的最大保留期限约为 135 日，更早的数据需要滚动删除，以保证增量的数据能够持续接入。这个保留期限是否满足业务需求呢，我们需要将分析模型同样列表判断。

如表 7-7 所示为各分析模型对数据的需求情况，其中，振动分析和劣化分析模型对历史数据的时长要求是最高的，达到两年。经过与客户交流，虽然每次只输入一个周期（约 12 秒）的振动分析数据，但可能需要对两年内的历史数据进行按需调取和分析；而劣化分析研究的设备劣化情况通常是缓慢发生的，需要拉长数据时间才能给出比较准确的判断，有时还需要调取两个完整年份的数据进行对比。对暂时没有模型需要使用的数据，未来可能用于开发新的模型，我们统一按每周期 180 日进行保存。

表 7-7 各分析模型对数据的需求情况

数据分类	数据类型	采样频率（Hz）	测点数量	采集方式	MB/h	分析模型	所需数据（日）	空间占用（GB）
技术供水室数据	超声	2000000	4	12 秒/每小时	192	振动分析	730	136.875
	噪声	100000	7	12 秒/每小时	33.6	振动分析	730	23.953
	流量压力等	100	28	连续	40.32		180	7.088
风洞外采集柜	气隙、磁通、红外温度	10000	11	连续	1584	振动分析	180	278.438
	压力脉动	2000	4	连续	115.2		180	20.250
	发电机振动	1000	27	连续	388.8		180	68.344
	温度、流量、水压	100	62	连续	89.28	水情预测	60	5.231
	定子温度	1	32	连续	0.4608		90	0.041
	碳刷电流、温度	1	128	连续	1.8432	健康度评分	30	0.054
电站数据中心	瓦温、温湿度等	1	60	连续	0.864	健康度评分	30	0.025
	定子温度	1	159	连续	2.2896		90	0.201
	水导温度	1	22	连续	0.3168		90	0.028
	空冷器	1	26	连续	0.3744		90	0.033
	集电环温度	1	2	连续	0.0288		90	0.003
红外、油质	红外温度	1	2	连续	0.0288		90	0.003
	油质	1	16	连续	0.2304	劣化分析	730	0.164
	金属颗粒	1	24	连续	0.3456	劣化分析	730	0.246
	集电环热成像	1	2	连续	0.0288		90	0.003

按上述要求调整每类数据的保留期限后，可以计算出数据共占用的磁盘空间约为 540 GB，相比之前 7.8 TB 只能保存 135 日数据的情况，大大节约了磁盘空间，并且与各个模型需求的匹配度提高了不少。

第 8 章　风电大数据

风电大数据在狭义上指风电业务场景中的大数据平台、系统、应用、模型、算法等，在广义上指风电行业大数据生态圈，如图 8-1 所示，包括元器件厂家、大部件厂家、电控系统供应商、整机集成商、发电业主、输配网、购电用户等。

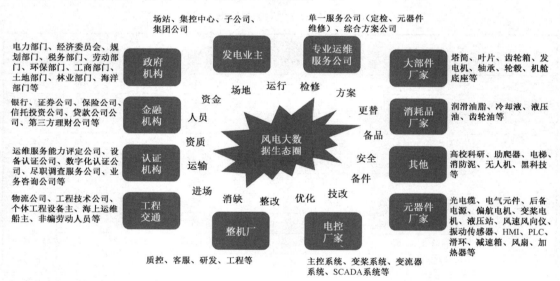

图 8-1　风电行业大数据生态圈

本章仅讨论狭义上的风电大数据，重点为风电整机集成商的大数据平台设计、风力发电企业生产运行数字化应用规划与案例及风电数字化运营价值。

8.1　业务背景

风能作为一种清洁的可再生能源，技术比较成熟，成本不断下降，是目前应用规模最大的新能源发电方式。截至 2021 年年底，全国风电累计装机容量已超过 3.4 亿千瓦[①]，远远超出 "十三五" 规划目标。预计到 2025 年，国内风电累计总装机可达 5.5 亿千瓦；到 2050 年，总装机规模将在此基础上增长 9 倍，达 50 亿千瓦以上，其所消费电量将占据国内能源总消费量的 60%，成为名副其实的主体能源。

随着 "去补贴化" "平价上网" 等政策的落地，对行业高质量发展、企业高质量运营提出了更高的要求。一方面，传统整机、部件制造市场竞争激烈，产品同质化竞争现象加剧。另一方面，发电企业对 "度电成本" 等业务价值日益关注，期望利用新的数字化技术和能力，提升设备运维的精益化管理水平，优化业务运营、应对不确定性的市场、实现自身业务的增长。这些客观因素促使风电产业链各级企业更加深度参与全生命周期的配合，对服务提出了更高的要求，近年来国内外主流整机厂开展的数字化技术布局和相应产品开发，如表 8-1 所示。

表 8-1 国内外主流整机厂数字化产品列表（部分）

整 机	数字化产品	描 述	价 值
GE	能源预测	提供天气提前和实时预报	改进战略，提高利润（1%～3%）
	Wind PowerUp 服务	通过下一代的 Wind PowerUp 服务，增强现有风力发电机的性能级别，升级并增加了风场级的优化技术	增加年发电量，提高生产率 ● 年发电量增加 10%； ● 提高平均每位技师支持的风力发电机数量，提高可靠性，增加设备效率； ● 维护成本降低 10%； ● 风机可运行时间增加 1%； ● 将设备的计划外维护变为计划内维护
	每日计划	通过计划应用程序，优化风电场每天的运行计划	
	机群卓越	通过提供收入和成本的可视洞察，帮助项目按时进行	
	诊断	基于高级的异常检测分析，提供个案管理和建议	
	预测	基于风力发电机零件的可靠性分析，预测剩余的可用寿命，提供智能的维护决策	
Vestas	SiteHunt & SiteDesign & Electrical PreDesign	快速响应市场的全球高精度选址库；通过优化风电场布局，优化项目评估；早期的发电分析和成本估算	提升运维效率，降低度电成本，提高整体收益率
	Power Plant Controller & Business SCADA System	通过智能数据预测机组部件故障，优化全球风电场的运维	
金风	新能源大数据平台（Renewable Energy Big Data platform）	采用一系列先进的大数据工具、技术框架，在满足系统高可靠、高可用、可扩展、安全稳定的前提下，提供高负载和海量数据处理能力，支撑数据抽取、转换、清洗、整合、分析、管理等需求，为集中监控、设备健康管理、业务智能等业务系统提供平台支撑	① 支持大规模数据接入、存储、高性能计算，为客户提供全方位的业务支持；② 提供简单快速的数据探索和建模工具，客户可自主开发新功能，拓展新业务应用

---

① 2021 年中国风电吊装容量统计简报[J]. 风能，2022(5): 38-52.

整 机	数字化产品	描 述	价 值
金风	设备健康管理系统	以设备健康度为核心，实现状态监测、设备预警和智能故障诊断的一体化管理系统，帮助新能源企业进行风电、光伏等资产的健康状况管理，预防设备的亚健康和性能劣化，减少设备的低效运行，提升运行效益	变被动运维为主动预防，非计划为计划性运维，风险不可控为风险可控
	业务智能系统	基于大数据平台，建立并实现集团、区域、电站运营绩效的 KPI 指标分析，为集团或区域管理层、电站远程监控运行人员，提供设备可靠性与运行性能的数据图表、电站风资源与设备性能的高级分析工具，帮助用户全面掌握设备运行和电站运营绩效状况	① 实时掌握所辖新能源电站运行情况，提升业务经营 KPI 指标；② 基于产量的可利用率分析（Production Based Availability，PBA），精准定位优化点，降低损失电量；③ 自动化透视单机的收入与成本，实现单机绩效管理结合工单系统，实现人员绩效评估可量化、自动化管理
	资产管理系统	以资产模型、设备台账为基础，以工单的创建、审批、执行、关闭为主线，合理、优化地安排相关的人、财、物资，将传统的被动检修转变为积极主动的预防性维修，与集中监控系统和健康管理系统集成，实现预防性维护	① 打造标准化管理体系，实现技术规范、作业标准等管理标准化；② 构建"规范管理、流程协作、过程监督"的信息管理平台，确保安全生产；③ 进行预防性的维护，推荐最佳方案，降低运检成本；④ 加强维检安全管理，减少安全隐患和故障损失
远景	Green wich 设计及评估平台	风场投运前的资源评估及经济性分析，包含公共数据模块、宏观选址模块、风电数据管理模块、流计算模块、选址优化模块和后评估模块	帮助客户提高风场实际投资收益 20% 以上，并有效控制风场产能设计误差低于6%，为客户开发风电场，规避潜在不确定投资风险
	智慧风场 WindOS 云基础平台	风场运行监测与控制，包括实时监控模块、性能评估模块、移动 Apps 模块和高级 Apps 开发环境	创建一个统一管理模型，减少运维成本，并使能源发电量最大化
明阳	明阳大数据平台	将控制策略与互联网技术、大数据、云存储前沿技术融合，进行风电场优化、定制化设计、资源评估、智能风场管理，推进无人值守智慧风电场建设	从气象预测到风机健康状态监测预警，再到风电场优化运行，然后到风电场群的协同协调
联合动力	新一代智慧风电场服务系统 UP-WindEYE	集成风场实时通信、电网支撑技术、能量管理、强大的数采和分析，寿命评估、故障预警诊断等功能	打造智慧风场全面解决方案
上海电气	风云集控	基于人工智能+大数据+云计算（Artificial Intelligence + Big Data + Cloud Computing，ABC）技术高效利用数据监控资产，预测机组故障，通过预测性控制技术"预言"风机的运行	实现用户资产使用价值的最大化

各风电运营商也在积极构建大数据平台，利用大数据和人工智能技术进行智能运维和故障预警，在智慧电厂方面进行探索，以期实现降本增效。但鉴于不同区域地形和风资源差异

较大及机型众多，大家仍处于小规模的验证阶段，随着研究深入和试验数据逐渐丰富，未来该类技术获得普遍认可和大面积推广只是时间问题。

各风电运营商基于多年的专业知识和经验积累，利用大数据和人工智能等新兴技术，打造数字化产品，整合企业生产经营的各种数据资源，借助大数据、云计算、人工智能等先进技术，为设备运维、生产质量提升、效率提升等提供数据支撑。

8.2　中车风电大数据平台设计

中车株洲所风电事业部是我国排名前十的陆上风电整机商，累计装机超过 1000 万千瓦，近两年业务快速扩张，公司产能扩大了近 10 倍，2021 年装机达 300 万千瓦，名列当年装机排行榜第 6 名，2022 年目标装机 400 万千瓦，有望跻身中国风电三甲。

8.2.1　整体规划

在中车株洲风电市场高速发展后，伴随着每年新装机组和在役机组数的增加，利用数字化智能化技术，提升设备运营管理水平和效率，快速应对客户需求的必要性和紧迫性日益彰显。另外，存量市场中的数字化业务发展迅速，包括传统领军企业及近年的后起之秀对市场布局正在紧锣密鼓进行中，新型业务模式和形态探索空间巨大。

对中车风电整机企业而言，风电大数据创新应用涉及范围很大，以数字化向业务提供服务价值的视角，从企业边界思考，分为对内数字化应用和对外数字化应用，如图 8-2 所示，8.3 节仅从对外增值服务业务展开介绍风电数字化应用创新案例。

8.2.2　总体架构

平台基于工业互联网框架，采用"云+边"架构，实现服务的支持能力内聚和服务内容间的松耦合，保证平台具有高可扩展性，能够高效、灵活部署。平台可以概括成 3 层，即数据层、平台层、应用层，其中，平台层又分为边侧服务终端和中心侧应用容器，如图 8-3 所示。

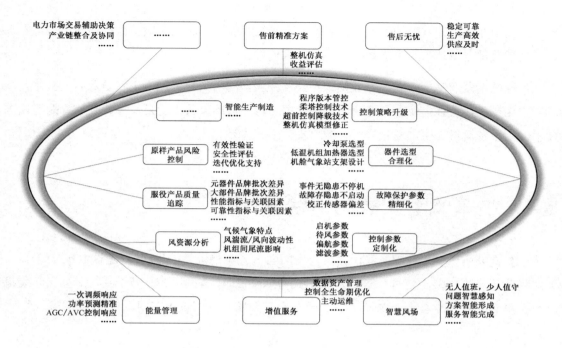

图 8-2　内外部数字化应用梳理

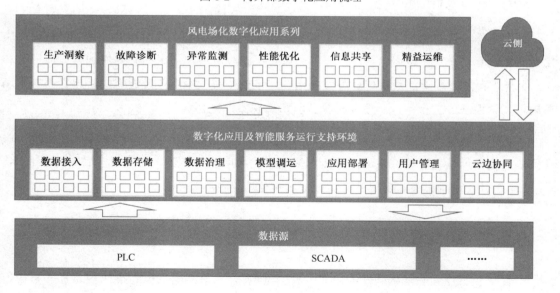

图 8-3　平台总体架构

8.2.3　数据接入

平台接入的风电数据来自现场传统的自动化系统、信息化系统及智能化系统，如表 8-2 所示。

表 8-2 平台数据接入数据来源

系 统 名 称	中 文 含 义	用 途	数 据 内 容	传 输 方 式
PLC	可编程逻辑控制器系统	控制机组运行	运行数据	Modbus TCP / OPC 等
			故障时刻快照	FTP 等
			故障前后录波	
			事件记录	
			参数表	
SCADA	数据采集与监视控制系统	监控机组运行	运行数据	Modbus TCP / Restful / Websocket 等
EMS	能量管理系统	监控能量调度	调度数据	Modbus TCP / 104 等
			响应数据	
WPFS	风功率预测系统	预测风资源和机组出力	风资源数据	Modbus TCP / 104 等
CMS	状态监测系统	监测传动链振动	传动系各测点振动原始数据	Modbus TCP / 104 等
			传动系各测点振动特征数据	FTP 等
OMS	油液监测系统	监测油品油位	齿轮箱油位、油品信息	Modbus TCP 等
BMS	叶片监测系统	监测叶片健康	叶片振动原始数据	Modbus TCP 等
			叶片振动特征数据	FTP 等
TMS	塔筒监测系统	监测塔筒健康	塔筒振动原始数据	Modbus TCP 等
			螺栓状态数据	
			塔筒振动特征数据	FTP 等

鉴于接入数据具有实时性、被动性、类型多样性及高吞吐量和瞬时性，平台应具备 3 种能力：① 流数据采集、运算、存储能力；② 通过缓存文件对小批量数据进行存储并快速处理的能力；③ 通过数据库对小批量文件存储并进行快速处理的能力。同时，平台应具有保障记录不丢不重、支持实时数据接入和历史数据批量导入、通过可视化界面查看接入任务执行状态、接入任务作业执行日志、接入任务作业失败后重新执行、支持作业取消、删除等操作、支持查看已接入数据情况，支持查看和修改接入任务配置等功能。

数据接入通过可视化界面配置运行机制和运行周期，如图 8-4 至图 8-6 所示。

8.2.4 数据治理

数据作为关键的新生产要素，不仅需要采集，更需要治理[①]。数据资源是能源企业，特别是发电企业开展各项工作的基本条件和基础，唯有做好数据采集和治理，才能夯实发展基础，进一步通过数字化管理手段发挥一体化运营、集约化管控的规模优势，以降低成本，挖掘潜力，进一步提高效率。

---

① 洛申. 数据质量改进实践指南[M]. 曹建军，江春，等，译. 北京：国防工业出版社，2016.

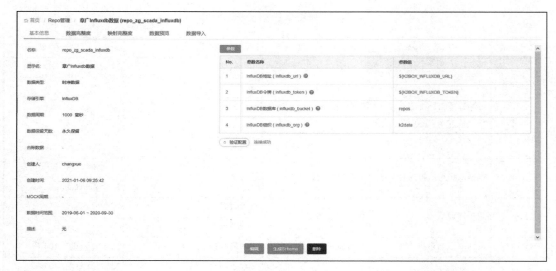

图 8-4　接入任务配置

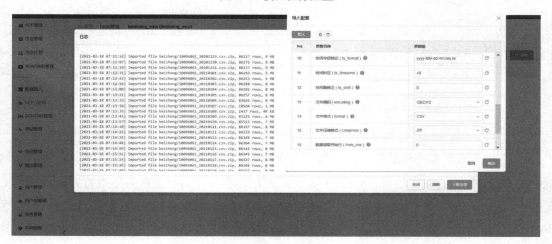

图 8-5　导入历史数据

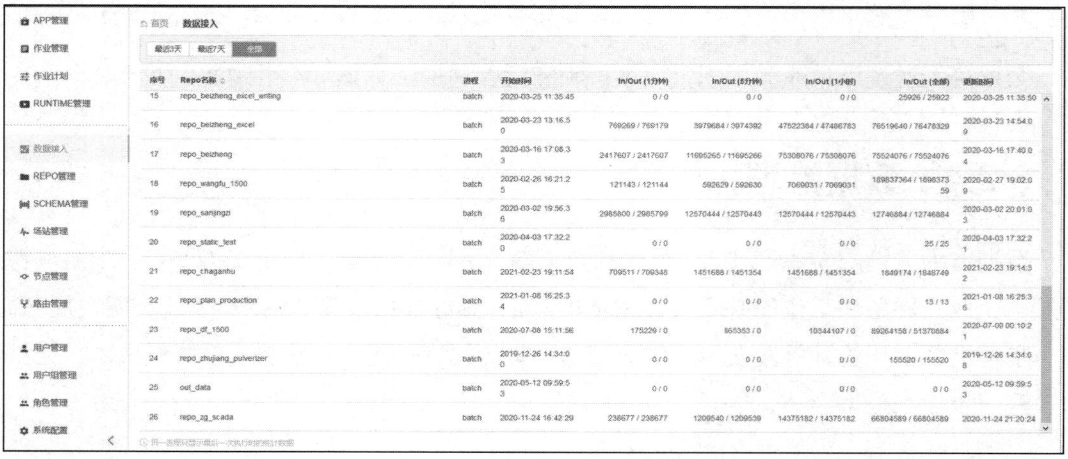

图 8-6　查询接入任务

平台数据源来自 100 多座风电场 SCADA 和 PLC，其具有采集量大、传输节点多、网络压力大等特点，造成数据不完整、不一致、不及时、有效性差等问题，数据质量问题为信息监视、业务处理和数据分析带来了潜在的隐患。因此，可设计以下数据治理功能来提升数据质量。

1. 内置的治理工具

平台根据业务常用需求，内置了一些数据治理工具，包括数据变量名映射、数据完整度查看、数据时间戳去重等。

1）数据变量名映射

将风电机组原始运行数据的字段名称与数据标准的统一名称建立映射，对风电机组原始运行数据做标准化处理并使用分层的数据标准，支持数字化应用匹配到风电机组更多机型的运行数据，如图 8-7 所示。另外，平台提供后台管理工具，可以查看和批量维护这些映射关系。

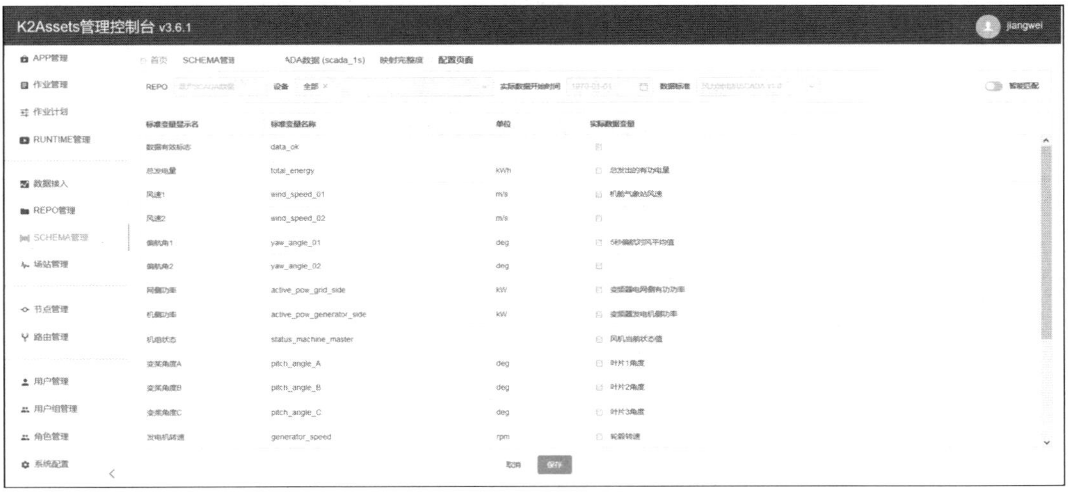

图 8-7　数据映射配置

2）数据完整度查看

平台以可视化的方式呈现已接入的数据质量情况。提供了基于理论行数的完整度统计，即根据时序数据的采样间隔，计算每天的理论数据行数，将实际数据行数与理论数据行数的比值定义为数据行完整度，如图 8-8 所示。提供基于标准列数的完整度统计，即根据时序二维数据的标准列，判断其是否被每天的数据列覆盖，将被覆盖的列数与标准列数的比值定义为数据列完整度，如图 8-9 所示。另外，平台提供工具进行数据补录，以人工方式修复数据的行列完整度。

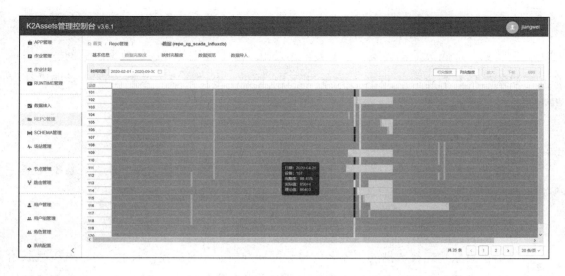

图 8-8　数据行完整度查看

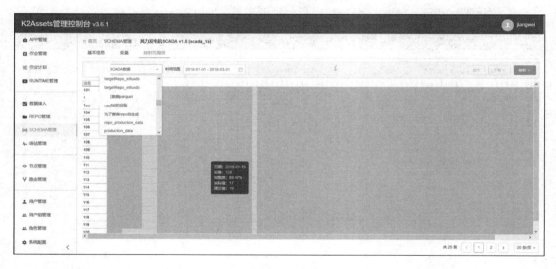

图 8-9　数据列完整度查看

3）数据时间戳去重

由于数据断点续传或导入的离线数据时间戳存在重叠，导致数据重复对分析模型和数字化应用产生不良影响，平台在数据治理过程中，能够判断两条数据是否时间戳重复，进而留下列完整度更高的一行数据。

2. 自定义治理工具

有时为满足分析模型或应用的定制化需求，平台可以通过二次开发的自定义治理工具来对数据进行预处理工作，类似生产线中的半成品加工，分为实时加工和批量加工。

1）数据实时加工功能

数据实时加工指利用流计算引擎对接入数据立即进行处理，该操作的优点是及时运算，避免分析模型或应用在使用数据时算力不均衡和较长的延迟，其中，算力均衡是指服务器可以在接入数据的 7×24 小时持续运算，而不是将数据加工工作集中在数据使用前的一段时间内。

（1）数据异常标识功能。利用逻辑机理制定一些规则算子，在数据接入过程中对其进行异常识别并打上标签，如数据超限、跳变、卡死等问题。

（2）软量测数据生成功能。通过流计算模型对接入数据进行实时加工，形成新的软量测数据，如通过负功率积分计算机组实际自耗电量、对某些变量通道进行低通滤波、通过判断数据上升沿和下降沿进行某些执行机构开关次数累加、计算机组某时间尺度的统计量等。

2）数据批量加工功能

数据批量加工是指利用批计算引擎对存储的历史数据进行处理，该操作的优点是提前运算好分析模型或应用所需的输入数据半成品，提高结果的响应速度，批量加工不仅可以完成实时加工中提及的内容，即数据异常标识和软量测数据生成，还可以执行更为复杂的数据预处理工作，如对某时间尺度内风电机组工况识别、风资源指标系计算、电量指标系计算、能耗指标系计算、运行水平系指标计算、维护指标系计算等，如表 8-3 所示为数据指标加工示例，展示了电量指标系和能耗指标系的具体加工内容。

表 8-3 数据指标加工示例

一级分类	二级分类	三级分类	指标名称	计算说明	评价目标
电量指标系	实际发电量	满发状态	满发状态下实发电量	机组在满发风速点后累积的实际发电量	计量某段时间内机组在满发状态下的实发电量
		未满发状态	未满发状态下实发电量	机组在满发风速点前累积的实际发电量	计量某段时间内机组在未满发状态下的实发电量
		发电时	发电状态下实发电量	机组在发电状态下累积的实际发电量	计量某段时间内机组在发电状态下的实发电量
		自由发电时	自由发电状态下实发电量	机组在自由发电状态下累积的实际发电量	计量某段时间内机组在自由发电状态下的实发电量
	理论发电量	全部状态	全部状态时理论发电量	基于全时段风况和机组设计曲线插值计算功率并累积电能	计量某段时间内机组按照设计能力在当时风况下理论可达发电量
		发电时	发电时理论发电量	基于发电时风况和设计曲线插值计算功率并累积电能	计量时段内机组在发电时按照设计能力在当时风况下理论可达电量

一级分类	二级分类	三级分类	指标名称	计算说明	评价目标
电量指标系	理论发电量	自由发电时	自由发电时理论发电量	基于自由发电时风况和设计曲线插值计算功率并累积电能	计量时段内机组在自由发电时按照设计能力在当时风况下理论可达发电量
	应发电量	全部状态	全时应发电量	基于全时段风况和机组实测曲线计算功率并累积电能	计量时段内机组按照实测发电能力在当时风况下实际可达发电量
		发电时	发电时应发电量	基于发电时风况和机组实测曲线计算功率并累积电能	计量时段内机组在发电时按照实测发电能力在当时风况下实际可达发电量
		未发电时	未发电时应发电量	基于未发电时风况和机组实测曲线计算功率并累积电能	计量时段内机组在未发电时按照实测发电能力在当时风况下实际可达电量
能耗指标系	计划停机	维护时	维护时损失电量	基于维护时风况和机组实测曲线计算功率并累积电能	计量机组在维护时的电量损失情况
	非计划停机	人工停机时	人工停机时损失电量	基于人工停机时风况和机组实测曲线计算功率并累积电能	计量机组在人工停机时的电量损失情况
		故障时	故障时损失电量	基于故障时风况和机组实测曲线计算功率并累积电能	计量机组在故障时的电量损失情况
		自检	自检过程损失电量	基于自检时风况和机组实测曲线计算功率并累积电能	计量机组在自检时的电量损失情况
		结冰	结冰停机损失电量	基于结冰时风况和机组实测曲线计算功率并累积电能	计量机组在结冰时的电量损失情况
		风暴	风暴停机损失电量	基于风暴时风况和机组实测曲线计算功率并累积电能	计量机组在风暴停机时的电量损失情况
		高低温	环境高低温停机损失电量	基于环境高温时风况和机组实测曲线计算功率并累积电能	计量机组在环境高温停机时的电量损失情况
		电网故障	电网故障停机损失电量	基于电网故障时风况和机组实测曲线计算功率并累积电能	计量机组在电网故障停机时的电量损失情况
	限功率	调度要求	限功率损失电量	在机组限功率状态下，基于风况和机组实测曲线计算	计量由电网限电引起的电量损失情况
	运行失调	自保护降容	自保护降容损失电量	机组在满发风速点后的功率特性不佳损失电量	计量机组因自保护降容而造成的电量损失情况
		功率特性不佳	功率特性不佳损失电量	发电时应发电量——发电时实发电量	计量机组功率特性变差而造成的电量损失情况

8.2.5　数据存储

平台通过引擎集成成熟数据库，实现对接入数据的存储管理。时间序列数据采用 TimeScaleDB、InfluxDB 和 Kafka 数据库，满足风电机组相关数据存储与交互式查询与分析。平台时序数据引擎具有以下能力：① 支持 5 年以上的历史秒级数据保存，并可对之前数据进行滚动删除；② 预留对其他设备时序数据的支持，如测风塔等；③ 具备为海量传感数据优化的时间序列数据库管理能力，满足时序数据资源管理的底层需求；④ 具备时序数据的实时高效读写能力，以支持时序数据快速查询访问、批量时序数据访问等应用场景。

关系型数据库主要用于存储系统配置信息、数据模型、业务数据及计算处理结果。平台提供关系数据库管理引擎，支持 PostgreSQL、HighGoDB 数据作为数据源，具备底层关系数据资源管理能力，并提供关系数据交互式查询与分析。另外，平台根据数字化应用内容输入输出要求，利用数据表将数据分析模型输出存入 PostgreSQL 或 HighGoDB，以满足上层数字化应用的前后端调用。

数据存储通过可视化界面配置自定义数据资源库，如图 8-10、图 8-11 所示。

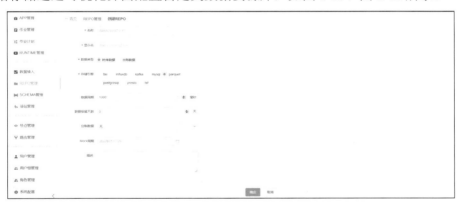

图 8-10　创建自定义数据资源库

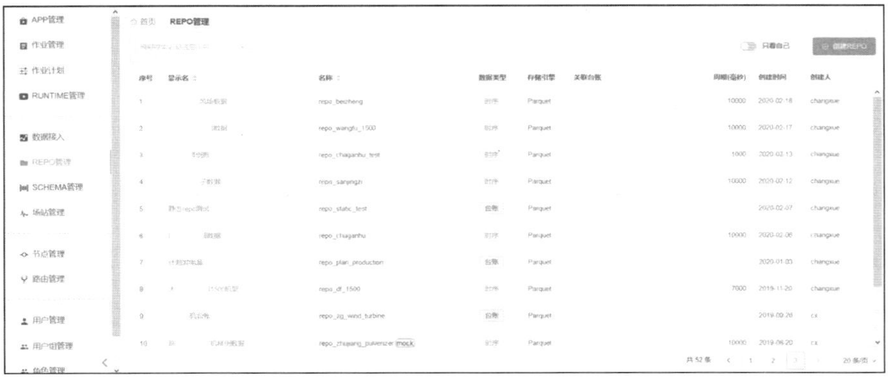

图 8-11　配置数据资源列表

8.2.6 应用开发

平台提供友好的数字化应用开发环境，以完成数字化应用设计、应用模型开发、应用界面开发。支持应用名称设定、应用呈现的结果、应用的数据输入、应用的模型算法组成、应用模型算法的输入/输出、应用执行时机、模型复用、在界面上以图表等多种形式呈现应用模型输出的结果等。

应用开发通过可视化界面进行新应用创建和配置，如图 8-12、图 8-13 所示。

图 8-12　创建应用

图 8-13　模型导入、在线开发/调试、自动加密保存

8.2.7 模型运行

平台支持 Python、R、Java 语言开发的分析脚本流模式和批模式运行。其中，流模型为低延迟、高吞吐、高时效性的数据计算模型，数据源可直接对接实时数据源，提供低延迟、

高吞吐的实时数据处理服务。系统支持如下应用场景：① 涉及矫正优化控制等规则类数字化应用；② 事件驱动型分析服务；③ 分析服务时效性要求高的数字化应用。批量模型为使用大数据量、数据抽取时间灵活可控、时效性无要求的数据计算模型。数据源一般为抽取历史数据。系统支持如下应用场景：① 周期性分析服务；② 分析服务时效性要求不高的数字化应用。

模型运行环境通过图 8-14 所示的可视化界面进行扩展，图 8-15 展示了模型与设备实例的绑定，以及定时任务的配置界面。

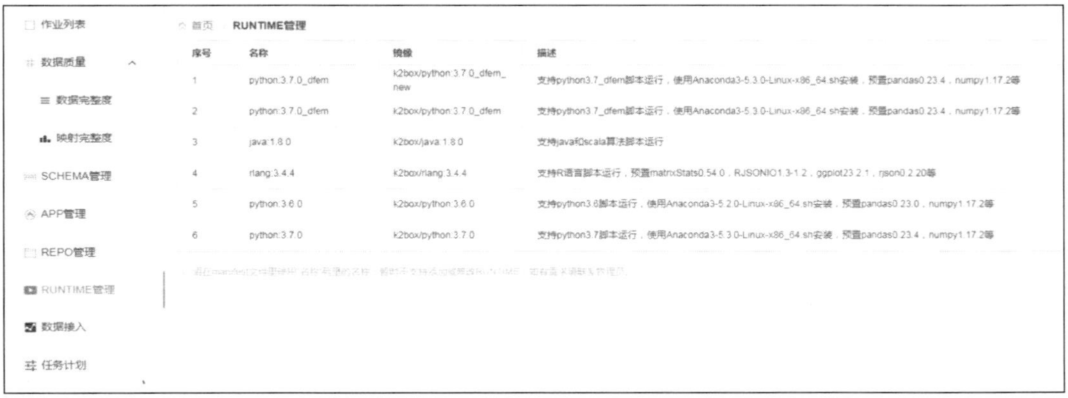

图 8-14　运行环境动态扩展

图 8-15　设备实例绑定及定时任务配置

8.2.8　应用部署

平台支持数字化应用与数据解耦，以实现便捷部署。提供应用上传页面，可将开发好的数字化应用压缩为.zip 包等格式，然后上传到系统。上传成功后，用户可以在应用列表中看到上传的应用，通过简单的部署即可上线运行，并提供以下配置功能：① 基本信息配置，包括应用的显示名等；② 运行信息配置，包括运行方式、运行机制；③ 数据输入/输出信息配置，包括输入数据源配置、输出数据配置。输入数据源配置包括可选的风电机组设备实例、可选的数据源及数据的起始时间、数据时长等信息；应用运行时资源配置，包含 CPU 核数、最大使用内存等。

应用部署通过可视化界面配置当前应用的可视化列表，提供新建、查询、编辑、删除等功能。分析作业状态查询和实时启停管理、分析任务运行计划和应用货架管理的界面如图 8-16、图 8-17、图 8-18 所示。

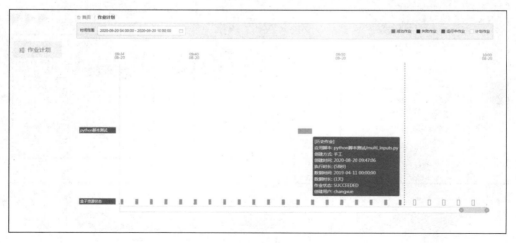

图 8-16　分析作业状态查询和实时启停管理

图 8-17　全局查看分析任务运行计划

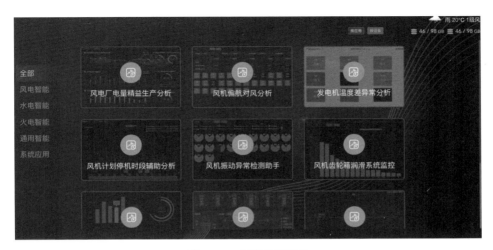

图 8-18　应用货架管理

8.3　风电数字化应用创新

8.3.1　整体规划

中车株洲风电数字化团队围绕对外的风电后市场增值服务中数字化应用创新进行规划，其核心业务价值和本质是利用新的数字化技术和能力，夯实核心数据基础，赋能设备数据价值挖掘，支撑数字化业务服务创新，在传统设备业务的基础上，为风电客户提供外延增值服务，增加客户黏性和满意度、提升企业产品竞争力、实现业务模式创新增长，推动企业的服务化转型。风电后市场数字化增值服务内容如图 8-19 所示。

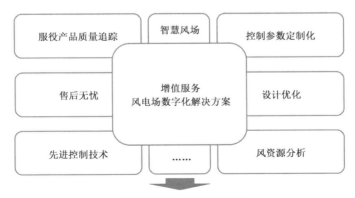

图 8-19　风电后市场数字化增值服务内容

中车株洲风电大数据平台打通数据业务价值闭环，提高分析模型覆盖和商业化转化效率。具体表现为：① 搭建端到端高速稳定的数据分析生产线，提高分析团队建模和分析效率；② 在场站侧部署数字化应用中，协同本部研发和现场技术人员，保障产品质量并对风险进行预知和把控；③ 向客户展示先进技术保障和售后服务态度，提升风电行业在第二次高速发展期增量市场竞争力，以及后服务市场业务拓展；④ 不仅开展业务数字化建设，也进行数字业务化尝试，探索创新数据服务场景和模式，实现创收。平台业务模式如图 8-20 所示。

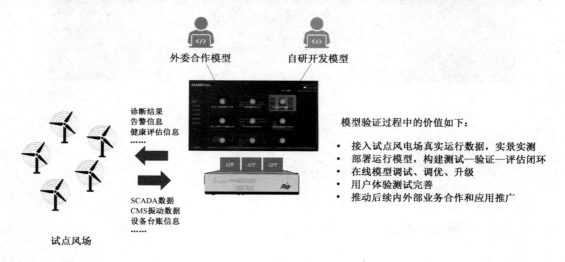

图 8-20　平台业务模式

数字化应用最终服务的客户是风电场业主，经过长期调研，总结出当前阶段，对于风力发电企业，数据价值套现路径最短的是降低机组风险，提升机组发电量。如图 8-21 所示为风电场安全生产金字塔，顶层代表安全生产的最高水平，即安全提前预知并干预，生产可以发挥最大的潜能，然而现状是很多风电场在安全上只以主控和 SCADA 报警为故障检修依据，即使严格按照计划开展定期巡检，对突发问题也很难做到及时有效的响应，以致小问题恶化成大事故；在生产方面，缺乏对机组发电机理和状态的精细分析能力，只能粗糙地以月度可利用率、总发电量作为考核指标，不知道生产潜能，更不知道损失在哪里，也无从考虑优化管理。

针对上述问题，通过数字化手段形成一系列针对特定风场现状问题的应用[①]，在设备安全性方面，当安全异常发生后，在问题进一步恶化前及时发现并辅助人员定位根因，指导他们检查处理；在生产运行方面，借鉴能量可利用率和时间可利用率精华提炼核心指标指向发电性能、损失评估、风资源特性分析，指导人员优化方向。创新思路为：① 从设备运行异常判断入手，在问题发生后快速辨识并提醒人员关注；② 从设备性能特征提取入手，在共性

---

① DING Y. Data Science for Wind Energy[M]. Boca Raton: CRC Press, 2019.

中探索个体特性并支撑专家对其定制优化；③ 从生产多维度指标量化入手，在表面信息中挖掘更细化线索并辅助管理决策；④ 从运维的异构信息入手，在非结构化的文本信息中梳理出经验并辅助运行检修。

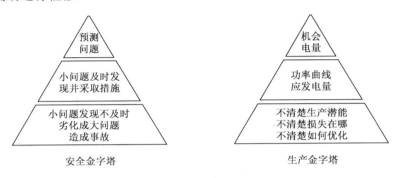

图 8-21　风电场安全生产双金字塔

风电场数字化应用遵循全场景规划、小场景启动的方式，按照演进式产品开发模式进行创新。小场景启动指优先挑选实现难度小、价值收益高的场景进行数字化微服务落地；全场景规划指按照生产洞察、故障诊断、设备健康、性能优化、精益运维五大板块进行数字化应用内容梳理，如图 8-22 所示。其中各板块的定义如下。

（1）性能优化。监视设备控制运行状态，及时发现由于传感器失效或控制参数不佳造成的失调情况，保障机组最优运行，如机组偏航对风静态偏差分析、满发前机组桨角最佳工作位置分析、机组启机分析等。

（2）故障诊断。结合故障树诊断、专家系统诊断、案例分析诊断，沉淀行业资产分析模型，通过机器学习，更准确地识别故障根因，如齿轮箱润滑系统维修指导、发电机过速根因分析、机组过功率分析。

（3）生产洞察。随时随地获得资产状态、电量生产潜在知识完整视图，辅助生产决策，如风场电量损失多维度分析、电量生产计划完成度分析、机组运行工况统计分析等。

（4）设备健康。融合数据洞察与专家经验，建立设备健康监测模型，识别异常状态并进行故障征兆管理，及时干预，如偏航系统动作异常检测、变桨执行异常检测、液压站工作异常检测、风轮能量吸收异常检测。

（5）精益运维。为复杂的资产问题提供维修建议，提高首次修复率并缩短平均修复时间，降低非计划停机带来的损失，如全年运维停机时长及损失分析、事件&工况关联分析、设备主动维护与周期控制分析等。

接下来将分别从上述五方面挑选典型应用进行介绍，分别是性能优化类的偏航对风静态偏差、故障诊断类的齿轮箱润滑异常诊断、生产洞察类的电量生产精益分析、设备健康类的塔筒振动异常监测及精益运维类的计划停机时段辅助分析。

当然，应用价值更需要数据本身来证明，这就衍生出价值评估类应用，即对数字化提取价值进行闭环管理，包括问题发现后执行监管、效果评估、收益计算，如功率曲线提升分析、对标周边发电量的收益分析、风场损失降低收益分析等。

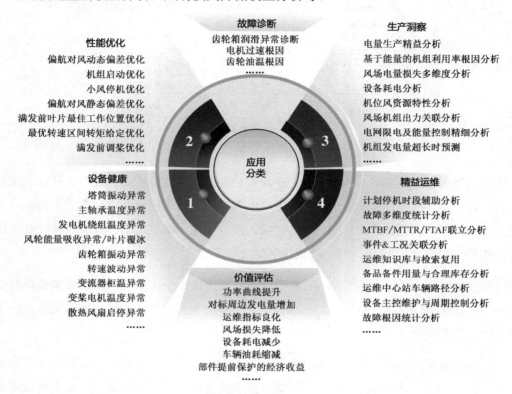

图 8-22 风电后市场数字化增值服务的应用分类

8.3.2 偏航对风静态偏差优化

目前，大型风力发电机组采用主动偏航方式实现发电时机舱头部正对来风，以保证风轮最大迎风面积。图 8-23 所示为主动偏航控制基本原理，即偏航控制器根据风向标反馈的机舱与来风相对角度实时调整机舱位置，以达到机头对来风跟踪的目的。显然，风向标测量准确性对机组对风效果起决定性作用。丹麦 RISO 研究显示，机组偏航对风不准对其效率的影响是非常明显的[1]，偏航偏差为 10° 时，机组功率损失约为 3%[2]。另外，风电机组对风偏差不

---

[1] PEDERSEN T F, GJERDING S, INGHAM P, et al. Wind turbine power performance verification in complex terrain and wind farms[R]. Risø National Laboratory, 2002.

[2] PEDERSEN T F, GJERDING S, INGHAM P, et al. Wind turbine power performance verification in complex terrain and wind farms[R]. Risø National Laboratory, 2002.

仅会导致机组发电效率损失，还会造成主轴磨损、齿轮箱齿面磨损等风电机组健康问题，机组长时间处于偏离正风向状态会对机组疲劳载荷带来负面影响，严重时将降低机组正常寿命。

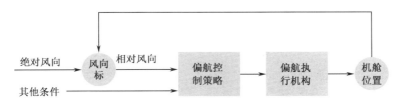

图 8-23　主动偏航控制基本原理

偏航偏差分动态偏差和静态偏差，动态偏差主要由偏航控制器内置策略和参数优化来降低，静态偏差由输入偏航控制器的相对风向测量不准造成，其原因可能有以下几点：① 风向标安装 N 极未正对机头；② 风向标底座固定不稳；③ 风向标输出电信号与旋转角度对应关系与传感器说明不符，存在偏差；④ 机组尾流或机舱顶部扰流影响风向标测量准确性。

近年来，风场运行经验显示风向测量不准而导致机组发电效率大幅下降的情况并不少见。据某家激光雷达测风厂家称，我国风电场机组对风偏差普遍为 5° 左右，还有不少部分大于 5°，甚至少量机组由于某些原因对风出现 15° 以上的偏差，该厂家认为有 75% 的机组需要开展偏航对风校正工作，其中有一半以上的风机因偏航偏差过大，已经严重地影响了其发电量。因此，风场机组偏航对风偏差校正工作非常重要。

发电业主通常利用以下手段发现该问题：① 通过风速功率曲线或与周边机组发电量对比，发现问题机组发电效率严重降低，派人前去登机排查；② 通过巡检发现机组偏航对风出现明显偏差。

以上这些方法的精准性和及时性都不高，有时机组只有长期处于对风严重偏差状态才能由人"偶然"发现。也有业主采用"基于激光雷达测风的机组风向标偏差校正"的方法来发现问题，但该方案费用高、时效差，每台机组的激光雷达安装成本超过 5 万元，而且需要专业人员长期及时提供分析服务。

因此，当前风电场机组由于风向传感器安装、测量信号转换，风轮旋转扰流等因素影响，造成机组偏航对风存在不同程度的偏差，严重时不仅导致发电效率损失巨大，而且会造成主轴、齿轮箱等传动链部件磨损，破坏机组健康。针对以上问题，将实际机理与数据驱动思想相结合，搭建对风偏差分析模型，实现每台机组的对风偏差计算。如图 8-24 所示，首先使用 DENCLUE 密度聚类和动态时间规整过滤异常、不平稳数据使处理后的数据方便后续的分析建模；然后对数据进行多维度分仓处理，使用回归方法计算偏差结果；最后以友好界面方式提醒运维人员，解决风电场在役机组对风偏差过大但不能及时发现的问题，提高运维效率，增加发电收益，降低机组安全风险。

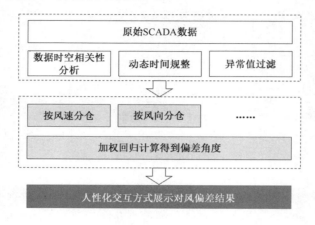

图 8-24　基于数据驱动的偏航对风分析流程

应用主界面如图 8-25、图 8-26、图 8-27 所示，应用支持：① 展示当前时段（月）下的平均风速、累计发电量和损失电量，给出风场概况；② 通过算法模型得到全场各台机组偏航对风偏差估算值。通过不同颜色标识出机组当前偏航偏差状态；统计每个状态下的机组，当前时段的发电量和损失电量；选择时间范围和机组，展示该机组在该时段内的偏差角度、平均风速和电量损失的变化趋势；选择时间范围，展示在该时段内各台机组的偏差角度、平均风速和电量损失的对比情况。

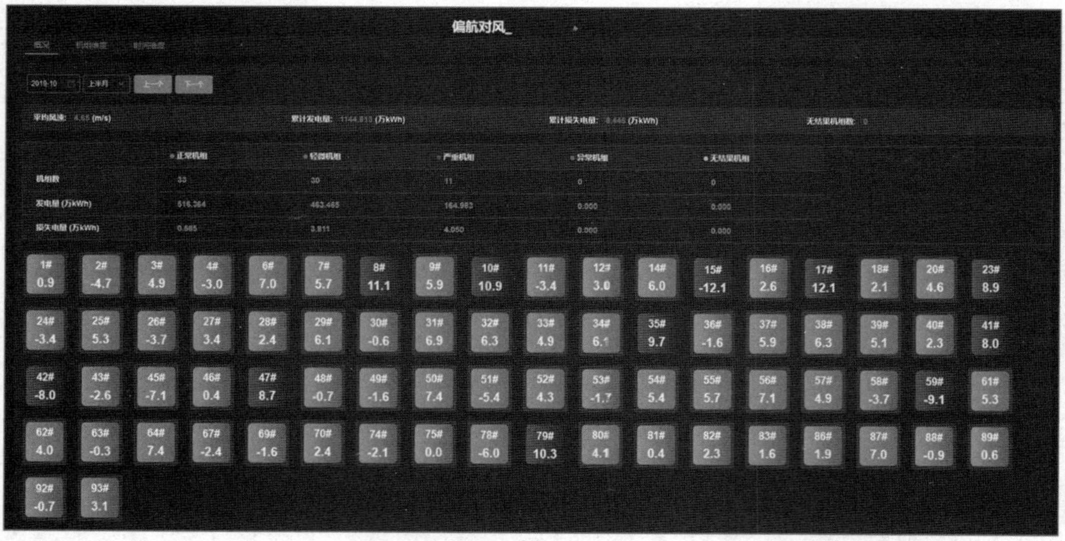

图 8-25　应用主界面

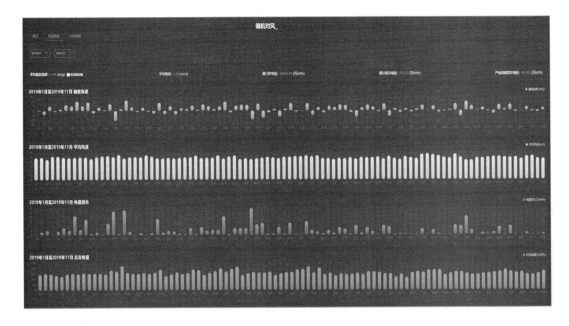

图 8-26　按机组维度统计分析结果

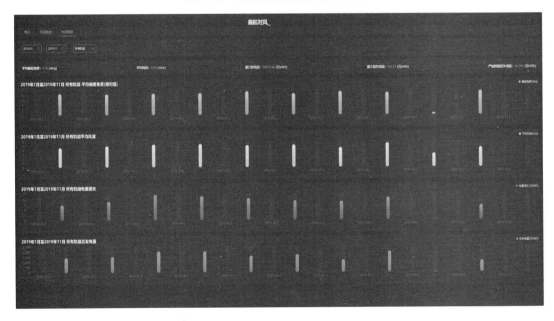

图 8-27　按空间维度统计分析结果

8.3.3　齿轮箱润滑异常诊断

润滑系统是保障齿轮箱安全运行的关键。良好的润滑是齿轮箱稳定运行的重要保证。齿轮和轴承在实际转动过程中为非直接接触，这中间靠润滑油建成油膜，使其形成非接触式的滚动和滑动，这时油起到润滑的作用。虽然它们是非接触的滚动和滑动，但由于加工精度等原因，使其转动有相对的滚动摩擦和滑动摩擦，这会产生一定的热量。如果这些热量在它们转动的过程中没有消除，势必会越积越多，最后导致高温烧毁齿轮和轴承。因此，齿轮和轴承在转动过程中必须用润滑油进行冷却。

良好的润滑可以减少摩擦、节省动力、减少磨损、防止齿面擦伤、延长齿轮和轴承的寿命、降低噪音、吸收冲击和振动、防止齿面锈蚀和腐蚀、散热、排除异物、有利于延长齿轮箱的使用寿命，但润滑不好会产生严重的后果，很有可能造成轴承烧毁，齿轮损伤，进而导致齿轮箱损坏，然而传统的主控保护无法检测出润滑系统偏离设计的状态，导致齿轮箱非正常磨损。当前业主主要靠人工定期巡检来减少齿轮箱润滑长期失常，时效性差。

针对以上问题，结合机器学习和机理，建立相应的基于数据驱动的齿轮箱润滑状态异常分析模型。由于发电机系统内在的关联耦合特性，使这些不同变量间存在着复杂而密切的关系。当齿轮箱某一部件发生故障时，可能会引发多个相关监测变量的同时变化，进而不同变量间的关系也会发生相应的变化。

对影响齿轮油温的相关变量进行分析，齿轮箱润滑系统变量关联分析如图 8-28 所示，箭头表示变量之间的影响关系，其中，不可测变量包括空气密度、齿轮箱散热、风扇转速、温控阀开度、机械泵转速、齿轮箱发热，而风速、传动链扭矩、机舱温度、电机转速、电机泵压力为可选变量，环境温度、电机功率为关键变量。以上主变量分析主要依据专家的经验。

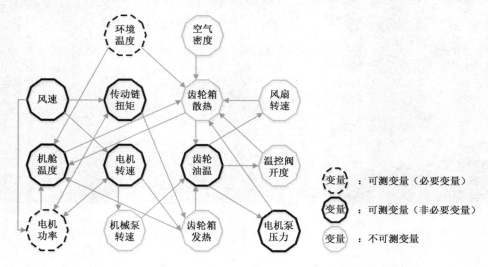

图 8-28　齿轮箱润滑系统变量关联分析

齿轮箱润滑异常分析算法流程如图 8-29 所示，首先通过历史数据绘制月度三维散点图，经专家评价得出各台机组月度三维散点图异常度或正常度，并将图形存入样例图库。对于待分析数据，利用案例检索算法在历史样例图库中寻找最相似的图组及对应异常度或正常度，该结果作为系统输出并经专家复审进行确认或修正，然后更新历史库，以实现系统自学习能力。

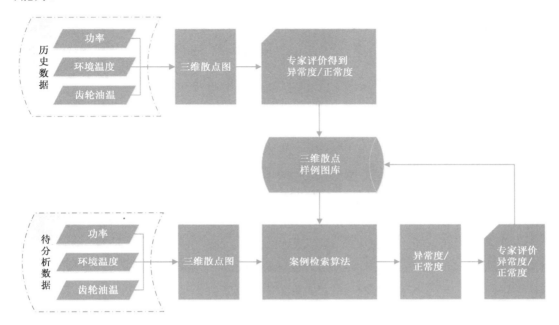

图 8-29 齿轮箱润滑异常分析算法流程

应用主界面如图 8-30、图 8-31、图 8-32 所示，应用支持：① 展示全场/机组当前时段（月）齿轮箱润滑异常程度（范围为 0～1，数值越大，表示出现异常的可能性越大）；② 查看每台机组每月的功率—齿轮油温度散点图和拟合曲线；③ 查看每台机组每月的功率—齿

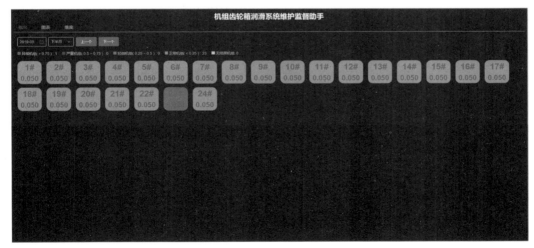

图 8-30 应用主界面

轮油压散点图和拟合曲线；④ 查看每台机组每月的油压—齿轮油温度散点图和拟合曲线；⑤ 可选择时间范围和机组，展示该机组在该时段内每月的齿轮箱异常度；⑥ 可选择时间范围，展示该时段内各台机组的齿轮箱异常度。

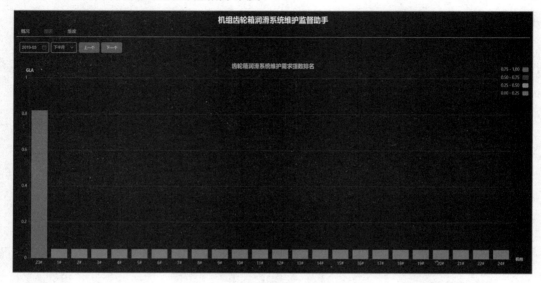

图 8-31　按机组维度统计分析结果

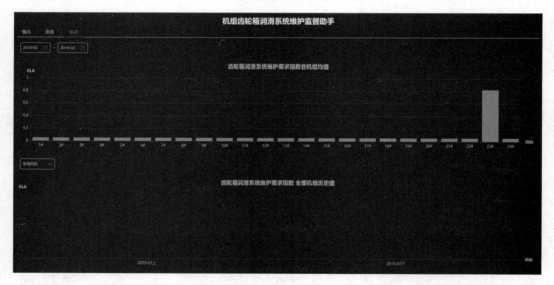

图 8-32　按时间维度统计分析结果

8.3.4　电量生产精益分析

　　风场电量生产只能从功率曲线、日发电量等维度查看和分析，并不能结合全场风资源、机组状态等因素综合分析电量生产潜力，以致无法满足精细化生产的需求。有的机组出力虽然呈明显下降趋势，很难利用现有系统及时发现问题，进而造成长期损失。

借鉴能量可利用率和时间可利用率标准提炼核心指标指向发电性能、损失评估、风资源特性分析，指导人员优化方向，营造积极生产氛围，明确生产目标和不足。例如，以往查看风场机组能量损失时，通常通过可利用率、机组与标杆机的发电量差距、故障时间等指标得到笼统的结果，但机组和标杆机的风况不同，用它们的差值作为限电损失过于牵强，况且发电量的差异也与可利用率有直接关系。此外，故障时间与机组损失电量之间还缺乏风资源这个"杠杆"。针对这些问题，提出一种机组能量损失分析方法，将损失变量分类统计，把原来耦合在一起的因素独立来分析，利用比较理论、发电时能量利用率，维护、故障、人工停机、限功率损失电量，得出风场机组间出力的相对评价，损失评价公式如下。

能量损失率=（故障时损失电量+维护时损失电量+停机时损失电量+限功率发电时损失发电量）/（故障时损失电量+维护时损失电量+停机时损失电量+限功率发电时损失发电量+实际发电量）

故障能量损失率=故障时损失电量/理论最大发电量

发电时效能亏欠率=（发电时理论发电量-正常发电时实际发电量）/发电时理论发电量

其中，① 理论最大发电量指机组测量风速对应的理论功率积分得到的能量，它的计算方法类似 IEC 61400-12 标准中规定的年发电量，不过风速从瑞利分布变为实测值，时间跨度从年缩小到月。与年发电量相比，理论最大发电量更接近于实际，它反映了当月风资源及机组自身吸收特性，是一个偏经济性指标，需要一个月的风速数据作为支撑；② 发电时理论发电量是指机组在未限功率时测量风速对应的理论功率积分得到的能量。它的计算公式与年发电量一样，只不过数据预处理时只保留发电状态（不限功率）；③ 因为有些机组长期处于有功调度状态，因此，发电时理论发电量等于 0，为避免这种情况，引入发电不调桨时的理论发电量，即机组在发电状态且桨角小于一定阈值时（一般取高于最小工作位置 1deg-2deg），测量风速对应的理论功率积分得到的能量；④ 维护时损失电量指机组在维护时测量风速对应的理论功率积分得到的能量。它表征由机组维护造成的能量最大损失，计算公式与年发电量一样，只不过数据预处理时只保留维护状态；⑤ 故障时损失电量指机组在故障时测量风速对应的理论功率积分得到的能量。它表征由机组故障造成的能量最大损失，计算公式与年发电量一样，只不过数据预处理时只保留故障状态；⑥ 人工停机时损失电量指机组在维护时测量风速对应的理论功率积分得到的能量。它表征由人工停机造成的能量最大损失，计算公式与年发电量一样，只不过数据预处理时只保留维护状态；⑦ 限功率时损失电量指机组由于限功率而造成的能量损失，具体计算方法涉及机组测量风速及对应的理论功率，还有限发功率、实际功率和调桨角度。

应用主界面如图 8-33、图 8-34、图 8-35 所示，应用支持：① 直观地看到当前风电场/机组年/月度发电计划完成情况及与历史同期的比较；② 得到以当前风电场/机组发电情况并由风场历史数据推测本年/月度发电计划完成情况；③ 直观地看到当前风电场/机组由于设备停机造成的电量损失及该损失所占年/月度计划电量的百分比和假设未损失时的风场年度发电计划完成情况；④ 直观地看到当前风电场/机组按照保证出力曲线在本年/月实际风况下应发的电量及按该电量计算的风场年度发电计划完成度；⑤ 直观地看到当前风电场/机组风资源情况；⑥ 直观地看到当前风电场设备按照保证出力曲线在本月实际风况下应发的电量及按该电量计算的风场月度发电计划完成度；⑦ 直观地看到机组能量利用率，并可以迅速找到下降严重的机组。

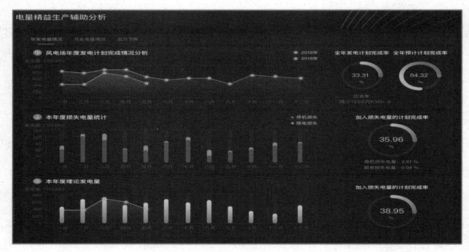

图 8-33　年度生产洞察视图

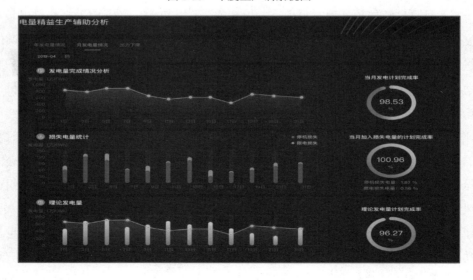

图 8-34　月度生产洞察视图

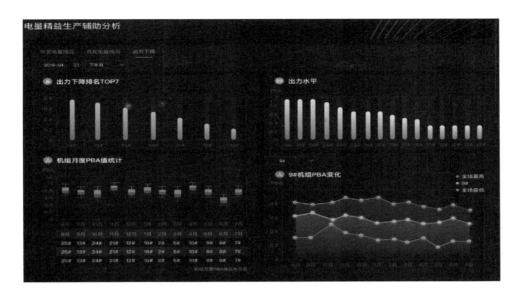

图 8-35　机组出力趋势洞察视图

8.3.5　塔筒振动异常监测

一次机组倒塔将带来几百万元的损失,是发电企业运行管理的红线。近年来,机组倒塔事故屡见不鲜,当前存量风电项目绝大多数塔筒保护都基于设置固定的振动保护阈值,该方式忽略了现场实际机组由于维护时间、风况特点、地形地质,以及传感器安装或测量等因素引起的塔筒振动差异性,存在安全风险。现场只能定期检查或巡视问题是否存在,无法保证问题能够及时被发现。虽然状态监测系统(Condition Monitoring System,CMS)是一套技术成熟的系统,其通过在机组传动链安装高精度传感器监测机组振动状态来提升设备安全等级,但该解决方案不仅前期投入大,后期维护工作繁重,而且 CMS 系统是一个大型旋转机械通用方法,其很难充分利用风电机组当前控制系统产生的运行数据进行立体分析。大多案例事后分析得到的结论都是机组在倒塔前数天甚至几周就存在塔筒振动异常现象,如螺栓断裂、叶片开裂等,它们都反映在振动数据中,利用大数据分析手段可以从这些数据中发现事故征兆。

针对上述问题,本技术在不增加任何机组侧传感器及不影响现有风场安全保护的情况下,增加了一层安防环节,综合考虑工业大数据的多工况、强耦合和时序性强的特点,将数据异常检测应用在振动异常监测中,通过海量数据学习振动数据的特点,当出现异常时及时预警。针对工业数据多工况、强耦合的特点,从专家经验与数据特点两方面综合考虑,对数据进行切分、选择,然后使用异常检测算法和时序分析算法对振动数据进行实时计算。最后,将得到的机组振动的健康情况展示在应用前端,并用颜色标识出问题机组,提醒运维人员关注,分析内容协助人员根据不同指标洞察振动异常原因。

应用主界面如图 8-36、图 8-37 所示，应用支持：① 展示全场/机组当前时段（旬）塔筒驱动向振动异常程度及塔筒非驱动向振动异常程度（范围为 0～1，数值越大，表示出现异常的可能性越大）；② 查看每台机组每月的塔筒驱动向振动的均值；③ 查看每台机组每月的塔筒非驱动向振动的均值；④ 选择时间范围和机组，展示该机组在该时段内每月的塔筒驱动向振动异常度及塔筒非驱动向振动异常度。

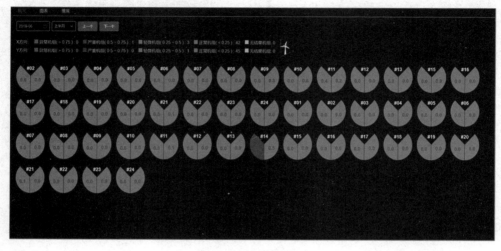

图 8-36　应用主界面

图 8-37　按机组维度统计分析结果

8.3.6　计划停机时段辅助分析

风场电量计划停机时间较长时，将造成机会电量损失，停机时段选择对损失结果影响巨大，然而大多数风电场通常根据可研报告和现场经验给出一个范围，并没有充分利用风电场机组多年运行数据蕴含的信息为该问题提供指导。当前主流方法是查看可研报告并结合历史经验判断，但有的风场可研报告过于陈旧并缺乏数据支撑的经验，很难给出精细的决策计划。

针对该问题，部署一套风电场计划停机时段辅助选择工具，充分利用风电场机组多年运行数据蕴含的信息，通过多维度、多视角辅助现场运行和管理人员在现有基础上开展更清晰的决策，进而降低计划停机带来的发电量损失。

在建模思路方面，基于能量可利用率（PBA）规则的机组计划停机时段选择方法，输入量主要为 SCADA 运行数据中的机组风况等变量及设备设计的功率特性曲线，核心输出量为风场每台机组的最优停机时段及对比电量损失。

应用主界面如图 8-38、图 8-39 所示，应用支持：① 选择连续停机天数，然后在历史年份中检索出全场按照该天数停机后损失电量最小排名前三的时段；② 以甘特图方式展示连续三年的上述计算结果。

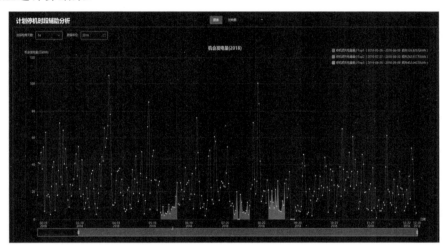

图 8-38　时序图滑窗方式查看年度分析结果

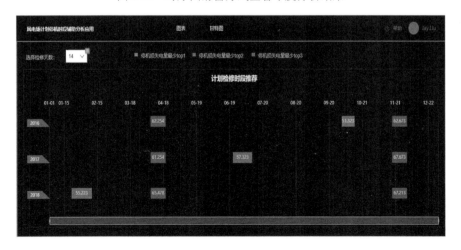

图 8-39　以甘特图方式展示连续多年的分析结果

8.4　本章小结

通过大数据平台建设及一系列数字化应用在风电场不断落地，可以释放沉寂在现场的数据价值，提升技术服务水平和效率，增加机组发电收益，及时发现风场管理方面的不足及运行设备存在的缺陷和安全隐患，为长周期安全生产提供技术保障。

通过精益生产和设备运行优化，预期可提升发电量 1%~3%，以 5 万千瓦容量风场计算，每年收益超过 50 万元。例如，通过偏航对风偏差及时诊断出现场机组对风问题并指导运行人员处理后，对于严重偏差机组，发电效率提升超过 2%。根据历史经验，对年利用 1900 小时左右的 5 万千瓦容量风电场部署应用后，提升电量 50 万～150 万千瓦时；通过振动异常动态判断功能及时发现机组安全隐患，在现有机组安全等级上增加保护环节，减少机组重大安全事故发生率，如阻止一次倒塔可避免经济损失上百万元；及时发现一次叶片开裂并防止其恶化为断裂，考虑断裂和开裂对现场机会电量、叶片更换、吊装等投入的差异，可直接避免经济损失超 50 万元。

另外，通过边云协同的数字化转型，改善公司风电场管理、优化生产、降低非计划停机时间与设备维护成本；促进风电消纳，提高发电站收益；通过机组状态分析及预警，释放部分人力资源，使其能从低水平的重复性劳动转向专注于设备分析诊断、运行优化、数据分析等高价值工作，为公司带来更高人力资源优化利用和管理水平提升。

第 9 章　水电大数据

9.1　业务背景

9.1.1　水电数字化转型趋势

随着我国新能源发电大规模并网、负荷峰谷差拉大及远距离输电技术不断发展，水电作为重要的清洁能源形式，在促进间歇性清洁能源消纳、缓解系统负荷峰谷矛盾、保障电网安全稳定运行等方面发挥着越来越重要的作用。如何在大数据、人工智能等新技术的加持下提高水电发电比重，使水电发挥更大的效用，是水电数字化转型的趋势。目前，电网公司、发电集团、设备制造企业、研发设计单位等都在积极推进数智化技术在水电行业内的落地实施，以切实提高生产效率、降低运维/运营成本、优化运行方式及增加发电收益。

国网湖南省电力有限公司为了更好地服务全省 3600 多座中小水电站，提高水电站安全运行水平和发电效益，促进电力物联网在水电行业的落地实践，充分发挥国网湖南省电力有限公司的中心地位，按照"基础设施支撑数据泛在接入、智慧应用赋能企业优化运行、产业链整合打造新型生态"的思路，以湖南省各大中型水电站作为数据生产端、知识消费端和价值变现端，以智慧水电物联网作为数据汇聚载体、知识沉淀载体和价值转换载体，通过"云边协同"技术支撑跨流域水电企业的多源异构数据统一汇集，通过大数据分析技术构建水电能源行业智能应用；通过构建线上线下融合的共享智慧运营体系，整合产业链第三方厂家，培育和孵化能源互联网共享智慧运营生态，帮助水电企业安全发电 8.2 亿千瓦。

新华水力发电有限公司在"为能源清洁低碳、安全高效奉献力量的综合智慧能源运营商和一体化方案提供者"的企业发展愿景指导下，加快推进"智慧新华"落地进程，加强并完善运管一体化平台大数据挖掘与分析功能，通过细化运管一体化大数据挖掘与分析，进一步掌握各水电站机组运行工况、设备状态效能，为安全生产和检修提供依据和保障，保证机组安全稳定高效运行，为企业提质增效、精益化管理、优质服务、降本增效方面发挥数据支撑价值，突出效率、效益；实现经营运营管控用数据说话、用数据决策、用数据管理，为决策提供及时、准确、可靠的数据依据，用数据驱动管理变革和转型升级，提高公司运营管控能力和服务水平，树立良好的企业形象，最终实现"数字化发电企业"。

在大型水电机组新装机组速度与容量增长周期性放缓、产品更新换代周期长的背景下，为更好地服务上下游用户，水电机组制造企业积极打造"云+端"的水电机组远程监测与智能诊断云平台，以智能诊断为核心，将机组故障诊断工业模型软件化，构建智慧机组的大脑与数据中心，为水电机组用户提供可持续改善的设备运维闭环管理解决方案，帮助水电站实现自动巡检、故障预警，以及优化设备运行状态，从而提高水电机组运行安全性，提升运维效率，降低机组运维成本。

中水北方是水利部直属水利水电勘测设计企业，在水利水电工程规划、勘测、设计、建设、测试和运维等领域处于行业领先地位，其建设的水力机械模型高水头试验测试平台是对各类型水泵、水轮机模型性能进行测试验证、标定的重要试验平台。中水北方针对水机模型测试的数字化需求，建设了基于大数据技术的通用型水力机械模型试验系统，在帮助测试人员完成流程化试验的同时，通过采集试验系统水头、流量、水温、振动、扭矩和功率等关键数据，对能量性能、空化性能、飞逸性能等试验过程中的被测机组综合特性曲线、机组效率、运行状态进行分析，从而帮助提高机组产品质量、优化机组运行性能。目前，中水北电相关研究成果已在多家水泵制造厂、水利水电类学校、南水北调泵站得到广泛应用。

9.1.2 水电行业业务痛点

我国河流众多，水力资源丰富，水电工程建设取得了前所未有的成就，仅湖南省就有大中小型水电站 3600 余座，但这些水电站在地理位置、装机规模、运行方式、维护策略及自动化水平等方面均存在较大差异，主要体现为以下 4 点。

（1）岗位条件艰苦，基层人才不足。大多数水电站地理位置偏远、地理分布广泛、自然条件艰苦、工作条件恶劣；水电站运维人员职业生命周期短，基层技术人员流动频繁、流失率高，运检人力成本高。此外，中小型水电站，尤其是集体企业、私人小水电站普遍缺乏专家和高水平技术人员，对水电机组的运维质量产生巨大影响，给水电站安全运行带来潜在安全风险。

（2）设备运维方式较传统，设备安全风险大。水电机组运行工况复杂，设备故障特性影响因素多，设备差异性大；水电机组设备运维受电网运行、设备状态等诸多因素影响，且随着水电能源承担的调节任务频次增多，设备疲劳磨损加剧、运行工况恶化，异常停机的风险日益增大，然而，目前大多数水电站自动化水平低，采用的运维策略仍是传统的定期检修和事后维修相结合的方式，这种运维方式不仅效率低，而且难以提前发现故障隐患，不能对故障进行预判，造成事故才进行维修，导致事故扩大化、停机时间长、发电损失大，已不能适应新阶段智能运维的需求。

（3）机组运行优化空间大，发电潜力尚待挖掘。我国水资源的分布特点，导致水电站集中区域与负荷中心逆向分布，枯水期水力不足，丰水期弃水严重；对于梯级电站来说，存在信息共享困难、水力资源分配不合理等问题，梯级水电整体利用率低；对于单台机组来说，长期运行磨损等因素，可能导致水轮机运行稳定性下降、发电效率下降等问题。在水电站安全运行的前提下，如何提高机组发电性能，如何进行优化以高效利用水资源，是目前水电行业普遍关注的问题。

（4）水电站信息系统孤立，数据价值发掘困难。数据即资产，水电行业多年快速发展积累了场站设备监控、设备状态监测、水情气象和运行维护等海量多源异构数据，这些数据蕴含着有待发掘的设备健康、运行调度、资产管理和协调优化等价值。但目前多数水电站内各类自动化、信息化系统相互独立，数据难以共享，数据价值沉睡，缺乏对其价值进行发掘的技术能力。

针对上述行业共性痛点，产业上下游企业群策群力，发挥各自优势，以解决实际问题为目标，贯穿水电机组设计制造、水机模型检测试验、水电站现场试验、在运机组运行维护等全生命周期，为水电业主提供以数据为中心、线上线下相结合的高价值服务。

9.1.3　水电大数据业务需求

通过对多个具有代表性的大中型水电站进行调研，深入一线现场了解水电各专业自动化、信息化、智能化应用水平，了解用户在试验、运行、检修和维护等各生产环节的既有业务模式，了解用户对电网公司、交易中心、兄弟单位数据开放共享的需求，了解用户对数据应用辅助和促进生产的看法等，形成切合行业痛点的水电大数据业务需求分析，为水电大数据如何更好地服务水电行业发展提供建设依据，调研需求汇总如表 9-1 所示。

表 9-1　调研需求汇总

★ 有需求　☆待定

调 研 项 目		大中型水电站			
		水电站 A	水电站 B	水电站 C	水电站 D
数据平台	集中或远程监测	★	★	★	★
	数据共享与定制	★	★	★	★
设备健康管理	发电功率预测	★	★	★	★

调研项目		大中型水电站			
		水电站 A	水电站 B	水电站 C	水电站 D
设备健康管理	机组健康评价	★	★	★	★
	机组状态预警和诊断	★	★	★	☆
机组运行优化	机组出力优化	★	★	★	☆
	梯级优化调度	★	★	☆	★
	入库流量预报	★	★	☆	☆
智能运维	专家知识沉淀	★	★	★	★
	电站智能运维	★	★	★	★

本次调研的水电公司（水电站），分别代表了电网所属企业、发电集团所属企业、公私合营企业、私人企业等几种不同产权归属类型；代表了流域大中型水电站集群开发、中小型独立水电站开发等不同开发规模；代表了自动化水平高、集团化运营和信息化水平相对落后两种典型发展水平。用户整体需求可概括为，数字化程度、成本敏感度、实现难度、数字应用价值的不确定性等因素，导致不同水电业主对数据及应用的需求层次不同。

大型发电集团下辖水电站自动化和信息化程度高，基本建立了水电站集控中心，集团重视大数据建设，已经初步汇集了水电生产运行、检修运维数据，具备了大数据分析的数据基础。其对数据及应用的需求已经转向以提高精益化生产水平为目的，例如，对电网公司、兄弟企业的数据开放共享需求，对更高数据质量、更高采集频次数据的需求。这些公司更愿意尝试基于现有数据的高级分析应用，如水电设备状态预警、故障诊断、水电机组发电优化等。

中型水电站一般具备完善的生产运行保障团队，自动化和信息化程度尚可，具有站内监控系统和振摆等状态监测系统，具备了基础的数据采集能力，并积累了一定的数据基础；对智能化分析应用，部分企业持观望态度，需要能实实在在地给业主带来看得见的效益。

尽管各水电站数据基础不同，但其业务需求集中在如何基于新型技术，更好地实现以提高水电机组安全运营水平的设备健康分析及以提升经济效益为目的的机组运行优化。

9.1.4　水电数字化建设目标

水电数字化建设目标是构建基础大数据平台，支持水电多源数据的统一接入、数据标准化、数据质量分析与治理，支持行业数据分析模型运行，支持业务应用的敏捷实施，解决水电站信息孤岛、数据价值发掘困难等问题；在数据平台基础上，提供图形化、拖曳式、低门槛的数据模型开发环境，帮助业务专家将多年积累的生产运维经验沉淀为数字化知识，用技术手段助力基层技术人员提高技能水平，缓解基层人才缺乏问题；通过与行业上下游企业合作，开发基于数据平台的数据分析模型及应用，实现设备异常提前预判、故障快速定位排查、机组运行调度最优，改变设备运行和检修维护方式，变被动为主动，助力水电站设备高效安全运行。

9.2　水电大数据平台整体设计

9.2.1　水电大数据业务架构

基于水电数字化需求和建设经验，以"基础支撑—数据汇聚—应用开发—生态建设—运营服务"为主线，以水电大数据平台为支撑，以水电数据分析应用为核心，通过对场站数据的不断积累与处理，形成数据资产，吸引行业上下游企业共同沉淀行业应用，并以运营服务模式创新水电数据业务。

水电大数据平台的目标用户主要有两类：第一类为服务提供方，即应用模型开发者，包括行业相关的产学研用单位及个人开发人员，可基于平台提供数据、数据接口、基础算法、模型开发工具、组态工具和管理工具等基础功能，开发符合业务逻辑的数据分析模型和应用并提交到水电大数据平台；第二类为服务使用方，主要是水电站用户，包括水电站一线运检维护人员及各级管理者。

水电大数据业务的核心是专家知识的数字化沉淀。知识沉淀者基于水电站实际生产数据，自行或借助云平台工具进行业务沉淀，是将专家经验进行数字化的过程；在厂站端构建知识应用环境，水电站最终用户进行知识应用，是用户利用数据服务产生生产效益的过程。图 9-1 为该业务知识沉淀核心逻辑。

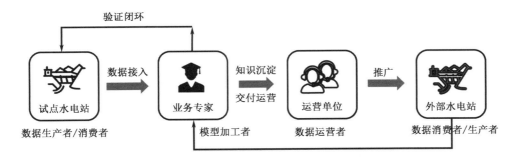

图 9-1　知识沉淀核心逻辑

水电机组制造厂可以依托水电大数据平台，通过打造"云+端"远程监测与智能诊断云平台，以智能诊断为核心，将机组故障诊断工业模型软件化，构建智慧机组的大脑与数据中心，为水电机组用户提供可持续改善的设备运维闭环管理解决方案，提高水电机组运行安全性，提升运维效率，降低机组运维成本。

高校和研究机构可以基于水电大数据平台，充分利用平台提供的数据资源及低门槛开发工具，快速进行仿真模型、故障预警及诊断模型等的开发和验证工作，从而推进研究成果的生产力转化。

试验检测单位可以基于现场运行数据，对水机模型试验数据及结果进行分析比对，发现真机与实物模型在机组效率、机组运行特性曲线等关键指标的差异，从而发现真机运行和实物模型测试的偏差原因，帮助业主改善机组运行特性。

水电集团可基于水电大数据平台，构建统一的数据服务和应用服务，为集团内电站提供大数据基础设施，减少各水电站重复建设，节约成本，同时也有利于集团内部数据共享和知识共享，汇聚集体智慧，实现集团数字化转型。

9.2.2 水电大数据功能架构

水电大数据的核心目标用户是模型提供方和水电业主。模型提供方，大部分为行业专家、核心业务人员，他们对 IT 和大数据技术比较陌生，因此需要一个能帮助其快速进行知识沉淀的平台，缩短开发时间，让其主要精力专注于业务逻辑开发，而不必关心数据接入、数据标准化、数据存储、算法代码实现及应用展示等技术细节。对于水电业主，需要为其提供的是对其有价值的业务应用和便捷的使用方式。

因此，综合目标用户特点、应用场景、数据特点及安全防护等因素，水电大数据平台以数据汇聚和知识沉淀为核心，形成包括边缘计算终端、中心端云平台和移动端的产品体系。其中，终端是数字化容器，部署在场站端，面向的是用户的数据实时分析场景、海量数据本地化分析场景及数据保密安全场景；中心端满足用户对大数据基础设施的需求、广域的应用服务需求及横向的统计分析场景需求；移动端满足用户实时监测、告警及时推送和服务信息直达的需求。

水电大数据平台的整体功能架构如图 9-2 所示。

针对小水电站的数据监测需求，安装部署吸附式振动传感器、电压电流互感器、电能表等采集设备，通过 MQTT 等物联网协议上送至云平台；在中型水电站，可在安全Ⅱ区或Ⅲ区部署工业网关，采集监控系统、状态监测系统、工单管理系统等的生产运维数据；在大型水电站，可部署边缘计算终端，基于水电站既有安全分区架构，实现与站内Ⅰ区、Ⅱ区、Ⅲ区系统的通信，数据采集方式支持从传感器实时采集和从既有系统批量导入两种方式。边缘计算终端具备采集时序数据、关系数据、对象数据（文本、记录文件等）等多源异构数据的能力，并按照统一标准存储，提供一致的访问接口。智慧服务终端是模型的运行环境，支持Python、Java 等模型开发语言。

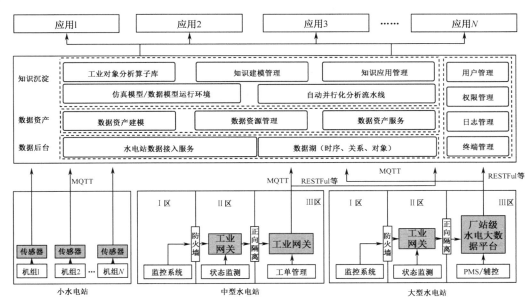

图 9-2　水电大数据平台的整体功能架构

水电大数据云平台以公有云或私有云方式部署在互联网或集团内网，采用B/S架构设计，实现服务的功能内聚和服务间的松耦合，保证系统具有高可扩展性，能够高效、灵活部署；包括数据资产接入与存储管理、应用/分析模型运行支撑、运营管理、终端设备管理等核心功能。

边缘计算终端与云平台之间采用标准协议通信。中心端统一数据通信标准，开放数据接入接口，实现站端数据接入，以及其他水电站符合通信标准的网关类设备的"即插即用"。

移动端支持用户随时、随地查看从中心端、水电站智能终端订阅与定制的服务，并支持系统消息主动推送。

其中，云平台、边缘计算终端和移动端不是割裂的、独立的，而是采用云端协同架构，包括数据协同、模型协同和应用协同。

数据协同是云端协同的基础，端侧支持设备数据采集、协议转换、数据打包和回传，以及可配置的故障数据的抽取、打包回传；云端支持海量设备数据的统一存储管理和性能优化，以及故障数据的定制化管理和归档。

模型协同是云端协同的核心。基于积累的海量监控数据和故障数据开发的分析模型，可在云平台上线，并以 SaaS 服务的形式开放给远端用户；也可以将模型进行容器化打包（以 Docker 容器的形式封装模型本身和依赖环境），以线下发送的方式，方便地部署到终端运行。

应用协同是云端协同的表现形式。根据用户的网络条件、安全策略和消费模式的不同，云平台可以提供集中式的 SaaS 服务，网关侧也可以实现应用的独立部署。对应用开发来说，只需要开发一份代码，在功能上实现可定制化，这样既可以节省开发成本，又可以统一用户体验。同时，在应用架构设计中对应用代码和模型代码进行低耦合设计，保证模型的更新和应用程序的更新可独立进行，这样就可以实现非常灵活的服务模式和内容更新策略，最大限度地发挥云端应用协同的业务价值。

9.2.3　水电大数据平台数据架构

水电大数据平台数据架构分为源端数据、业务支撑数据和业务应用数据 3 层。源端数据来源于水电站机组监控系统、机组状态监测系统、水情系统及其他传感器等；业务支撑数据包含水电站维护的基础档案数据、运行维护记录、经标准化和治理后的时序数据，以及对实时数据和离线数据进行统计形成的统计数据，经数据分析模型处理后形成的分析数据；业务应用层通过对业务支撑数据的挖掘、分析或展示形成了在线监测分析、设备健康诊断、电站运行优化、发电预测和运营分析 5 类业务结果数据，支持系统的应用功能模块。水电大数据平台数据架构如图 9-3 所示。

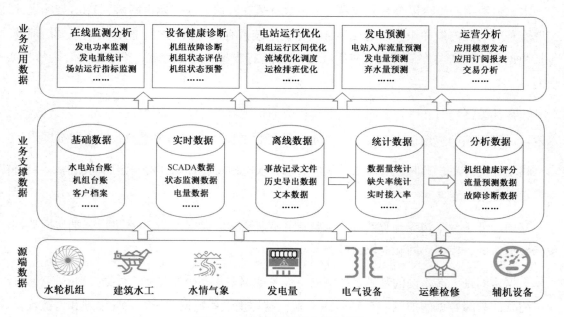

图 9-3　水电大数据平台数据架构

1. 水电站数据接入架构

典型的水电站数据接入架构如图 9-4 所示，数据获取路径如下。

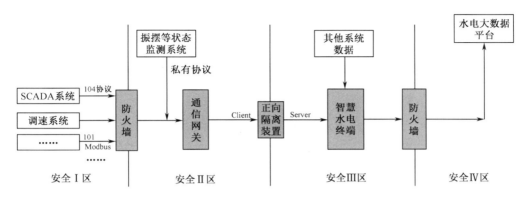

图 9-4 典型的水电站数据接入架构

（1）在安全Ⅱ区部署通信管理机。通信管理机通过Ⅰ区和Ⅱ区之间的防火墙，采用 104 协议、Modbus 等标准通信协议、厂家私有规约或数据接口，从Ⅰ区数据交换机获取 SCADA 系统、调速系统数据等，从Ⅱ区振摆监测系统获取高频机组振摆监测数据。

（2）在Ⅱ区和Ⅲ区之间部署正向隔离装置。从通信网关获取的振摆监测数据，以及后续从 SCADA 系统获取的点值数据，通过正向隔离装置，发送至Ⅲ区的智慧水电终端（边缘计算终端）。

（3）边缘计算终端可将原始数据、终端运行状态数据、数据处理的特征值、模型分析结果等，通过Ⅲ区和Ⅳ区之间的防火墙上送至水电大数据平台。

2. 水电数据标准化建模

大多数水电站的投运周期长，各类保护自动化系统、状态监测系统的数据接口和通信协议各异，且水电机组结构差异较大，机组监测数据很难形成统一规范。随着平台接入能力和服务能力的提升，汇集的各类数据越来越多，而数据接入协议、数据建模规范和数据应用接口不统一，严重影响平台服务方有效利用数据发掘业务价值。水电数据标准化的思路有两种，一种是对每个测点的编码进行标准化，平台读取测点编码即可识别测点所属厂站、所属机组、所属部件等信息；另一种是在平台实现数据映射的标准化。

（1）数据测点编码的标准化。在整个数据源头的治理阶段，规整化数据协议，实现各测点数据唯一的"实物 ID"，通过统一数据编码和统一设备映射模型来保证稳定、可靠地接入跨流域、分布广的中小水电机组数据。

对中小水电厂的统一编码，借鉴 KKS（电厂标识系统）编码规则，对覆盖水电站机组状态所有数据制定编码规范，编码分管理域（包含流域、单位、机组）、设备域（包含设备—零件—部件）、数据域（包含数据类型、数据产生方法、数据特点）进行数据的统一治理，并将实际 ID 和数据值形成 JSON 标准传输格式，保证与大数据平台的接入能力。

借鉴 KKS 编码思路，将设备的每个测点按照"省—地市—场站—设备—部件—测点"赋予唯一编码，每个编码对应明确的含义及测点名称、类型等。

表 9-2 展示了某水电站机组振摆数据部分测点的编码。

表 9-2　某水电站机组振摆数据部分测点的编码

测 点 名 称	KKS　编　码
上导 X 向摆度波形	HN01200001HP1MKC01MK012BL01J1CC001CA01
上导 Y 向摆度波形	HN01200001HP1MKC01MK012BN01J1CC001CA01
水导 X 向摆度波形	HN01200001HP1MEC01ME010BL01J1CC001CA01
水导 Y 向摆度波形	HN01200001HP1MEC01ME010BN01J1CC001CA01

采用 KKS 编码赋予每个测点唯一的身份标识，适合在不同系统中实现数据共享，其缺点是需要对源端系统进行改造，且编码工作烦琐、工作量大。

（2）数据映射的标准化。数据映射是指将实际数据的字段名称与数据标准（Schema）中的标准名称建立联系。

数据映射是平台需要重点解决的问题。在实际项目中，我们经常发现原始数据的点表可能变化，变化体现在时间和设备两个维度。

● 时间维度变化：设备 A 的时序数据在 2018/01/01 有 200 个字段，到 2018/03/01 时，时序数据变成 210 个字段。

● 设备维度变化：同一天的时序数据，设备 A 有 200 个字段，相邻的设备 B 有 280 个字段。

因此，从平台数据对应角度解决的办法是，在平台建立标准的测点信息表，该表所有字段均覆盖设备 A 和设备 B 的测点，并且支持动态扩展，以应对实际设备测点的增减。当源端数据点表发生变化时，只需要在平台重新映射设备测点即可，而平台上层应用无须更改，仍然引用标准测点表的字段即可。平台提供管理工具，支持时间和设备两个维度的映射关系变化；提供后台管理工具，方便运维人员查看和批量维护这些映射关系。图 9-5 展示了数据映射时的页面交互。

数据映射后可以可视化的形式看到不同日期、不同设备字段数量的区别，图 9-6 中每个单元格代表一天和一台设备。运维人员不需要对每个单元格进行映射，只需要在原始数据发生变化的那些单元格中做配置即可，所配置的映射关系在此日期后将生效，直到下一个配置日期，如果已经是最后一个配置日期，那么会一直生效。

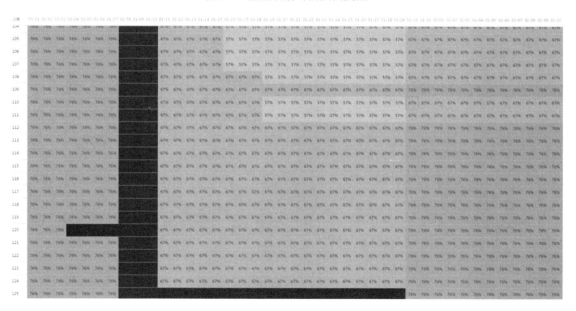

图 9-5　数据映射时的页面交互

图 9-6　数据映射完整度

图 9-6 中每个单元格中的数字表示实际数据匹配数据标准的程度，即当天存在且已映射字段个数/数据标准字段个数。如果当天一条数据也没有，那么单元格显示"N/A"（而不是 0%）。

9.3 分析模型与创新应用

9.3.1 水电数据应用整体规划

水电大数据平台通过标准化框架和接口服务，支撑各相关方提供的上层数据分析模型和应用的运行。这些业务分析模型和应用与水电业务密切相关，直接面向最终用户，是系统的核心功能，也会随着更多模型的积累形成更多有价值的应用。

水电大数据应用整体规划思路是，基于数字孪生技术，围绕核心业务需求，通过模拟仿真模型、机理分析模型和数据分析模型，打造机组状态感知、健康评估、状态预警、故障诊断、运行优化、来水预测等数据应用，贯穿从机组设计制造、试验检测、现场测试、机组运行到检修维护等全生命周期的业务过程，保障水电机组安全、高效运行。水电大数据应用整体规划如图 9-7 所示。

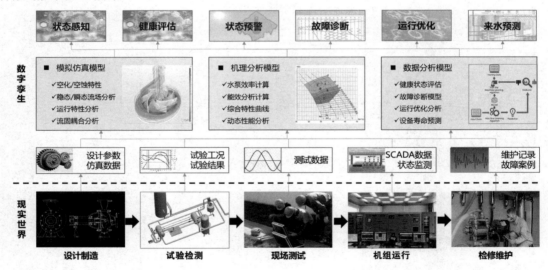

图 9-7　水电大数据应用整体规划

水电大数据应用整体规划原则是，针对不同特点的水电站，提供不同类别的、差异化的数字化产品和服务。因此，需要对水电站进行数字画像，按照其基本情况、经营情况、业务需求和业务现状，设计合适的数据应用场景，并从服务对象、需求强度、业务价值、数据条件和解决思路等多方面评估和校验应用的可行性。

水电大数据应用设计如表 9-3 所示。

表 9-3 水电大数据应用设计

序 号	类 别	应 用 设 计
1	数据管理类	场站级数据资产管理应用
2		集团级统一数据资源管理应用
3		流域电站数据共享应用
4		……
5	设备健康管理	水电机组大部件状态评估
6		水电机组故障分析与诊断
7		水电机组大部件劣化趋势预警
8		……
9	设备运行优化	水电机组稳定运行区间分析
10		水电机组运行特性分析
11		水电站入库流量预测
12		流域水电站优化调度
13		……
14	智能运维类	水电站运维知识图谱设计
15		水电站智能运维工单分析
16		远程专家辅助智能诊断
17		……

在设计具体的业务场景时，需要重点考虑目标用户是谁，要达到的目标是什么，业务问题是什么及当前是如何解决的，存在哪些不足，通过大数据如何解决，有什么优势。水电大数据业务场景举例如表 9-4 所示。

表 9-4 水电大数据业务场景

业务场景名称	用 户	业 务 目 标	当前解决方案	存 在 不 足	大数据解决方案
水电机组多指标预警	水电站运检人员	提前发现机组振动、摆度等关键指标的劣化情况，及早处理	振动、摆度等问题可能导致机组部件的损坏、机组运行中断，甚至影响电厂和电网的生产和运行安全。目前，普遍采用监测值与单一限值的比较来实现越限预警报，其限值通常参考相关国家标准、行业标准，以及厂家建议值等来确定	这种绝对值比较法存在不能反映机组个性特色、适用机组运行工况有限的缺点，其报警实用性有待提高	利用机组健康状态下振动、摆度等样本数据，计算典型工况下指标的健康区间，建立多指标预警模型，为机组不同运行工况提供预警保护，有效弥补传统预警法仅能对机组稳定运行工况进行保护的不足，同时模型可利用机组振动历史数据进行自学习，更新振动预警模型，提高预警准确性

以下选取典型应用，对水电大数据应用进行详细说明。

9.3.2　水电机组摆度分析

水轮发电机运行摆度是水轮发电机稳定运行的重要考核指标。通过对水电机组摆度的分析，可及时发现可能出现的异常并及早采取有效措施，确保机组稳定运行。

1. 解决方案

参考国内标准 GB/T 32584—2016 和国际标准 ISO/CD 20816-5:2018，通过对电涡流传感器测量数据的"低通滤波—轴心轨迹生成—摆度计算—摆度分析"，并采用试验数据介绍整个分析流程，摆度分析过程如图 9-8 所示。

在低通滤波方面，采用巴特沃斯二阶滤波、五点三次平滑滤波、自适应 EMD 滤波等多种滤波器对原始测量数据进行处理，并比较滤波后的轴心轨迹效果及摆度计算结果。在示例数据（某立式水轮机的摆度监测数据）上的应用效果表明，不同形式的低通滤波器处理后得到的轴心轨迹等结果差异并不显著，任意一种均可满足电涡流传感器测量数据分析的要求，最终在示例分析中采用了巴特沃斯二阶滤波器对原始数据进行预处理，并可通过滤波器的截止频率调节滤波结果及相应轴心轨迹的平滑程度。在示例数据方面，综合考虑滤波结果平滑程度与设备工作频率等方面，将低通滤波器的截止频率选为 40 Hz。

在轴心轨迹生成与摆度计算方面，轴心轨迹的绘制过程较为简单，将一组电涡流传感器经滤波后的数据分别作为 X 轴和 Y 轴作图即可得到。在摆度计算方面，采用两种方法进行，分别如下。

（1）标准推荐方法。根据相关标准的推荐，采用置信度峰值作为摆度的计算值，置信度水平暂取为 95%，即采用位移统计分布的 97.5%分位点与 2.5%分位点之差作为摆度值。具体而言，对标准中提到的两种计算方法进行实现，分别为：① 分别计算 X 和 Y 两个方向的 95%位移峰峰值，再以其中较大的一个作为摆度的计算值；② 首先将 X 和 Y 两个方向的位移数据合成为一维的径向位移（R）数据，再计算 R 数据 95%位移峰峰值。其中，标准中更推荐第①种计算方式，因此，本例也采取第①种计算方式，计算得到页面展示中的"IEC 摆度"。

（2）等效圆包络方法。采用等效圆包络方法计算摆度时，首先利用原始数据滤波后生成 30 个转动周期（示例数据转速为 300 rpm，故 30 个转动周期对应 6s 的数据）的轴心轨迹，并采用均值 ±1.96 倍标准差的方式计算轴心轨迹的均值轨迹及内外包络。

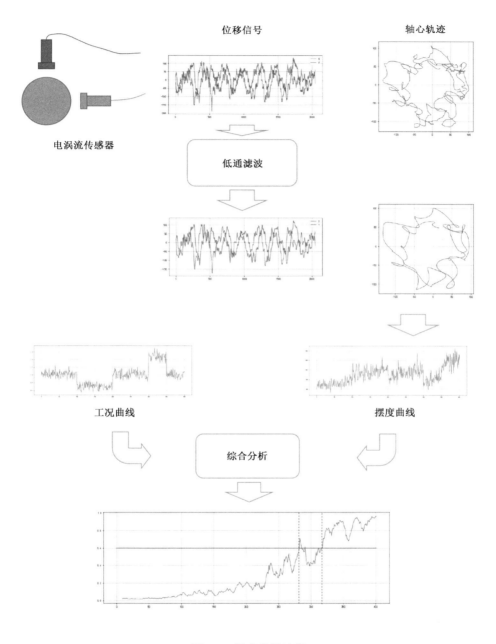

图 9-8 摆度分析过程

基于轴心轨迹的外包络计算摆度值，首先采用面积等效原则，计算轴心轨迹外包络的等效圆（见图 9-9），外包络等效圆的直径即等效圆包络法计算得到的摆度值，对应于页面展示中的"等效圆摆度"。通过等效圆方法还可计算摆度系数，用于表征轴心轨迹的集中程度，其定义为轨迹内外包络之间的面积与轨迹外包络面积之比，取值为 0～1。摆度系数越接近 0，表明轴心轨迹的分布越集中；摆度系数越接近 1，表明轴心轨迹的分布越弥散。

此外，利用均值轴心轨迹也可计算其等效圆，并提取均值轨迹的最小矢径和最大矢径。

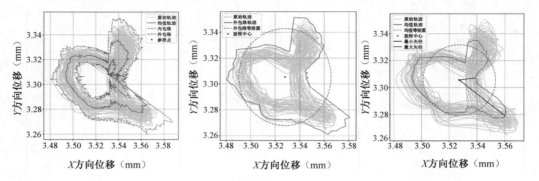

图 9-9　均值轨迹及内外包络、轨迹外包络的等效圆、均值轨迹的矢径

最后，使用计算得到的摆度值对设备的运行状态进行判断，目前采用参考标准中的判别逻辑，综合考虑轴的转速和摆度，将运行状态划分为 A、B、C 和 D 四个区域（见图 9-10）。当摆度的计算值位于图 9-10 中的 A+B 区，且不超过轴承间隙的 70%时（判定逻辑图中所列的轴承温度项因缺乏相应传感器暂且忽略），认为设备处于健康工作的状态下；若位于 C 区，则发出报警信息，提示需要关注；若位于 D 区或 C 区，且超过轴承间隙的 70%，则需要立即进行检修。

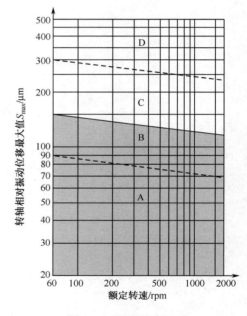

图 9-10　运行状态区域

2. 示例数据分析

示例数据包含某立式水轮机的两个轴承（上导轴承、水导轴承）上的一次摆度测量数据。每个轴承上设置两个电涡流传感器测点，分别为顺水流方向（X 方向）和垂直水流方向（Y 方向），示例数据的采样频率为 4096 Hz，采样时长 10 s，故每个传感器的测量数据包含 40960 个样本点。设备的转速为 300 rpm，即对应的工频为 5 Hz。图 9-11 为上导轴承摆度 X 方向的原始数据。

首先，采用标准推荐方法计算两个位置处的 IEC 摆度，上导轴承、水导轴承的计算结果如图 9-12、图 9-13 所示，其中，蓝线为采用标准推荐的第①种方法的计算结果，虚线为对 10 s 整体数据的计算结果，实线为采用滑动窗口（窗口宽度为 2 s）计算得到的摆度值随时间的变化趋势。橙线为采用标准推荐的第②种方法的计算结果。

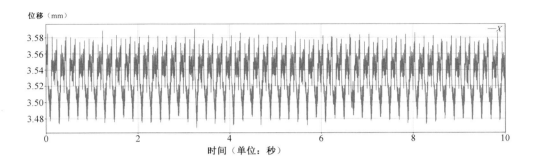

图 9-11　上导轴承摆度 X 方向原始数据

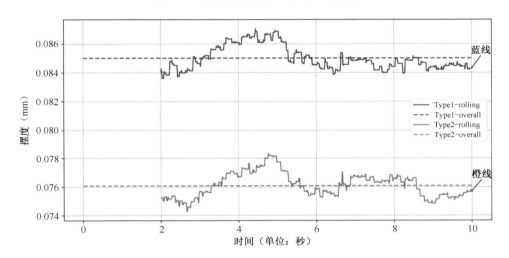

图 9-12　上导轴承摆度计算结果

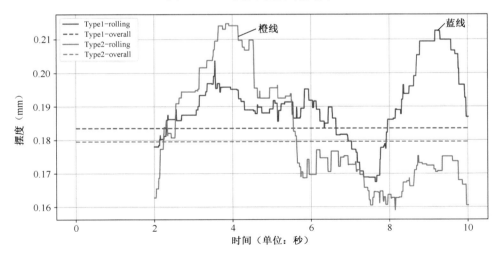

图 9-13　水导轴承摆度计算结果

然后，采用轴心轨迹包络等效圆方法进行摆度的计算，对原始数据采用截止频率为 40 Hz

的巴特沃斯二阶低通滤波器进行平滑处理，生成两个轴承位置的轴心轨迹，如图 9-14 所示为上导轴承处的轴心轨迹，如图 9-15 所示为水导轴承处的轴心轨迹。

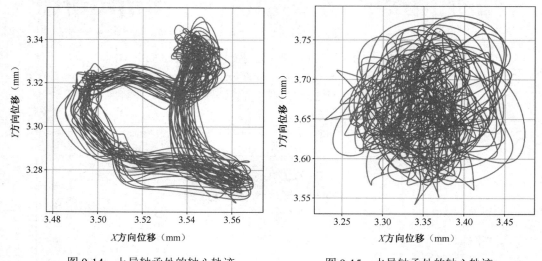

图 9-14　上导轴承处的轴心轨迹　　　　图 9-15　水导轴承处的轴心轨迹

对生成的轴心轨迹进行包络分析，计算其均值轨迹和内外包络，并采用面积等效方法计算轨迹外包络的等效圆，其结果如图 9-16、图 9-17 所示。由外包络等效圆的直径给出的上导轴承处摆度为 73.2 μm，水导轴承处摆度为 219.1 μm。利用轴心轨迹的内外包络，可计算摆度系数，上导轴承处的摆度系数计算结果为0.803，水导轴承处摆度系数的计算结果为0.992。

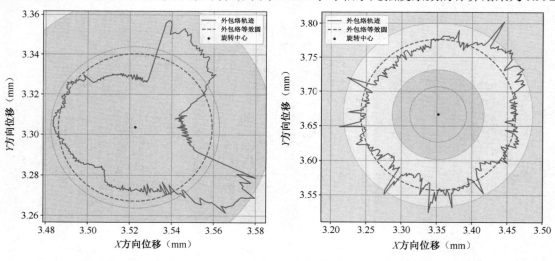

图 9-16　上导轨迹外包络等效圆　　　　图 9-17　水导轨迹外包络的等效圆

图 9-18 为采用标准推荐方法和等效圆方法计算得到的上导和水导轴承摆度值在标准给出的运行状态分区中的分布情况，可见上导轴承的摆度位于 A+B 区内，水导轴承摆度位于 C 区内。

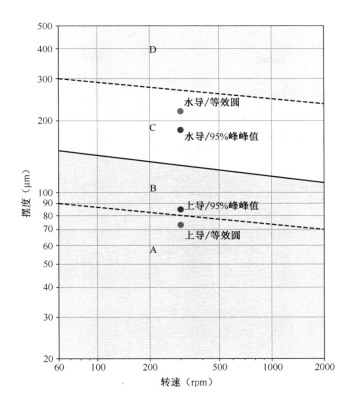

图 9-18　上导与水导在运行状态分区中的分布情况

9.3.3　水电机组运行工况分析

目前，水电站监测大多针对单一测点数据，无法有效表征机组复杂多变的运行工况；此外，系统异常告警多采用单一指标固定阈值进行判别，而这些指标在不同运行工况下，其合理范围是不同的，因此，需要能够对机组实际运行状态进行准确辨识，在同一工况下分析机组运行的状态指标，更加精准地把握机组健康情况，为机组的经济安全运行和优化控制策略提供技术支撑。

通过对水头、有功功率、导叶开度、冷却水温、定子电流、振动值和摆度值等关键监测量的历史数据及实时数据的综合分析，准确判断机组当前运行状态，统计历史状态时长及状态变化过程（如开机过程、停机过程、机组空转、并网增负荷和停机备用等），分析机组运行的稳定性，以指导机组的运行调度、检修维护，保障机组在全生命周期内处于稳定运行状态。

基于工况的性能分析可以分为 3 个步骤：工况识别、指标计算、指标结果分析，包括 5 项内容：工况识别、指标计算、指标趋势分析、多维关联分析、辅助设备性能分析。

工况识别也称为工况判定，通过判定依据结合测点数据、机组参数判定某一机组所处的工况状态，当是试验工况时还需要通过试验标识（检测时间记录）辅助判定。图 9-19 展示了水电机组运行工况识别过程。

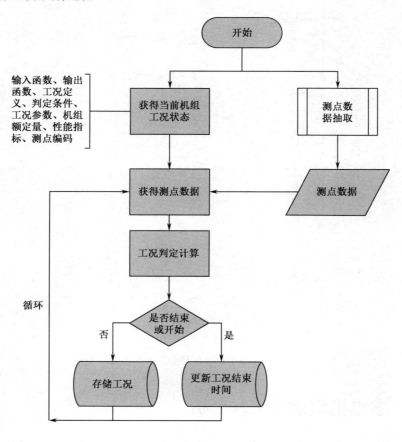

图 9-19　水电机组运行工况识别

在数据接入时，可对机组运行工况进行实时识别，并对当前时刻接入的数据打标签，上层应用可从时间和工况两个维度对数据进行查询访问。

（1）指标计算。在工况识别的基础上，该工况持续时间段内通过一定的公式规则、测点数据（振摆等数据）来计算性能指标值，这些指标值包括固定值、趋势值等。指标计算是建立在工况判定的基础上的，程序不间断循环在稳态时每隔 1 小时，暂态时结束后进行指标计算，再以工况定义为基点：获得一段时期内该工况的识别结果，再取得测点数据（包括历史数据），然后进行工况指标计算，如机组上升时间、频率超调量、导叶主接开启时间、摆度、振动的 $1X$ 分量及其相位的变化规律等。

（2）指标趋势分析。在指标计算的基础上，在一定时间段内的同一工况多次指标分析得出的时间趋势图，可以以此观察某一机组在该工况下的运行健康情况，如通过分析同工况下机组振动摆度的变化趋势，可判断导致机组振动过大的原因，如果在机组稳定运行时振动摆度突然增大，那么很有可能由于电气因素或水力因素导致振动摆度增大；如果振动摆度是缓慢增大的，那么很有可能是轴瓦间隙松动或部件摩擦等机械因素造成的。图 9-20 展示了开机过程中机组转速、导叶开度与主轴摆度时域波形。

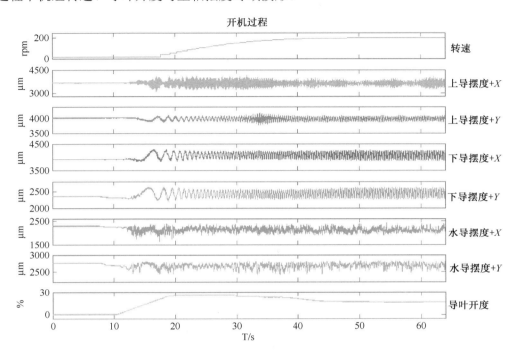

图 9-20　开机过程中机组转速、导叶开度与主轴摆度时域波形

（3）多维关联分析。在指标分析的基础上，结合机组已有测点数据（也称为指标），通过组合表达的形式后得出主要关联指标互相影响的关系，以此作为机组运行健康状况的依据。例如，振动摆度和机组运行工况参数之间的相关性可能暗示着异常出现的原因，甚至是故障出现的主要原因。分析振动摆度信号与机组运行工况参数之间的关联性，有助于分析诊断引起振动过大的原因。在机组变转速过程中，如果振动摆度转频成分变化量与转速平方成正比关系，那么说明振动摆度过大是质量不平衡造成的；在机组变励磁过程中，如果振动摆度转频成分变化量与励磁成正比关系，那么说明振动摆度过大是磁拉力不平衡造成的；在机组变负荷过程中，如果振动摆度转频成分变化量随过机流量增大而增大，那么振动摆度过大基本上是水力不平衡引起的。

（4）辅助设备性能分析。根据性能指标定义，对发电机组的主要辅助设备进行部分性能分析展示。

9.3.4 水电机组多指标预警应用

随着水电改革的不断推进，水电厂实现远方集控和集约化管理，现场人员进一步减少，给水电厂的运维检修带来了新的机遇与挑战。通过应用"大云物移"技术，水电厂建立了水电机组多指标诊断预警模型，可以准确掌控水电机群全景设备信息，实时辨识设备状态变化和健康程度。

水电机组多指标预警应用的实现过程主要分为以下 4 个步骤。

步骤 1：海量多源异构数据的统一信息模型建立。

制定水电厂各个数据源的数据特性、组织结构，涉及地理信息、流域信息、设备信息、算法信息等不同内容的组合型编码，建立适应标准接口数据的编码规则和存储规则，完成厂级数据的通信和编码转换实时处理单元，将各个接口进行实时同步和路由，实现水电厂与大数据远程中心通过编码规则的维护和检查，保证统一数据源的清洗和转换。

步骤 2：跨设备跨厂商的统一通信协议建立。

基于 REST 和 KKS 编码的统一协议，通过多种标准的数据通信规约，接入水轮机、发电机、调速器、油、气、水、大坝和水情等不同厂家、不同类型的监测设备实时数据，实现水电厂跨设备跨厂商数据的互联互通。图 9-21 为跨设备跨厂商统一通信协议的设计逻辑。

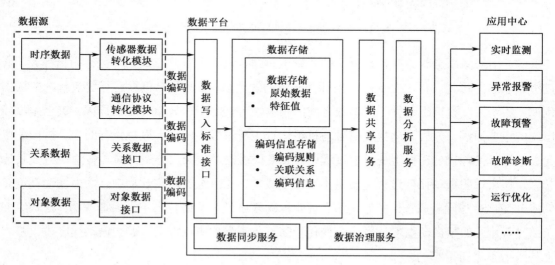

图 9-21 跨设备跨厂商统一通信协议的设计

步骤 3：分布式实时评价流式处理建立。

针对水电厂实时数据量大、并发量高、要求计算能力强的复杂技术需求，应用基于流式计算的实时大数据分析技术，分析对比主流流式处理框架的性能差异，建立分布式实时大数据的实时决策平台，通过拓扑结构设计、数据源定义、数据节点设计及数据分发处理等系列技术，将水电机组的实时处理能力提高到秒级，可以保证暂态分析和动态预警的可靠性和实时性。图 9-22 为分布式实时评价流程。

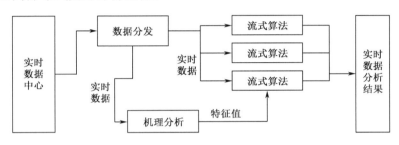

图 9-22 分布式实时评价流程

步骤 4：水电机组多级多部件的量化评价指标设计。

通过分析水电机组常见故障因素及故障征兆，建立基于频域特征、轴系特征、趋势特征、三维特征和性能指标特征等多级多部件的量化评价指标，研究基于贝叶斯统计的自动阈值确定和权重自学习方法，实现水电机组多级多部件的量化评价。图 9-23 为水电机组量化评价指标设计。

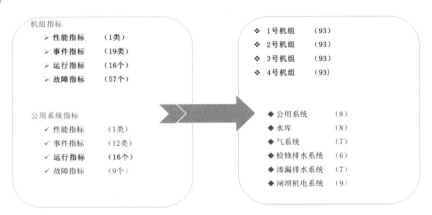

图 9-23 水电机组量化评价指标设计

在设备健康程度变化后，运行人员通过各个下次部件、零件的得分情况，可以快速定位缺陷位置，并了解故障程度。同时，通过指标结果分析，可以指示故障原因，如图 9-24 所示。

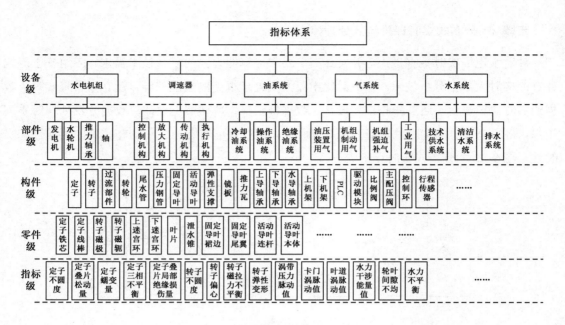

图 9-24 机组多指标诊断预警应用

9.3.5 水电机组启动稳定性分析

水电站某些早期机组可能由于设计缺陷，存在着双水力振动区，使其高效运行范围受限制；自动发电控制系统投运后，加剧了机组振动，严重威胁水电站安全稳定运行。

因此，需要在水轮机改造后，通过试验数据对水电机组启动稳定性进行分析，具体包括以下 4 个方面。

（1）测试其在试验水头下的水轮机出力和效率，检验水轮机出力和效率是否满足合同保证值要求，并检验水轮机效率曲线变化趋势是否与模型试验曲线的变化趋势一致。

（2）测试其在试验水头下的机组振动、摆度及水压脉动等稳定性指标，检验机组各项稳定性指标是否满足合同保证值或有关国家标准的要求。

（3）查明各试验水头下是否存在振动区，以及振动区的范围和振动水平，为合理划分机组的安全稳定运行区域提供建议。

（4）测试其在试验水头下的机组过渡过程试验，检验机组在开机、停机、升降负荷及甩负荷等过渡过程中是否存在异常振动现象；了解改造后真机的能量性能和稳定性状况，评估机组增容改造的效果。

本应用将之前传统的试验数据人工分析转化为通过数据模型的自动化分析，协助现场人员进行完成部分工作，使分析结果更加精准，并且极大地提高了现场试验的工作效率。

1．稳定性分析数据采集

稳定性分析需要采集机组在启动运行时的变转速过程、启动运行时的过速过程、启动运行时的变励磁过程、变负荷过程、机组甩负荷过程、过渡过程、机组自动开机过程、缓慢升负荷过程、机组自动停机过程、缓慢降负荷过程及低油压事故停机过程中的数据，采集的测点包括如下几点。

（1）水轮机效率和出力相关测点，如表 9-5 所示。

表 9-5　水轮机效率和出力相关测点

序　号	测 量 内 容	传感器类型
1	静水头压差	美国 ROSEMENT 差压传感器
2	蜗壳流量计压差	美国 ROSEMENT 差压传感器
3	导叶接力器行程	拉绳式位移传感器
4	转速	键相
5	机组有功功率	接单元控制柜

（2）机组压力脉动测点，如表 9-6 所示。

表 9-6　机组压力脉动测点

序　号	测 量 内 容	传感器类型
1	蜗壳进口压力	英国 DURCK 压力传感器
2	导叶后压力	美国 PCB 压力传感器
3	顶盖压力 1	美国 PCB 压力传感器
4	顶盖压力 2	英国 DURCK 压力传感器
5	尾水锥管压力	美国 PCB 压力传感器
6	尾水门压力	英国 DURCK 压力传感器

各压力量的压力为对应传感器测得的压力，压力脉动为对应传感器测得压力的混频脉动幅值。

（3）机组振动和摆度测点如表 9-7 所示。

表 9-7　机组振动和摆度测点

序　号	测 量 内 容	传感器类型及型号
1	上导+X	上海欧丹电涡流位移传感器
2	上导+Y	上海欧丹电涡流位移传感器
3	下导+X	上海欧丹电涡流位移传感器

序　　号	测　量　内　容	传感器类型及型号
4	下导+Y	上海欧丹电涡流位移传感器
5	水导+X	上海欧丹电涡流位移传感器
6	水导+Y	上海欧丹电涡流位移传感器
7	上机架水平+X	清华 MLS 低频速度位移传感器
8	上机架水平+Y	清华 MLS 低频速度位移传感器
9	上机架垂直+X	清华 MLS 低频速度位移传感器
10	上机架垂直+Y	清华 MLS 低频速度位移传感器
11	下机架水平+X	清华 MLS 低频速度位移传感器
12	下机架水平+Y	清华 MLS 低频速度位移传感器
13	下机架垂直+X	清华 MLS 低频速度位移传感器
14	下机架垂直+Y	清华 MLS 低频速度位移传感器
15	顶盖水平+X	清华 MLS 低频速度位移传感器
16	顶盖水平+Y	清华 MLS 低频速度位移传感器
17	顶盖垂直+X	清华 MLS 低频速度位移传感器
18	顶盖垂直+Y	清华 MLS 低频速度位移传感器
19	定子机座上部垂直	清华 MLS 低频速度位移传感器
20	定子机座中部水平	清华 MLS 低频速度位移传感器

（4）机组噪声与厂房振动测点如表 9-8 所示。

表 9-8　机组噪声与厂房振动测点

序　　号	测　量　内　容	传感器类型
1	发电机层噪声	声望噪声探头
2	水车室噪声	声望噪声探头
3	蜗壳门噪声	声望噪声探头
4	尾水门噪声	声望噪声探头
5	发电机层楼板垂直振动	朗斯加速度传感器
6	水轮机层楼板垂直振动	朗斯加速度传感器

机架振动测点传感器安装如图 9-25 所示。

2. 运行区域划分标准

（1）《水轮发电机基本技术条件》GB/T 7894—2009 规定如下。

① 在机组稳定运行范围内，振动允许值如表 9-9 所示。

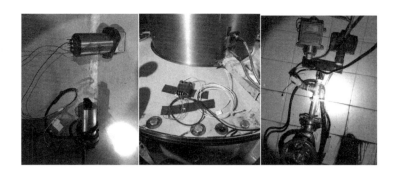

图 9-25 下机架水平垂直振动测点、水导摆度测点、蜗壳进口压力脉动测点安装

表 9-9 机组各部位振动允许值（单位：mm）

机组型式	项 目	额定转速 n_N (rpm)
		$100 \leqslant n_N < 250$
立式机组	带推力轴承支架的垂直振动	0.07
	带导轴承支架的水平振动	0.09
	定子铁芯部位的水平振动	0.03

② 在正常运行工况下，机组导轴承处测得轴的相对运行摆度值（双幅值）应不大于 75% 的轴承间隙值。

（2）《水轮发电机组安装技术规范》GB/T 8564—2003 规定如下。

① 在机组稳定运行范围内，振动允许值如表 9-10 所示。

② 机组运行摆度双幅值应不大于 75%的轴承总间隙。

表 9-10 机组各部位振动允许值（单位：mm）

机 组 型 式	项 目		额定转速 n_N (rpm)
			$100 \leqslant n_N < 250$
立式机组	水轮机	顶盖水平振动	0.07
		顶盖垂直振动	0.09
	水轮发电机	带推力轴承支架的垂直振动	0.07
		带导轴承支架的水平振动	0.09
		定子铁芯水平振动（100 Hz 双幅值）	0.03

（3）《水轮机基本技术条件》GB/T 15468—2006 规定如下。

① 在机组稳定运行范围内，振动允许值如表 9-11 所示。

表 9-11　机组各部位振动允许值（单位：mm）

机 组 型 式	项　目	额定转速 n_N (rpm)
		$100 \leqslant n_N < 250$
立式	顶盖水平振动	0.07
机组	顶盖垂直振动	0.09

② 噪声。

● 在水轮机室靠机坑里衬脚踏板上方 1 m 处的噪声不超过 90 dB（A）。

● 距尾水管和蜗壳进入门 1 m 处的噪声分别不超过 95 dB（A）和 95 dB（A）。

③ 摆度。

水导摆度不大于《旋转机械转轴径向振动的测量和评定第 5 部分：水力发电厂和泵站机组》（GB/T 11348.5—2002）图 A.2 中规定的 B 区上限线，且不超过轴承间隙的 75%。GB/T 11348.5—2002 图 A.2 中规定的 B 区为机组长期稳定运行区，根据 3 号机组的转速，查得摆度允许值分别为 250 μm。

④ 在电站空化系数下测取尾水管压力脉动混频峰峰值，在最大水头与最小水头之比小于 1.6 时，其保证值应不大于相应运行水头的 3%～11%，低比转速取小值，高比转速取大值；原型水轮机尾水管进口下游侧压力脉动峰峰值不应大于 10 m 水柱。

3. 某机组运行区域分析

通过对某电站实际采集的稳定性试验数据进行分析，综合考虑稳定运行区划分标准，在某试验水头下，某机组的稳定运行区为 30 MW～55 MW。以下是机组运行区划分的分析过程及最终划分的结果，其中，图 9-26 为摆度混频幅值与有功功率关系曲线，图 9-27 为机架振动混频幅值与有功功率关系曲线，图 9-28 为顶盖、定子机座振动混频幅值与有功功率关系曲线，图 9-29 为压力脉动混频幅值与有功功率关系曲线，图 9-30 为最终划定的运行区域。

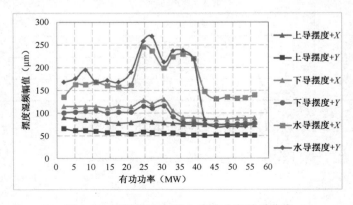

图 9-26　摆度混频幅值与有功功率关系曲线

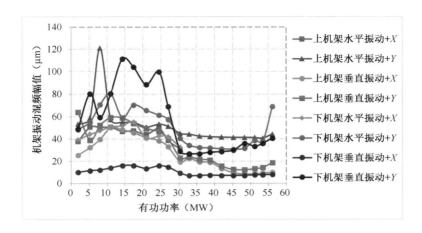

图 9-27　机架振动混频幅值与有功功率关系曲线

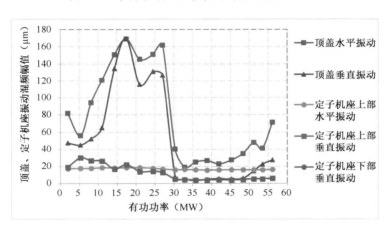

图 9-28　顶盖、定子机座振动混频幅值与有功功率关系曲线

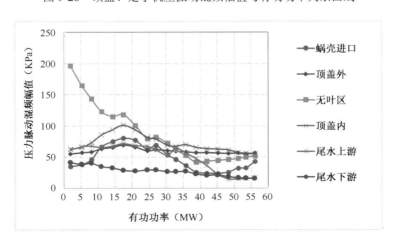

图 9-29　压力脉动混频幅值与有功功率关系曲线

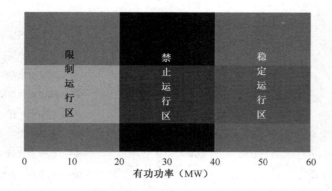

图 9-30　运行区域划分

9.4　本章小结

水电大数据平台的建设和应用，在实际生产实践中已发挥出重要价值，包括：

（1）通过水轮机碰磨监测分析，发现某水电站 1 号、3 号机组存在碰磨风险，及时安排专项检修，防止了水轮机碰磨事故发生，确保了机组安全稳定运行。

（2）通过机组安全运行区辨识方法，对某电厂 8 台机组进行了振动区划分，指导机组安全稳定运行，降低了机组检修频次，提高了机组利用小时数，节省了检修维护费用。

（3）通过机组振动分析应用，对某水电站机组改造后出现的水轮发电机组振动较大、运行状态不良的现象，诊断出了机组大幅振动摆度的原因，并提出了相应的处理措施，降低了机组振动摆度幅度，提高了机组安全稳定运行水平。

（4）通过碰磨早期预警系统，对某水电站 2 号机组水轮机进行了碰磨现场检测，对机组碰磨风险开展了分析，排除了机组碰磨风险，解除了机组安全预警。

水电大数据平台的建设和应用，对产业各参与方均具有重要意义。

（1）对水电站业主，通过水电站业主、设备制造商、电网间的数据、模型的流动，构建可持续改善的闭环管理，提升设备运行的健康管理能力，提高运维效率，降低设备整体运维成本。水电站业主可通过知识订阅付费获取优质服务，降低自建系统的总投资成本；通过智慧服务改善管理、优化生产、缩短非计划停机时间、降低设备维护成本；促进水电消纳，提高各发电企业收益；通过远程监管、智能诊断等服务帮助业主推行"无人值班，少人值守"的电站运营模式，利用智能诊断手段和新技术促进人文关怀，提高客户满意度。

（2）对电网公司，在履行电网公司社会责任、服务水电站业主的同时，通过新一代大数据与智能化技术，打造"云+端"智慧水电服务体系，推动电力物联网在水电行业的服务落地，为水电站数字化与智能化提供创新性技术支撑能力，提升公司服务能力和市场竞争力。通过统一平台运行吸引智慧水电服务提供方和服务使用方，形成共生共赢的生态体系，产生新的市场商业模式，实现服务增值，获得持续性收益。

（3）对政府主管部门，有助于其及时掌握水电站整体运营情况，精准了解水电经济运行情况；制定能源规划政策，引导能源转型；为政府对小水电全面综合评估、制定整改方案提供依据。

（4）对设备制造企业，可帮助其提升设备运行健康管理能力、提高运维效率，降低设备整体运维成本；通过数据分析模型应用，提升产品质量和创新能力，引领装备升级；提升厂家服务能力和市场竞争力，提高客户满意度。

10 第 10 章　煤矿综采大数据

从资源禀赋看，中国多煤少油，有非常丰富的煤炭资源。尽管中国能源大力转型，但在相当长的一段时间内，煤炭在一次性能源结构中仍处于主导地位。2020 年，国家发展改革委、国家能源局、应急部、国家煤矿安监局、工业和信息化部、财政部、科技部、教育部联合印发《关于加快煤矿智能化发展的指导意见》，引领煤矿行业向智能化快速推进，促进全国煤矿向大型化、智能化迈进，煤矿装备的智能化需求在市场中迅速体现，基于煤矿数据的数智化应用正在各地的煤矿中积极落地。

智能化煤矿建设是响应国家能源与安全政策的关键举措。智能化煤矿建设实现煤矿智能开采技术与装备的工程突破，实现煤矿综采工作面自动化、少人或无人化开采，提高煤炭资源开采效率、减少煤矿井下人员伤亡，促进煤炭行业可持续发展。智能化煤矿建设涉及多个智能化系统：① 地下精准定位导航系统；② 随掘随采精准探测地质信息系统；③ 智能快速掘进和采准系统；④ 矿井通风、供排水、主副运智能系统；⑤ 工作面智能开采系统；⑥ 危险源智能预警与灾害防控系统；⑦ 矿井全工位设备设施健康智能管理系统；⑧ 煤矿地面分选运销与生态建设智能系统；⑨ 煤矿物联网综合智能管理系统①。

本章主要研究煤矿开采工作面的智能化。我国煤炭储量丰富，但多为井工煤矿，开采难度大，技术要求高。井工矿需要在地表和煤层之间开凿出一条条或水平、或倾斜、或垂直的通道，搭建一个合理的井下生产空间。井工矿煤炭的开采空间在机械化开采的时代称为综采工作面，综采工作面一般拥有采煤机、液压支架、刮板输送机、转载机、破碎机、带式输送机等设备。根据煤层赋存条件、工作面设计参数、产能指标等要求，建设不同模式的智能化采煤工作面：薄煤层和中厚煤层智能化无人开采模式、大采高工作面人—机—环智能耦合高效综采模式、放顶煤工作面智能化操控割煤+人工干预辅助放煤模式、复杂条件智能化+机械化开采模式。其中，条件适宜的薄及中厚煤层实现智能化少人开采，逐步推广应用采煤机自适应截割、液压支架自适应支护、智能放顶煤、刮板输送机智能运输、智能供液、综采设备群

---

① 王国法，杜毅博. 智慧煤矿与智能化开采技术的发展方向[J]. 煤炭科学技术，2019，47(1): 1-10.

智能协同控制等技术。推进煤矿智能开采需要利用大数据技术、数据分析技术、人工智能技术等，结合装备、地质、采煤工艺等多种数据，实现煤矿智能开采，达到井下煤矿的本质安全。

10.1 业务背景

国内外智能开采从技术先进性维度看，差别不大，但国外的基础装备和系统可靠性远高于国内，智能化开采效率远高于国内；从应用效果看，国内外智能开采技术均仅适用于地质条件较为简单的工作面，均处于初级阶段。为应对煤矿行业的智能化需求，国内厂商积极开展适应多种地质条件的开采装备智能化研究。例如，国内的综采龙头企业郑煤机集团，着手煤矿智能开采工业互联网平台的建设，煤矿智能开采工业互联网平台改变现有智能开采系统技术架构，形成端、边、云多级协同的技术架构，其中，端、边协同侧重煤矿开采现场的实时性、短周期数据、本地决策数据及数据的标准化；云端侧重非实时、长周期数据、业务决策性数据及机理模型的训练等。通过这种三级协同架构，有效解决了现阶段煤矿井下防爆产品算力不足、数据孤岛、性能负载不均等问题，同时提供了基于机器学习技术的沉淀积累复杂地质条件下，智能调整开采工艺的平台基础。

国内外系统功能主要集中于实时监控与生产过程管理，其智能开采大数据实践（部分）如表 10-1 所示。国外厂家在故障诊断、数据分析、报表支撑、可视化维护等方面远优于国内。依托开发的煤矿智能开采工业互联网平台，构建基于工业事件的设备故障建模与分析方法，实现开采过程的设备异常报警、非法操作报警、偏离工艺路径报警等实时报警，以及设备故障的分析、远程诊断及维护功能。

表 10-1 国内外智能开采大数据实践（部分）

序 号	厂 商	方 案	描 述
1	小松公司	智能开采服务中心	智能开采服务中心（Intelligent Mining Service Center，IMSC）可实时监控煤矿设备运行，利用数据监测与分析系统分析生产过程设备运行参数，提交运行分析报告，指导矿井提高运行管理水平，合理安排设备检修，取得提高产能、减人提效的经济效益
2	卡特彼勒公司	智讯系统	智讯系统收集机器的关键性能和运行状况数据，利用网络提供给相关人员以指导决策。结合数据科学理解数据模式并快速对信息进行部署，以达到减少客户支出、优化性能和防止意外停机。利用成套装备高可靠性和单机设备高度自动化的优势，可实现工作面内设备自动运行、工作面单班人员减少
3	艾柯夫公司	智能采煤机控制系统（EiControlPlus）	多年前就开始开展综采工作面自动化和智能化技术的研究。借助生产数据报告或状态监控系统，进行预防性检修和故障预先确认，从而进一步提高使用设备的开机率、加强寿命周期管理，提供备件库存的建议

序　号	厂　商	方　案	描　述
4	郑煤机	煤矿智能开采工业互联网平台	基于端边云协同架构的煤矿智能开采平台，针对煤矿"实时性、短周期、本地决策型"与"非实时性、长周期、业务决策型"两大类业务与数据，从系统架构层进行分类处理，适配 11 个工控系统（管控平台、智能矿山综采工作面全景漫游系统、综采工作面数字孪生监控系统、工作面自动化控制系统、调度室自动化控制系统、视频跟机系统、液压支架电控系统、三机控制系统、泵站控制系统、采煤机控制系统、工作面核心网关）

　　综采液压支架是煤矿井工开采机械化支护设备。它与采煤机、刮板输送机、皮带输送机等组成一个综合采煤的成套装备，实现了井工煤矿的支护、开采、转运等一套工序的综合机械化，液压支架是煤矿综采装备的关键安全和防护设备，提供了井工开采的工作空间，保障开采的正常运行。液压支架提供了强大的支撑力，撑起工作面顶板，隔离采空区防止煤层和其他异物窜入工作面，保证工作面作业空间中的人员和设备安全。同时，随着工作面的推进，液压支架能利用液压杆对顶板的压力变化实现跟随移动，将采煤机推向煤壁，从而实现综采工作面安全生产的要求。综采液压支架以液压的变化作为动力，液压压力的有规律变化实现整套设备的升降、前移等，完成综采工作面顶板支护，是现代煤矿机械化采煤、运输的重要保障环节。随着物联网、云计算、大数据、人工智能等技术的大规模应用，煤炭智能综采工作面系统增加了综采工作面中核心设备，例如，综采液压支架、采煤机、刮板运输机等设备的感知、控制及智能决策功能，实现综采工作面采煤、运煤、支护、装煤等作业工序协同和各种复杂工况的自适应，正在使煤炭开采向无人工作面、智能化生产迈进。

　　针对我国煤矿智能开采系统整体可靠性不足、集成融合度低、环境适应性与易用性差的问题，煤矿智能开采工业互联网平台突破端边云多级协同系统架构、工业事件分级诊断、安全防护与煤矿开采关键机理模型等关键技术，提升国内煤矿智能开采、智能诊断水平。平台围绕煤矿智能开采领域的基础理论、核心工业机理模型进行长期联合攻关，为煤矿智能化开采建设中的技术创新、装备开发提供支持，实现企业的数字化转型，保持并提高了企业在煤矿智能化开采领域的领先地位。

10.2　煤矿综采数据平台

10.2.1　整体规划

　　煤矿综采数据有"实时性、短周期、本地决策型"与"非实时性、长周期、业务决策型"两大类业务数据。为同时满足处理两大类数据的需求，挖掘煤矿综采的数据价值，需要对系统架构做整体规划。

针对煤矿智能开采场合数据高吞吐、低时延、实时性特性，以及部分隐形间接故障计算复杂等特点，选取基于事件流处理和复杂事件处理引擎 Esper 作为煤矿开采智能诊断的基础技术路径，可以较好地解决传统数据中结构化查询语言无法应对事件流数据难题，其主要涉及的关键技术包括复杂事件处理语言、复杂事件处理引擎及复杂事件检测机制。

数据交互的安全性一直是智能化系统的基础保障之一，边缘侧与云端的网络环境存在明显的差异，各自保障的目标也有不同。

边缘侧网络更关注业务的连续性，对时延、终端非常敏感，因此在安全设计时，生产业务保障是第一位的，其次才是数据保密性等因素，其中，防护手段主要是使用独立的网络设备组网，在物理层面上实现与其他数据网及外部公共信息网的安全隔离。

在云端进行控制指令或相关数据交换应采用加密认证技术手段，实现身份认证、访问控制和数据加密传输。云端安全设计的首要目标是防止最常用的攻击手段，提高整个系统"安全最低点"的安全性能。在数据加密、访问控制、漏洞监测等关键技术不成熟的条件下，该区域的边界防护应以基于物理隔离技术的单向网闸隔离传输为主，通过数据"摆渡"的方式实现边缘侧网络和云端网络之间的信息交换。在物理隔离的条件下，可保证边缘侧信息网络不受来自互联网的黑客攻击，同时也划定了明确的安全边界，使网络的可控性增强。

端侧智能终端是智能化工作面实现智能开采的执行层，也是智能开采工业互联网平台的数据源和控制端，"实时性、短周期、本地决策"是其数据处理的关键要求。

煤矿智能开采工业模型主要针对目前智能化工作面通过各子系统程序化配合无法解决的问题，从系统层结合地质、环境、装备、人工经验、设备运行工艺等多方面信息，研究通过智能开采工业互联网平台，构建工作面矿压呈现、负载均衡、智能供液、开采工艺智能优化及装备控制等机理模型。

10.2.2　煤矿综采系统架构

针对煤矿业务数据特点，郑煤机做了确切的规划，从系统架构层面进行分类处理，在保证工控数据安全性、实时性的同时有效利用了云计算可伸缩、弹性、共享的物理和虚拟资源池以按需自服务的优点，并下沉部分云服务，形成新的端边云协同计算体系，从顶层设计层保证了平台的建设基础，如图 10-1 所示。

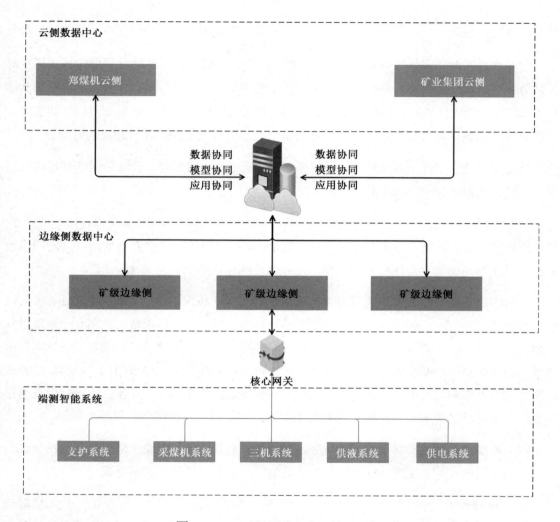

图 10-1　郑煤机综采数据系统部署架构

在边缘侧，矿级数据以 Docker 容器化技术为基础、采用 K3S（轻量级 Kubernetes）为运行环境、以微服务为开发工具、使用时序数据库为存储介质等相关技术搭建了低成本的 PaaS 平台，满足了矿级 SaaS 应用的要求，以实现矿级综采设备的数据监测、存储与分析，以及故障报警、工艺优化等功能，边缘侧矿级数据中心架构如图 10-2 所示。

在云侧局级数据中心，以 Docker+K8S（重量级 Kubernetes）为核心，采用虚拟化技术（VM）进行资源管理，应用以微服务为开发工具，采用持续集成持续交付（Continuous Integration/Continuous Delivery，CI/CD）快速迭代开发的模式，以 HBase 数据库为存储介质，并辅以算法编排、任务调度、模型训练等开源技术构建云侧系统，实现了局级对矿级数据的整体统计与分析，建立了综采自动化跟机率、记忆截割率、乳化液浓度合格率等分析模型，并构建了云边消息协同功能，辅助局矿两级信息沟通，云侧局级/郑煤机数据中心架构如图 10-3 所示。

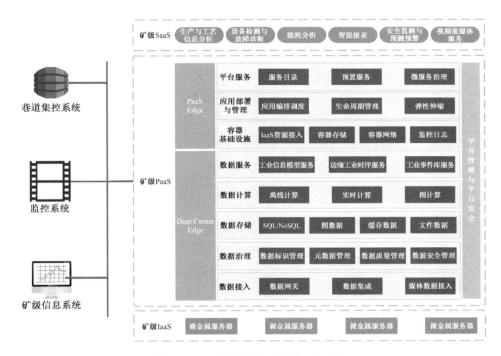

图 10-2　边缘侧矿级数据中心架构

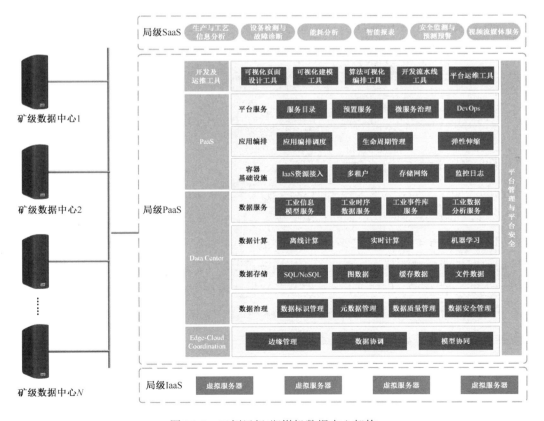

图 10-3　云侧局级/郑煤机数据中心架构

10.2.3 煤矿综采数据平台

针对生产、制造、运营阶段产生的各类实时、批量的工业数据，工业数据平台提供了灵活多样的数据加载和调度能力；支持多样、高性能、可扩展的存储能力；建立了多维度、多元化数据检索与元数据服务及 API，为上层实时监控分析、故障问题预警、分析应用建立提供了极大的数据获取与分析处理能力，如图 10-4 所示。

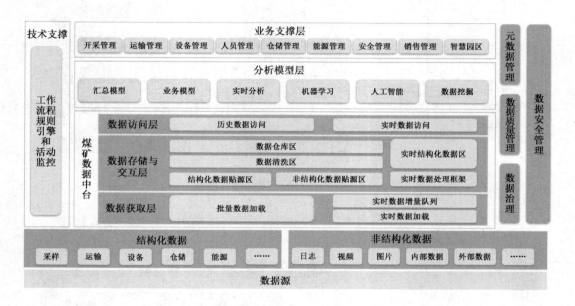

图 10-4　工业数据平台架构

1. 工业数据平台数据流向

物联网端侧设备的实时数据和设计生产数据等多源异构数据可以通过工业物联网平台接入，存储到工业时序数据库等大数据存储服务组件中，为工业数据平台提供原始数据支持。通过使用工业数据平台的 ETL 抽取和清洗功能，对工业时序数据进行脏数据清洗和空值填充，然后根据工业模型和算法对数据进行建模分析，对生产活动、采煤工艺、矿山压力、设备工况 4 方面的近 100 个指标进行统计分析，将这些指标整理放入工业数据集市，备下游使用。经过 aPaaS 的微服务对外暴露接口，允许应用进行查询，并使用 BI 类看板进行展示。工业数据平台的数据流向如图 10-5 所示。

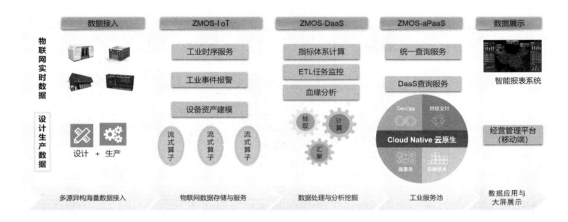

图 10-5　工业数据平台的数据流向

2. DaaS 工业数据平台的规范和建设

以下为工业数据平台建立了规范的数据命名规则，对平台中的各层级给出了规范命名方式，对实体对象及对象的业务活动也给出了规范描述。

（1）数仓分层子类：分层_表名。

数仓分层子类给出明确命名，例如，数据清洗（cls）、数据仓库（dwh）、数据集市（dm）等。

（2）实体对象子类：分层_对象名称。

对象名称指的是煤矿综采物理系统中的实体对象，一般为设备实体。实体中的业务活动描述仅针对煤矿综采设备的活动信息，业务活动指的是实体对象的属性及业务活动，可以从用户关注、算法两个维度提取相同的活动，以组成不同的主题，如表 10-2 示。

表 10-2　实体对象子类示例表

实 体 对 象	命　名	业务活动描述	命　名
液压支架	support	支架压力	support_pressure
		推移行程	move_stroke
		自动跟机	auto_running
		支架自动动作	support_auto_action
		支架动作	support_action
采煤机	shearer	运行状态	states
		顶梁俯仰角	top_beam_z_angle
		右牵引电机电流	right_trac_motor_curr

实体对象	命名	业务活动描述	命名
采煤机	shearer	调高泵电机电流	pump_motor_curr
		上电	power_on
		俯仰角	pitch_angle
		左牵引电机电流	left_trac_motor_curr
		左截割电机电流	left_cut_motor_curr
		机身倾角	inclination_angle
		红外	pir
		前连杆俯仰角	Front_rod_z_angle
		主控源	event_control_source
		轴编码	encoder
		底座俯仰角	base_z_angle
刮板运输机	conveyor	……	
转载机	loader	……	
破碎机	crusher	……	

此标准适用于 Daas 指标建模的所有实体表与配置表，如表 10-3 所示。

表 10-3　实体对象字段配置表

编　号	字段 ID	中文名	类　型	长　度	举　例	说　明
1	namespace	煤矿编号	string	20	14100200014020021002，具体规则见《煤矿智能开采编码规范》	煤矿命名空间
2	workface	工作面编号	string	4	0001	工作面编号
3	time_stamp	数据产生时间	bigint	13	1627747230000	精确到毫秒
4	input_timestamp	入库时间	bigint	13	1627747230000	精确到毫秒
5	partition_key	分区字段	string	100	格式：yyyymm-namespace，例如，202108 - 14100200014020021002	所有表的公共分区字段

3. DaaS 工业数据平台血缘分析

对指标数据的表之前的依赖关系和各指标之前的计算关系进行血缘分析，如图 10-6 所示。

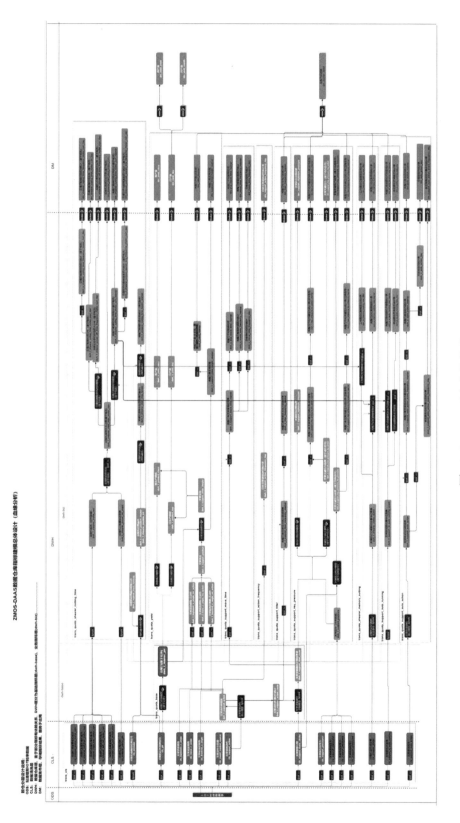

图 10-6　DaaS 平台血缘关系

10.3 综采数字化创新应用

煤矿装备行业向智能化方向发展，煤矿综采过程少人化、无人化进程加快，倒逼煤矿装备企业加快科技研发，并进行智能化升级，解决无人化过程中设备、技术和工艺问题，提高采煤效率，降低安全风险。在此大背景下，对控制系统传回的采煤成套设备工作过程中工艺监测数据的分析和挖掘，一方面，提取工艺过程中的关键参数及其工作效率的相关信息，为下一步工艺控制参数的优化分析，以及提高采煤过程中的工作效率提供基础；另一方面，对设备工作过程中出现的典型异常状态进行识别和标记，作为进一步提高成套设备运行维护智能化水平的基础性工作。随着数据采集能力和计算能力的发展，数据技术在煤矿生产业务转型和提升中发挥着重要作用。大数据分析作为数据价值变现的核心技术手段之一，其作用得到充分认可①。综采数字化应用涉及综采工艺行为分析、设备故障诊断、设备健康分析等典型问题，其中，液压支架为综采三机一架中的核心设备之一，液压支架的状态和行为是综采数字化的重点部分。本章以液压支架的压力分布为例，展示煤矿综采数据的典型处理方法，支撑综采业务，提高综采效率，保障井下人员和设备安全。

10.3.1 整体规划

综采液压支架为井下采煤的设备和人员提供了工作环境和安全保障，液压支架的压力承载能力是煤矿安全的红线，利用压力采集的数据描述刻画煤矿综采工作面液压支架群的压力分布是煤矿安全的迫切需要。煤矿顶部周期来压一直依靠现场人员基于实时压力数据进行经验判断，非常主观且不能实现量化预测②。针对现有数据覆盖范围内的设备典型异常或故障工况，可以开发相应工况的识别算法，对识别出的异常工况予以标示，并从数据层对识别出的异常工况予以刻画。

为实现上述目标并考虑综采设备的工作流程机理，本节提出数据分析的参考思路，如图 10-7 所示。

---

① 田春华，李闯，刘家扬，等. 工业大数据分析实践[M]. 北京：电子工业出版社，2021.

② 付翔，王然风，赵阳升. 工作面支架液压系统仿真与稳压供液技术[J]. 煤炭学报，2018，43(5): 1471-1478.

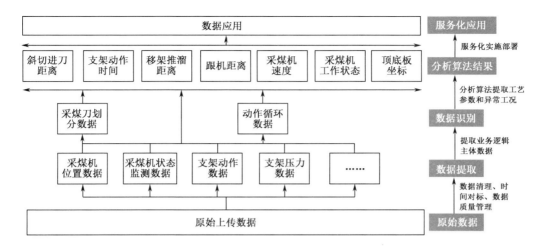

图 10-7　模型算法的整体规划

10.3.2　业务理解

综采工作面的生产过程主要由采煤机落煤、液压支架支护、刮板运输机运煤 3 部分组成，其中，采煤机在刮板运输机提供的轨道上牵引行走，截割煤壁，液压支架及时跟进并支护顶板，防止新暴露的煤壁破碎下落。在生产过程中，采煤机在工作面上做横向往复运动，对煤层进行逐层切割。利用采煤机和液压支架上的红外定位装置，可对采煤机在工作面横向上的位置进行定位（以液压支架的架号表示）。

其中，采煤机从机头返刀点牵引至机尾返刀点的过程定义为一个上行刀，从机尾返刀点牵引至机头返刀点的过程定义为一个下行刀，在上行刀或下行刀中，采煤机完成对一层煤的大部分切割。两个相邻的上行刀/下行刀之间定义为一个三角煤刀，其中，机头返刀点处的三角煤刀称为上三角刀，机尾返刀点处的三角煤刀称为下三角刀。

三角煤刀对应综采设备工作流程中的斜切进刀过程。在斜切进刀过程中，采煤机通过一次在横向上的折返将工作面向前推进一个截深的距离，并完成对端部煤层的切割；此后，通过一个后续的上行刀/下行刀完成该层煤剩余部分的切割，开始下一个循环过程。典型的采煤机运行轨迹如图 10-8 所示。

一个新工作面从开切眼开始回采至一定距离，老顶第一次大面积跨落前造成的工作面压力突然增大，称为初次来压。工作面距开切眼距离称为初次来压步距，一般为 20～35 m。初次来压后，经过一定时间工作面推进到一定距离时，老顶再跨落再来压，称为采煤工作面顶板的周期来压。

压力分布是成套设备开采工作过程中的重要工况变量，与开采工作中的安全保障息息相关。通过对支架压力分布的分析，可对井下矿压分布及周期来压现象等进行直观的可视化呈现，通过压力分布中的异常压力分析，可发现可能存在支持不到位问题的支架，有利于提前发现安全隐患。

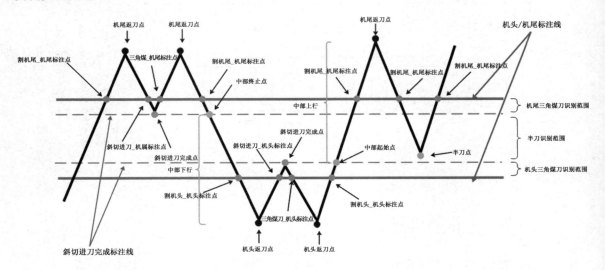

图 10-8　采煤机轨迹曲线的典型形状

10.3.3　数据资源化

数据资源化的目的是将直接采集的原始数据进行清洗后，按业务语义进行组织，形成一系列代表业务逻辑的业务数据表及其之间的关联关系，以便分析模型能高效地获取所需的输入数据。数据资源结构一旦建立，在后续涉及相关业务逻辑的数据分析项目中也能复用，可大大提高数据分析项目开发的效率。

对数据的资源化处理包括数据提取、数据完整度评估、数据治理、数据资源结构整理等步骤，下面对各步骤的处理过程和方法进行详述。

1. 数据提取

数据提取是指从原始监测数据中分离提取各项业务相关的数据，形成一系列的基础业务数据表。对本项目而言，相关的业务包括采煤机位置、液压支架动作、液压支架压力、采煤机工作状态、采煤机姿态等，与之对应的基础业务数据表如下。

● 采煤机位置表，包含测点：红外采煤机位置。

● 液压支架压力表，包含测点：前左柱压力、前右柱压力、后左柱压力、后右柱压力、左前柱压力传感器状态、右前柱压力传感器状态、左后柱压力传感器状态、右后柱压力传感器状态。

- 液压支架动作表，包含测点：支架当前正在执行的动作、支架正在执行的自动动作代码。

- 液压支架行程表，包含测点：前溜位移行程、前溜位移传感器状态。

- 液压支架姿态表，包含测点：支架当前姿态。

- 采煤机工作状态表，包含测点：采煤机是否上电、采煤机运行状态代码、采煤机故障代码、牵引速度、右牵引电机电流、右牵引电机温度、左牵引电机电流、左牵引电机温度。

- 采煤机姿态表，包含测点：机身俯仰角、机身倾角、右滚筒上沿高度、左滚筒上沿高度。

可进一步对基础业务数据表进行处理和关联，提取采煤刀、支架工作循环等信息，形成相应的业务数据表，具体如下。

- 采煤刀表：存储根据采煤机位置识别的采煤刀的起止时间段、采煤刀类型、完整刀编号、斜切进刀距离、推进距离等信息。

- 支架动作时段表：存储支架动作的起止时间段、持续时长、所属工作循环等信息。

- 支架工作循环表：存储压力循环分割得到的各个压力循环的起止时间段、编号、所属的采煤刀、循环移架距离、循环推溜距离、初撑力、末阻力等信息。

- 采煤机速度表：存储采煤机速度的分析结果。

- 采煤机工作状态判别表：存储采煤机工作状态识别结果数据。

2. 数据完整度评估

数据完整度评估的主要目的是评估数据集中缺失数据所占的比例，为数据质量的评价提供参考信息，以判断数据是否足以支持分析模型的开发和应用。

对液压支架立柱压力数据的完整度评估采用参考采样频率的方式进行，其基本考虑为在综采设备正常工作情况下，一天内产生的支架压力数据量应大致在某一水平上下波动。因此，选定一个参考采样频率，将测点实际数据量与采样频率对应的数据量进行对比，可获得对数据完整度的相对认识。为使完整度计算结果基本位于 1 附近，以方便进行比较，对压力数据进行这一相对完整度评估的参考采样频率取 180 条/秒。

原始数据的采集不是按照固定的时间间隔进行的，而是根据数据的变化量采样。基于这一特点，对数据完整度按以下 4 个步骤进行评估。

（1）数据增量计算。计算原始数据中相邻两条数据间的变化量，即数据相对上一条数据的增量。

（2）数据缺失标记。根据数据采样规则中触发数据上传的变化量阈值或相关机理知识（例如，采煤机位置一般每次增加后减少1个架号等），确定正常情况下数据增量的范围，将显著超出此范围的增量对应的数据记录标记为可能缺失。

（3）缺失时段统计。以标记为缺失的数据记录与上一条数据的时间间隔作为数据缺失段的时长，对所有数据缺失段时长进行加和得到总的数据缺失时段长度。

（4）完整度指标计算。根据统计得到的数据缺失时段长度计算完整度指标，计算公式为

$$数据完整度 = 1 - \frac{数据缺失时段总长}{数据时间范围}$$

3. 数据治理

由于采煤现场环境复杂，数据特征的表现有很多与工艺设计的理想情况不同（实际情况和机理的差异）。通过对样例数据的分析，发现存在大量数据缺失和数据采样策略不合理等问题。通过梳理各种实际情况进行针对性的分析处理，对数据采样策略提出改进建议。数据治理工作主要包括对缺失数据和异常数据的处理清洗；业务数据记录时间的不对齐，需要时间对标；数据缺失及异常判别的数据质量低。对不同的数据问题，数据治理工作的建议方法如下。

（1）数据清洗。异常值和缺失值处理，通过业务逻辑处理判断异常值和线性插补等方法补足缺失值。对支架压力而言，利用相邻两支架的压力平均值补齐缺失压力或异常压力，得到相对完整和合理的压力数据。

（2）时间对标。对不同的业务数据，通过关联信息的一致性识别，将各种业务数据表进行时间轴上的对齐。对采集的压力数据，数据的时标不是采集压力值的时间，需要按照采煤工艺逻辑对不同位置的支架压力数据进行重新时间对标，形成符合业务语义的压力数据。

（3）数据质量管理。根据数据缺失及异常判别，形成数据质量标准，并提供数据质量监控服务。数据质量监控可以作为综采工作异常、安全检修、特殊工艺等多种业务的监控方式。

4. 数据资产

结合业务逻辑，数据资产的梳理过程如下。

（1）根据课题需要，从工作面上传的原始数据中提取采煤机位置、支架压力、支架动作等基础业务表。

（2）考虑采煤刀和支架的工作循环是综采设备工作工艺中的两类基本单元，项目中多数分析课题及后续可能进行的数据分析项目都需要建立在采煤刀、支架工作循环的基础上，因此，在基础业务表的基础上，进行采煤刀划分和支架工作循环划分，建立采煤刀划分数据和支架工作循环数据，并建立采煤刀划分数据、支架工作循环数据与其他业务数据间的关联关系。

- 采煤刀划分。开发采煤刀划分算法，根据采煤机位置的变化曲线提取工作面中的各个上行刀/下行刀及三角煤刀，并将三角煤刀及其后续的一个上行刀/下行刀定义为一个完整刀。对提取得到的完整刀进行编号，编号表明完整刀所属的日期即当天的第几个完整刀，方便与班组信息进行对应。

- 支架工作循环。因为支架工作循环在支架压力和动作数据中均有体现，因此，对支架工作循环的划分也分为压力数据分析和动作数据分析两部分，总的原则以压力数据为主，动作数据为辅，尽量完整地提取各个支架的所有工作循环。在压力数据的处理方面，开发压力循环分割算法，通过压力曲线的形状切分压力循环，并采用动作数据对部分遗漏的循环切分点进行补充，得到压力循环数据。在动作数据的处理方面，首先根据动作数据的采集规则提取各个动作的起止时间信息，形成动作时段数据表，然后开发动作组分割算法，将降柱—移架—升柱—推溜动作形成一个动作组，对应支架的一个工作循环。在分别采用压力和动作数据进行循环划分的基础上，进一步开发工作循环匹配算法，将两个方面得到的支架工作循环进行匹配对应，并采用动作组补充压力数据长时间丢失情况下的工作循环划分，最终得到支架工作循环表。支架工作循环表再结合支架行程数据，提取每个支架工作循环内的移架和推溜距离。

- 数据资源表关联。根据业务逻辑建立数据资源表之间的关联关系，包括采煤刀划分数据与支架工作循环数据之间的关联、支架工作循环数据与支架压力数据之间的关联，支架工作循环数据与动作时段数据之间的关联。数据资源的关联采用时间窗口关联的方式，通过时间上的匹配关系确定支架工作循环归属的采煤刀、支架动作归属的工作循环等。建立此类关联关系后，可大大提高业务数据的提取效率，例如，可快速地查找给定采煤刀中给定支架的推溜距离等。

（3）根据具体课题的需要，建立其他数据资源表，并与已有的数据资源表之间建立必要的关联关系，主要包括：基于采煤机位置数据进行采煤机的速度评估，得到采煤机速度数据表，并与采煤刀建立关联；基于采煤机状态数据进行采煤机工作状态判别，得到采煤机工作状态数据表；基于采煤刀划分数据、支架工作循环数据和采煤机姿态数据，进行已采区顶底板形状重构，得到顶底板坐标数据表。

如此建立的数据资源结构除了可满足当前项目的需求，采煤刀—工作循环—业务数据的基础结构也能被后续的数据分析项目复用，且数据资源结构具有较好的可扩展性，后续可根据实际项目需求在当前结构中添加必要的数据资源表，并与现有的相关表之间建立关联关系，实现数据资源的扩展，如图 10-9 所示。

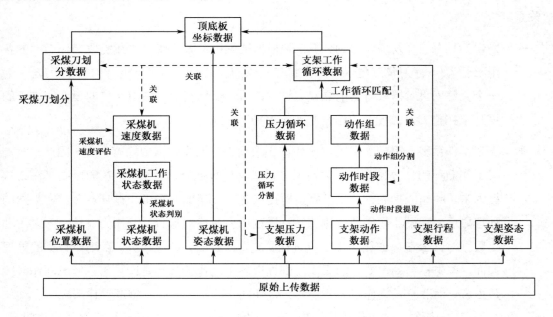

图 10-9　综采工作面数据资源结构

10.3.4　压力分布应用

综采液压支架的压力分布将为煤矿业主管理人员提供一个直观呈现设备异常状态的窗口，可方便地从异常的角度对成套设备整体运行状态进行概览，并可能发现设备中存在的隐患，以及时采取干预措施，减少严重问题发生的风险。对设备服务人员而言，通过对各个矿场设备异常的趋势统计，可以评估各套设备的健康状态，发现设备的维护需求，为设备维护维修的工作模式向前瞻性的方向转换提供基础。此外，从数据层面对异常工况进行的刻画可在一定程度上提供设备异常状态的相关信息，从而便于提前对维护维修工作进行准备，提高资源的优化配置效率。

压力分布是成套设备开采工作过程中的重要工况变量，与开采工作过程中的安全保障息息相关。对支架压力分布的分析，可对井下矿压分布及周期来压现象等进行直观的可视化呈现，通过压力分布中的异常压力分析，可发现可能存在支护不到位问题的支架，有利于提前发现安全隐患。

压力分布分析模型分为按时间统计和按完整刀统计两部分。按时间统计模型以支架立柱压力数据和支架压力循环数据为输入,通过初撑点的识别提取每个压力循环中增阻过程的立柱压力,然后进行重采样后得到压力分布;按完整刀统计模型以支架压力循环数据和采煤刀划分数据为输入,通过支架压力循环与完整刀之间的隶属关系,提取每个完整刀对应的各个支架的支撑压力,形成压力分布。对压力分布中的异常点识别均基于相邻支架之间的压力比较得到。下面详细描述总体流程中的各个处理步骤。

开发的分析模型算法的总体流程如图 10-10 所示。

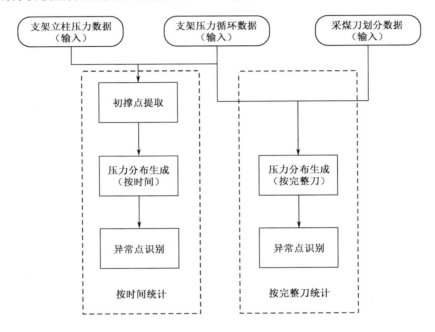

图 10-10　模型算法的总体流程

1. 初撑点提取

由于液压支架从降柱到达到初撑力这段时间内,顶梁与顶板脱离接触,立柱压力不反映顶板压力,因此,在进行压力分布分析时,应首先从每个压力循环中剔除初撑点之前的压力数据。识别初撑点的算法过程为:在每个压力循环段内,首先基于压力原始数据计算压力变化率,并将其中压力变化率大于一定阈值(如 3MPa/min)的点定义为压力快速上升点,连续的压力快速上升点定义为压力快速上升段,如图 10-11 所示,图中黑点标出的即为该压力循环中的压力快速上升段。

提取出压力曲线中的压力快速上升段后,将压力快速上升段的末端点提取为初撑点,对于短时间内存在多个快速压力上升段的情况(见图 10-12),可将这些压力上升段进行合并,取其中最后一个压力快速上升段的末端点作为初撑点。

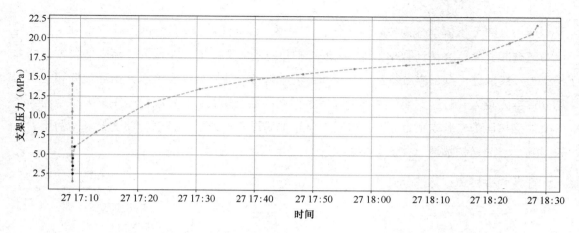

图 10-11　支架压力循环中的压力快速上升段识别

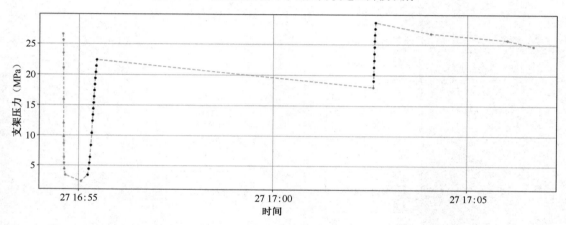

图 10-12　压力循环中短时间内多个压力快速上升段情况示例

压力循环中初撑点提取结果示例如图 10-13 所示，图中黑点为提取出的初撑点。

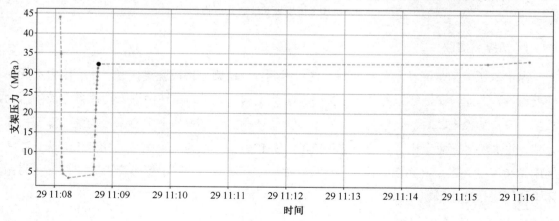

图 10-13　压力循环中初撑点提取结果示例

2. 压力分布生成（按时间）

提取出每个支架压力循环中的初撑点后，将压力循环起点至初撑点之间的压力数据剔除，然后进行重采样，即得到每个支架的压力变化曲线，如图 10-14 所示。将所有支架的压力变化曲线进行组合，可得到按时间统计的支架压力分布，对存在压力数据缺失的支架，使用同时间上相邻支架的压力数据通过线性插值进行数据补齐。

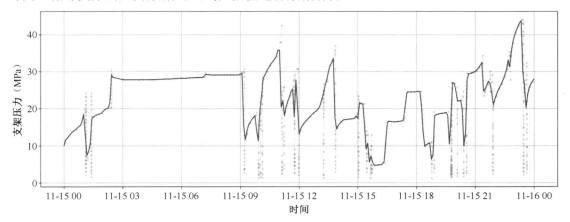

图 10-14 重采样后的支架压力变化曲线

最终得到按时间统计的支架压力分布计算结果如图 10-15 所示。

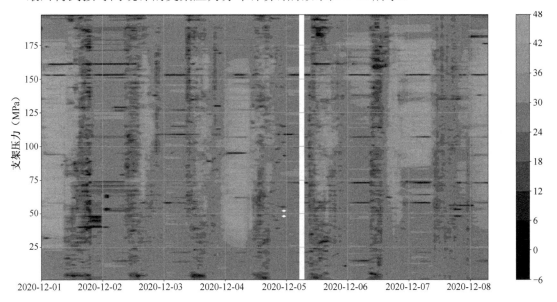

图 10-15 按时间统计的支架压力分布计算结果

3. 压力分布生成（按完整刀）

在压力循环切分应用中已完成对提取出的每个压力循环的支撑压力计算和完整刀归属关系对应，根据这些信息，可整合得到每个完整刀中各个支架的支撑压力，形成压力分布，其中，对于一个完整刀中同一支架存在多个隶属压力循环的情况，取其中最后一个压力循环的支撑压力作为该支架在这一采煤刀内的压力，如此得到的完整刀支架支撑压力分布统计结果如图 10-16 所示。

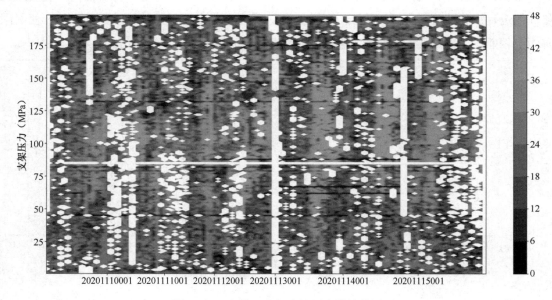

图 10-16　完整刀支架支撑压力统计结果

从图 10-16 中可见，直接提取得到的完整刀支架支撑压力分布中存在较多空缺处（图中白色区域），与按时间统计的支架压力分布相同，在支架维度上采用线性插值法对这些空缺处进行填补，填补后的完整刀支架支撑压力分布如图 10-17 所示。

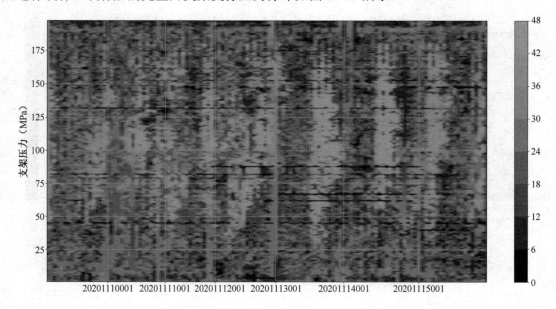

图 10-17　填补后的完整刀支架支撑压力分布

10.4　应用效果及总结

　　煤矿安全生产是煤矿开采智能化的核心目标之一，基于数据的压力分布的煤炭综采工业数据模型应用提升了井下煤矿的安全水平。综采液压支架的压力分布应用为煤矿综采工作人员了解煤矿综采工作面顶板来压提供了直观、方便的方法。顶板来压是伴随着矿井生产而产生的一种剧烈的动力现象，破坏力极强。综采液压支架的压力分布应用能够为综采工作面生产过程中的及时支护和安全生产管理提供非常关键的指导作用，全面准确地了解压力状态，可使工作面的生产质量和安全水平得到进一步提高，同时为后续工作面回采过程中巷道顶板安全及巷道支护优化提供了科学依据。综采液压支架压力分布应用，以数据驱动的先进方法代替了传统的人工经验，使煤矿生产过程的矿压管理更加先进、规范，为煤矿安全生产提供了有力保障。

附录 A 英文缩写表

缩　写	英 文 全 称	中 文 全 称
AI	Artificial Intelligence	人工智能
ANN	Artificial Neural Network	人工神经网络
AOI	Automated Optical Inspection	自动光学检测
APC	Advanced Process Control	先进过程控制
APM	Asset Performance Management	设备性能优化
App	Application	小的应用
BC	Block Control	区域控制
BOM	Bill of Material	物料清单
BPM	Business Process Management	业务流程管理
CAE	Computer Aided Engineering	计算机辅助工程
CAPP	Computer Aided Process Planning	计算机辅助工艺规划
CFD	Computational Fluid Dynamics	计算流体力学
CI/CD	Continuous Integration/Continuous Deployment	持续集成与部署
CIM	Computer Integrated Manufacturing	计算机集成制造
CMAQ	Community Multiscale Air Quality Modeling System	多尺度空气质量模型
CMS	Condition Monitoring System	状态监控系统
CNN	Convolutional Neural Network	卷积神经网络
Cp	Coefficient of Power	功率系数
CPS	Cyber Physical System	信息物理空间
CRISP-DM	Cross Industry Standard Process for Data Mining	跨行业数据挖掘标准流程
CRM	Customer Relation Management	客户关系管理系统
DAMA	Data Management Association	国际数据管理协会

缩　　写	英　文　全　称	中　文　全　称
DCS	Distributed Control System	分布式控制系统
DeLaN	Deep Lagrangian Networks	深度拉格朗日网络
DFS	Defect File Server	缺陷文件系统
DOE	Design of Experiment	试验设计
DMAIC	Define-Measure-Analyze-Improve-Control	6-sigma 流程工具
DT	Data Technology	数据技术
DWD	Data Warehouse Detail	数据仓库明细层
DWS	Data Warehouse Service	数据仓库汇总层
EA	Enterprise Architect	企业架构
EAM	Enterprise Asset Management	资产管理系统
EAP	Equipment Automation Program	设备自动化过程
EDA	Engineering Data Analysis Exploratory Data Analysis	工程数据分析 探索性数据分析
EMS	Energy Management System	能源管理系统
ERP	Enterprise Resource Planning	企业资源规划
ET	Electrical Testing	电性参数测试
ETL	Extract-Transform-Load	抽取、转换、加载
FDC	Fault Detection and Classification	故障检测与分类
FEM	Finite Element Method	有限元方法
FMEA	Failure Mode and Effects Analysis	失效模式及后果分析
FMECA	Failure Mode, Effects and Criticality Analysis	失效模式、后果及危害性分析
FQC	Final Quality Control	成品质量控制
FTA	Fault Tree Analysis	故障树分析
GR&R	Gage Repeatability & Reproducibility	测量系统重复性与再现性
HCM	Human Capital Management	人力资本管理
HDFS	Hadoop Distributed File System	Hadoop 分布式文件系统
HNN	Hamilton Neural Networks	哈米尔顿神经网络

缩　写	英 文 全 称	中 文 全 称
HTAP	Hybrid Transactional / Analytical Processing	混合事务/分析处理
IEC	International Electrotechnical Commission	国际电工委员会
IoT	Internet of Things	物联网
IQC	Incoming Quality Control	来料质量控制
IQR	Interquartile Range	四分位距
ISA	International Society of Automation	国际自动化学会
ISO	International Organization for Standardization	国际标准化组织
IT	Information Technology	信息技术
ITSP	IT Strategy Planning	企业信息战略规划
JRE	Java Runtime Environment	Java 运行时环境
KKS	Kraftwerk-Kennzeichen System（德文）	电厂标识系统
KV	Key-Value	键值模型
LIMS	Laboratory Information Management System	实验室信息管理系统
MDW	Manufacturing Data Warehouse	制造数据仓库
MECE	Mutually Exclusive Collectively Exhaustive	相互独立，完全穷尽
MES	Manufacturing Execution System	生产制造执行系统
MLOps	Machine Learning Operations	机器学习运行一体化
MPP	Massive Parallel Processing	大规模并行处理
MQTT	Message Queuing Telemetry Transport	消息队列遥测传输
MVP	Minimum Viable Product	最小可用单元
OLAP	Online Analytical Processing	联机分析处理
OLED	Organic Light-Emitting Diode	有机电致发光显示技术
OLTP	Online Transaction Processing	联机事务处理
OPC-UA	Open Platform Communication-Unified Architecture	开放通信协议标准
OQC	Outgoing Quality Control	出货质量控制
OT	Operation Technology	操作运行技术
OWL	Web Ontology Language	网络本体语言
P&ID	Piping & Instrumentation Diagram	管道仪表关系图
PCB	Printed Circuit Board	印制电路板

缩　　写	英　文　全　称	中　文　全　称
PDCA	Plan-Do-Check-Action Cycle	戴明环
PDM	Product Data Management	产品数据管理
PFD	Process Flow Diagram	过程流图
PHM	Prognostics and Health Management	故障预测与健康管理
PINN	Physics-informed Neural Networks	物理神经网络
PLC	Programmable Logic Controller	可编程逻辑控制器
PQC	Producing Quality Control	生产质量管控
PQM	Product Quality Management	产品质量管理
QMS	Quality Management System	质量管理系统
Rest API	Representational State Transfer Application Programming Interface	表述性状态转移应用编程接口
RFID	Radio Frequency Identification Device	射频识别装置
SaaS	Software as a Service	软件即服务
SCADA	Supervisory Control and Data Acquisition	监测控制和数据采集系统
SCM	Supply Chain Management System	供应链管理系统
SDK	Software Development Kit	软件开发工具包
SME	Subject Matter Expert	领域专家
SMT	Surface Mount Technology	表面贴装技术
SPC	Statistical Process Control	统计过程控制
SPI	Solder Paste Inspection	锡膏检查
STOMP	Simple (or Streaming) Text Orientated Messaging Protocol	简单（流）文本定向消息协议
SVM	Support Vector Machine	支持向量机
TQC	Total Quality Control	全面质量管控
TQM	Total Quality Management	全面质量管理
UML	Unified Modeling Language	统一建模语言
5W2H	Who, What, When, Where, Why, How and How much	七问分析法
WMS	Warehouse Management System	仓库管理系统
WRF	Weather Research and Forecasting Model	气象预报模型

反侵权盗版声明

电子工业出版社依法对本作品享有专有出版权。任何未经权利人书面许可，复制、销售或通过信息网络传播本作品的行为；歪曲、篡改、剽窃本作品的行为，均违反《中华人民共和国著作权法》，其行为人应承担相应的民事责任和行政责任，构成犯罪的，将被依法追究刑事责任。

为了维护市场秩序，保护权利人的合法权益，我社将依法查处和打击侵权盗版的单位和个人。欢迎社会各界人士积极举报侵权盗版行为，本社将奖励举报有功人员，并保证举报人的信息不被泄露。

举报电话：（010）88254396；（010）88258888

传　　真：（010）88254397

E-mail：　dbqq@phei.com.cn

通信地址：北京市万寿路 173 信箱

　　　　　电子工业出版社总编办公室

邮　　编：100036